J. D. Lenzen

PARACORD KREATIV

J. D. Lenzen

PARACORD KREATIV

Bänder, Taschen, Anhänger und mehr

mvg verlag

Kombinationen aus grundlegenden historischen und innovativen Knüpftechniken und Knoten

Bibliografische Information der Deutschen Nationalbibliothek
Die Deutsche Nationalbibliothek verzeichnet diese Publikation in der Deutschen Nationalbibliografie. Detaillierte bibliografische Daten sind im Internet über https://dnb.de abrufbar.

Für Fragen und Anregungen
info@m-vg.de

10. Auflage 2026

Türkenstraße 89
80799 München
Tel.: 089 651285-0

Die englische Originalausgabe erschien 2013 bei 4th Level Indie unter dem Titel *Paracord Fusion Ties – Volume 2.*

Übersetzung: Wiebke Krabbe
Redaktion und Satz: Karin Leonhart für bookwise GmbH, München
Umschlaggestaltung: Maria Wittek, München
Umschlagabbildung: © J. D. Lenzen
Fotos Innenteil: J. D. Lenzen
Druck: Florjancic Tisk d.o.o., Slowenien
Printed in the EU

ISBN 978-3-86882-544-2

Weitere Informationen zum Verlag finden Sie unter
www.mvg-verlag.de
Beachten Sie auch unsere weiteren Verlage unter www.m-vg.de

INHALT

Vorwort ... **9**
Dank ... **11**
Einleitung ... **13**
Paracord ... **17**
Über dieses Buch ... **19**
Knotenlatein ... **23**

Kapitel 1
Reißverschluss-Plattings
Reißverschluss-Platting ... 28
Dickes Reißverschluss-Platting ... 32
Genueser Reißverschluss-Platting ... 35
Radula ... 38
Verstecktes Reißverschluss-Platting ... 42

Kapitel 2
Stränge mit Struktur
Gebogener Salomon Bar ... 48
Wellenstrang ... 51
Stromschnellen-Strang ... 55
Kopfsteinpflaster-Strang ... 59
Streifenstrang ... 63

Kapitel 3
Kronen-Plattings
Rundes Kronen-Platting ... 68
Kronen-Platting Royal ... 71
Korkenzieher-Platting ... 74
Gestreiftes Kronen-Platting ... 78
Regenbogen-Platting ... 82

Kapitel 4
Wellenmuster
Sinuswellen ... 88
Drei-Farben-Wellen ... 91
Breiter Wellenstrang ... 94
Tempelturm-Strang ... 98
Sandrosen-Medaillon ... 102

Kapitel 5
Schlangengrube
Schlangenknoten ... 108
Gestreifte Schlange ... 110
Verkreuzte Schlangenknoten ... 113
Schlange am Wasserfall ... 116
Tiki-Strang ... 121

Kapitel 6
Knüpfereien für Outdoor-Fans
Steinschleuder ... 128
Taschenlampengriff ... 131
Rutschfester Machetengriff ... 135
Improvisierte Schneebrille ... 139
Buschsandalen ... 144

Kapitel 7
Sicher verstaut
Schlüsselanhänger mit Geheimfach ... 152
Sechseck-Anhänger mit Geheimfach 156
Köcher für Bolzen ... 160
Tasche für Vielzweckwerkzeug ... 165
Drachenei-Beutel ... 170

Vorwort

Seit meiner Kindheit halte ich mich gern in der Natur auf. Ich erinnere mich an Ausflüge, die ich als kleiner Junge mit meinem Vater in die Wälder und Berge der nordöstlichen USA unternahm. Stolz stapfte ich mit meinem neuen Fahrtenmesser oder mit Pfeil und Bogen neben ihm her. Zwischen unseren Exkursionen versuchte ich zu lernen, einen Bogenbohrer zu basteln oder mit einer Lupe Feuer zu machen. Ich experimentierte mit Werkzeugen, die gerade zur Hand waren.

Ich war etwa acht Jahre alt, als mich mein Großvater in die Geheimnisse der Knoten einweihte. Er war während des Zweiten Weltkriegs zur See gefahren und gab sein Wissen gern weiter. Ich verbrachte viele Stunden mit ihm und ließ mir zeigen, wie man einen Palstek oder eine Affenfaust bindet oder ein Boot mit einem Rundtörn und zwei halben Schlägen festmacht. Er brachte mir auch Zierknoten bei, die in der Seefahrt eine lange Tradition besitzen. Während dieser Stunden mit meinem Vater und meinem Großvater war mir nicht bewusst, dass ich sehr wertvolle Kenntnisse erwarb, die mir in meinem späteren Leben äußerst nützlich sein würden.

Kurz nach meiner Ausbildung zum Ingenieur heiratete ich. Meine Frau und ich zogen nach New Hampshire, wo wir uns niederlassen und eine Familie gründen wollten. Dieser US-Bundesstaat ist zu fast 80 Prozent bewaldet, und das sprach mich natürlich an. Also machte ich mich im Schatten des Mount Washington (in der Nähe unseres jetzigen Wohnorts) zu Fuß auf, um mir die Naturwunder unserer neuen Heimat genauer anzusehen.

Planen und Denken liegen mir von Natur aus, und das hat wohl auch meine Berufswahl beeinflusst. Es entsprach also nicht meinem Stil, völlig unvorbereitet in die Natur aufzubrechen. Ich beschloss, einige Grundkenntnisse zu erwerben, bevor ich mich ins Unbekannte hinauswagte: zum Beispiel die Orientierung mit Kompass und Landkarte, aber auch das Feuermachen. Ich stellte mein eigenes Survival-Kit zusammen und informierte mich, wie sein Inhalt im Notfall einzusetzen war. Ich las Bücher (und zwar jede Menge) von Autoren, die sich mit dem Überleben in der Wildnis besser auskannten und es manchmal auf die harte Tour gelernt hatten. Und ich sah mich auf Onlineforen um, die sich mit Outdoor-Aktivitäten und Survival beschäftigen.

In dieser Lebensphase, in der ich so viel über die Bedeutung einer Survival-Ausrüstung las, dachte ich auch erstmals über Paracord nach. In einem der vielen Bücher wurde immer wieder betont, man solle nur Dinge mitnehmen, die mehrere Funktionen erfüllen können. Mir war klar, dass diese Anforderung auf alle Dinge zutraf, die aus Paracord geknüpft waren, denn man konnte die Knüpfereien ja auflösen und die Schnur für alle möglichen anderen Zwecke benutzen. Also kaufte ich mir eine Rolle 550er-Schnur, entstaubte das Knotenbuch, das mein Großvater mir geschenkt hatte, und machte mich daran, Knoten zu üben und neue Kombinationen zu entwickeln.

Zuerst habe ich mich mit den »Ranger Beads« beschäftigt, die als Schrittzähler bei der Orientierung auf Fußmärschen in freiem Gelände verwendet werden.

Die modernen Perlen bestanden aus Kunststoff, konnten bei ruckartigen Bewegungen verrutschen und waren nicht bruchfest. Verschiebbare Türkenbünde schienen mir eine gute Alternative. Wenig später knüpfte ich Lassos und Hüllen für Werkzeuge und Messer, Armbänder und Halsschmuck. Ich umknotete Griffe von Messern und entwickelte Anhänger für Reißverschlüsse, in denen ich Utensilien zum Feuermachen verstauen konnte. Typisch für diese Knüpfereien war, dass sie aus traditionellen Knoten bestanden, die aber in innovativer Weise eingesetzt und kombiniert waren.

Als meine Knüpfereien allmählich auf einigen Onlineforen bekannt wurden, begann ich mit der Produktion von Videos, um auf YouTube anderen Interessierten zu zeigen, was ich gelernt und selbst entwickelt hatte. Die Freude am Vermitteln von Wissen habe ich wohl von meinem Großvater geerbt. Aber ich stellte bald fest, dass zur Produktion professioneller und lehrreicher Videos mehr gehört, als auf den Aufnahmeknopf zu drücken und einen Knoten zu binden.

Wenn man auf YouTube nach Paracord-Tutorials sucht, landet man letztlich immer bei J. D. Lenzen und seinem Kanal *Tying It All Together* (TIAT). Die Videos zeigen die Abläufe aus der Perspektive dessen, der knüpft. Sie sind kristallklar, scharf und gut ausgeleuchtet. Seine Hände zeigen jeden Arbeitsschritt anschaulich, versperren nie die Sicht auf das Werkstück und bewegen sich in einem für den Betrachter angemessenen Tempo. Besonders beeindruckend finde ich, dass er zu Musik knotet und fast kein Wort spricht.

Noch mehr als die gelungenen Videoproduktionen haben mich aber J. D.s originelle Designs beeindruckt. Ich dachte, Knoten seien zutiefst traditionell, doch er zeigt jede Woche etwas Neues und Ideenreiches. Er wandelt historische Knoten kreativ ab und kombiniert sie mit neuen, und die Ergebnisse sind fantastisch.

In seinen Büchern zeigt J. D. auch Details seiner »Fusionsknüpferei«, die sich in Videos nicht so gut vermitteln lassen. Und in diesem Buch, *Paracord kreativ,* präsentiert er eine Reihe neuer Ideen.

Im Kapitel »Knüpfereien für Outdoor-Fans« erklärt J. D. geniale Objekte, die im Notfall gute Dienste leisten können. In »Sicher verstaut« präsentiert er Lösungen, um Werkzeuge oder Wertvolles gut verpackt aufzubewahren. Alle Anleitungen sind so anschaulich wie seine Onlinetutorials, die inzwischen eine große Fangemeinde haben.

Es ist mir eine Ehre, dass ich das Vorwort zu diesem Buch schreiben darf. Mit seiner großen Bandbreite an dekorativen und praktischen Knoten ist es die ideale Ergänzung zu den Videos und für jeden Knotenfan eine wertvolle Informationsquelle.

Kevin G. Gagne (The Paracordist)
paracordist.com
Mai 2013

DANK

Für ihre Unterstützung und/oder Ideen während des Schreibens dieses Buches danke ich Clifford W. Ashley, meinen Eltern Jim und Barbara, Steve Davis, Laura Neil, Maynard Demmon und ihren Kindern Cailean, Hailey und Hayden sowie Josh Greenwalt, den Abonnenten meines YouTube-Kanals *Tying It All Together* und allen Mitgliedern der weltweiten Knoten-Community. Ohne sie, vor allem die treuen Unterstützer meiner Onlinevideos, hätte dieses Buch nicht entstehen können.

Und …

… ganz besonders danke ich meiner Frau und Muse Kristen Kakos. Dass du mein Leben teilst, schenkt mir Freude, Geborgenheit und den Freiraum, um kreativ zu sein. Dafür bin ich dir ewig verbunden.

Einleitung

Für jeden Knoten, der jemals geknüpft wurde, braucht man nicht mehr als ein Stück Schnur. Möglicherweise halten Sie jetzt, wenn Sie dieses Buch lesen, schon eines in der Hand. Wenn nicht, wird sich das sicherlich bald ändern. Mit einer bescheidenen Schnur können Sie alle erdenklichen Knoten und Kombinationen knüpfen. Das mache ich mir jedes Mal bewusst, wenn ich eine Schnur zur Hand nehme. Diese Vielseitigkeit fasziniert mich, und sie bildet die Grundlage all meiner Knüpfideen. Und es gibt kaum eine Knüpferei, mit der sich gerade diese Vielseitigkeit so gut umsetzen lässt wie mit Paracord.

Ob Sie eine Ladung auf einem Hänger sichern wollen, einen Unterstand bauen, einen Bogenbohrer bauen, einen gerissenen Schnürsenkel reparieren, eine einfache Waffe basteln oder einen Gürtel für Ihre Hose improvisieren möchten: Mit Paracord ist all das möglich. Und gerade wegen dieser vielen Anwendungsmöglichkeiten ist die weltweite Gemeinde der Paracord-Fans so schnell gewachsen. Manche finden den praktischen Nutzen interessant, andere fasziniert die Knüpferei an sich, und alle tauschen sich über das Internet aus. Welcher Fraktion der Fangemeinde Sie auch angehören: In diesem Buch, *Paracord kreativ*, finden Sie Grundlagen und mehr zu Knoten.

Nach der Einführung folgen ausführliche Anleitungen für Armbänder, Schlüsselanhänger und Gurte, aber auch Medaillons und andere Formen, um Schnur bei sich zu tragen und bei Bedarf jederzeit zu nutzen. Und das ist noch nicht alles: Sie finden in diesem Buch auch Tipps und Techniken zum Knüpfen ganz praktischer Gegenstände.

Viele davon kommen im Outdoor-Sport oder Survival-Training zum Einsatz. Das heißt, in geknüpfter Form übernehmen sie eine sinnvolle Funktion, gleichzeitig beinhalten sie einen Vorrat an Schnur, weil man die Knüpferei auflösen und die Schnur anderweitig verwenden kann. Beispiele für solche Objekte sind:

- Buschsandalen – bieten verlässlichen Schutz für die Füße. Man kann mit ihnen springen, klettern und rennen, ohne Verletzungen der eigenen Füße zu riskieren.
- Schneebrille für den Notfall – schützt die Augen vor übermäßigem UV-Licht und kann so Schneeblindheit vorbeugen oder ganz verhindern.
- Rutschfester Machetengriff – verringert das Risiko, dass eine Machete beim Schwingen oder Hacken aus der Hand rutscht.
- Steinschleuder – improvisierte Waffe zur Selbstverteidigung oder für die Jagd.

Dies sind nur einige Beispiele für die praktischen Anwendungen von Paracord. Es gibt in diesem Buch noch weitere zu entdecken.

Ob es Sie nun in die Wüste verschlagen hat oder in den Regenwald, in die eisige Tundra oder in eine andere fordernde Landschaft: Paracord-Objekte aus diesem Buch können Leben retten.

Dieses Buch zeigt eine Vielzahl von praktischen, potenziell lebensrettenden Knoten, die obendrein gut aussehen. Aber es will nicht nur Wissen vermitteln, sondern Sie anregen, Paracord mit neuen Augen zu sehen. Greifen wir noch einmal den Anfangssatz auf: »Für jeden Knoten, der jemals geknüpft wurde, braucht man nicht mehr als ein Stück Schnur.« Das gilt nicht nur für die Knoten und Knüpftechniken in diesem Buch, sondern für alle Knoten und Knüpftechniken – die der Vergangenheit ebenso wie die der Gegenwart und der Zukunft.

Mit anderen Worten, die Anleitungen in diesem Buch sind nur Beispiele dafür, welche innovativen Variationen durch immer neue Kombinationen klassischer Knoten und Knüpftechniken entstehen können.

Natürlich könnten Sie die 35 Knüpfereien in diesem Buch nacharbeiten und es dabei belassen. Zweifellos lernen Sie dabei etwas und schulen Ihre Motorik. Aber warum sollten Sie hier dann aufhören?

Wenn Sie sich mit den Grundlagen der Paracord-Knüpferei eingehend vertraut gemacht haben, können Sie selbst beginnen, verschiedene Teile des Gelernten neu zu kombinieren. Wenn dabei etwas entsteht, das Ihnen gefällt und das Sie nützlich finden, bewahren Sie es auf. Probieren Sie neue Knotenkombinationen. Dann werden Sie bald, genau wie ich, Hunderte neuer Knoten entwickelt haben, die Sie wiederum mit anderen Paracord-Fans in aller Welt teilen können.

Ich werde oft gefragt, wie ich vorgehe, um die Knoten und Kombinationen zu entwickeln, die ich in meinen Büchern und meinem YouTube-Videokanal *Tying It All Together* vorstelle. Das lässt sich leicht beantworten: Ich tue genau das, was ich Ihnen gerade vorgeschlagen habe. Ich knüpfe und knote und probiere immer neue Kombinationen aus. Allerdings tue ich das jeden Tag.

Außerdem habe ich mich jahrelang mit der Knüpferei beschäftigt und viele Bücher über das Thema gelesen. So ist mir das Knüpfen zur zweiten Natur geworden, einer Form des persönlichen Ausdrucks. Schlaufen, Buchten und Parten sind wie Buchstaben, Knoten wie Wörter und Sätze. Einzelne Schnüre bilden kurze Sätze. Zwei und mehr Schnüre bilden komplexere Wörter oder Sätze. In dieser Sprache, die ich »Fusionsknüpferei« nenne, schreibe ich Lyrik und Prosa mit Schnur. Das mag sich merkwürdig anhören, aber ehrlich gesagt beschreibt das meine Gefühle beim Knüpfen recht gut.

Lernen Sie aus diesem Buch und anderen Titeln alles über Knoten. Aber das wirklich Interessante sind die Knoten und Kombinationen, die Sie selbst gestalten.

Clifford W. Ashley (Autor vom *Ashley-Buch der Knoten*) schrieb 1925 in einem Brief an A. L. Sessions, den Herausgeber der Zeitschrift *Sea Stories Magazine*:

»Ich habe eine Vielzahl neuer praktischer und dekorativer Knoten erfunden sowie eine neue Methode, Plattings mit jedem beliebigen Querschnitt zu knüpfen. Es sind eine große Menge an verschiedenen Methoden und einige Dutzend verschiedener Formen.«

Genau wie Ashley können auch Sie an Bekanntes anknüpfen, etwas Neues entwickeln und Ihr Wissen mit der Welt teilen. Mit diesem Buch möchte ich Sie bei diesem Vorhaben unterstützen. Die Anleitungen sollen nicht vorführen, was ich kann. Stattdessen sollen sie Ihnen zeigen, was Sie selbst können. Also lesen Sie weiter, probieren Sie es aus, und erfinden Sie etwas Neues!

J. D. von *Tying It All Together*

Hintergrund

Paracord ist eine leichte Nylonschnur mit einer mehrsträngigen Seele und einer geflochtenen Ummantelung. Die Seele gibt der Schnur ihre außergewöhnliche Zugfestigkeit, und der äußere Mantel schützt die Seele vor Schäden durch Reibung. Der Name Paracord setzt sich aus *parachute* (Fallschirm) und *cord* (Schnur) zusammen. Ursprünglich wurde die Schnur für Fallschirm-Fangleinen verwendet, aber weil sie so vielseitig ist, benutzten die Fallschirmspringer sie bald auch am Boden für die verschiedensten Zwecke.

Wie viele andere Materialien und Technologien, die ursprünglich für das Militär entwickelt wurden, hat sich Paracord inzwischen auch in Zivilkreisen durchgesetzt. Ehemalige Soldaten, die sie während ihrer aktiven Dienstzeit schätzen gelernt hatten, trugen ihren Teil dazu bei, dass Paracord auch außerhalb des Militärs verbreitet wurde. Zu den regelmäßigen Kunden gehören seitdem Sammler von Schusswaffen und Messern, Jäger, Outdoor-Sportler, Heimwerker und eine wachsende Zahl von kreativen Bastlern.

Typen

Bei der amerikanischen Armee kommen sechs Paracord-Typen zum Einsatz (Typ I, IA, II, IIA, III und IV). Bei den Schnüren, die zum kreativen Knüpfen angeboten werden und die sich auch für die Knoten in diesem Buch eignen, handelt es sich normalerweise um die Typen II und III. Paracord Typ II wird auch als Paracord 450 bezeichnet, weil seine Mindestzuglast 450 amerikanische Pound (204 kg) beträgt. Seine Seele besteht meist aus vier zweifädigen Strängen. Typ III oder Paracord 550 (Mindestzuglast 550 Pound oder 249 kg) hat normalerweise eine Seele aus sieben zweifädigen Strängen.

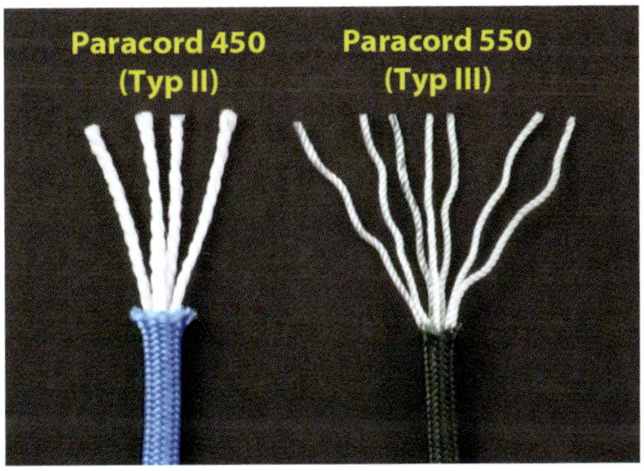

Für die Knoten in diesem Buch habe ich Paracord 450 verwendet. Diese Schnur eignet sich wegen ihrer Geschmeidigkeit gut für komplexere Knoten, und sie wird in vielen Farben angeboten. Ebenso eignen sich für die hier vorgestellten Knoten aber auch Paracord 550 und Schnüre aus anderen Materialien wie Hanf, Satin, Stoff oder Leder, und selbst Draht könnten Sie ausprobieren.

Bezugsquellen

In Fachgeschäften für Camping- und Outdoor-Bedarf und bei Schiffsausrüstern bekommt man Paracord und vergleichbare Produkte seit jeher, allerdings nur in einer begrenzten Auswahl an Farben. Seit das kreative Knüpffieber um sich greift, bieten immer mehr Bastelgeschäfte die Schnüre in vielen schönen Farben an. Selbstverständlich kann man sie auch in Onlineshops bestellen.

Hier finden Sie eine Auswahl von Onlinehändlern, die ein großes Angebot an Schnüren haben:

armynavystoreinc.com

asmc.de

ausgeruestet.com

campingsurvival.com

holsterbau.de

kreativ-depot.de

onestopknifeshop.com

outdoormesser.de

paracord.com

paracord.no

paracordplanet.com

rwrope.com

shoprobbys.com

swiss-paracord.ch

tacticaltrim.de

takknife.com

thebushcraftstore.co.uk

toolshop.de

ubraidit.com

Hinweis: Das Internet ist ein dynamisches Medium. Es ist nicht auszuschließen, dass Adressen nach Drucklegung dieses Buches geändert oder gelöscht wurden oder werden. Die Nennung von Anbietern dient lediglich der Information und stellt keine Empfehlung des Autors oder Verlags dar.

Die Anleitungen

Das Ziel dieses Buches ist, alle nötigen Informationen für einen Knoten in knapper, anschaulicher Form zu präsentieren und auf Überflüssiges weitgehend zu verzichten. Darum werden Arbeitsschritte wie das Abschneiden und Abbrennen, die bei allen Knoten auszuführen sind, einmal ausführlich erklärt (siehe nächste Seite) und in den einzelnen Anleitungen jeweils nur knapp benannt (z.B. »Die Enden sorgfältig abschneiden und abbrennen«). Wird ein bestimmter Knoten, etwa der zweisträngige oder der viersträngige Diamantknoten, mehrfach verwendet, findet sich in der Anleitung ein Verweis auf die Seite, auf der das Knüpfen dieses Knotens erklärt wird. Näheres zu diesen wichtigen Knoten erfahren Sie im nächsten Absatz.

Wichtige Knoten

Die folgenden vier Knoten sind Bestandteil mehrerer Kombinationen, die in diesem Buch gezeigt werden:

- **Zweisträngiger Diamantknoten** (Seite 30)
- **Wandknoten** (Seite 69)
- **Viersträngiger Diamantknoten** (Seite 76)
- **Sechssträngiger Diamantknoten** (Seite 84)

Der zweisträngige Diamantknoten wird als Verschluss für Armbänder verwendet. Der viersträngige Diamantknoten und der Wandknoten dienen ebenso wie der sechssträngige Diamantknoten dazu, einen Knoten oder eine Kombination zu fixieren. Sie bilden einen sauberen Abschluss für ein geknüpftes Werkstück und können auch als Übergang vor einem Verschlussknoten (z.B. dem zweisträngigen Diamantknoten) eingesetzt werden. Gelegentlich wird ein viersträngiger Diamantknoten um eine senkrechte Schnur geknotet. In diesen Fällen gehen Sie entsprechend der Anleitung für den viersträngigen Diamantknoten auf Seite 76 vor, lassen aber die angegebenen Schnüre durch die Mitte des Diamantknotens laufen, der um diese herum aufgebaut wird.

Hinweis: Alle Diamantknoten können im Uhrzeigersinn oder entgegen dem Uhrzeigersinn geknüpft werden. Um dies zu illustrieren, wird in diesem Buch der zweisträngige Diamantknoten im Uhrzeigersinn gezeigt, die Anleitung für den viersträngigen Diamantknoten zeigt das Knüpfen entgegen dem Uhrzeigersinn.

Wie viel Schnur?

Ich werde oft gefragt, wie viel Schnur für ein Werkstück in einer bestimmten Länge benötigt wird (z.B. »Wie viel Schnur brauche ich für einen 76 cm langen Flammenstrang-Gürtel?«). Solche Fragen sind nicht leicht zu beantworten, weil mehrere Faktoren eine Rolle spielen.

A) Je nach Hersteller können Dehnbarkeit und Stärke der Schnur variieren.

B) Manche Menschen knüpfen sehr fest, andere eher locker.

C) Für die verschiedenen Abschnitte (Anfang, Mittelteil und Ende) eines Werkstücks wird eventuell unterschiedlich viel Schnur benötigt.

Wenn ich einen Schätzwert nenne und sich jemand darauf verlässt, kann es dennoch sein, dass die zugeschnittene Schnur nicht für die gewünschte Länge ausreicht. Das ist frustrierend, und außerdem bin ich dann der Übeltäter, der die Falschinformation geliefert hat. Darum versuche ich meist, keine konkreten Maße zu nennen, sondern empfehle, dass jeder seinen individuellen Bedarf selbst ermittelt.

Es ist gar nicht so schwierig, den Schnurbedarf für ein Werkstück einer bestimmten Länge zu berechnen. Normalerweise genügt es, etwa 2,5 cm des geplanten Knotenmusters zu knüpfen, dann wieder zu öffnen und nachzumessen, wie viel Schnur benötigt wurde. Die Berechnung des Gesamtbedarfs ist dann ein einfacher Dreisatz (wenn z. B. für 2,5 cm Ihres Wunschmusters 60 cm Schnur nötig sind, brauchen Sie für eine Knüpfarbeit von 7,5 cm Länge 180 cm Schnur).

Nachknüpfen und verkaufen

Auf die Frage »Darf ich Knüpfarbeiten, die in den *Tying It All Together*-(TIAT-)Büchern und -Videos gezeigt werden, nacharbeiten und verkaufen?« antworte ich mit Ja.

Mir ist wichtig, dass andere Menschen meine Knüpftechniken anwenden und verbreiten. Es wäre schön, wenn die Namen unverändert blieben, aber darauf habe ich letztlich keinen Einfluss. Einen Wunsch habe ich allerdings: Wenn das Geschäft so einträglich ist, dass Sie es sich leisten können, der Community in Form einer Spende etwas zurückzugeben, dann tun Sie es bitte.

Abschneiden und abbrennen

Paracord besteht aus Nylon, einem thermoplastischen Kunststoff. Wenn er erhitzt wird, schmilzt er. Dadurch werden die Enden verschweißt und können nicht ausfransen. Das erhitzte Nylon ist formbar. Damit sich ein Paracord-Werkstück nicht auflöst, werden die Schnurenden etwas verdickt. Sofern nicht mit größerer Kraft daran gezogen wird, genügt diese Formveränderung zur Fixierung.

Auf der rechten Seite werden das Abschneiden und Abbrennen der Enden gezeigt. Diese Methode ist bei allen Werkstücken in diesem Buch zur Anwendung gekommen.

WARNUNG: Kinder sollten Scheren und Gasbrenner nur unter der Aufsicht Erwachsener benutzen. Wenn du dies liest und unsicher bist, ob du dich von der Warnung angesprochen fühlen sollst – fühle dich angesprochen. Zeige die Anleitung einem Elternteil oder Lehrer und bitte um Hilfe.

Schnurenden abschneiden und abbrennen

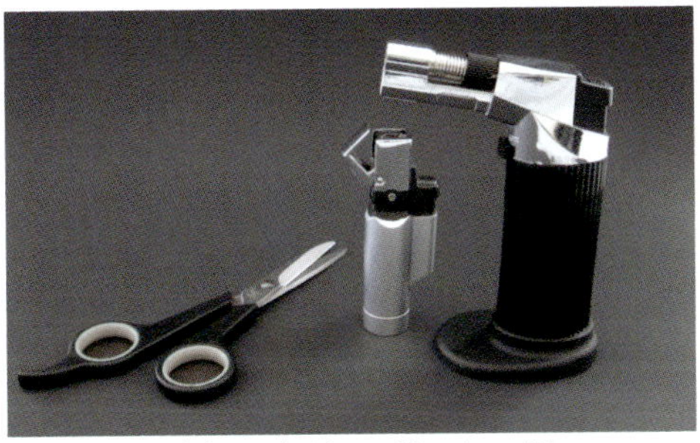

1. Zuerst folgende Utensilien bereitlegen: eine **Friseurschere** und einen kleinen **Gasbrenner**.

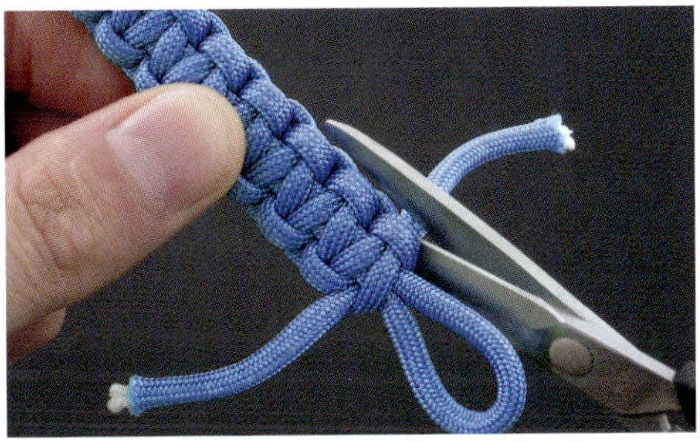

2. Die überstehenden, nicht gewünschten Schnurenden mit der Schere sorgfältig abschneiden.

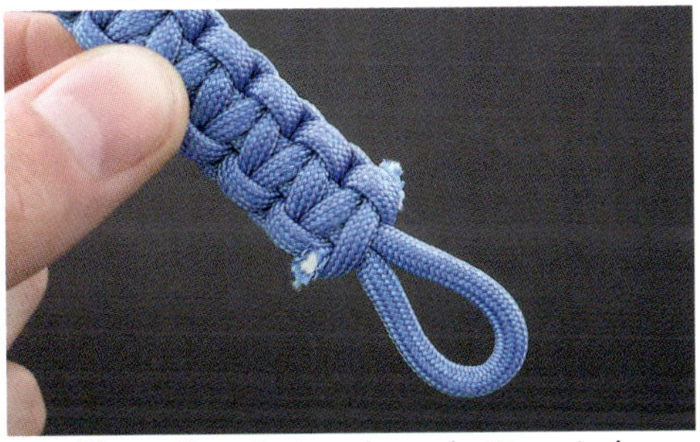

3. Wenn diese Enden abgeschnitten sind, …

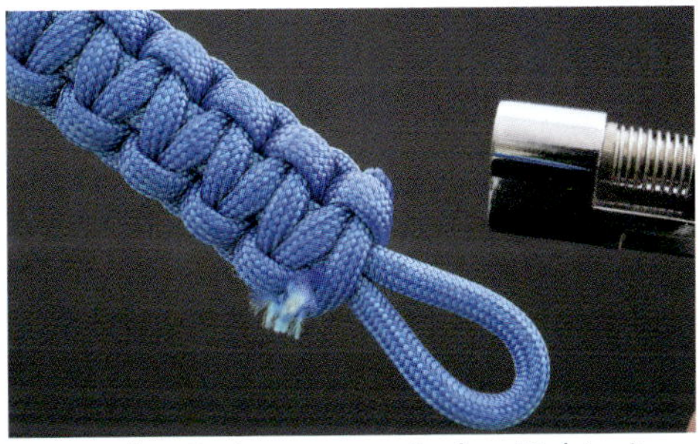

4. … den Gasbrenner anzünden. Nicht mit den Händen an die Brennerdüse fassen!

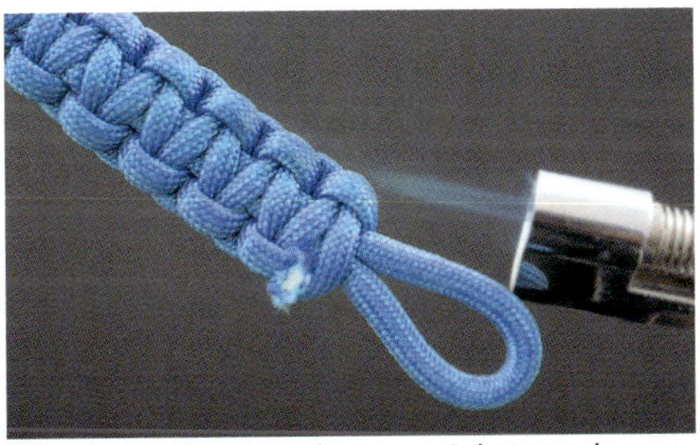

5. Das erste abgeschnittene Schnurende nur kurz (höchstens 1–2 Sekunden) erhitzen.

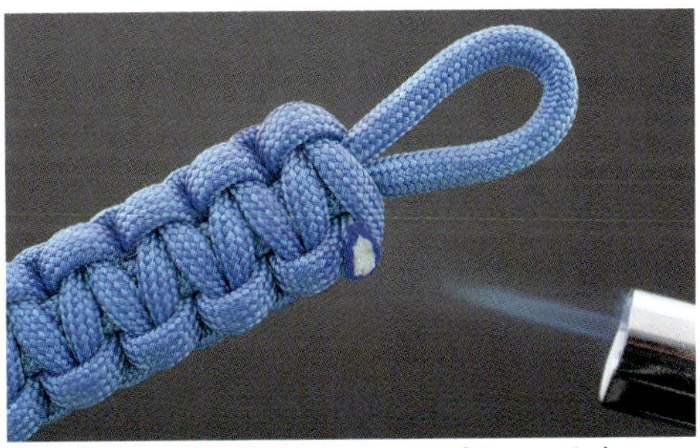

6. Das zweite Ende ebenso erhitzen. Solange die verschweißten Fasern noch formbar, …

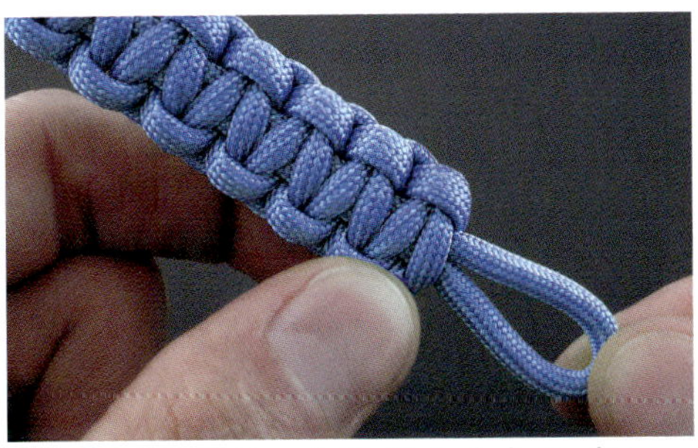

7. … aber nicht mehr heiß sind, die Enden mit dem Daumen flach-breit pressen.

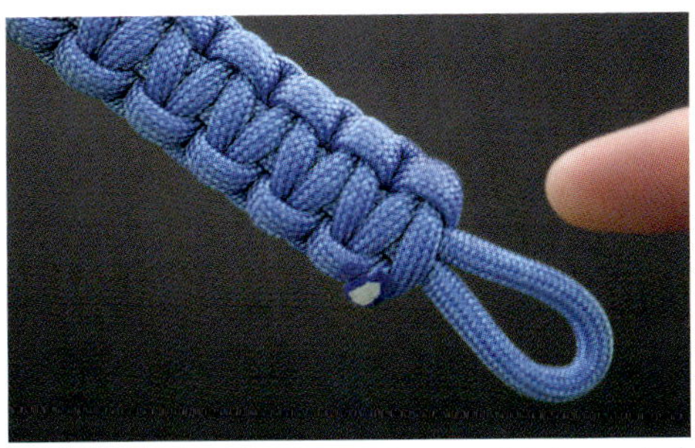

8. Fertig: Die Enden der Paracord-Schnur sind nun sauber verschweißt.

Knotenlatein

Die folgenden Definitionen und Abbildungen geben einen Überblick über die Fachbegriffe und Arbeitsschritte, die in diesem Buch verwendet werden.

Definitionen

ABOK: Abkürzung für *The Ashley Book of Knots* (deutsch: *Das Ashley-Buch der Knoten: Über 3800 Knoten. Wie sie aussehen. Wozu sie gebraucht werden. Wie sie gemacht werden*, Delius Klasing Verlag, 1999; Sonderausgabe 2006).

Abbrennen: Es bezeichnet das Versengen eines abgeschnittenen Schnurendes, um es zu fixieren und/oder die Fasern zu verschweißen und so das Aufdröseln zu verhindern.

Aufdröseln: Fachausdruck für das Ausfransen eines Seil- oder Schnurendes.

Bar: Leicht gerippte, feste und geschlossene Knüpfarbeit, oft mit Kreuzknoten (z. B. Salomon Bar).

Beine: Hängende oder senkrecht parallel verlaufende Schnüre.

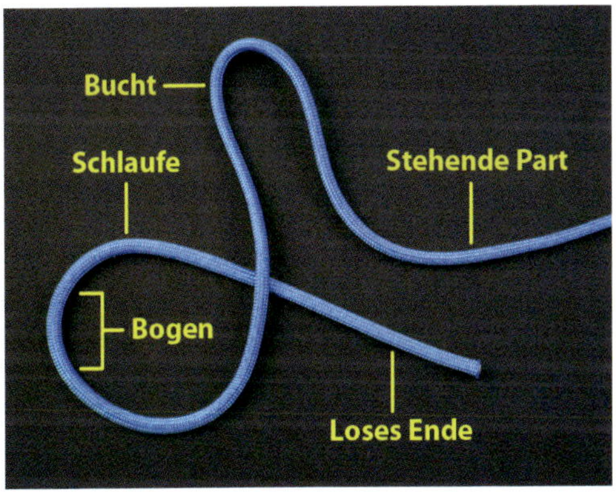

Teile einer Schnur

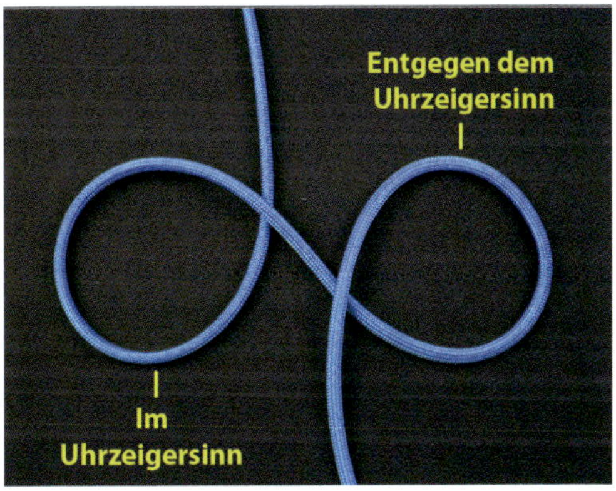

Schlaufen

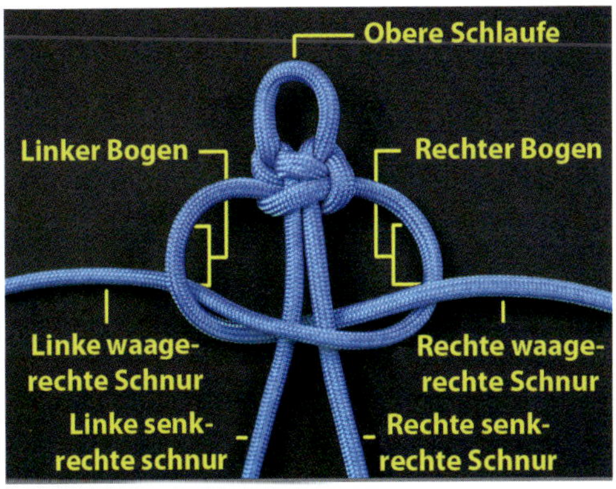

Teile eines Knotens

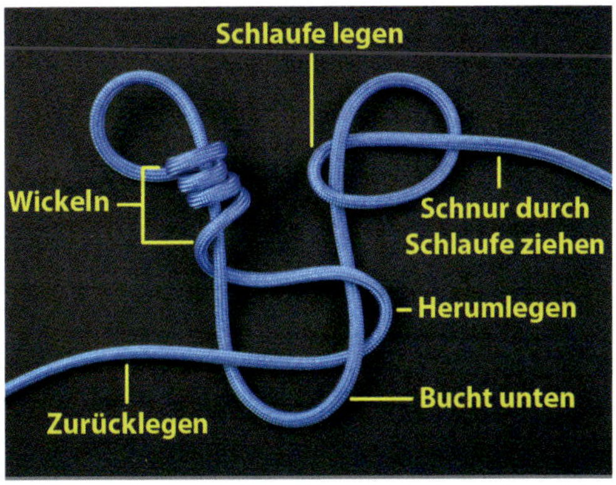

Schnurführung

Bogen: Der gekrümmte Teil im Inneren einer Bucht, eines Kreises, einer Schlaufe oder einer umgelegten Schnur.

Bolzen: Geschoss, das mit einer Armbrust oder einem Katapult abgeschossen wird.

Bucht: U-förmige Biegung einer Schnur.

Dichtholen: Ziehen an den beweglichen Schnüren, bis die gewünschte Festigkeit eines Knotens oder einer Knüpferei erreicht ist.

Festigkeit: Der Punkt, an dem der Knoten durch Ziehen an den Schnüren ein zufriedenstellendes Aussehen hat.

Fusionsknüpferei: Innovative Knüpferei, bei der Elemente verschiedener Knoten oder Knüpftechniken zusammen zum Einsatz kommen.

Historischer Knoten: Ein Knoten (oder eine Kombination von Knoten), der vor 1979 entdeckt oder erfunden wurde. (1979 erschien die von der IGKT überarbeitete Ausgabe des ABOK.)

Horizontal: Waagerecht oder flach liegend.

IGKT: Steht für *International Guild of Knot Tyers* (Internationale Gilde der Knotenknüpfer), eine internationale Institution zur Prüfung und Benennung von Knoten.

Knauf: Runde Verdickung am Ende eines Messergriffs.

Komponente: Knoten, Element eines Knotens oder Knüpftechnik, die bei einer Fusionsknüpferei zum Einsatz kommen.

Konzentrisch: Kreise, Bögen oder andere runde Formen werden als konzentrisch bezeichnet, wenn sie einen gemeinsamen Mittelpunkt haben.

Kreis: Schnur, die eine andere Schnur oder einen Körperteil (z. B. einen Finger) einmal vollständig umrundet.

Leine: Sammelbegriff für verschiedene dünne Materialien, mit denen geknüpft werden kann (z. B. Paracord, dünnes Tauwerk).

Loses Ende: Das Ende einer Schnur, das beim Knüpfen bewegt wird.

P: Eine Schnur, die in die Form des Buchstabens P (oder seines Spiegelbilds) gelegt ist.

Paracord: Dünne Nylonschnur mit einer mehrsträngigen Seele und einem geflochtenen äußeren Mantel.

Parallel: Schnüre sind parallel, wenn sie in gleich bleibendem Abstand nebeneinander verlaufen.

Platting: Traditionelle Knotentechnik zum Verkürzen eines Seils oder einer Leine, besteht häufig aus mehreren halben Schlägen.

Schlaufe: Ein Kreis mit einer Überkreuzung oder eine Bucht, die an ihrer Basis zusammengedrückt ist.

Schlaufe gegen den Uhrzeigersinn: Eine Schlaufe, bei der das lose Ende (oder der oben liegende Teil) einen Bogen entgegen dem Uhrzeigersinn beschreibt.

Schlaufe im Uhrzeigersinn: Eine Schlaufe, bei der das lose Ende (oder der oben liegende Teil) einen Bogen im Uhrzeigersinn beschreibt.

Schnell auflösbare Knüpferei: Geknüpftes Werkstück, das sich schnell und einfach auflösen lässt, um die Schnur anderweitig zu verwenden.

Stecken: Einstecken einer Schnur oder Bucht in eine Schlaufe oder unter eine andere Schnur.

Stehende Part: Das Ende einer Schnur, das beim Knüpfen eines Knotens nicht bewegt wird.

Survival-Techniken: Techniken und Kenntnisse von Fertigkeiten, die das Überleben in freier Natur sichern.

TIAT: Abkürzung für den YouTube-Videokanal *Tying It All Together*.

Umdrehen, drehen: Drehung um den Mittelpunkt, dabei bleibt die Oberseite oben.

Verschnüren: Verbinden zweier gegenüberliegender Enden oder Seiten durch Schnur.

Vertikal: Senkrecht oder aufrecht, im rechten Winkel zum Horizont.

Weben: Eine Schnur über und unter einer anderen Schnur hindurchführen.

Wenden: Drehung um die Längs- oder Querachse, sodass anschließend die Unterseite oben liegt.

Werkstück: Die ganz oder teilweise fertige Knüpfarbeit.

Wicklung: Schnur, die eine andere Schnur oder einen Körperteil (z. B. einen Finger) mehrmals umrundet.

Zipper Sinnet: Englische Bezeichnung für Reißverschluss-Platting, erklärt unter www.youtube.com/watch?v=tUBTRs7AvkO.

Zwinge: Verbindungsstück zwischen Griff und Klinge eines Messers.

– Kapitel 1 –

Reißverschluss-Plattings

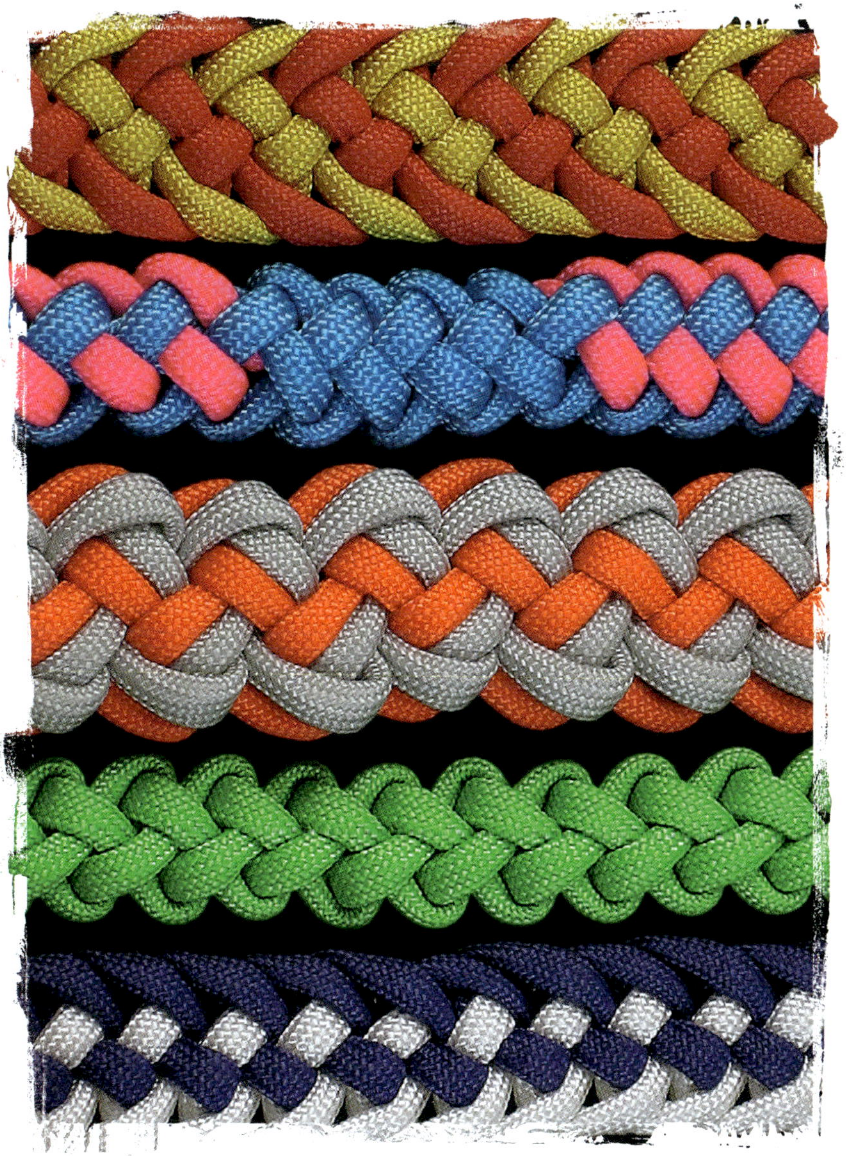

Reissverschluss-Platting

Zipper Sinnet

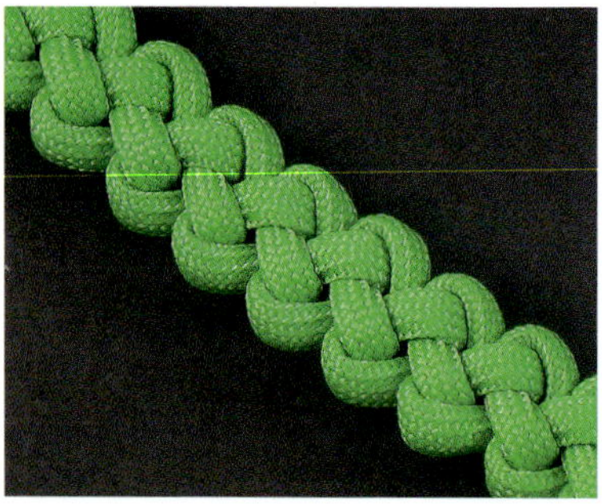

Dies ist eine der ersten Knüpftechniken, die ich gelernt habe. Der Strang lässt sich so einfach wie ein Reißverschluss im Handumdrehen aufziehen, wenn die Schnur, aus der er geknüpft ist, für einen anderen Zweck verwendet werden muss.

Schnur: *2,1 m (fertige Armbandlänge ca. 19 cm)*

Komponenten: *Historischer Knoten*

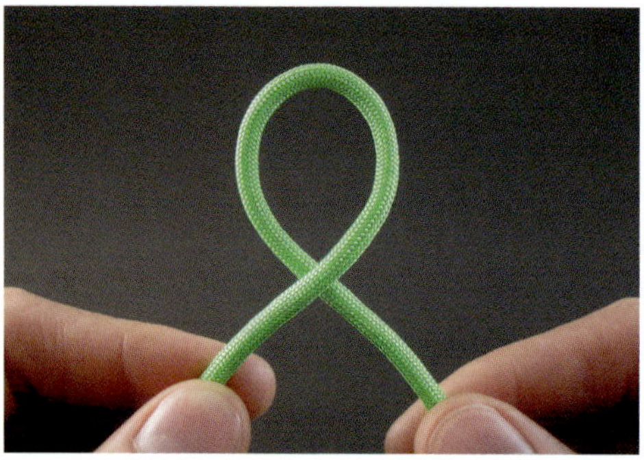

1. In die Mitte der Schnur eine Schlaufe im Uhrzeigersinn legen.

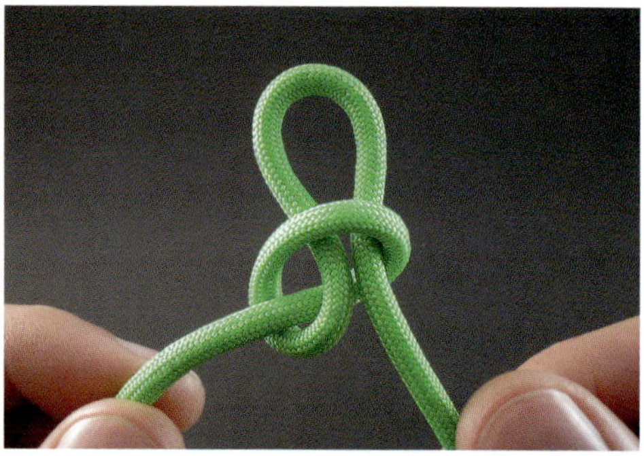

2. Ins rechte lose Ende eine Bucht legen, diese durch die Schlaufe führen …

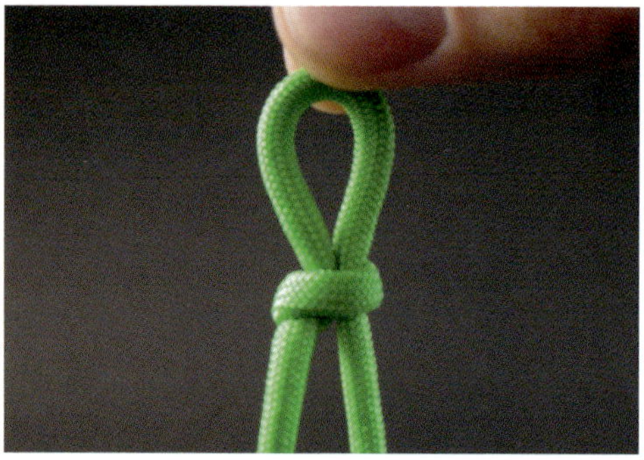

3. … und dichtholen. Über dem Slipknoten eine 1,5 cm große Schlaufe stehen lassen.

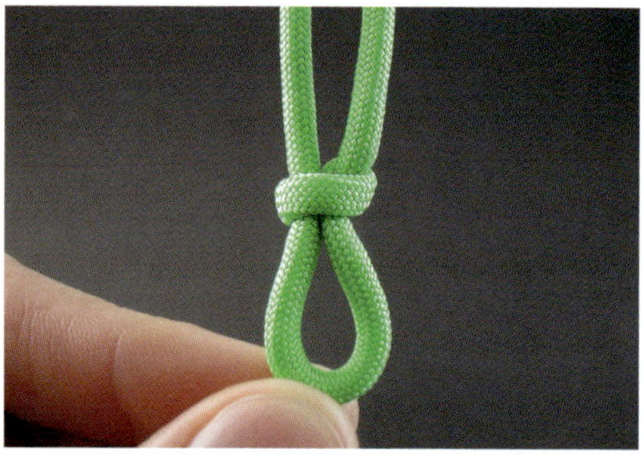

4. Die Knüpferei kopfüber drehen.

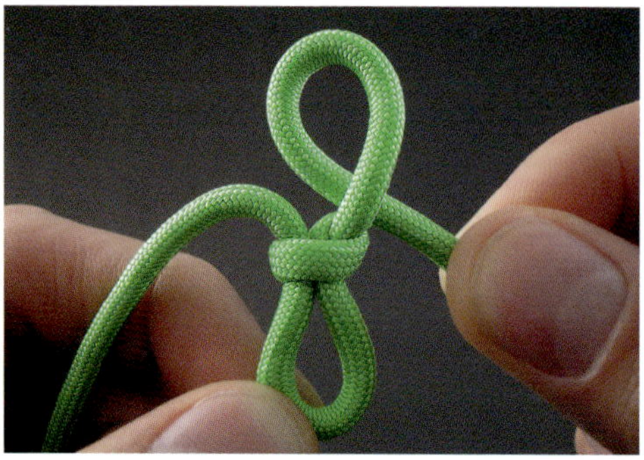

5. Mit der rechten Schnur eine Schlaufe im Uhrzeigersinn legen.

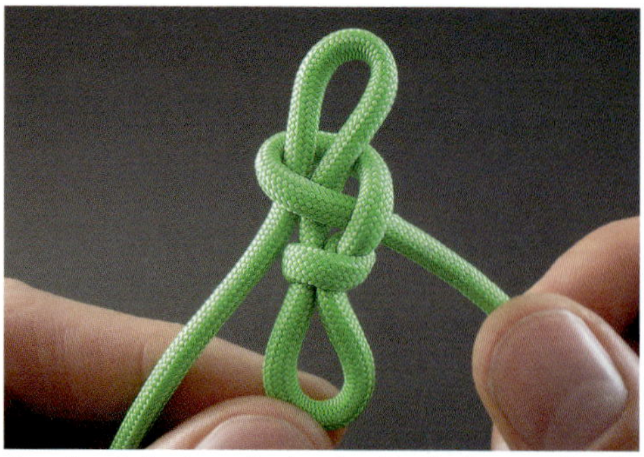

6. Ins linke lose Ende eine Bucht legen, durch die rechte Schlaufe führen …

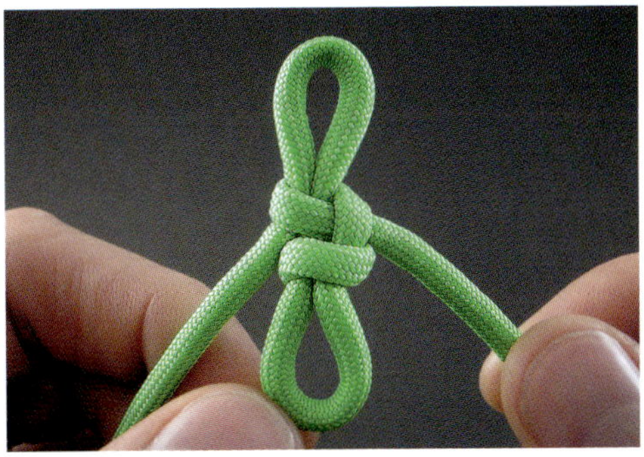

7. … und dichtholen, dabei über dem Slipknoten eine 1,5 cm große Schlaufe stehen lassen.

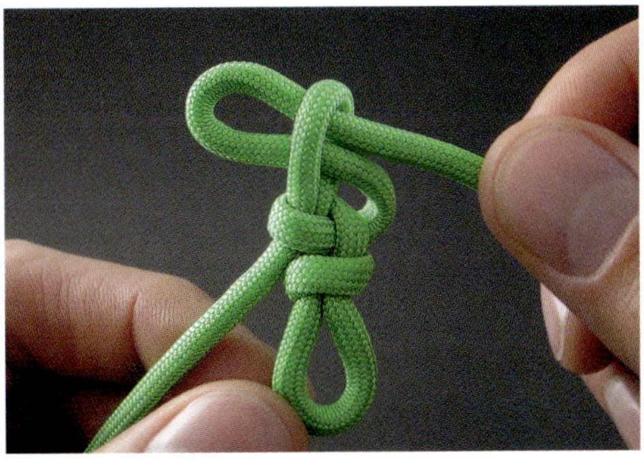

8. Ins rechte lose Ende eine Bucht legen, durch die linke Schlaufe führen …

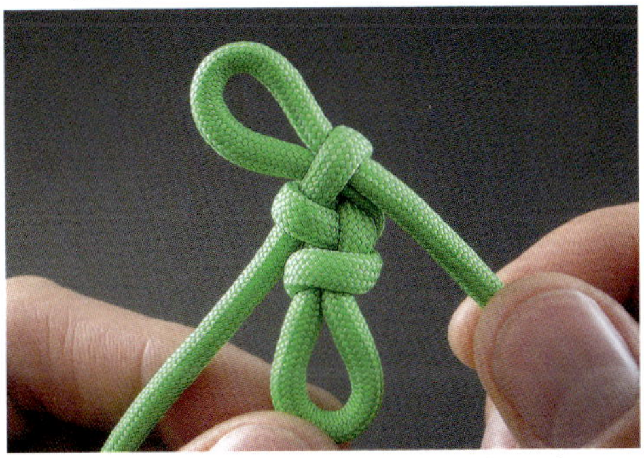

9. … und dichtholen, dabei über dem Slipknoten eine 1,5 cm große Schlaufe stehen lassen.

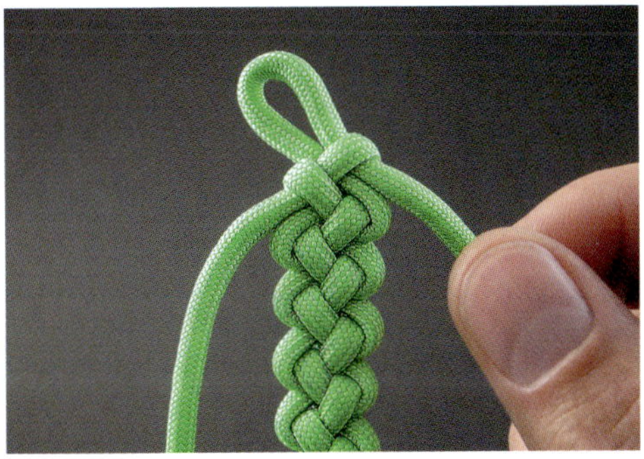

10. Die Schritte 6 bis 9 so oft wiederholen, bis die Schnurenden noch mindestens 13 cm lang sind.

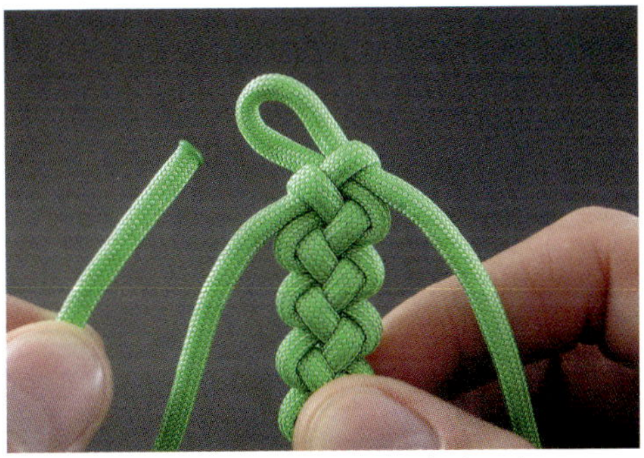

11. Zum Sichern die Spitze des linken losen Endes in die Hand nehmen …

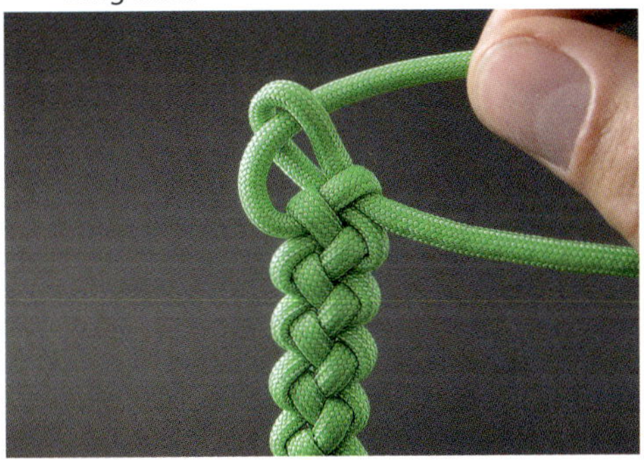

12. … und durch die rechte Schlaufe führen.

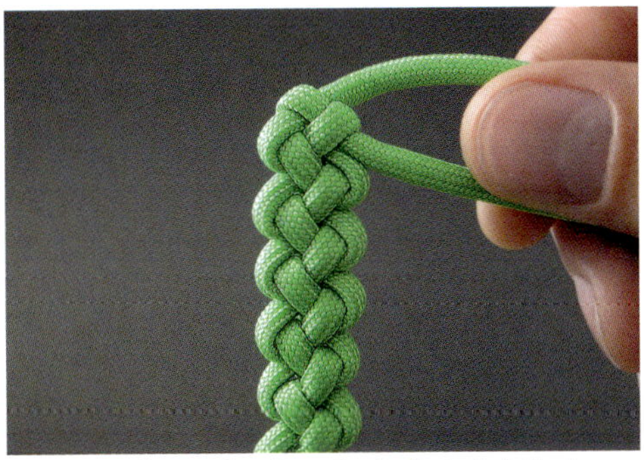

13. Nun das rechte lose Ende fest dichtholen.

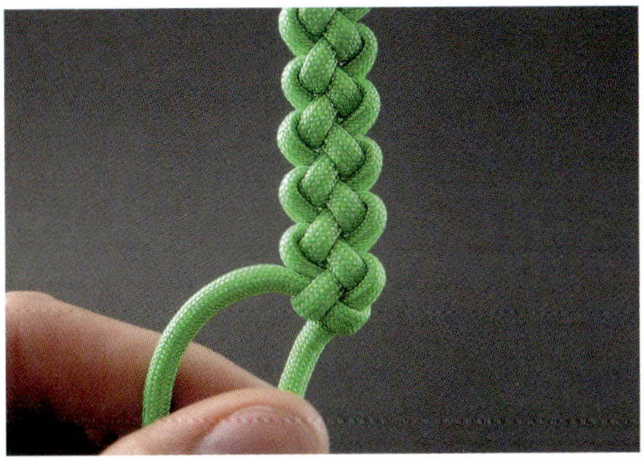

14. Die Knüpferei kopfüber drehen.

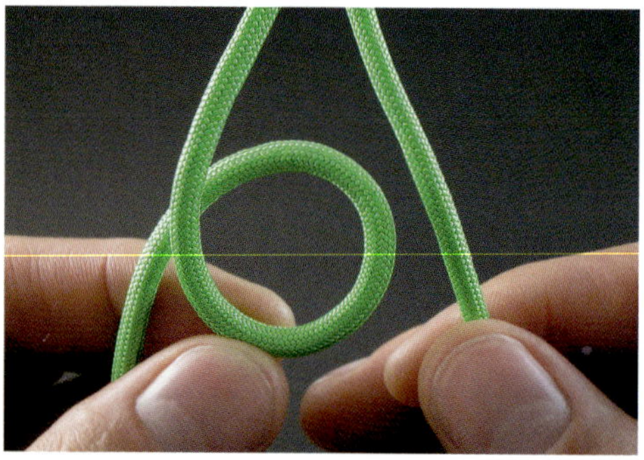

15. **Zweisträngiger Diamantknoten:** In die linke Schnur im Uhrzeigersinn ein **P** legen.

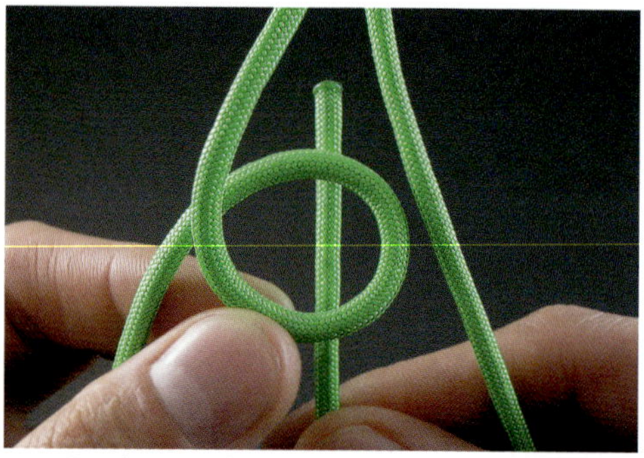

16. Das lose Ende der rechten Schnur hinter der Schlaufe des **P** nach oben legen.

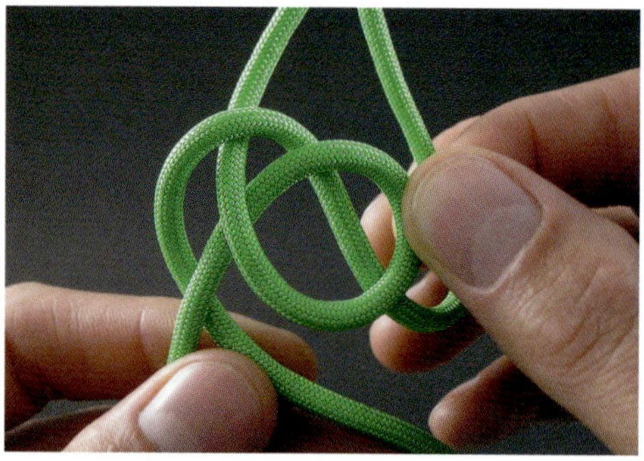

17. Dasselbe Ende nach unten, über die Schnur oberhalb des **P** und unter das Bein des **P** legen.

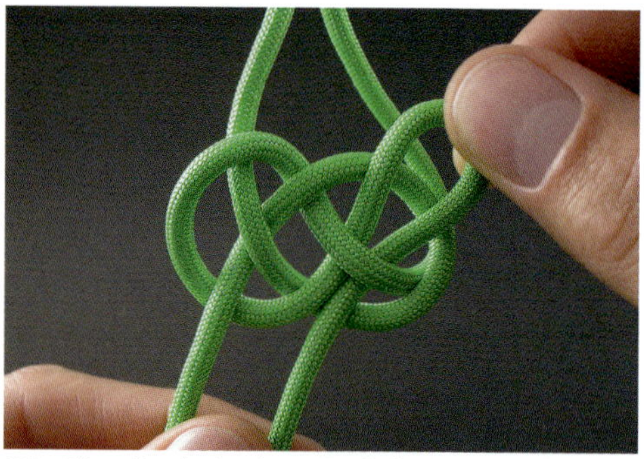

18. Eine Bucht ins lose Ende legen und diese über, unter und über die rechts danebenliegenden Schnüre weben.

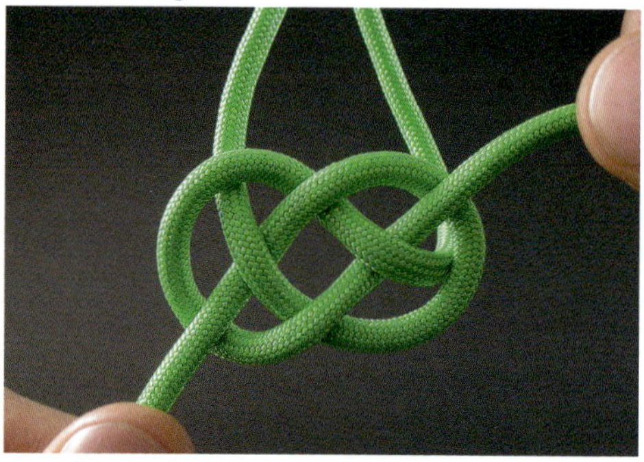

19. Die Bucht herausziehen. Dies ist ein **Trossenstek**.

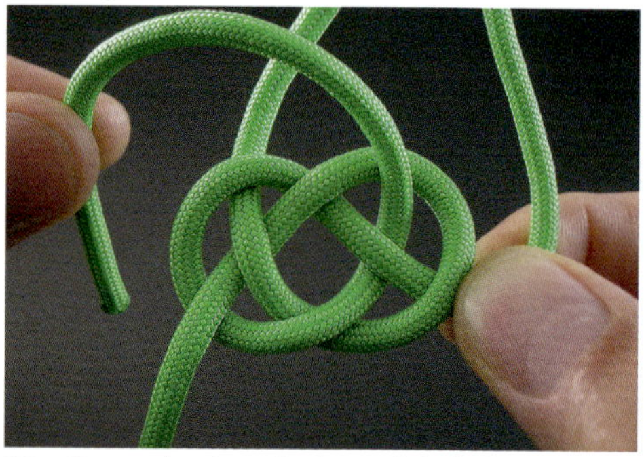

20. Das rechte lose Ende nach links biegen, über die linke Schnur oberhalb des Trossensteks führen …

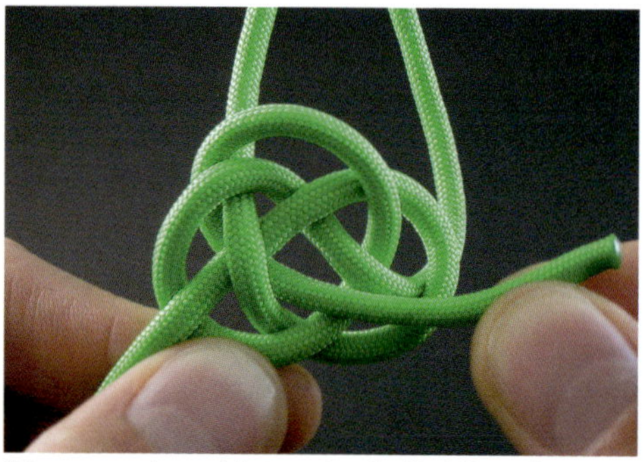

21. … und von hinten durch die Mitte des Trossensteks nach vorn führen.

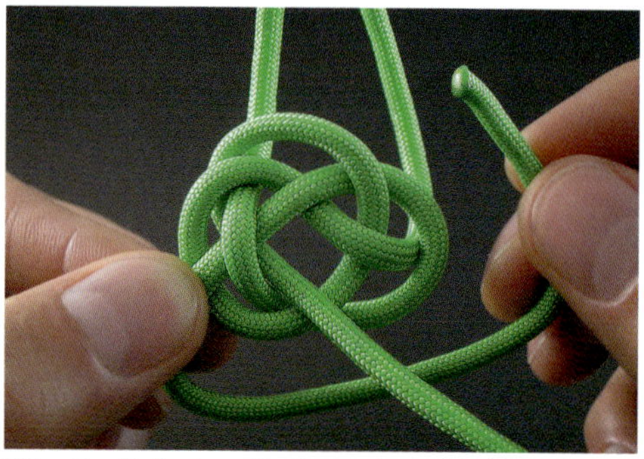

22. Das linke lose Ende nach rechts biegen, über die rechte Schnur oberhalb des Trossensteks führen …

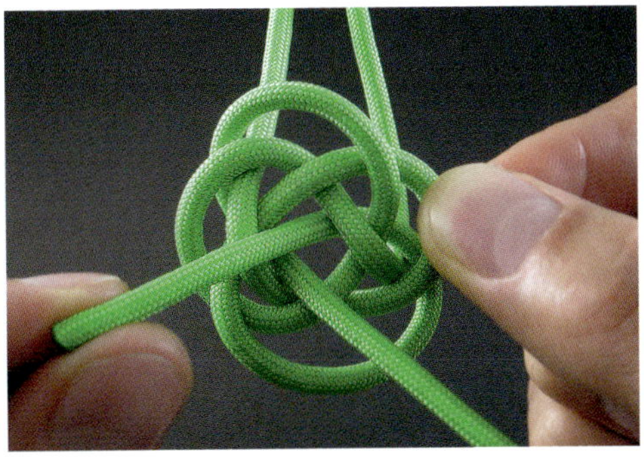

23. … und von hinten durch die Mitte des Trossensteks nach vorn führen.

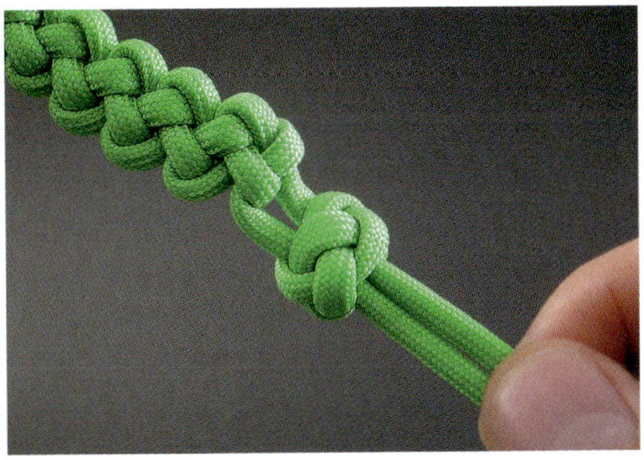

24. So lange an den Schnurenden ziehen, bis der zweisträngige Diamantknoten fest und symmetrisch ist.

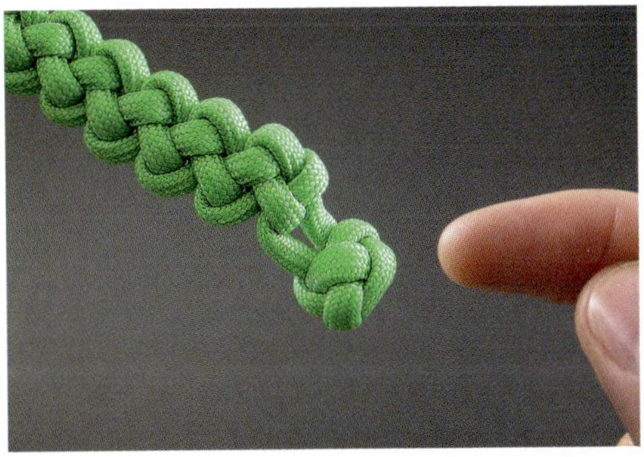

25. Die Enden dicht am Diamantknoten abschneiden und sorgfältig abbrennen.

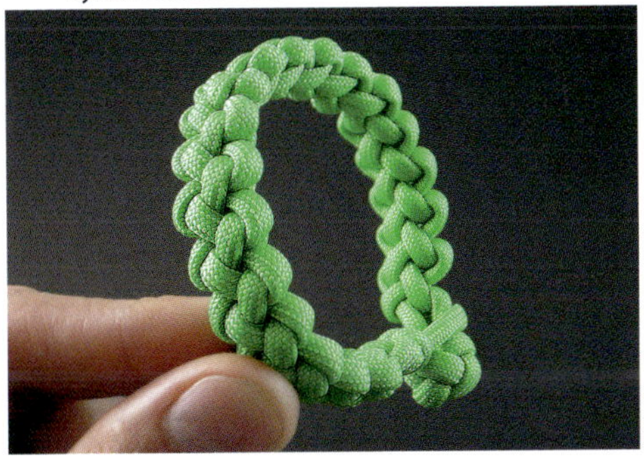

26. So sieht das fertige Reißverschluss-Platting-Armband aus.

Dickes Reissverschluss-Platting — Thick Zipper Sinnet

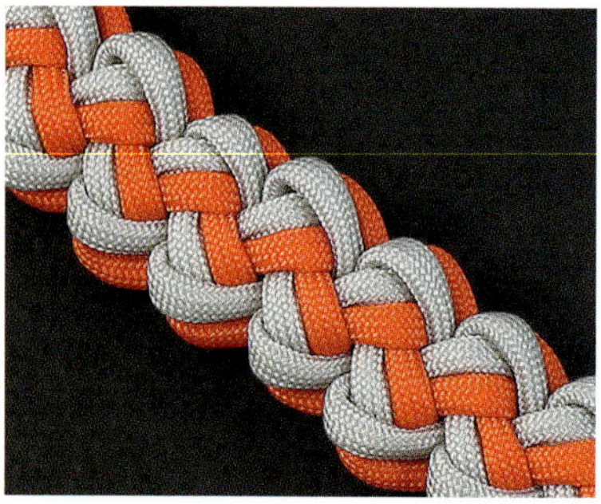

Dies ist eine verdoppelte Version des Reißverschluss-Plattings, die interessant aussieht und in nassem Zustand gut dehnbar ist. Für ein Armband braucht man doppelt so viel Schnur wie für die einfache Version.

Schnur: *2 Schnüre à 2,1 m (fertige Armbandlänge ca. 19 cm)*

Komponenten: *Reißverschluss-Platting + kontrastfarbige Schnüre*

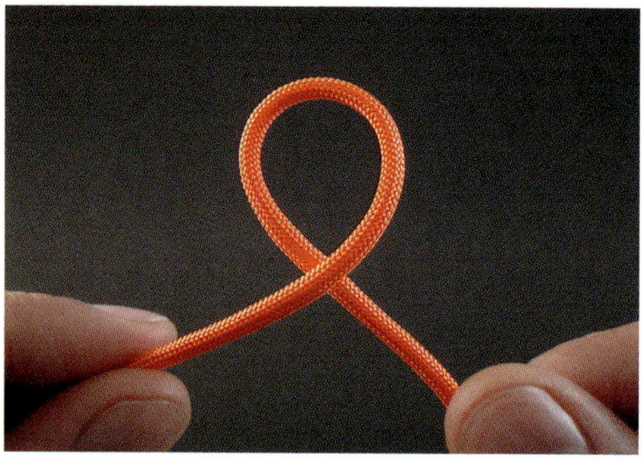

1. In die Mitte der ersten Schnur eine Schlaufe im Uhrzeigersinn legen.

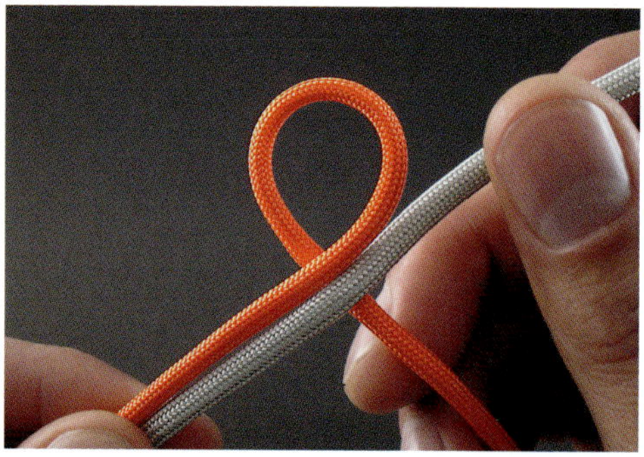

2. Dann die Mitte der zweiten Schnur parallel an der Kreuzung des rechten losen Endes anlegen.

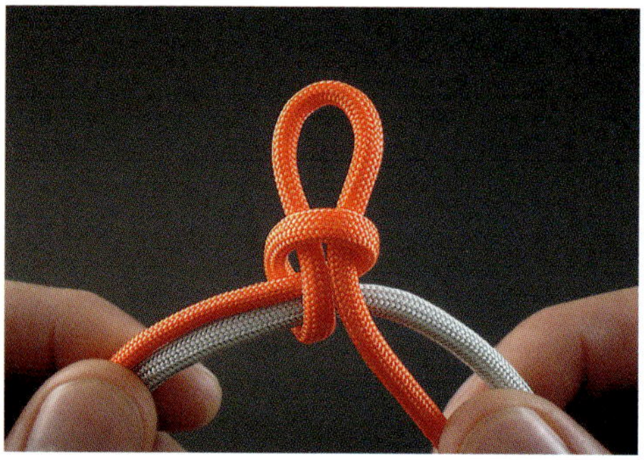

3. Das rechte lose Ende über die zweite Schnur und als Bucht durch die Schlaufe führen.

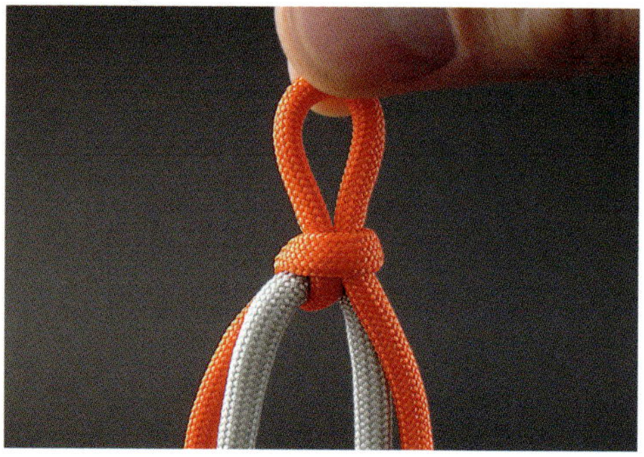

4. Dichtholen, dabei über dem Slipknoten eine 1,5 cm große Schlaufe stehen lassen.

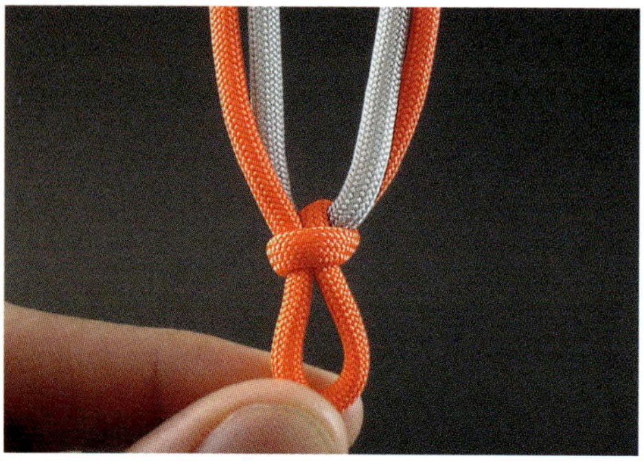

5. Die Knüpfarbeit kopfüber drehen.

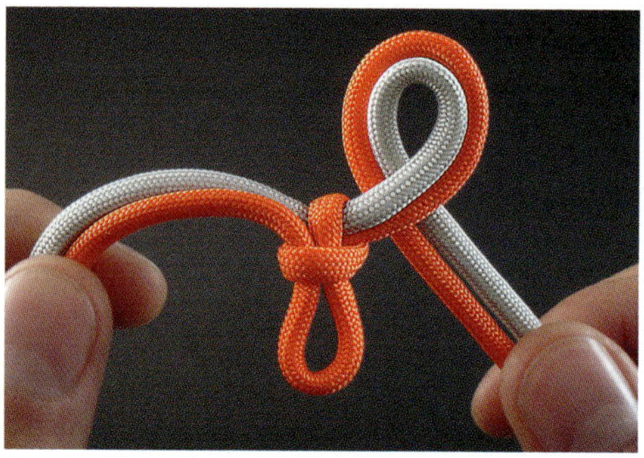

6. In die rechten Enden im Uhrzeigersinn zwei konzentrische Schlaufen legen.

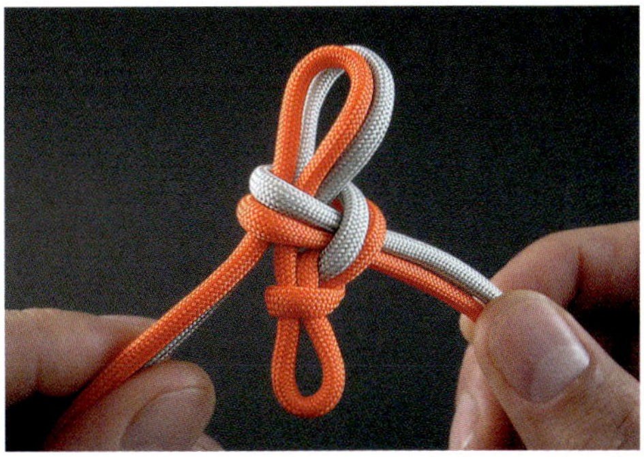

7. Ins linke lose Ende eine Bucht legen, durch die rechten Schlaufen führen …

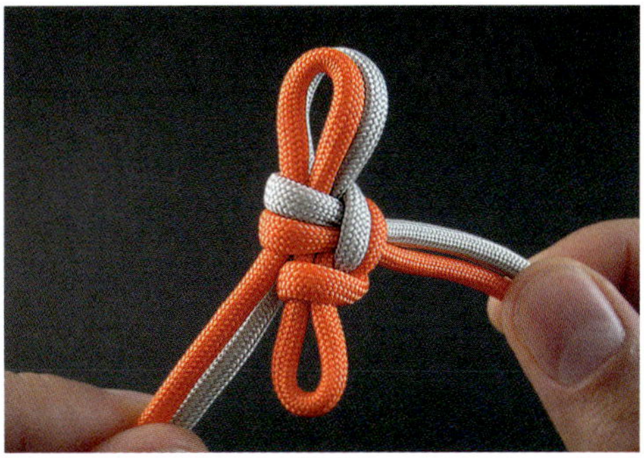

8. … und dichtholen. Über dem Slipknoten bleiben zwei 1,5 cm große Schlaufen stehen.

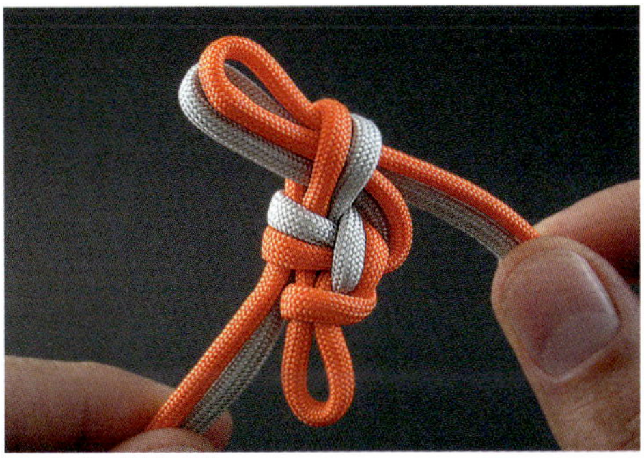

9. In die rechten losen Enden eine Bucht legen, durch die linken Schlaufen führen …

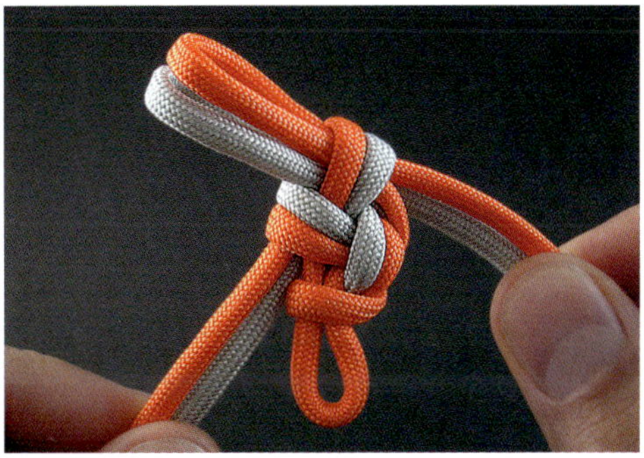

10. … und dichtholen. Über dem Slipknoten bleiben wieder zwei 1,5 cm große Schlaufen stehen.

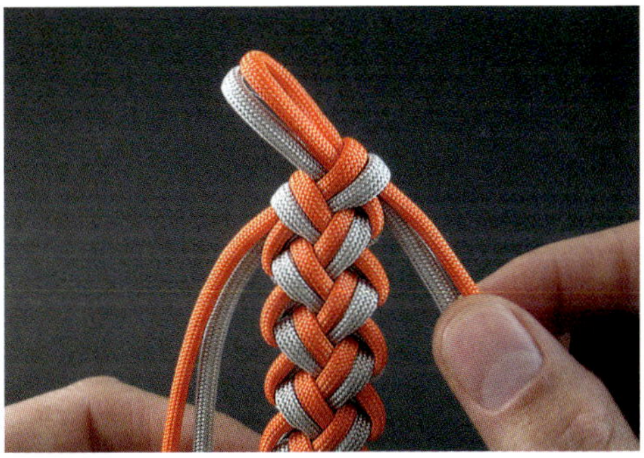

11. Die Schritte 7 bis 10 so oft wiederholen, bis die Schnurenden noch mindestens 13 cm lang sind.

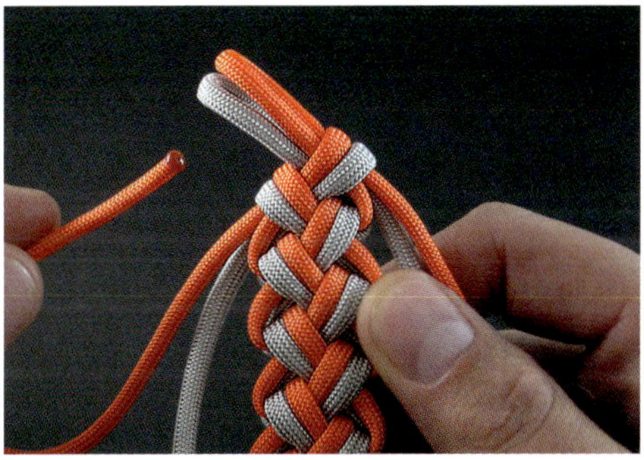

12. Für den Abschluss die Spitze des oberen linken losen Endes in die Hand nehmen.

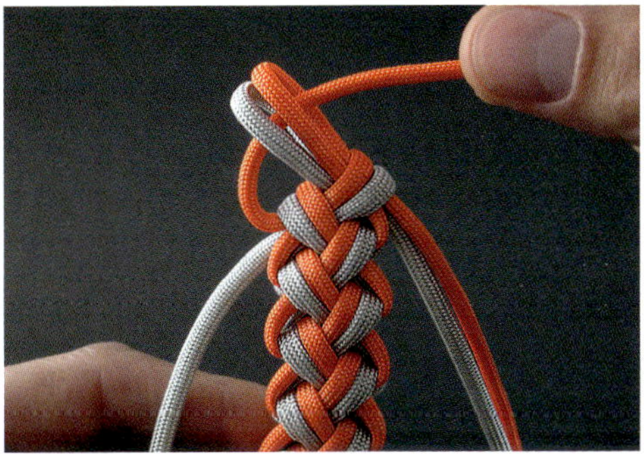

13. Die Spitze durch die beiden rechten Schlaufen ziehen.

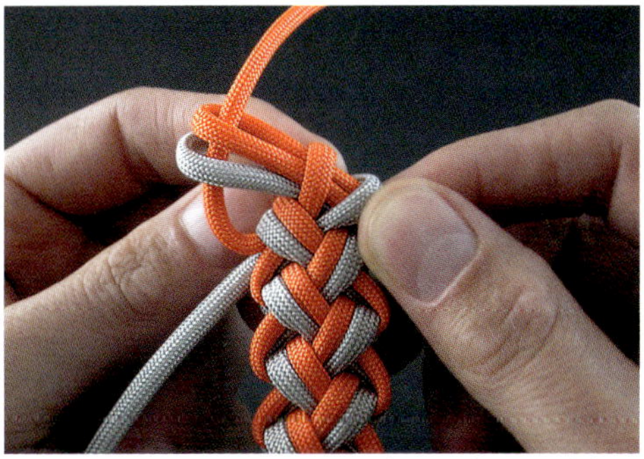

14. Nun die Schnüre unter den rechten Schlaufen trennen …

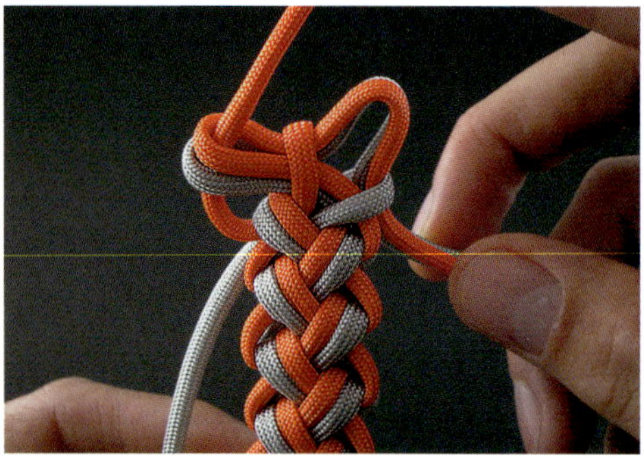

15. … und die beiden (hinteren) parallelen Schnüre im Bogen zwischen ihnen herausziehen.

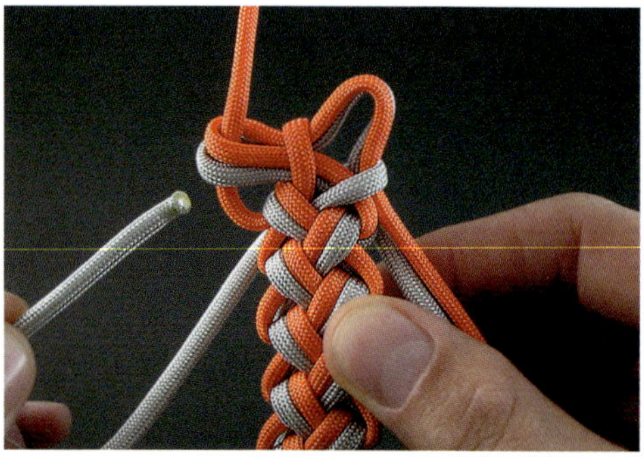

16. Die Spitze des unteren linken losen Endes in die Hand nehmen …

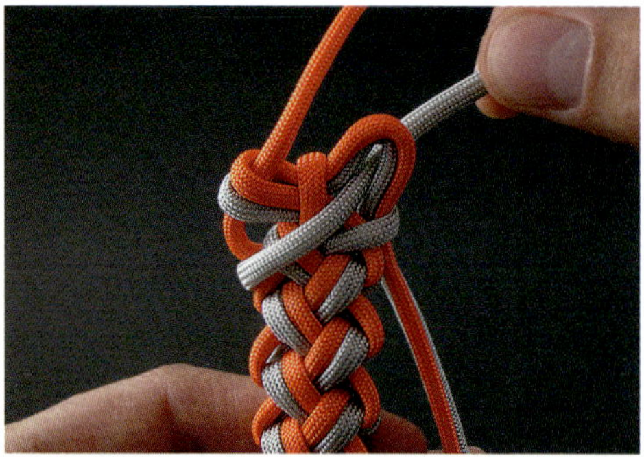

17. … und durch den herausgezogenen Bogen ziehen.

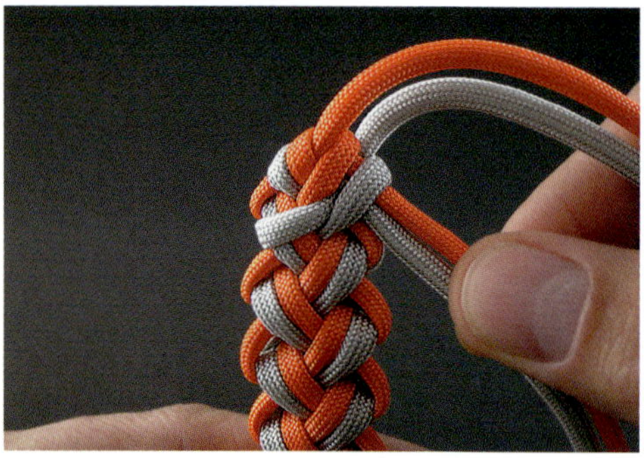

18. Dann die rechten losen Enden fest dichtholen.

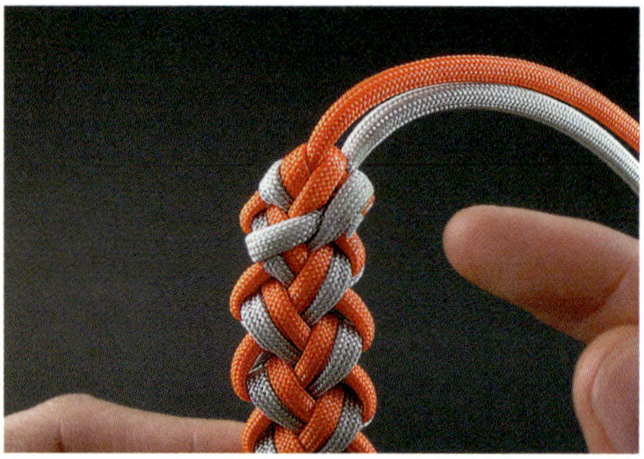

19. Die rechten losen Enden kurz abschneiden und sorgfältig abbrennen.

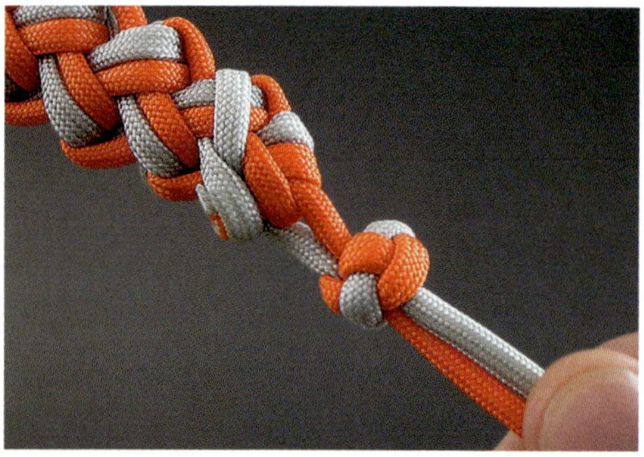

20. In die beiden restlichen senkrechten Schnüre einen zweisträngigen Diamantknoten (siehe Seite 30) knüpfen.

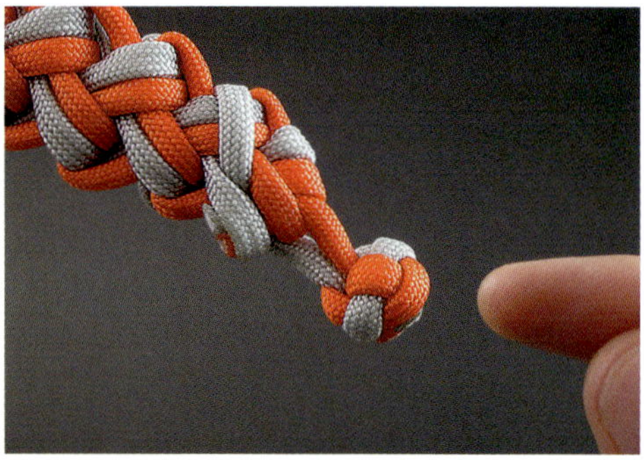

21. Die Enden kurz abschneiden und sorgfältig abbrennen.

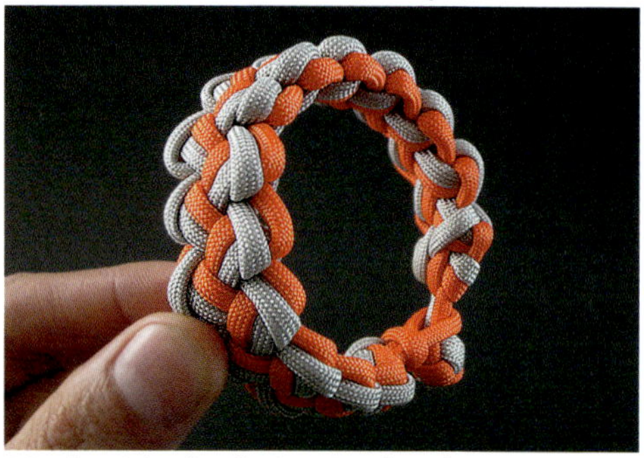

22. So sieht das fertige Armband aus.

Genueser Reißverschluss-Platting Genoese Zipper Sinnet

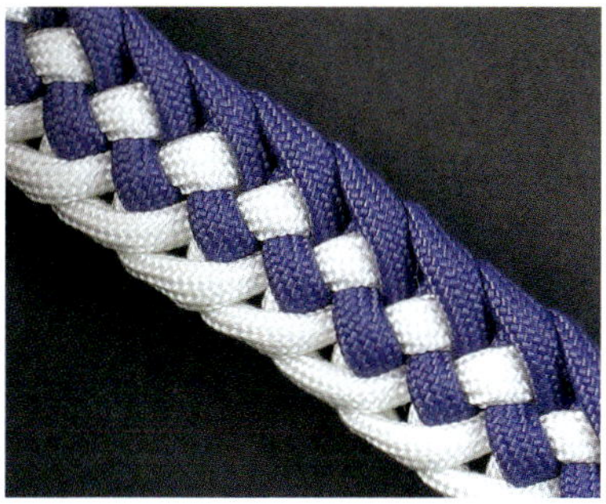

Die Idee für diese Technik basiert auf den überlappenden halben Schlägen des Genoese Bar. Nur werden hier die halben Schläge durch Reißverschluss-Plattings ersetzt. So ergibt sich ein komplexes Muster.

Schnur: *2 Schnüre à 1,8 m (fertige Armbandlänge ca. 19 cm)*

Komponenten: *Reißverschluss-Platting + versetzt überlappende Schnüre + kontrastfarbige Schnüre*

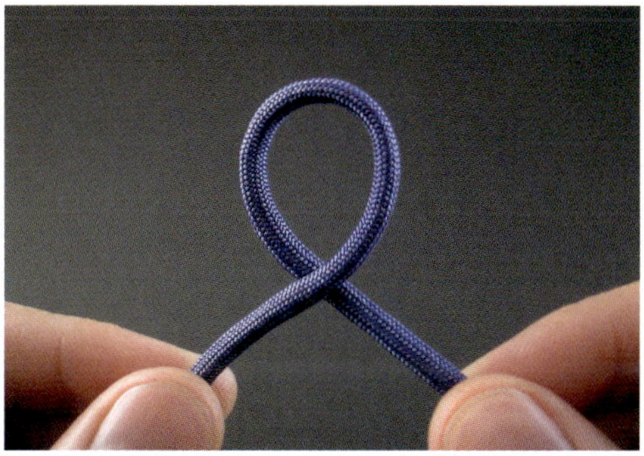

1. In die Mitte der ersten Schnur eine Schlaufe im Uhrzeigersinn legen.

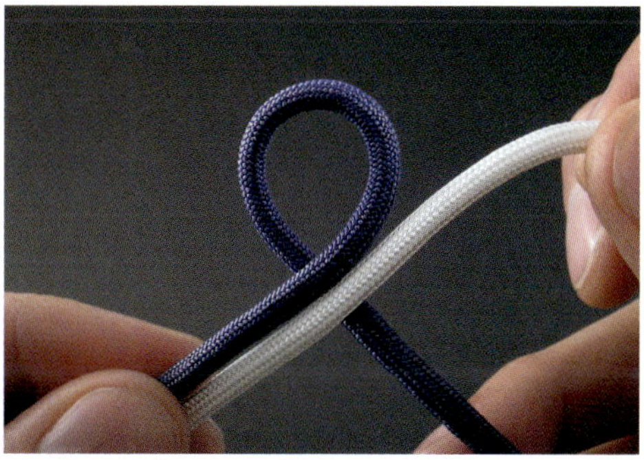

2. Dann die Mitte der zweiten Schnur parallel an der Kreuzung des rechten losen Endes anlegen.

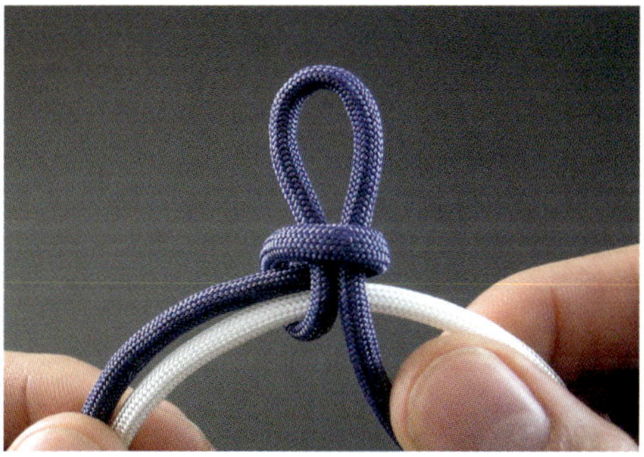

3. Das rechte lose Ende über die zweite Schnur und als Bucht durch die Schlaufe führen.

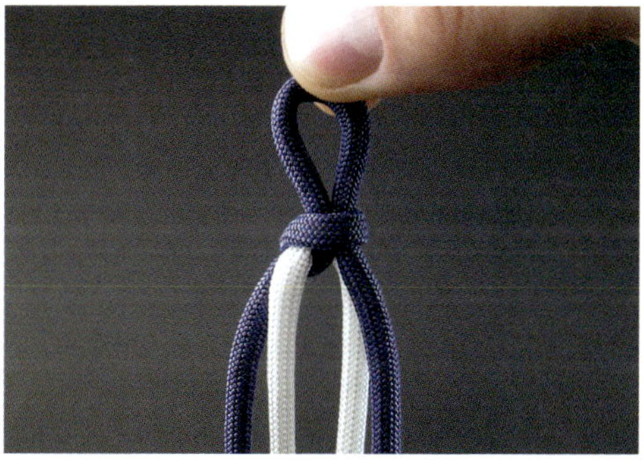

4. Dichtholen, dabei über dem Slipknoten eine 1,5 cm große Schlaufe stehen lassen.

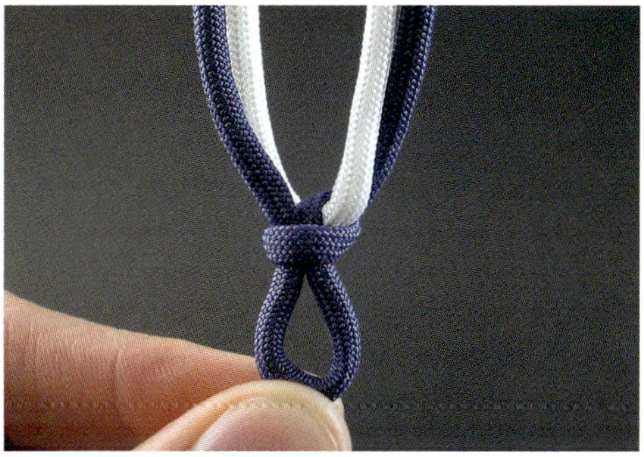

5. Die Knüpfarbeit kopfüber drehen.

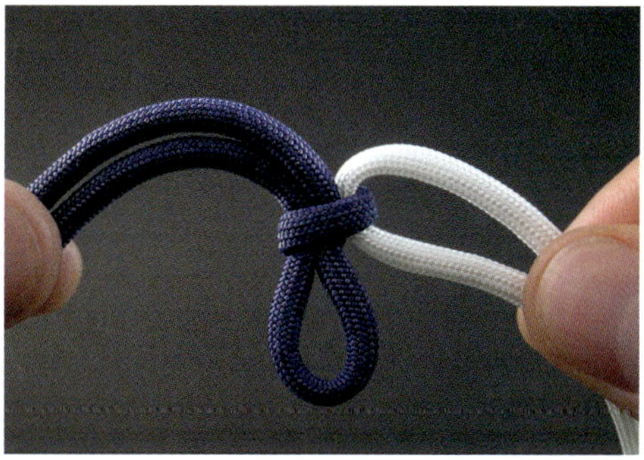

6. Die Enden der ersten und zweiten Schnur jeweils nach links bzw. rechts legen.

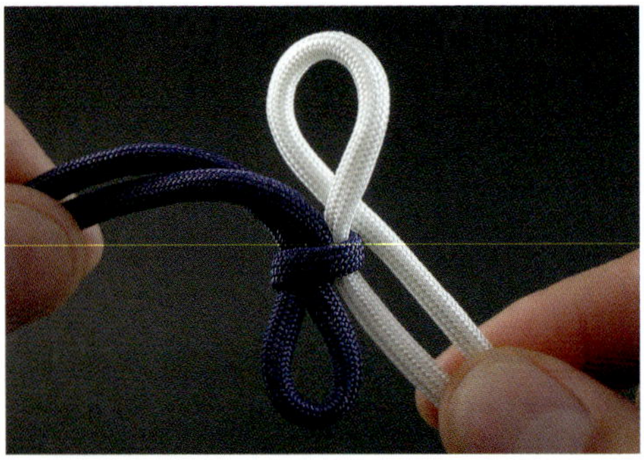

7. In die obere rechte Schnur eine Schlaufe im Uhrzeigersinn legen.

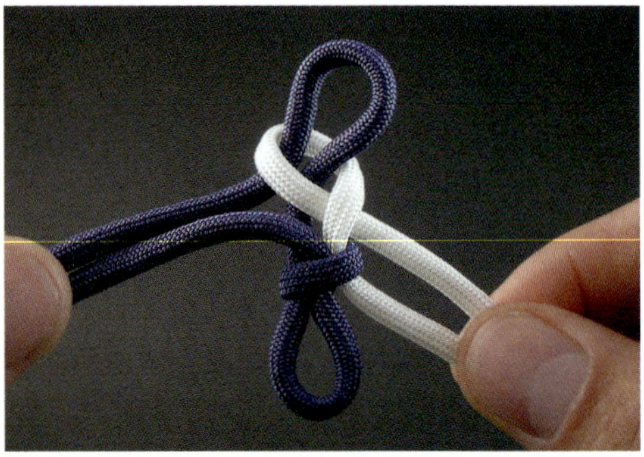

8. Ins äußere linke lose Ende eine Bucht legen, durch die rechte Schlaufe führen …

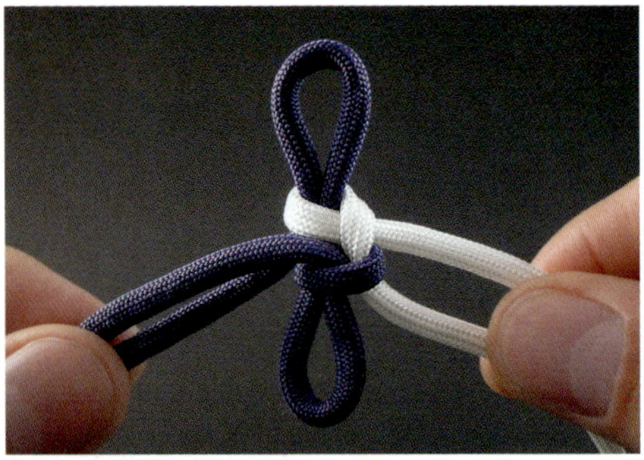

9. … und dichtholen, dabei über dem Slipknoten eine 1,5 cm große Schlaufe stehen lassen.

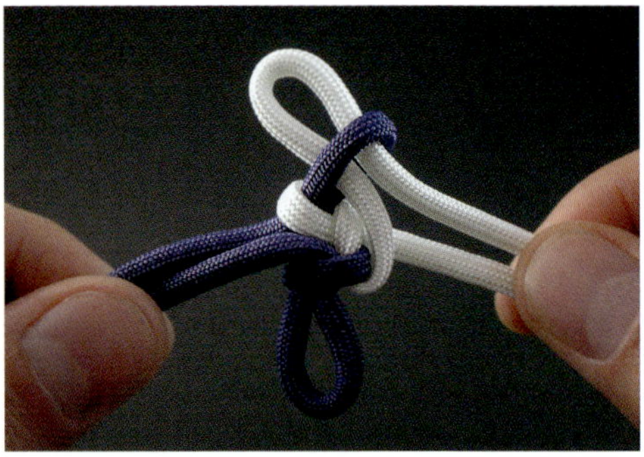

10. Das untere rechte lose Ende über die darüberliegende Schnur als Bucht durch die linke Schlaufe führen …

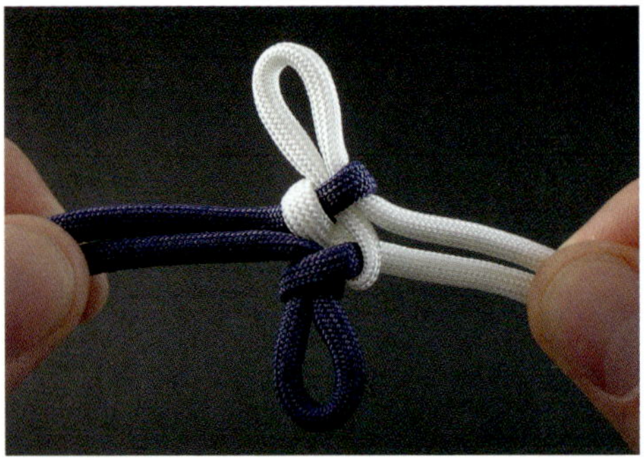

11. … und dichtholen, dabei über dem Slipknoten eine 1,5 cm große Schlaufe stehen lassen.

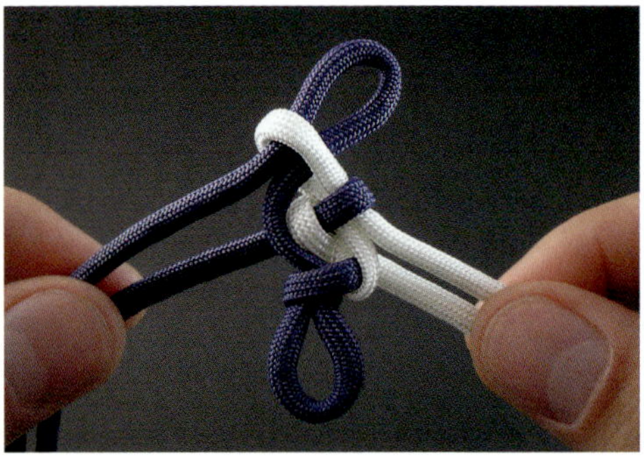

12. Ins untere linke lose Ende eine Bucht legen, über die darüberliegende Schnur und durch die rechte Schlaufe führen …

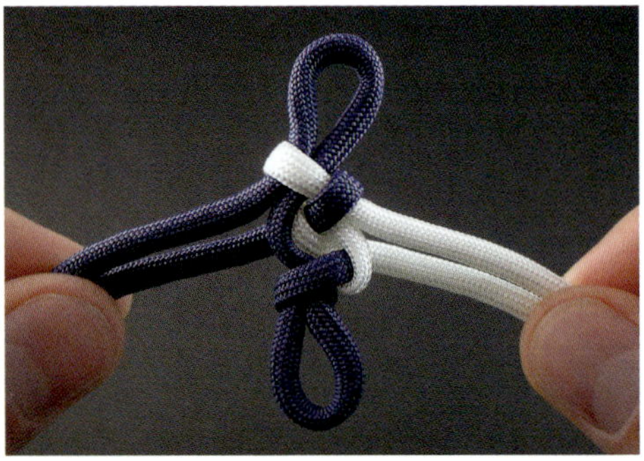

13. … und dichtholen, dabei über dem Slipknoten eine 1,5 cm große Schlaufe stehen lassen.

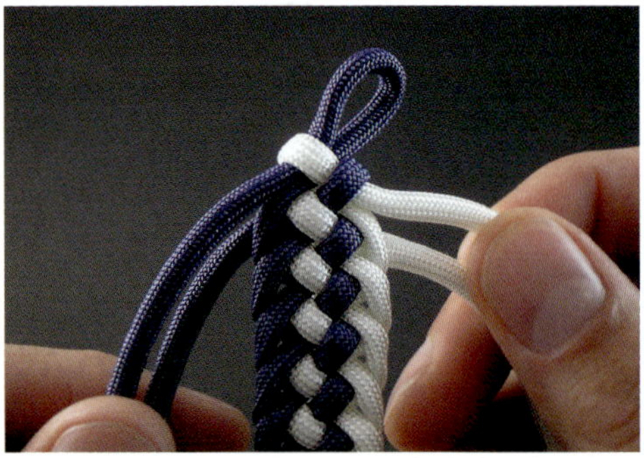

14. Die Schritte 10 bis 13 wiederholen, bis die Schnurenden noch mindestens 13 cm lang sind.

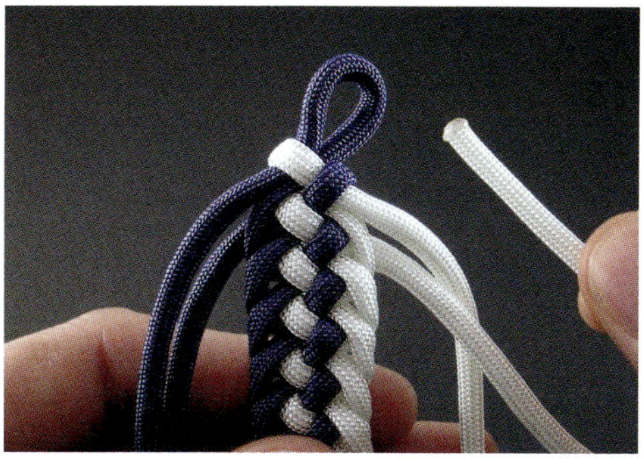

15. Für den Abschluss die Spitze des unteren rechten losen Endes in die Hand nehmen.

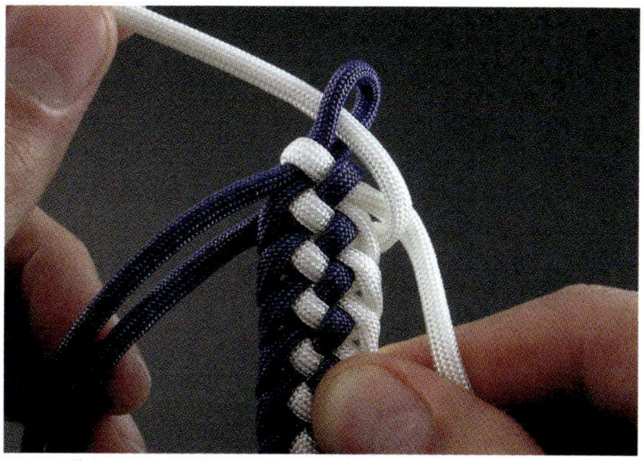

16. Über die darüberliegende Schnur führen und durch die linke Schlaufe ziehen.

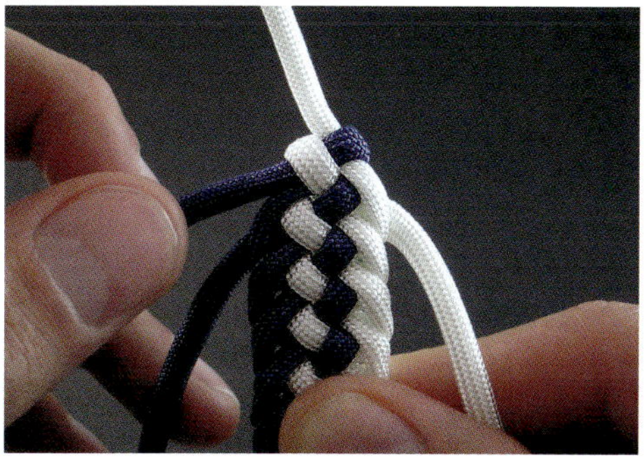

17. Dann das obere linke lose Ende gut dichtholen.

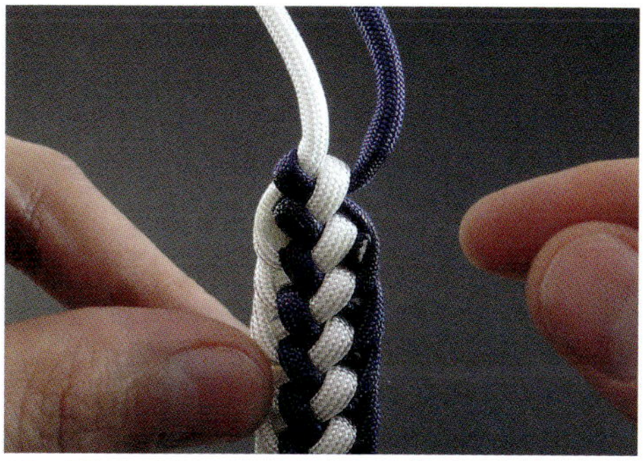

18. Die beiden unteren losen Enden kurz abschneiden und sorgfältig abbrennen.

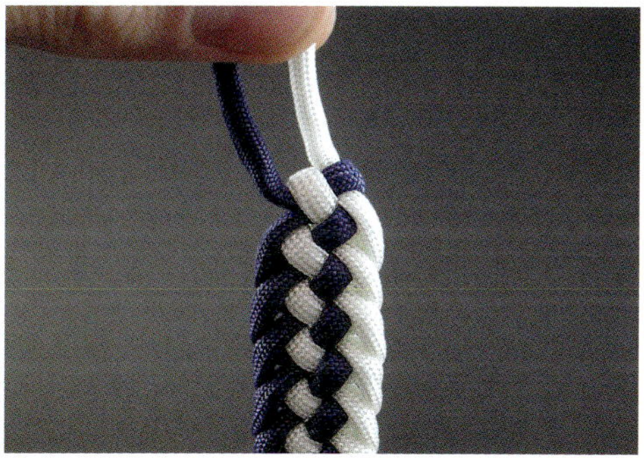

19. In die beiden verbleibenden senkrechten Schnüre …

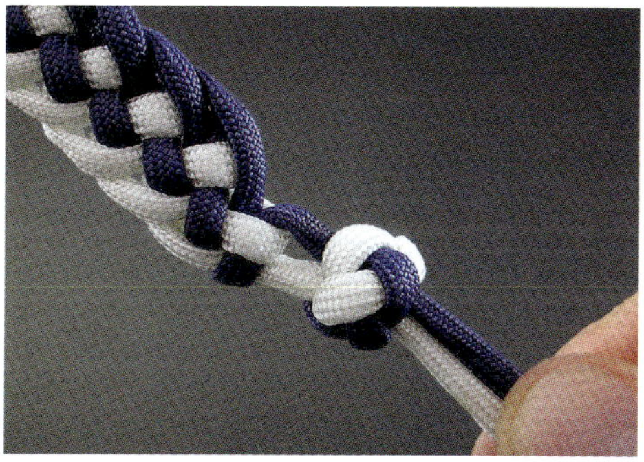

20. … einen zweisträngigen Diamantknoten (siehe Seite 30) knüpfen.

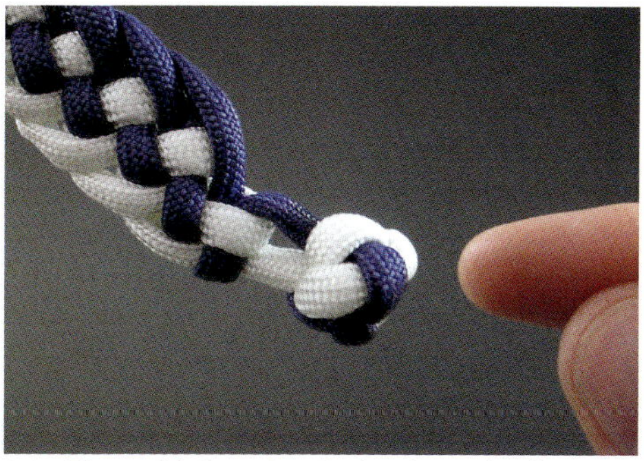

21. Die verbleibenden Enden kurz abschneiden und sorgfältig abbrennen.

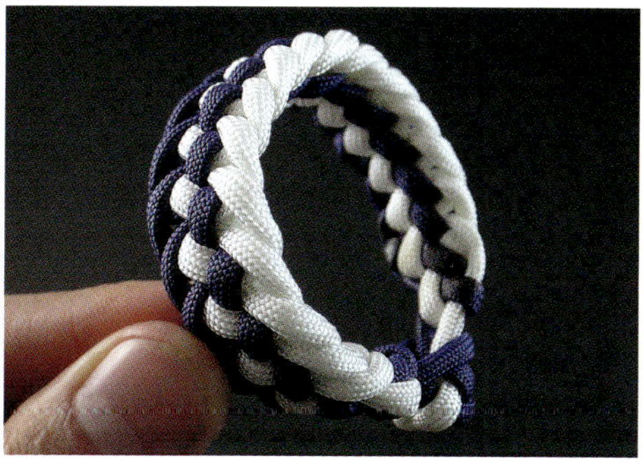

22. So sieht das fertige Armband aus.

RADULA

THE RADULA

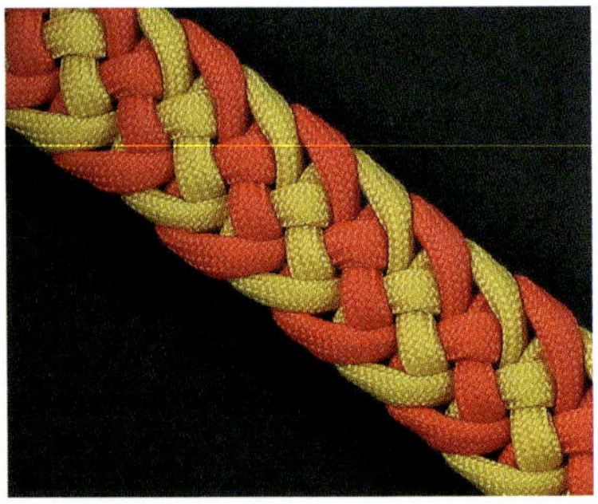

Das Aussehen dieser Knüpferei erinnert mich an die raspelartigen Mundwerkzeuge von Weichtieren. Im Grunde handelt es sich um eine Variante des Genueser Reißverschluss-Plattings. Kleine Veränderungen können optisch viel bewirken!

Schnur: *2 Schnüre à 1,8 m (fertige Länge ca. 19 cm)*

Komponenten: *Reißverschluss-Platting + versetzt überlappende Schnüre + kontrastfarbige Schnüre*

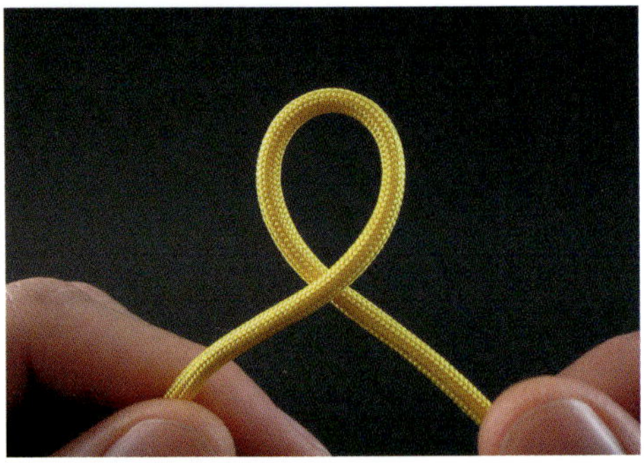

1. In die Mitte der ersten Schnur eine Schlaufe im Uhrzeigersinn legen.

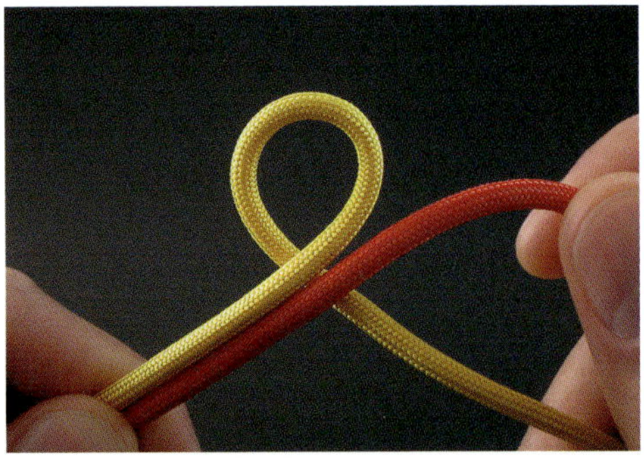

2. Dann die Mitte der zweiten Schnur parallel an der Kreuzung des rechten losen Endes anlegen.

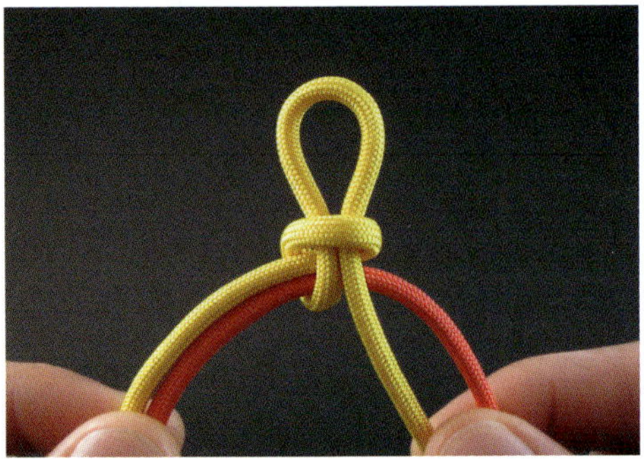

3. Das rechte lose Ende über die zweite Schnur und als Bucht durch die Schlaufe führen.

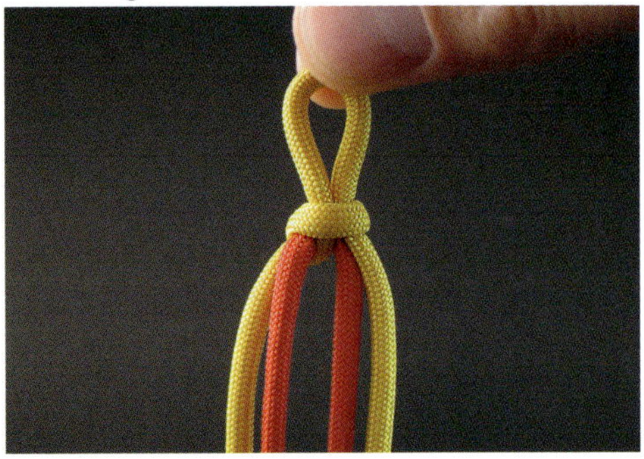

4. Dichtholen, dabei über dem Slipknoten eine 1,5 cm große Schlaufe stehen lassen.

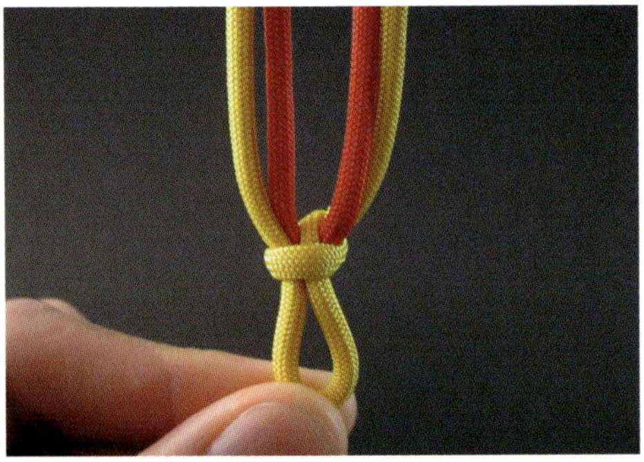

5. Die Knüpfarbeit kopfüber drehen.

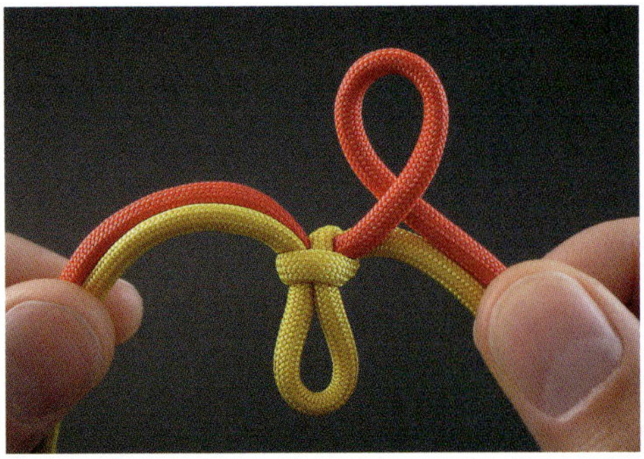

6. In die vordere rechte Schnur eine Schlaufe im Uhrzeigersinn legen.

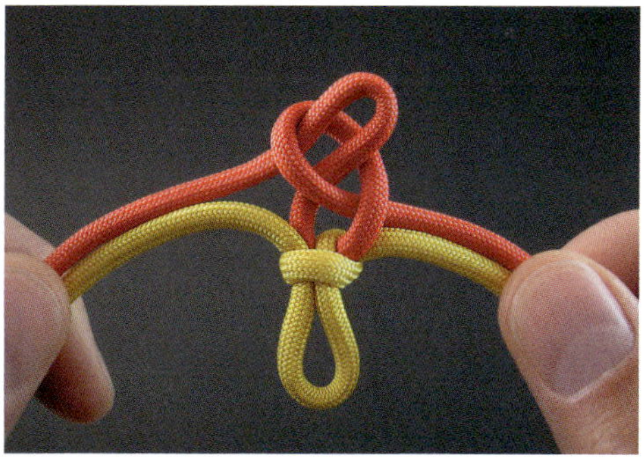

7. Ins hintere linke lose Ende eine Bucht legen, durch die rechte Schlaufe führen …

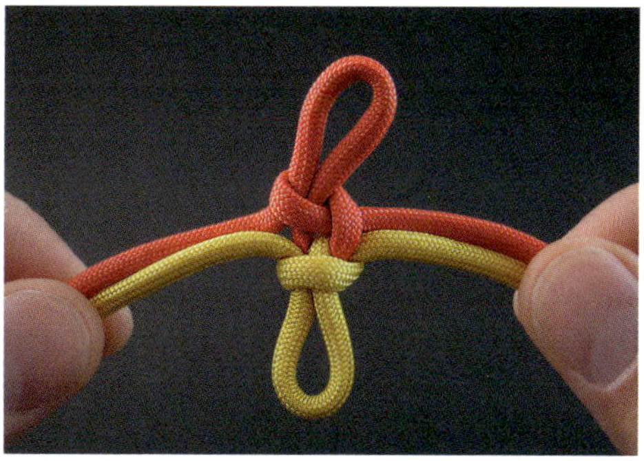

8. … und dichtholen, dabei über dem Slipknoten eine 1,5 cm große Schlaufe stehen lassen.

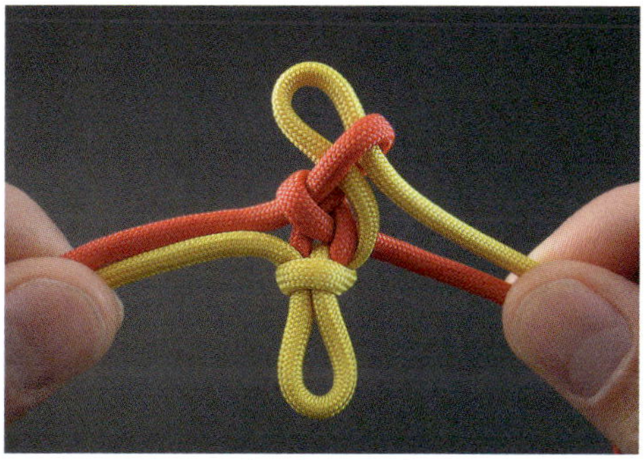

9. Ins untere rechte lose Ende eine Bucht legen, über die darüberliegende Schnur und durch die linke Schlaufe führen …

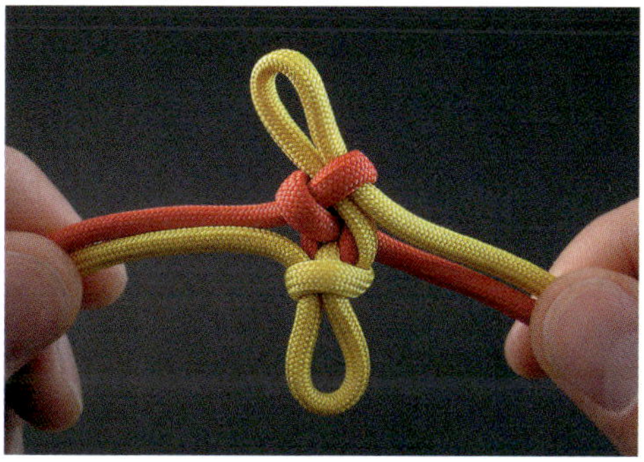

10. … und dichtholen, dabei über dem Slipknoten eine 1,5 cm große Schlaufe stehen lassen.

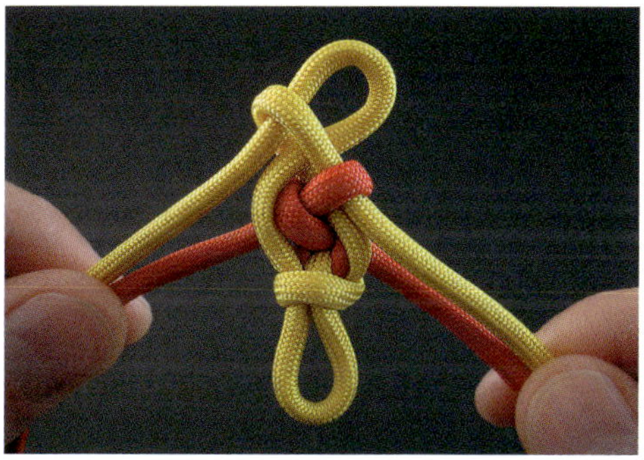

11. Ins untere linke lose Ende eine Bucht legen, über die darüberliegende Schnur und durch die rechte Schlaufe führen …

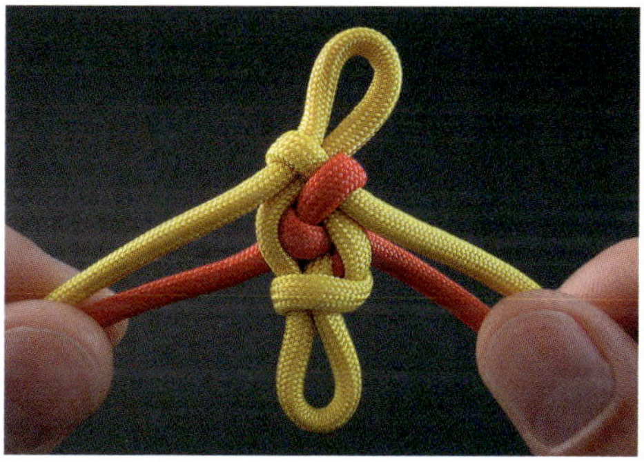

12. … und dichtholen, dabei über dem Slipknoten eine 1,5 cm große Schlaufe stehen lassen.

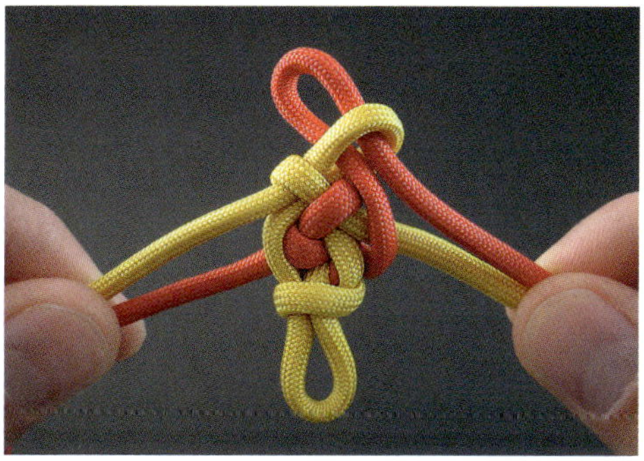

13. Ins untere rechte lose Ende eine Bucht legen, über die darüberliegende Schnur und durch die rechte Schlaufe führen …

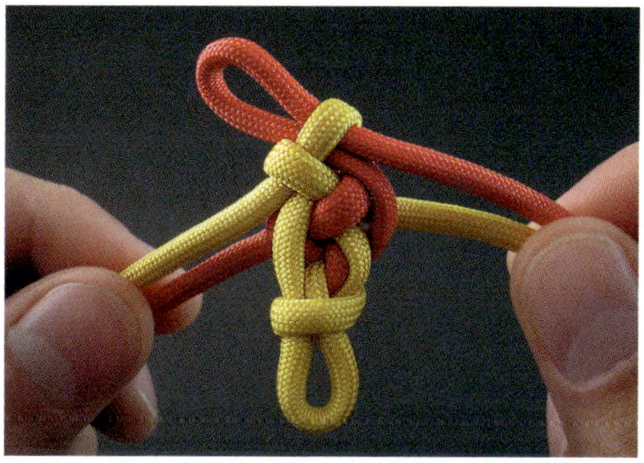

14. … und dichtholen, dabei über dem Slipknoten eine 1,5 cm große Schlaufe stehen lassen.

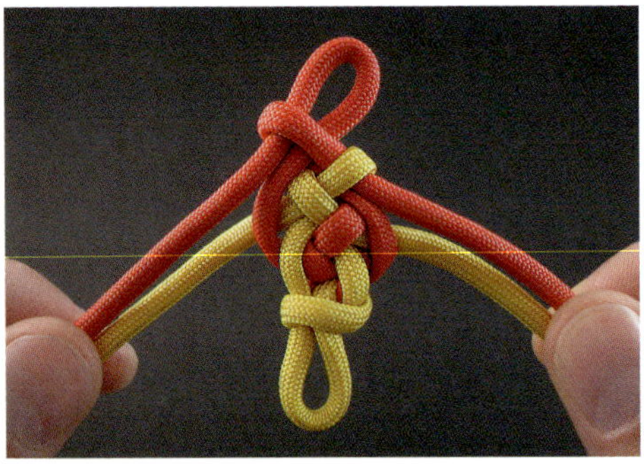

15. Das untere linke lose Ende über die darüberliegende Schnur und als Bucht durch die rechte Schlaufe führen …

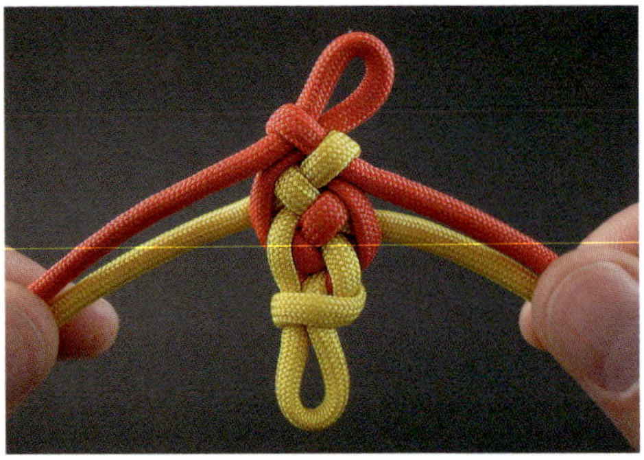

16. … und dichtholen, dabei über dem Slipknoten eine 1,5 cm große Schlaufe stehen lassen.

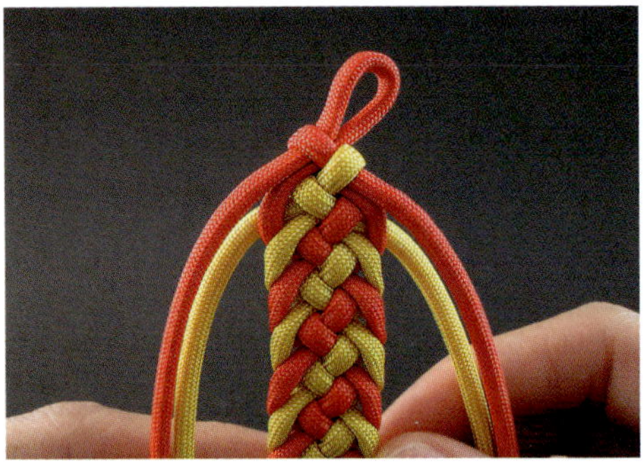

17. Die Schritte 9 bis 16 wiederholen, bis die Schnurenden noch mindestens 13 cm lang sind.

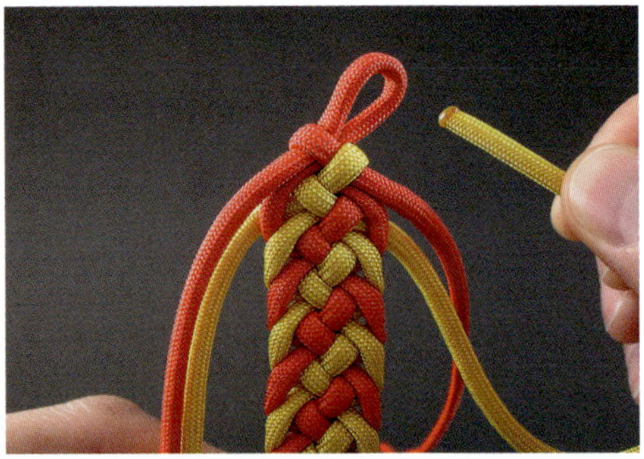

18. Für den Abschluss die Spitze des unteren rechten losen Endes in die Hand nehmen.

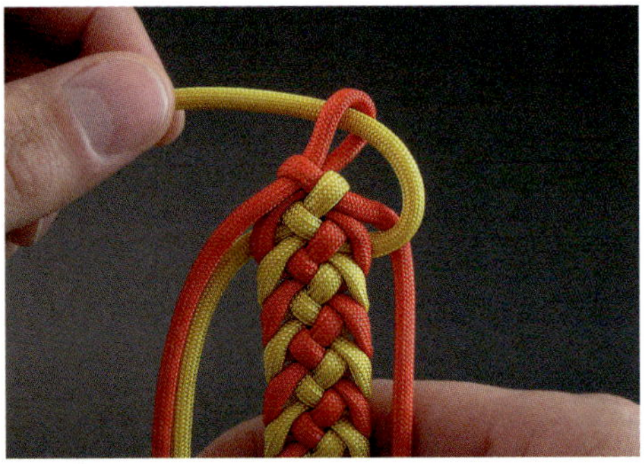

19. Über die darüberliegende Schnur und durch die rechte Schlaufe führen.

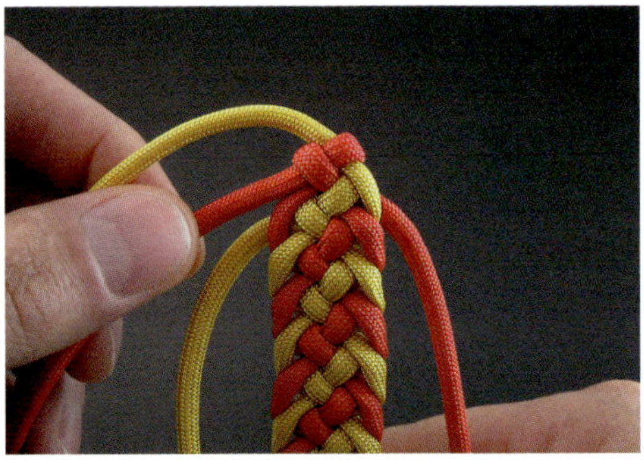

20. Dann das obere linke lose Ende gut dichtholen.

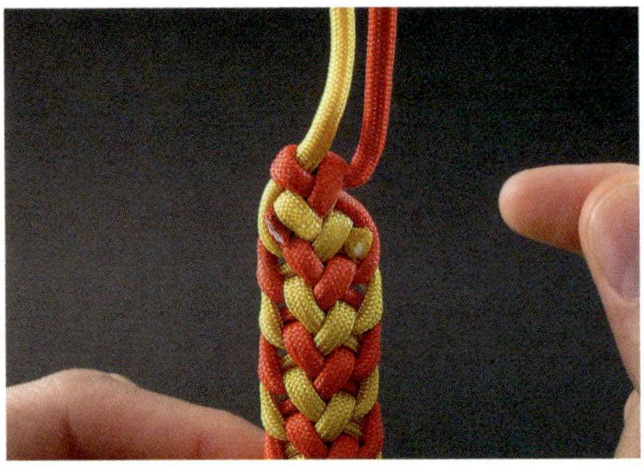

21. Die beiden unteren losen Enden kurz abschneiden und sorgfältig abbrennen.

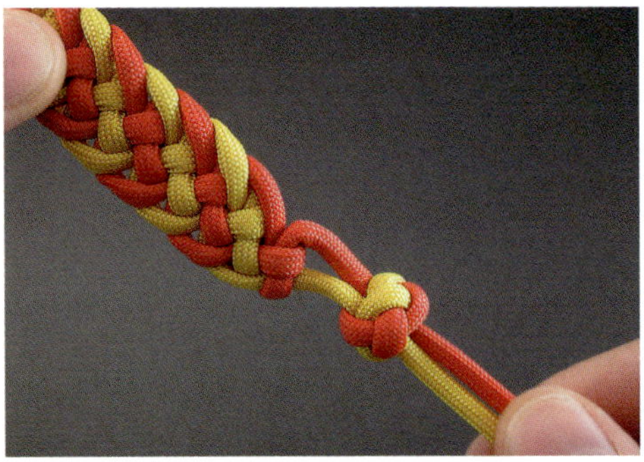

22. In die beiden restlichen senkrechten Schnüre einen zweisträngigen Diamantknoten (siehe Seite 30) knüpfen.

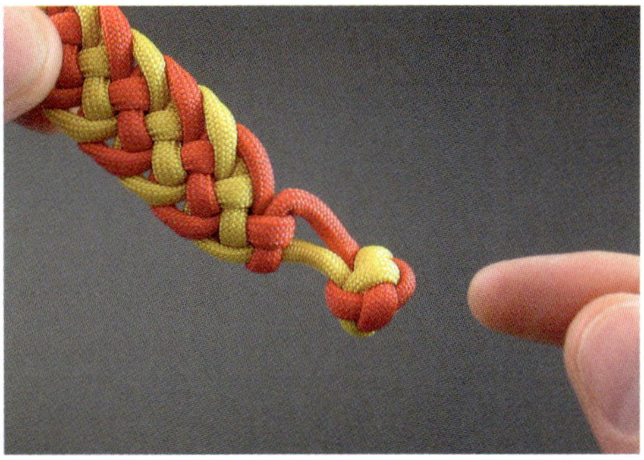

23. Die Enden am Diamantknoten kurz abschneiden und sorgfältig abbrennen.

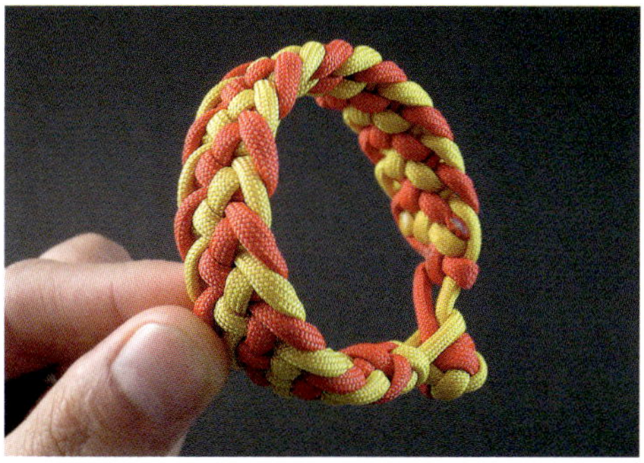

24. So sieht das fertige Radula-Armband aus.

Verstecktes Reissverschluss-Platting Mystic Zipper Sinnet

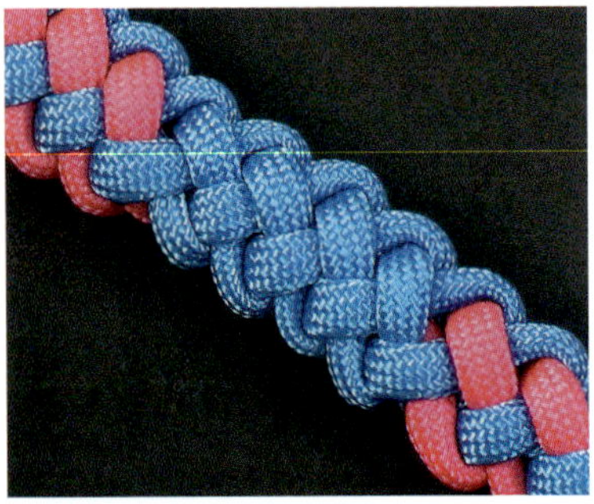

Dies ist eine pfiffige Methode, um in einen einfarbigen Strang etwas Farbe einfließen zu lassen. Es sieht aus, als würde die zweite Farbe quasi aus dem Nichts auftauchen.

Schnur: *2 Schnüre à 1,8 m + 1,2 m (fertige Länge variabel)*

Komponenten: *Reißverschluss-Platting + Tunneltechnik + kontrastfarbige Schnüre*

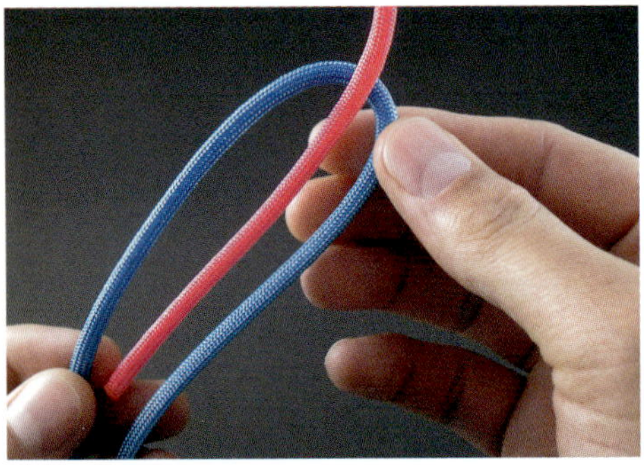

1. In 13 cm Abstand zum unteren Ende der kurzen Schnur eine Bucht in die Mitte der langen Schnur legen.

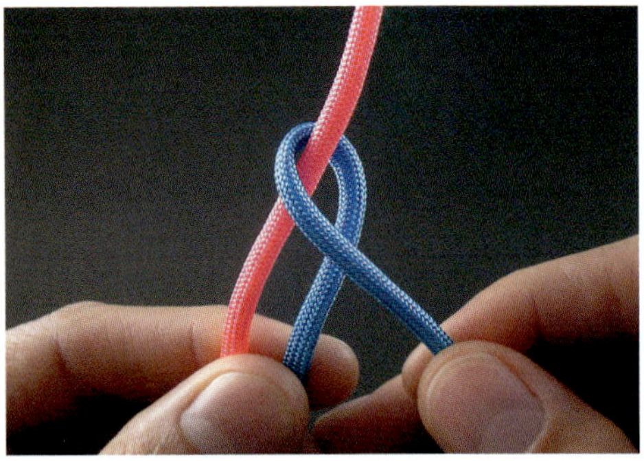

2. Das linke lose Ende der langen Schnur entgegen dem Uhrzeigersinn um die kurze Schnur führen.

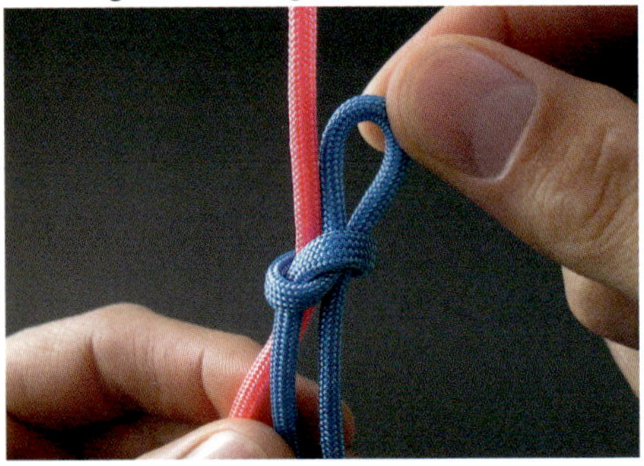

3. Ins rechte lose Ende eine Bucht legen, durch die Schlaufe führen …

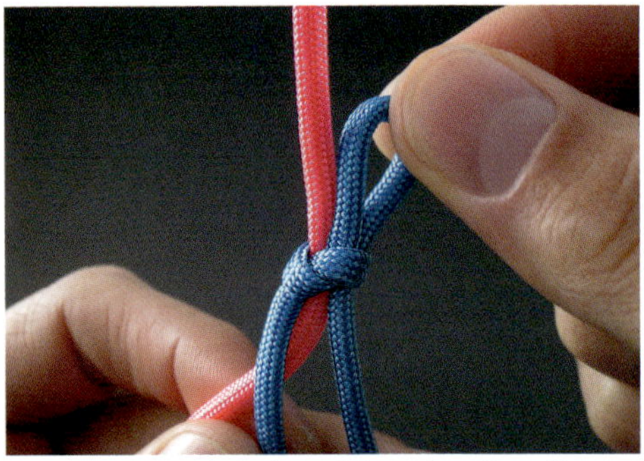

4. … und dichtholen, dabei über dem Slipknoten eine 1,5 cm große Schlaufe stehen lassen.

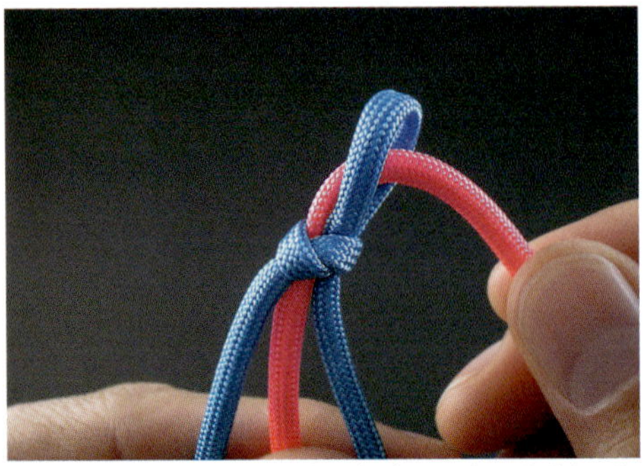

5. Die kurze Schnur durch die rechte Schlaufe führen.

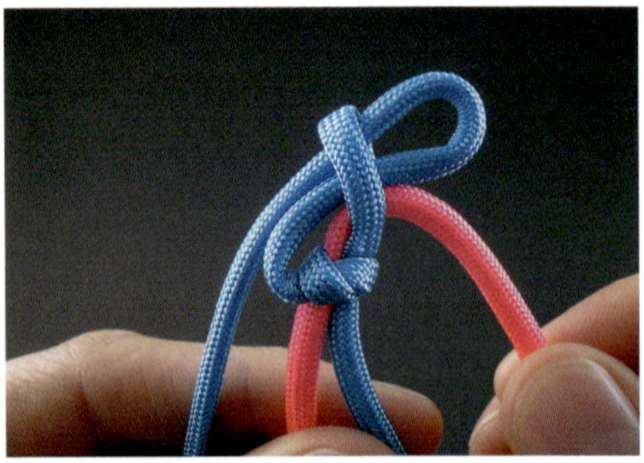

6. Das linke lose Ende als Bucht durch die rechte Schlaufe führen (über der innen liegenden Schnur) …

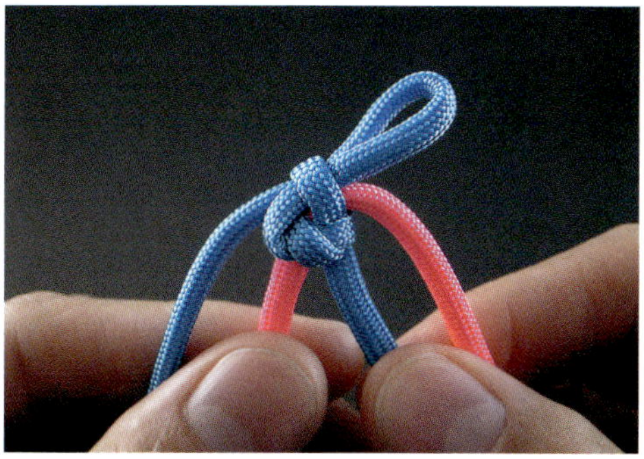

7. … und dichtholen, dabei über dem Slipknoten eine 1,5 cm große Schlaufe stehen lassen.

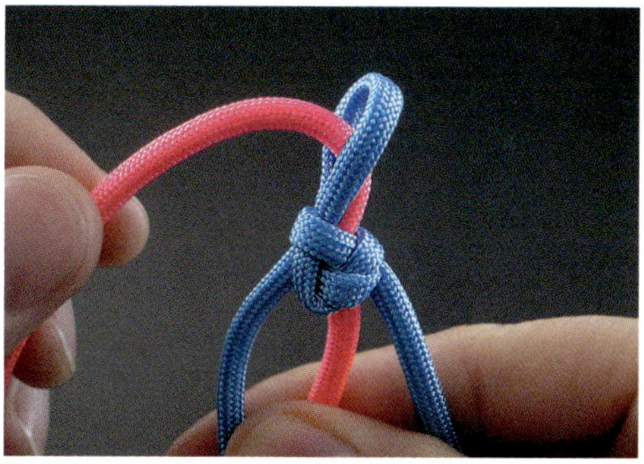

8. Die kurze Schnur durch die rechte Schlaufe führen.

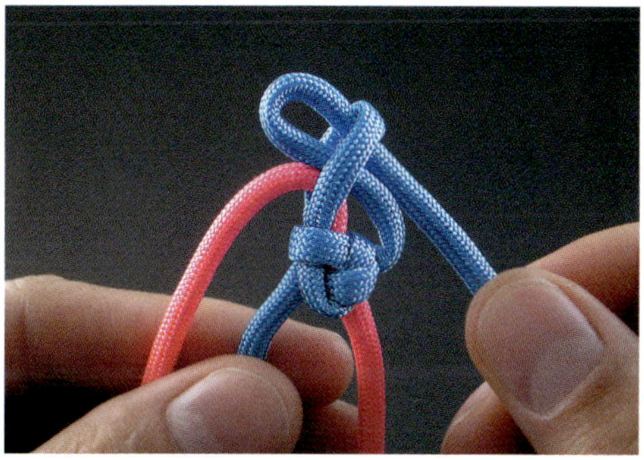

9. Das rechte lose Ende als Bucht durch die rechte Schlaufe führen (über der innen liegenden Schnur) …

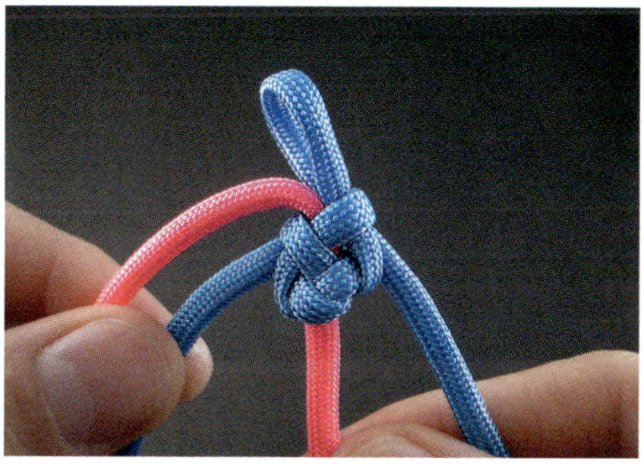

10. … und dichtholen, dabei über dem Slipknoten eine 1,5 cm große Schlaufe stehen lassen.

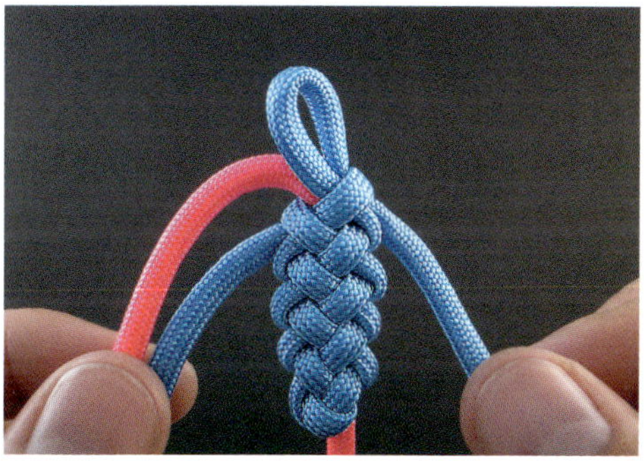

11. Die Schritte 5 bis 10 noch dreimal wiederholen.

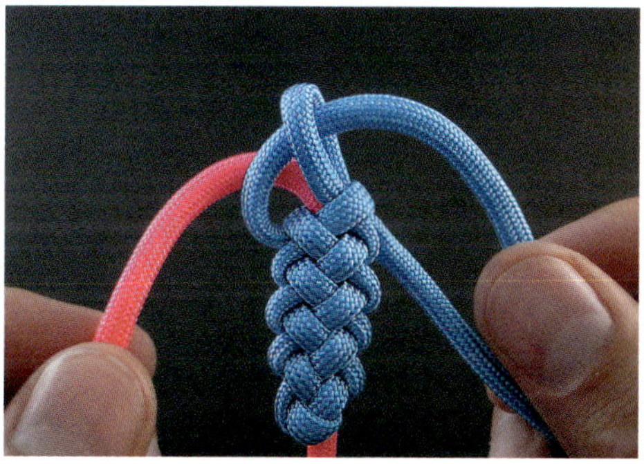

12. Nun das linke lose Ende durch die rechte Schlaufe führen.

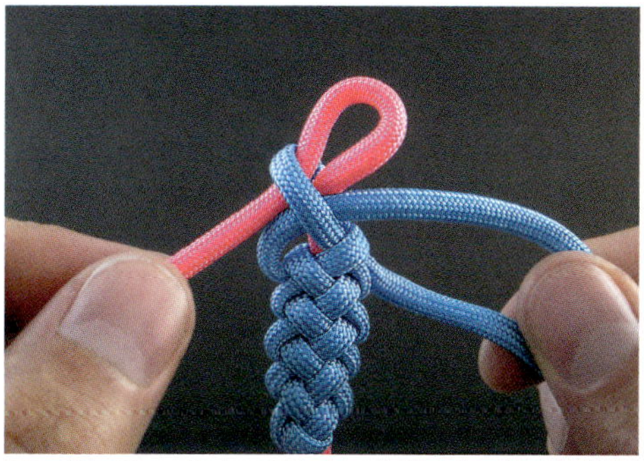

13. Die linke kurze Schnur als Bucht durch die rechte Schlaufe führen (über der innen liegenden Schnur) …

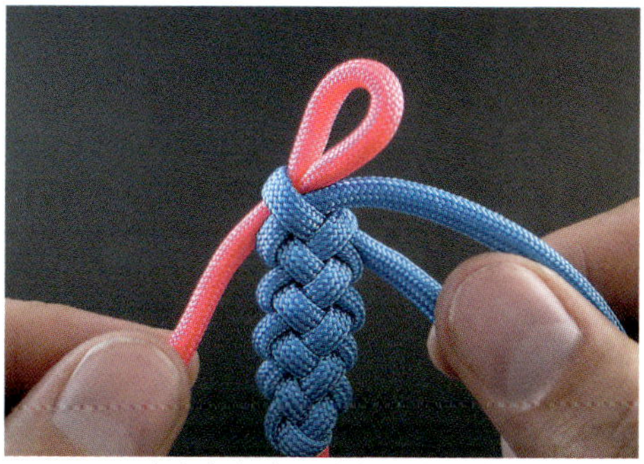

14. … und dichtholen, dabei über dem Slipknoten eine 1,5 cm große Schlaufe stehen lassen.

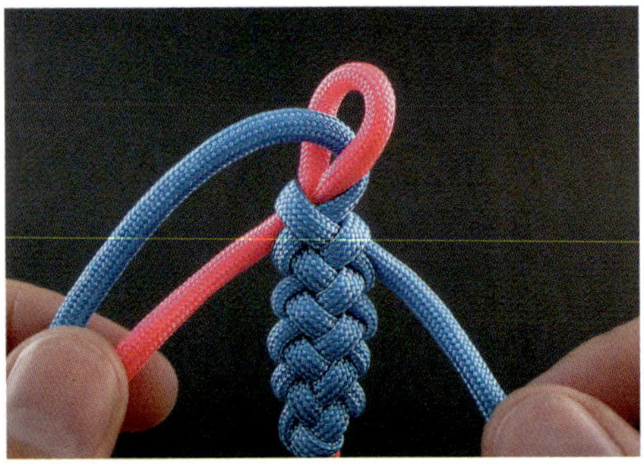

15. Die obere rechte Schnur durch die rechte Schlaufe führen.

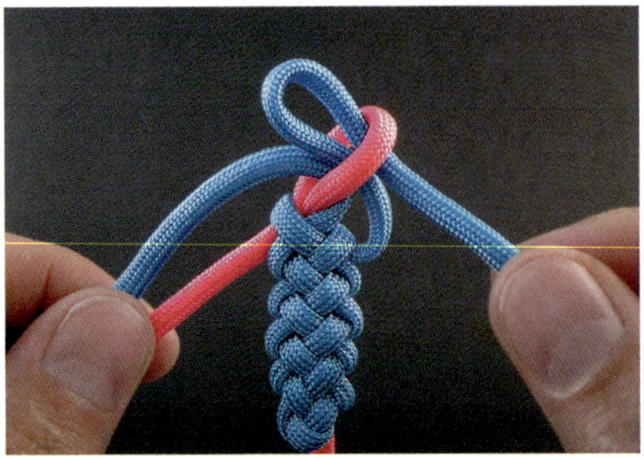

16. Das rechte lose Ende als Bucht durch die rechte Schlaufe führen (über der innen liegenden Schnur) …

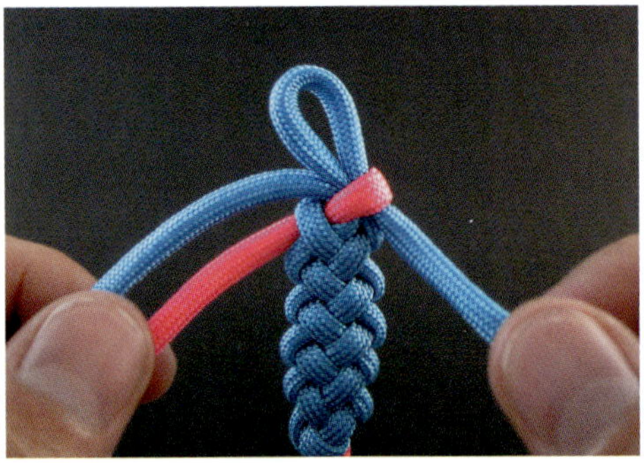

17. … und dichtholen, dabei über dem Slipknoten eine 1,5 cm große Schlaufe stehen lassen.

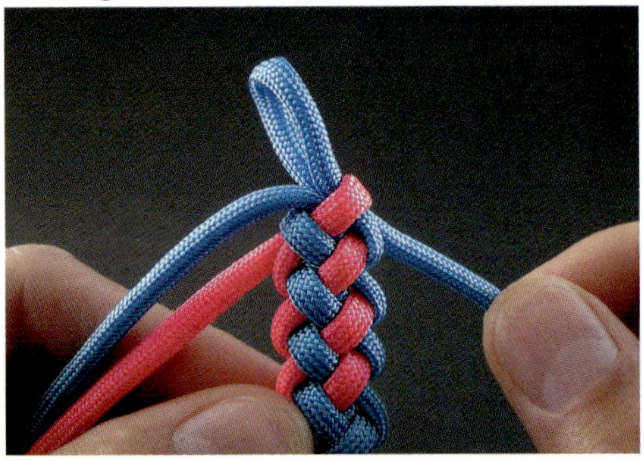

18. Die Schritte 12 bis 17 noch dreimal wiederholen.

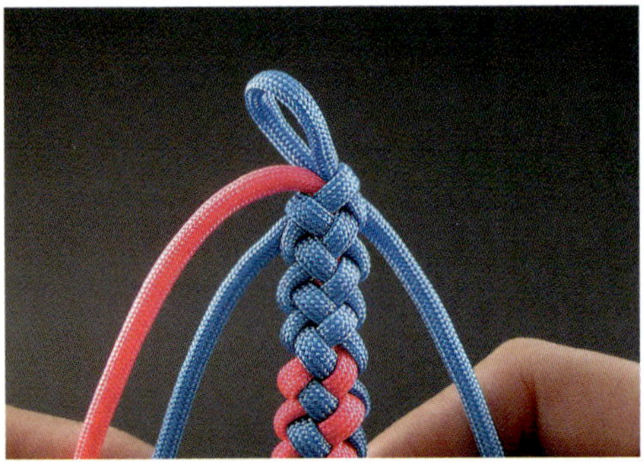

19. Die Schritte 5 bis 10 und 12 bis 17 so oft wiederholen, bis die Enden der kurzen Schnur noch mindestens 13 cm lang sind.

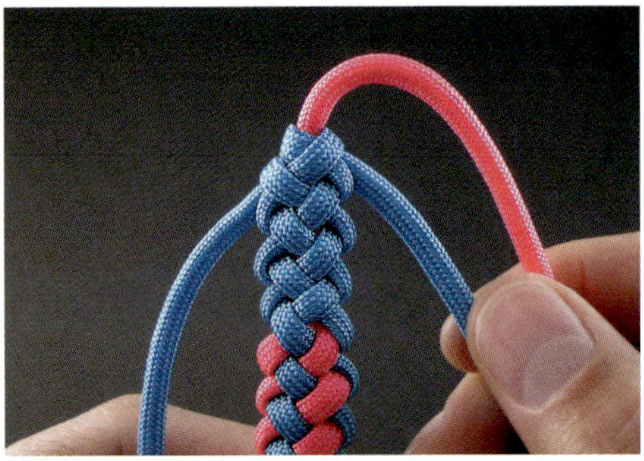

20. Die kurze linke Schnur durch die rechte Schlaufe führen.

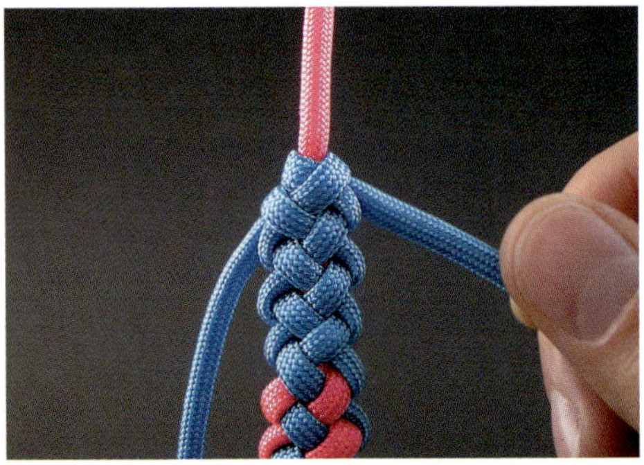

21. Zuerst das linke lose Ende, dann das rechte lose Ende dichtholen.

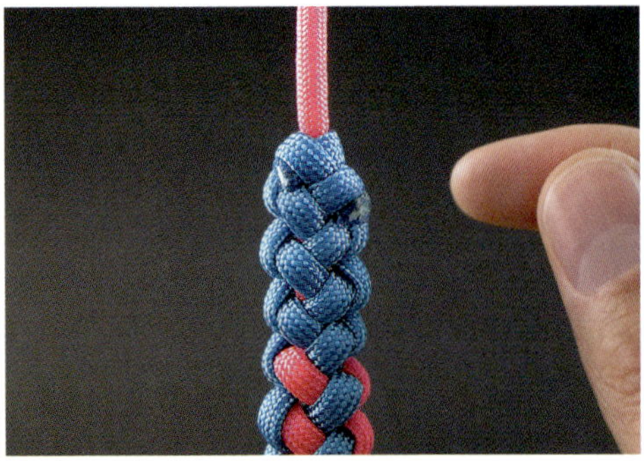

22. Die Enden der langen Schnur kurz abschneiden und sorgfältig abbrennen.

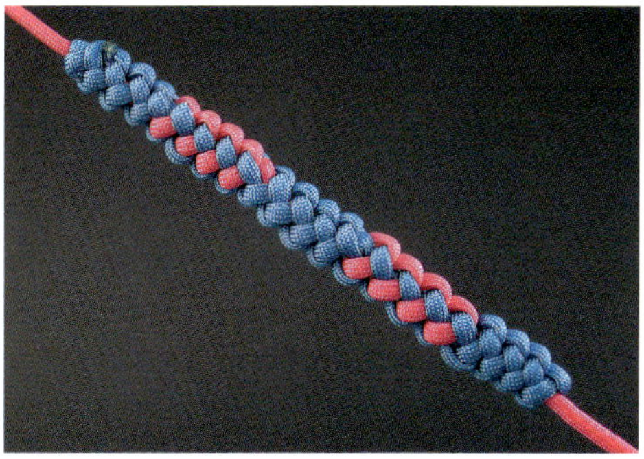

23. Damit ist das versteckte Reißverschluss-Platting fertig.

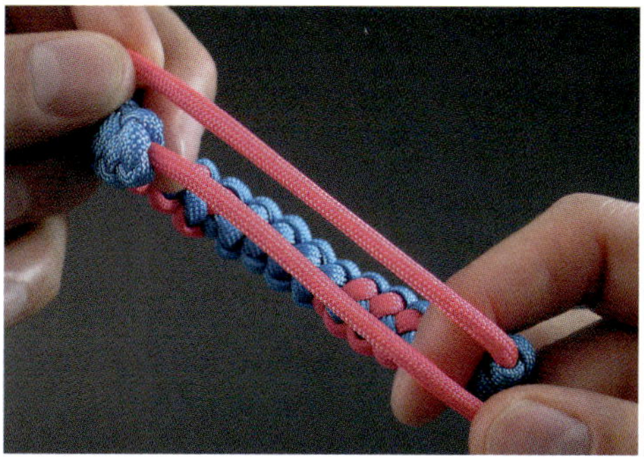

24. Um daraus ein verstellbares Armband zu machen, die beiden kurzen Enden nebeneinanderlegen.

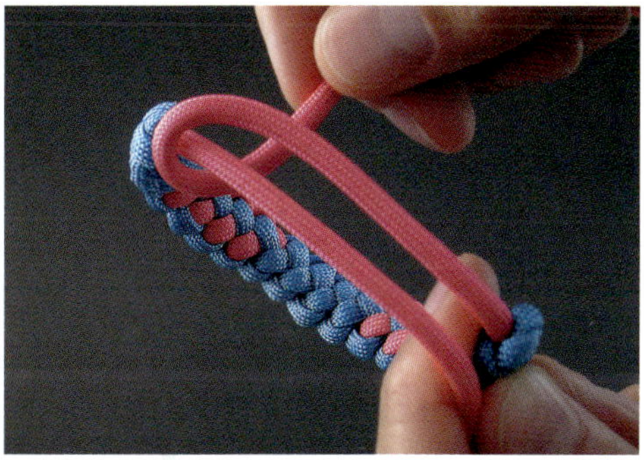

25. Mit der rechten Schnur eine Schlaufe um die linke legen. Das lose Ende liegt unten.

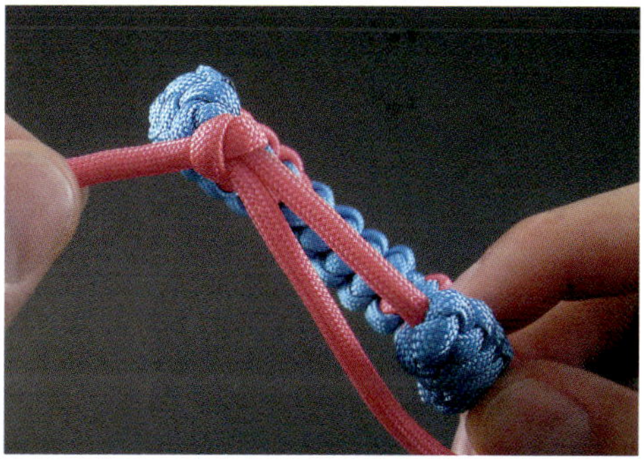

26. Das Ende durch die Schlaufe ziehen. So entsteht ein Überhandknoten. Diesen gut dichtholen.

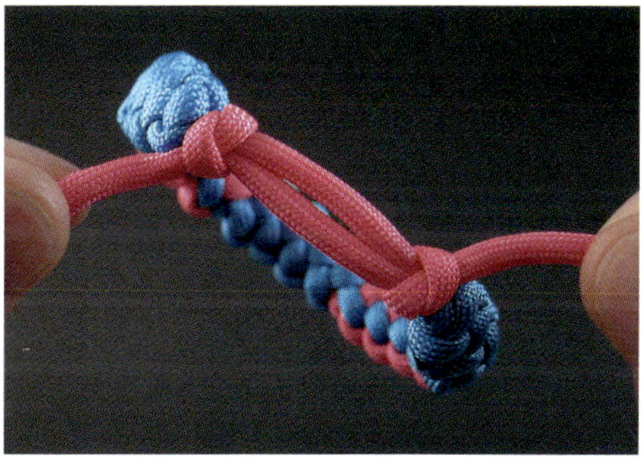

27. Die Knüpfarbeit kopfüber drehen und die Schritte 24 bis 26 wiederholen.

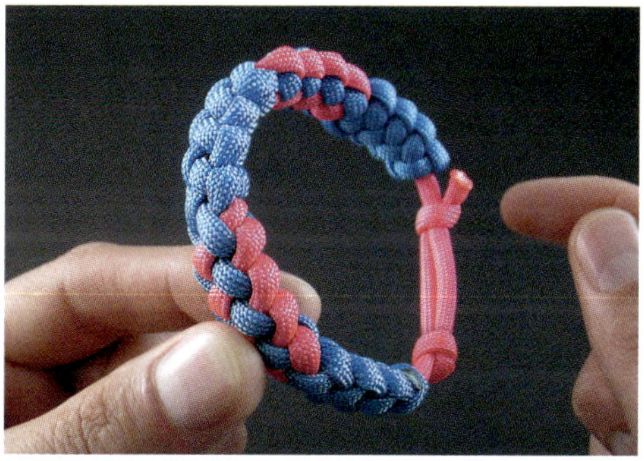

28. Die Enden in ca. 0,5 cm Abstand zum Überhandknoten abschneiden und sorgfältig abbrennen.

– Kapitel 2 –

Stränge mit Struktur

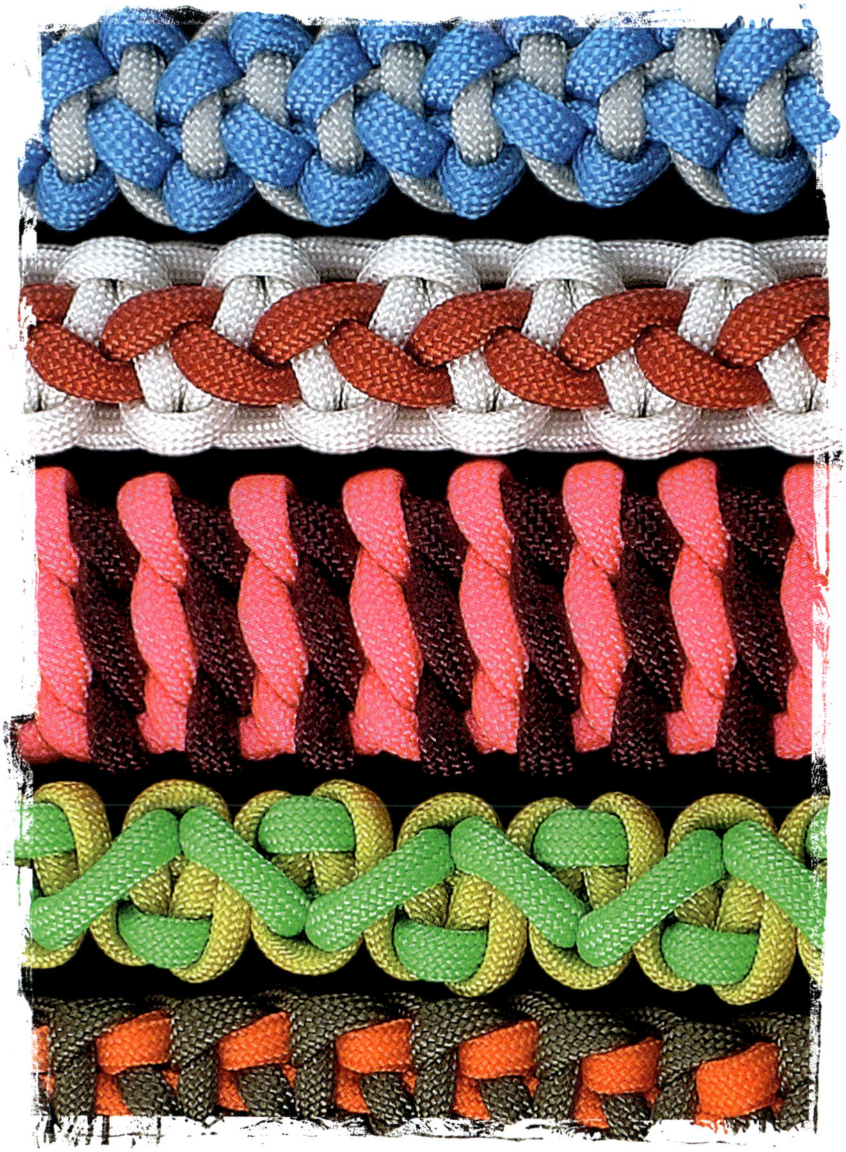

Gebogener Salomon Bar

Twist-Stitched Solomon Bar

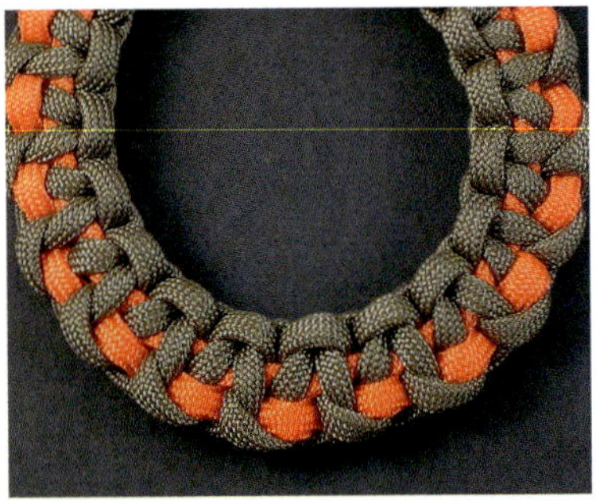

Dies ist eine Variante des gesteppten Salomon Bars (siehe *Paracord Basics*). Weil sich der Strang ganz von selbst biegt, eignet er sich hervorragend als Armband oder Halsschmuck.

Schnur: *2 Schnüre à 2,1 m + 1,2 m (fertige Armbandlänge ca. 19 cm)*

Komponenten: *Gesteppter Salomon Bar + links gerichtete Webtechnik + kontrastfarbige Schnüre*

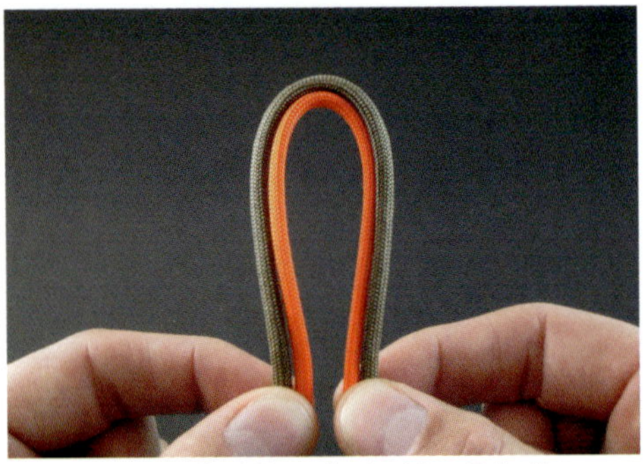

1. Zuerst in die Mitte der beiden Schnüre Buchten legen.

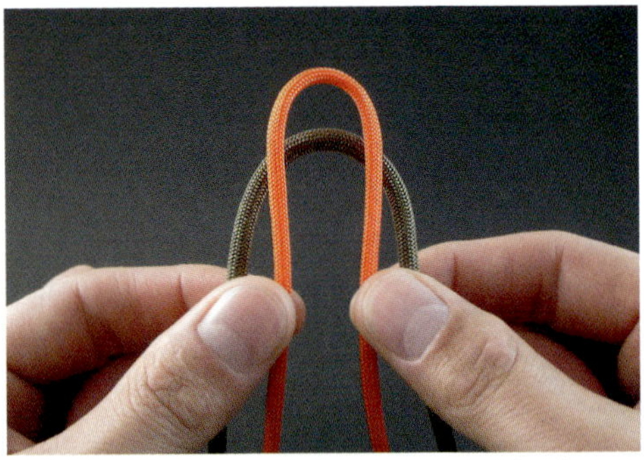

2. Die längere Schnur hinter der Bucht der kürzeren um 1,5 cm nach unten schieben.

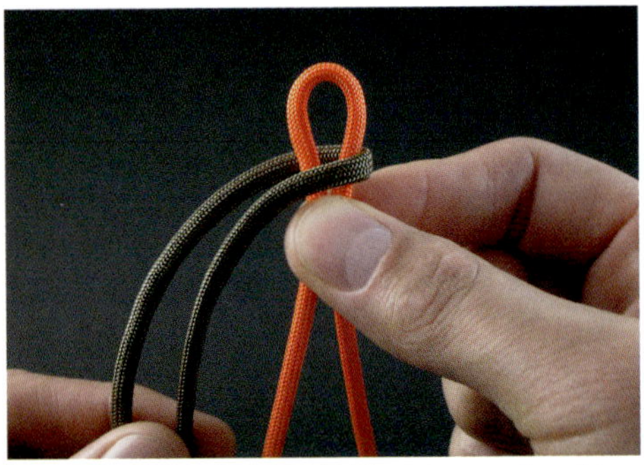

3. Das rechte lose Ende über den senkrechten Schnüren nach links legen.

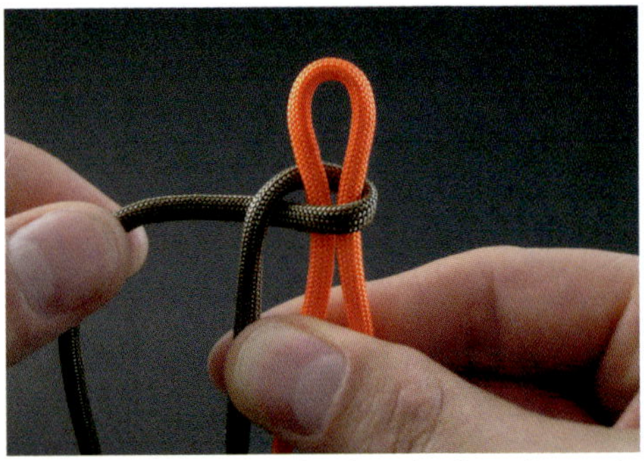

4. Das linke lose Ende über die davorliegende Schnur nach unten legen, …

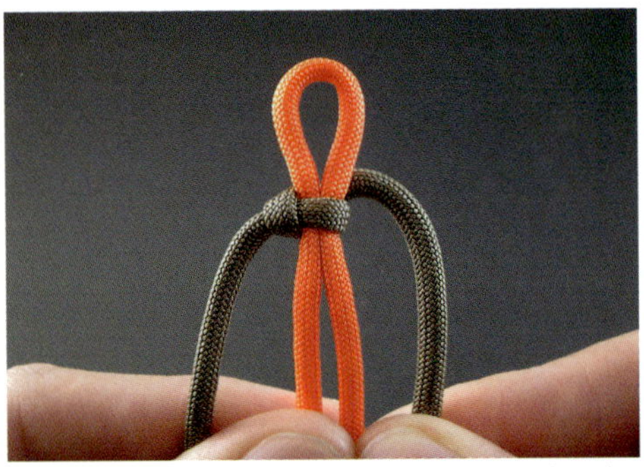

5. … nach rechts führen, unter den senkrechten Schnüren hindurch und hinten durch den rechten Bogen. Fest dichtholen.

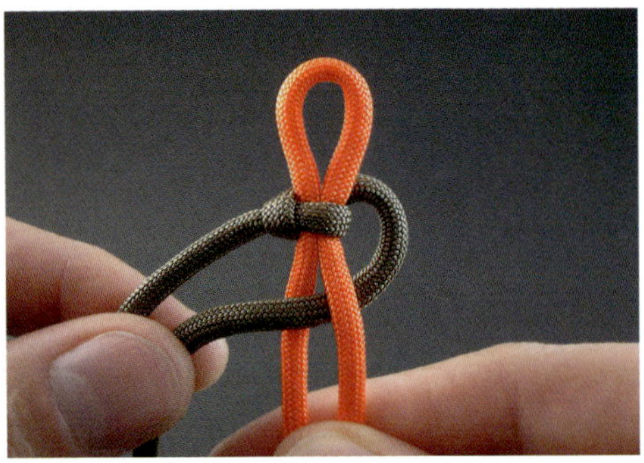

6. Das rechte lose Ende unter der ersten und über der zweiten senkrechten Schnur nach links legen.

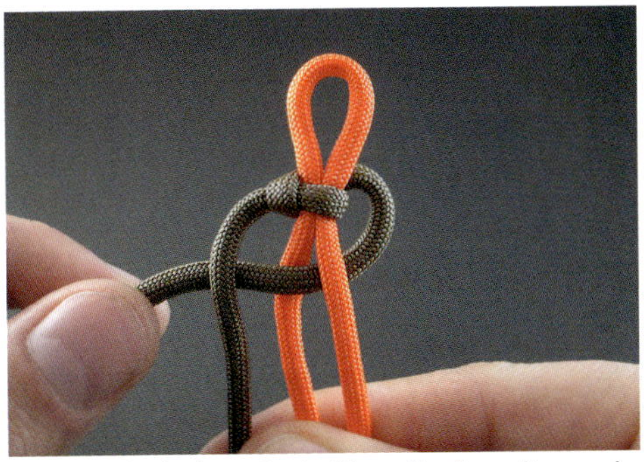

7. Das linke lose Ende über die davorliegende Schnur nach unten legen.

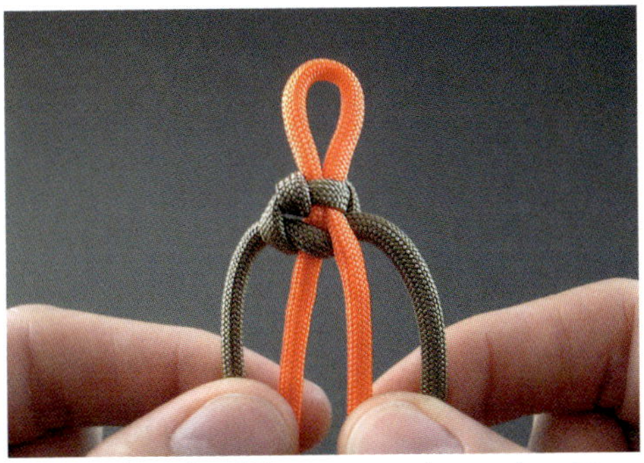

8. Nach rechts führen, unter den senkrechten Schnüren hindurch und hinten durch den rechten Bogen. Fest dichtholen.

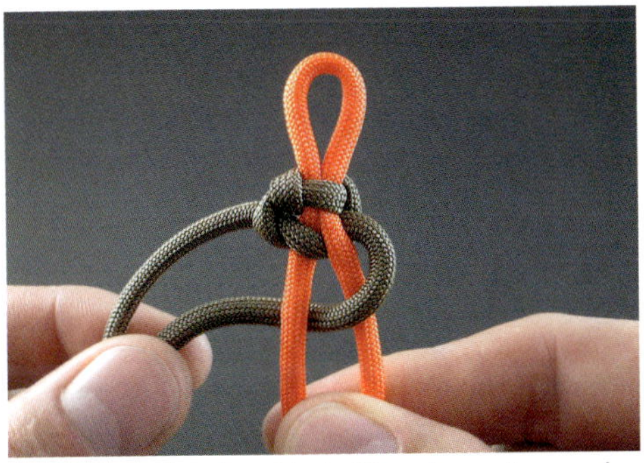

9. Das rechte lose Ende über der ersten und unter der zweiten senkrechten Schnur nach links legen.

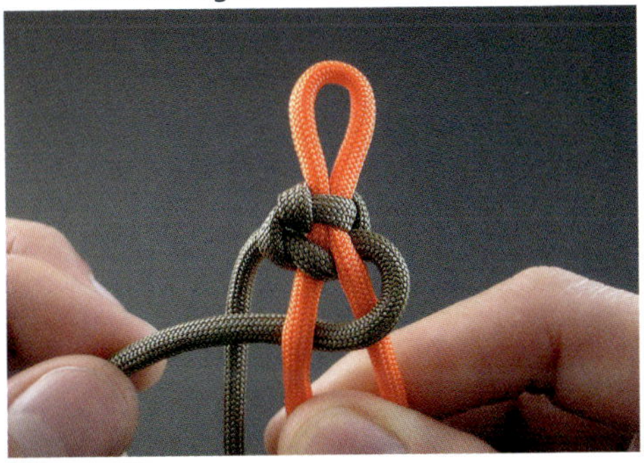

10. Das linke lose Ende unter die darunterliegende Schnur legen.

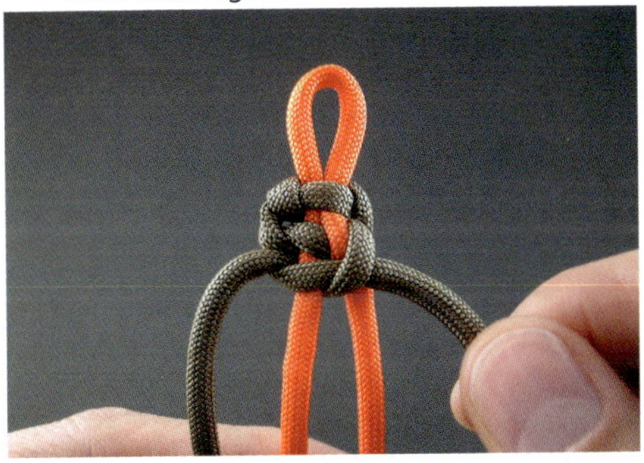

11. Nach rechts führen, über den senkrechten Schnüren und von vorn durch den rechten Bogen. Fest dichtholen.

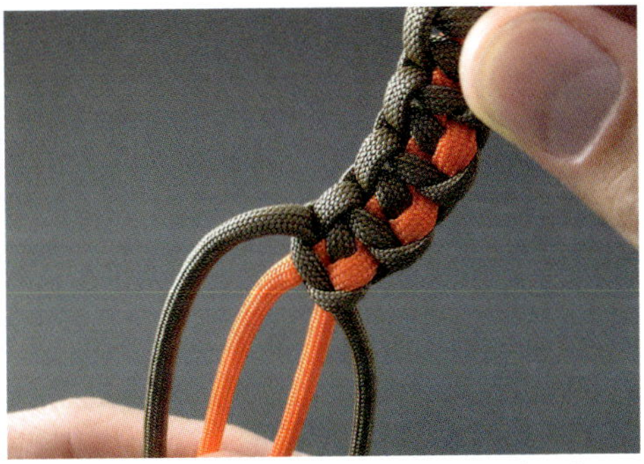

12. Die Schritte 6 bis 11 wiederholen, bis die Schnurenden noch mindestens 13 cm lang sind.

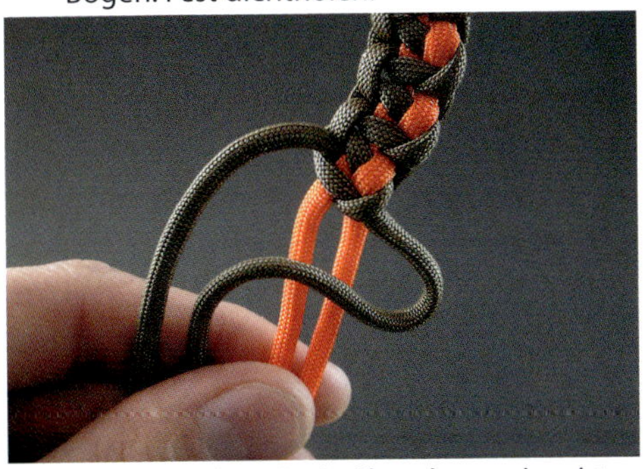

13. Das rechte lose Ende über den senkrechten Schnüren nach links legen.

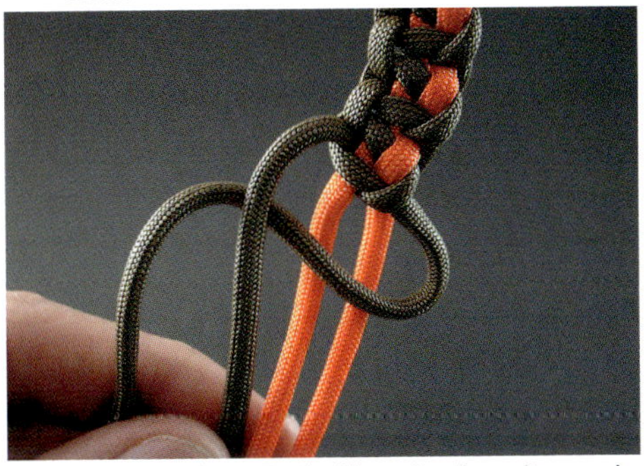

14. Das linke lose Ende über die davorliegende Schnur nach unten legen.

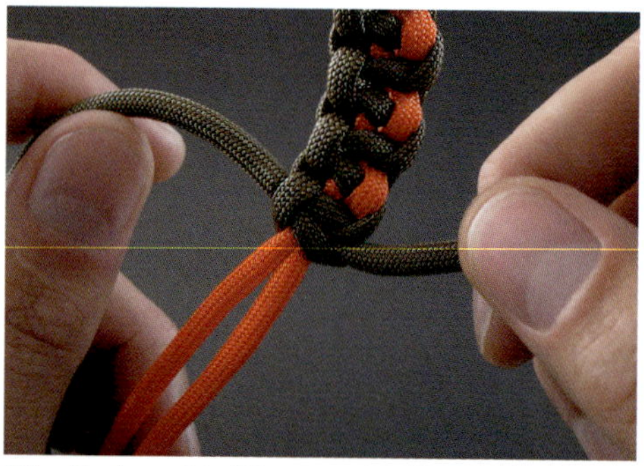

15. Nach rechts führen, unter den senkrechten Schnüren hindurch und hinten durch den rechten Bogen. Fest dichtholen.

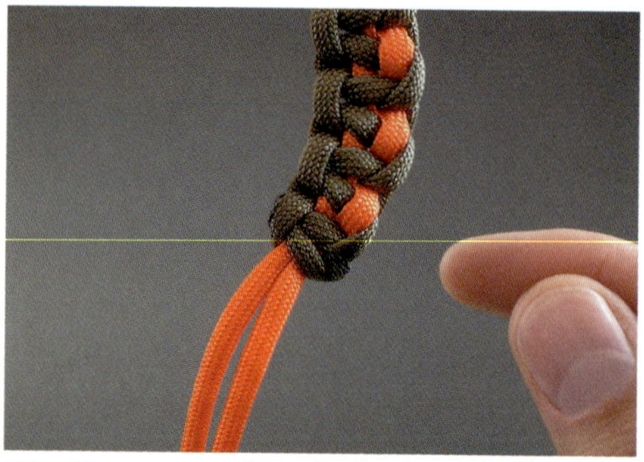

16. Die waagerechten Enden kurz abschneiden und sorgfältig abbrennen.

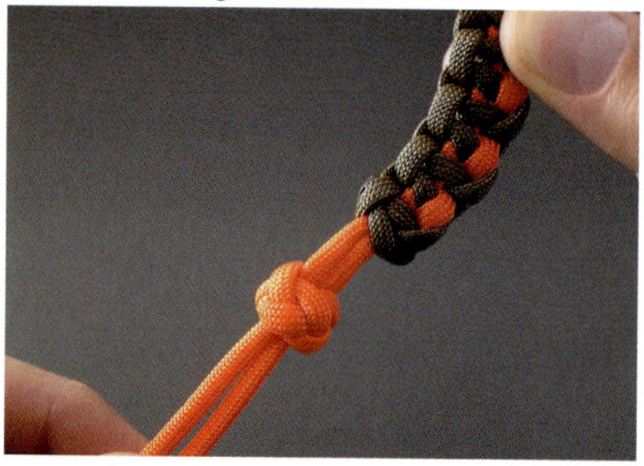

17. In die senkrechten Enden einen zweisträngigen Diamantknoten (siehe Seite 30) knüpfen.

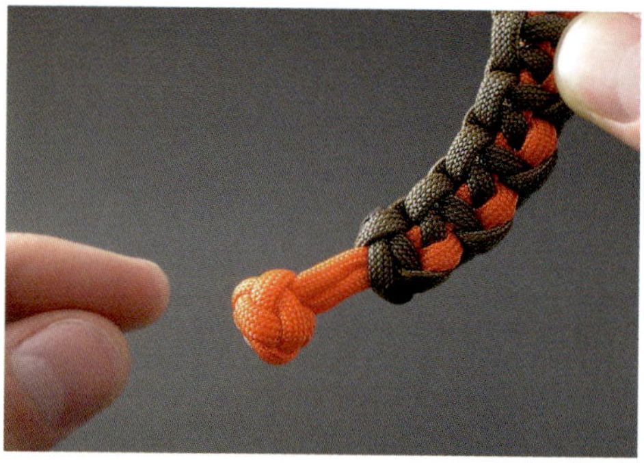

18. Die Enden direkt am Diamantknoten kurz abschneiden und sorgfältig abbrennen.

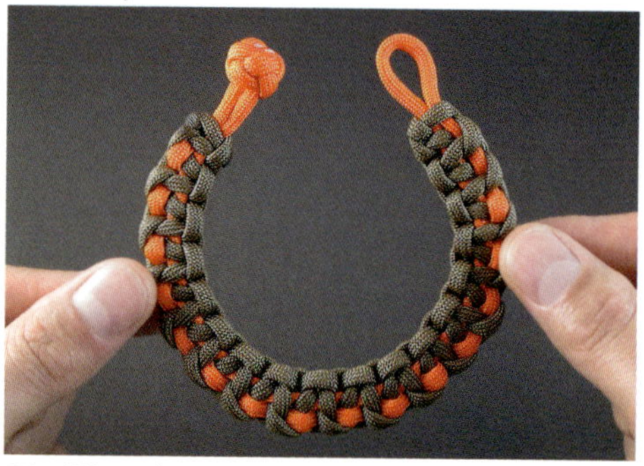

19. Hinweis: Der Strang krümmt sich von selbst zum Bogen. Das ist beabsichtigt.

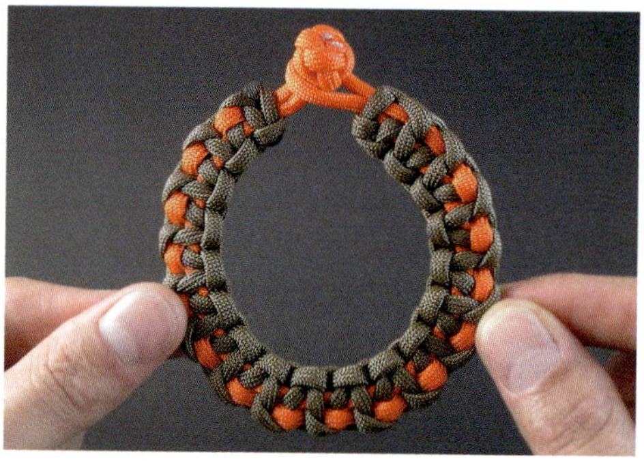

20. So sieht das fertige Armband aus.

Wellenstrang

Secret River Bar

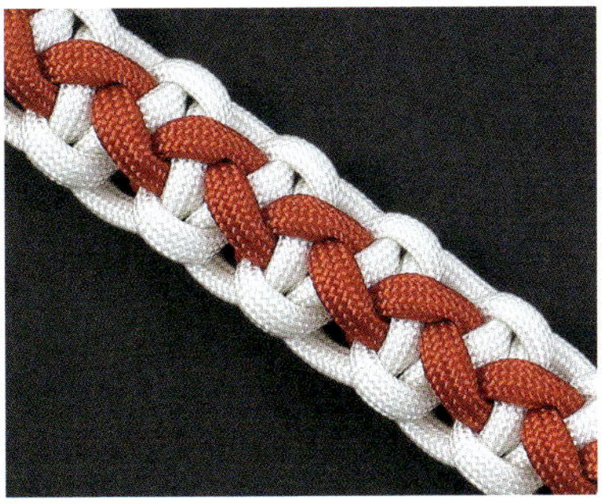

Durch die Kombination aus dem Salomon Bar und der Knüpftechnik des Sandrosen-Medaillons (siehe Seite 102) ergibt sich ein konvexer Strang mit einem interessanten Wellenmuster in der Mitte.

Schnur: *2 Schnüre à 1,8 m + 1,5 m (fertige Armbandlänge ca. 19 cm)*

Komponenten: *Salomon Bar + Einzelschlaufen rechts/links + kontrastfarbige Schnüre*

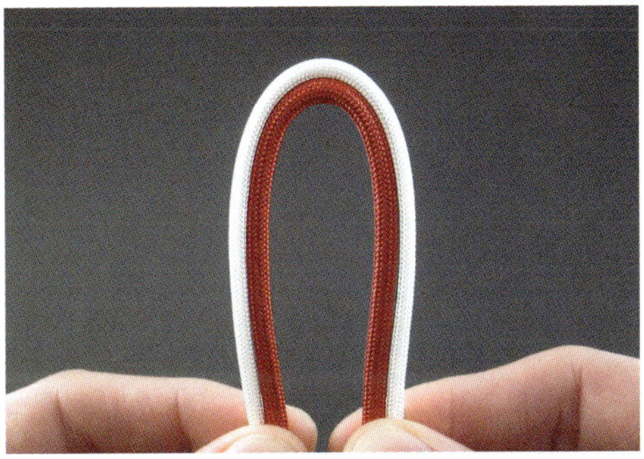

1. In die Mitte beider Schnüre eine Bucht legen.

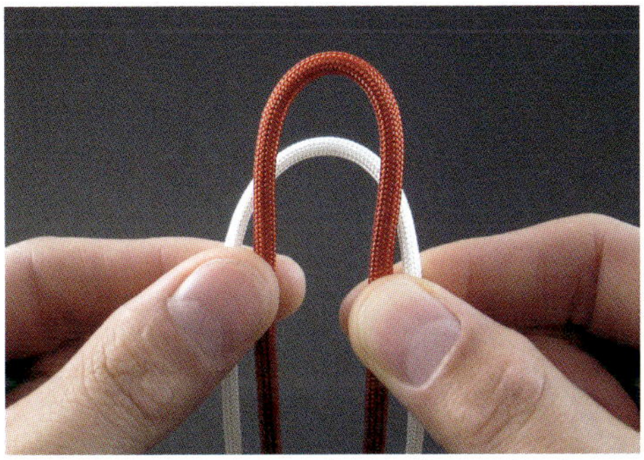

2. Die längere Schnur hinter der Bucht der kürzeren um 1,5 cm nach unten schieben.

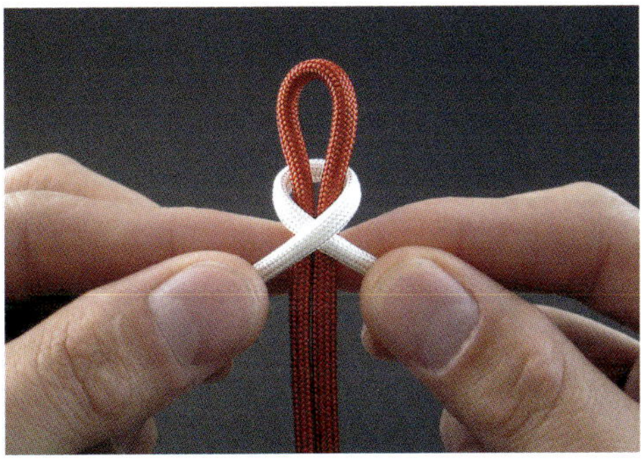

3. Die hinteren Schnüre vor den vorderen (senkrechten) Schnüren rechts über links kreuzen.

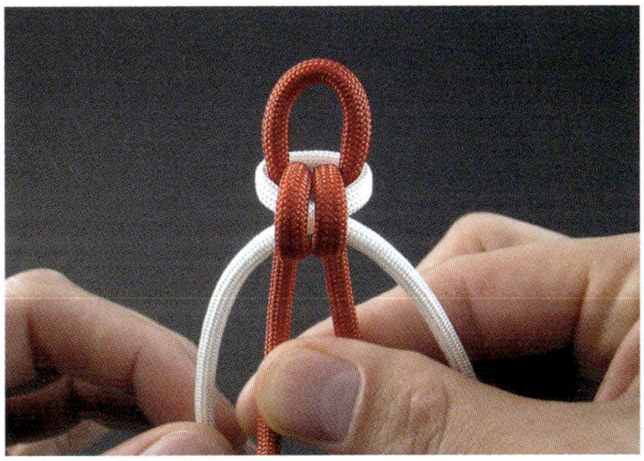

4. Die senkrechten Schnüre von oben nach unten hinter der Kreuzungsstelle durchstecken.

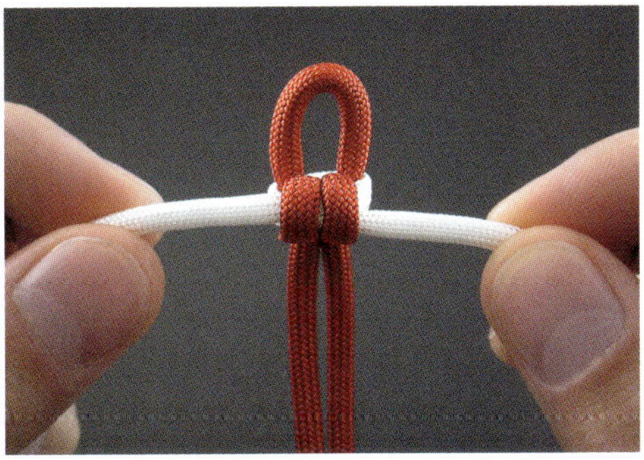

5. Fest dichtholen. Die 1,5 cm große Bucht muss dabei erhalten bleiben.

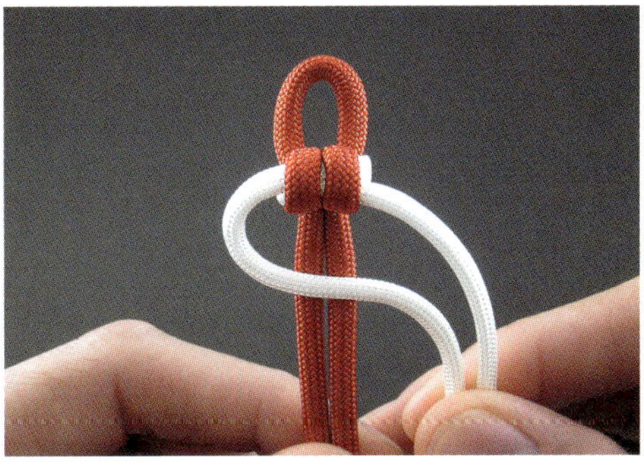

6. Das linke lose Ende über den senkrechten Schnüren nach rechts legen.

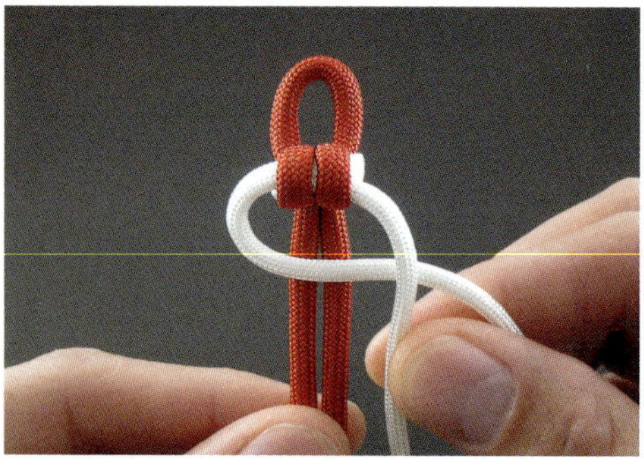

7. Das rechte lose Ende über die darunterliegende Schnur legen.

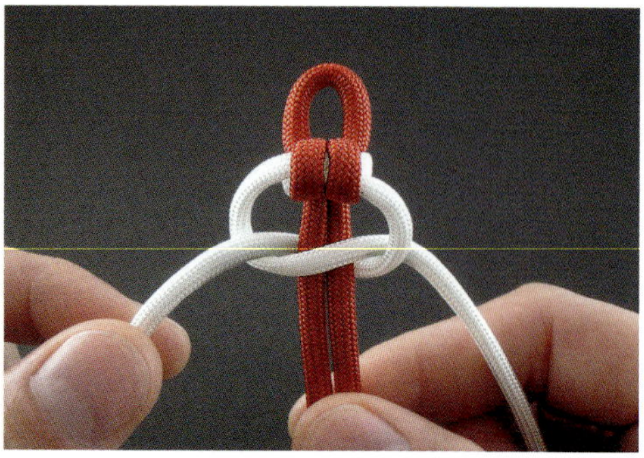

8. Hinter den senkrechten Schnüren nach links führen und von hinten durch den linken Bogen stecken.

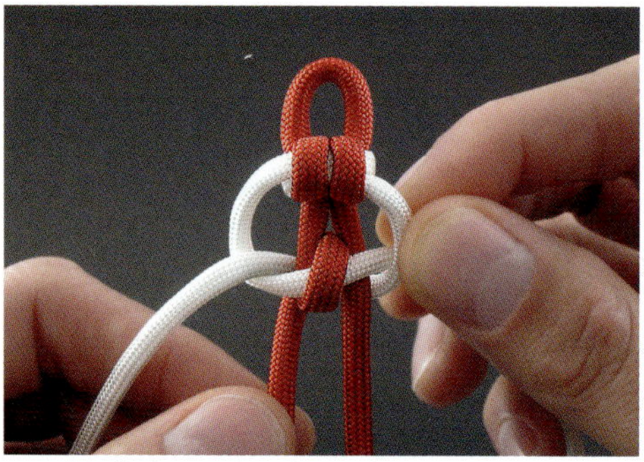

9. Die linke senkrechte Schnur zwischen den über ihr liegenden Beinen von oben um die Kreuzungsstelle führen.

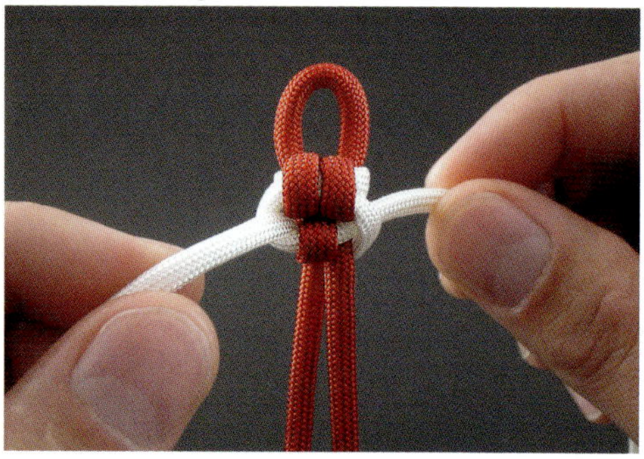

10. Alle Schnüre dichtholen.

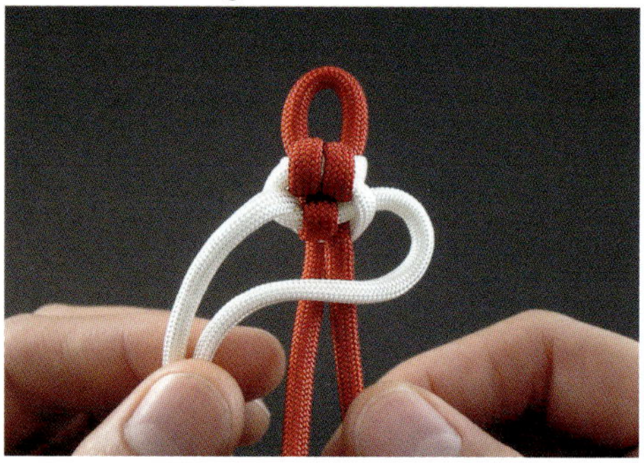

11. Das rechte lose Ende vor den senkrechten Schnüren nach links legen.

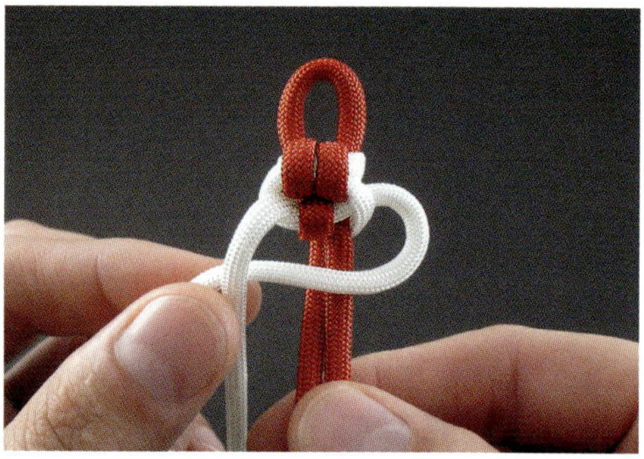

12. Das linke lose Ende über die davorliegende Schnur nach unten legen.

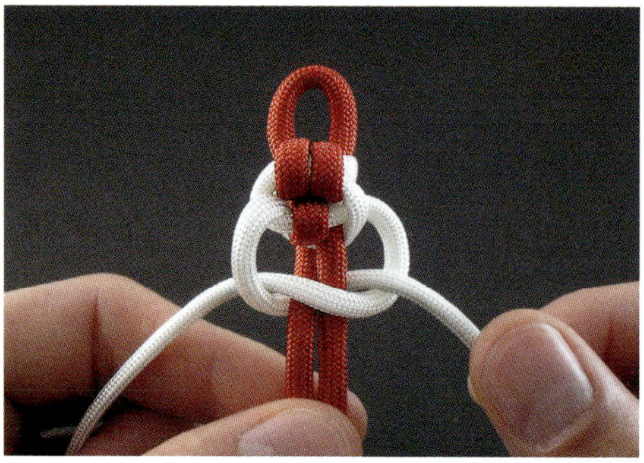

13. Hinter den senkrechten Schnüren nach rechts führen und von hinten durch den rechten Bogen stecken.

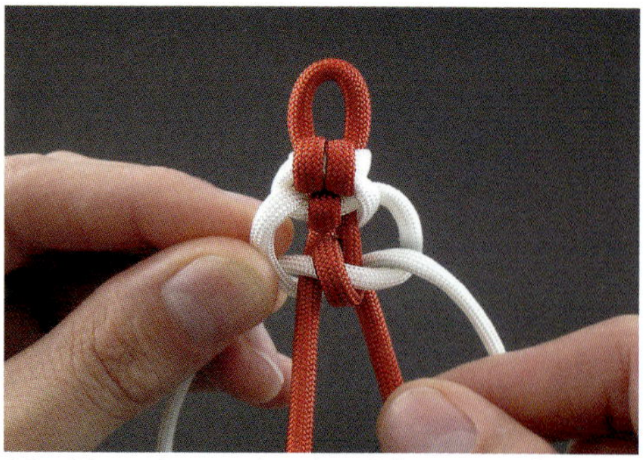

14. Die rechte senkrechte Schnur zwischen den über ihr liegenden Beinen von oben um die Kreuzungsstelle führen.

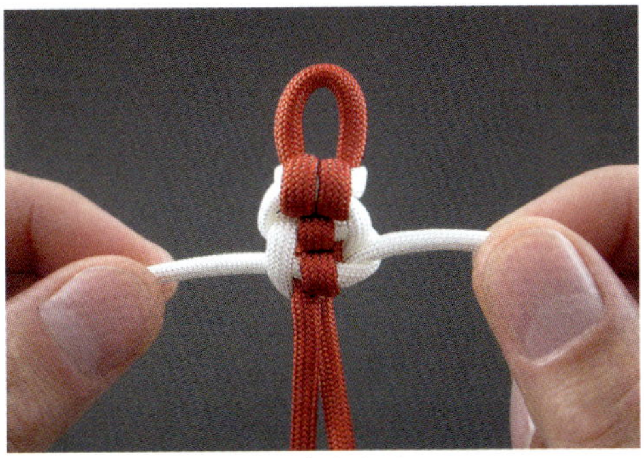

15. Alle Schnüre gut dichtholen.

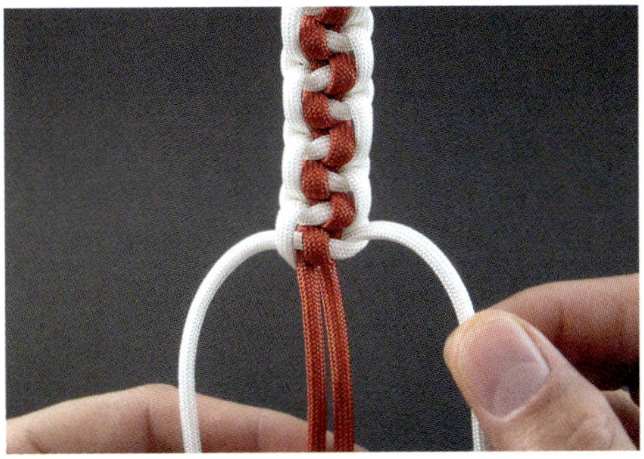

16. Die Schritte 6 bis 15 so oft wiederholen, bis die Schnurenden noch mindestens 13 cm lang sind.

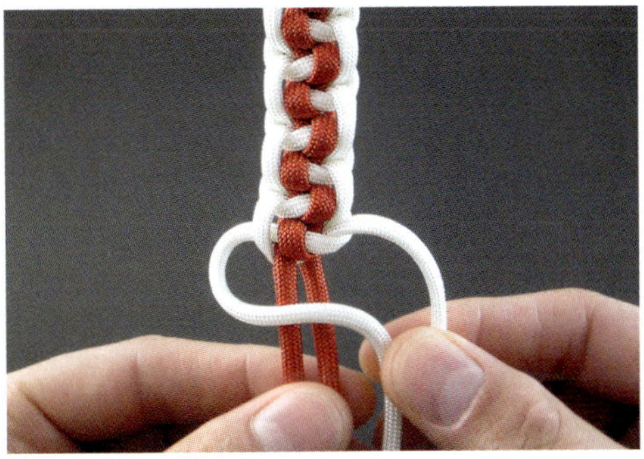

17. Nun das linke lose Ende über den senkrechten Schnüren nach rechts legen.

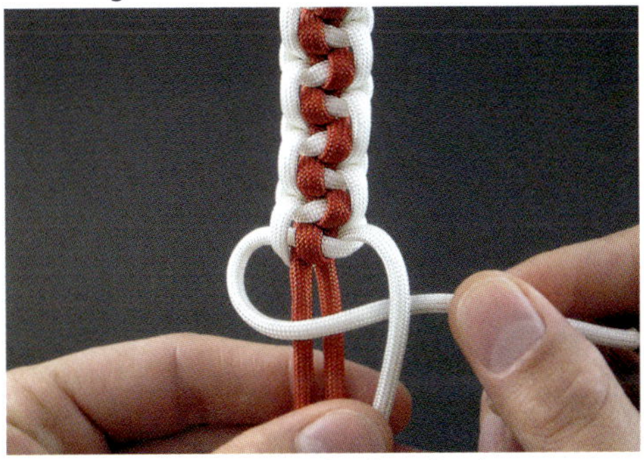

18. Das rechte lose Ende über die darunterliegende Schnur legen.

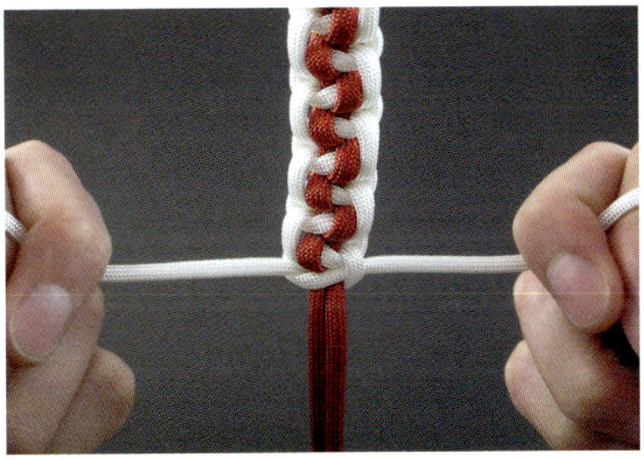

19. Hinter den senkrechten Schnüren nach links führen und von hinten durch den linken Bogen stecken. Fest dichtholen.

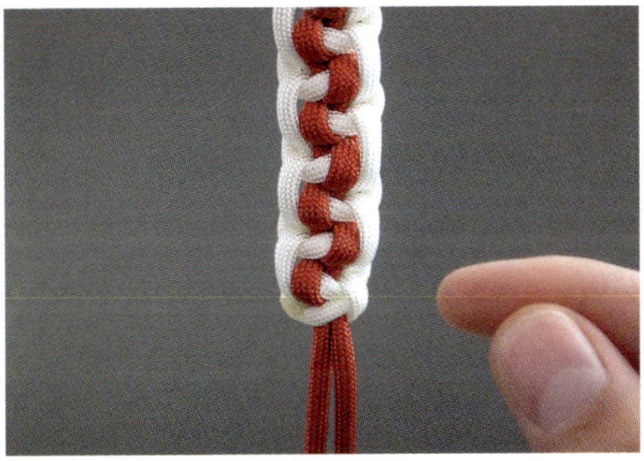

20. Die Enden der waagerechten Schnüre kurz abschneiden und sorgfältig abbrennen.

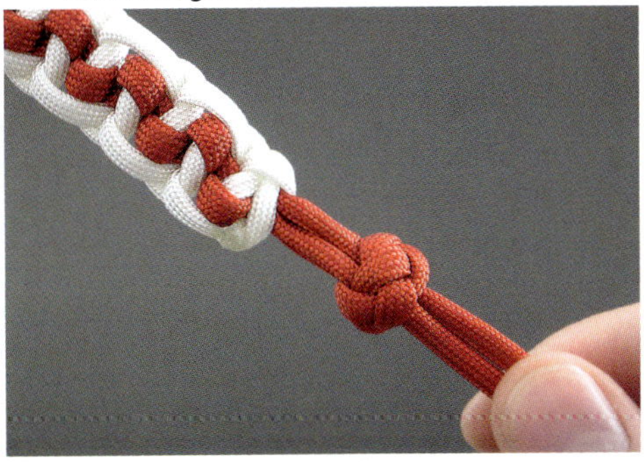

21. In die senkrechten Enden einen zweisträngigen Diamantknoten (siehe Seite 30) knüpfen.

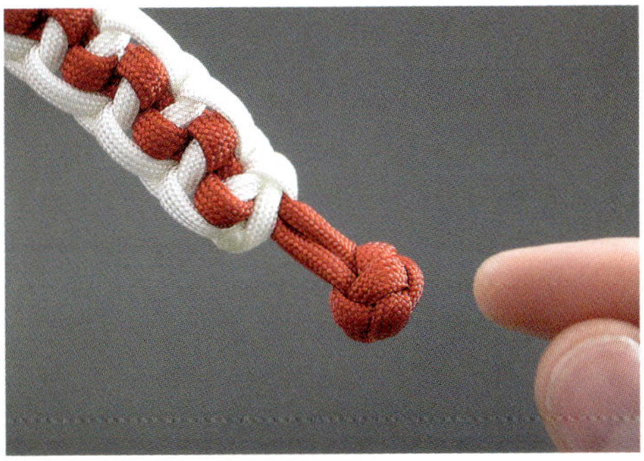

22. Die Enden des Diamantknotens kurz abschneiden und sorgfältig abbrennen.

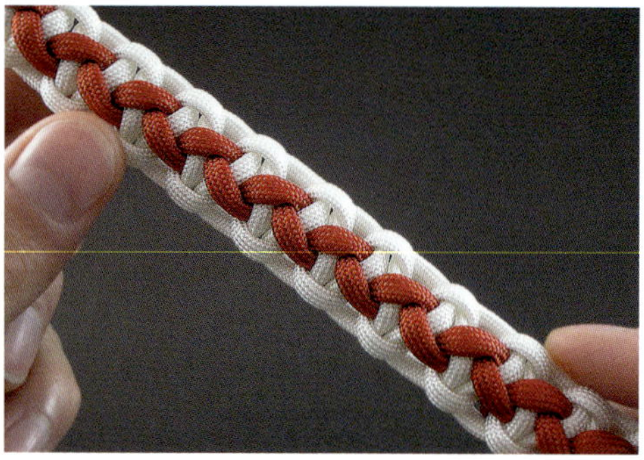

23. Die Knüpfarbeit um die eigene Achse wenden. Nun sehen Sie das Wellenmuster.

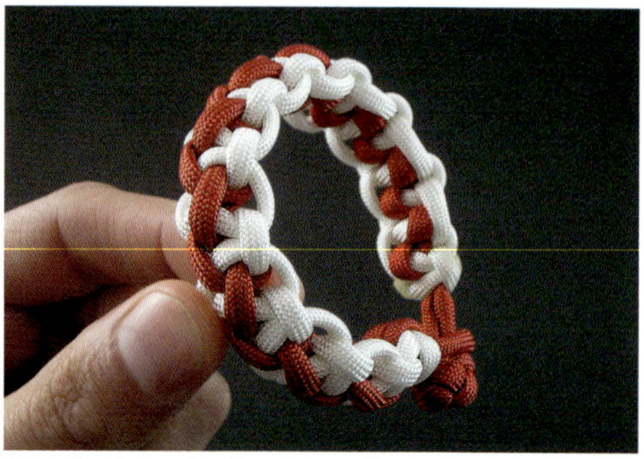

24. So sieht das fertige Wellenstrang-Armband aus.

Stromschnellen-Strang

Crooked River Bar

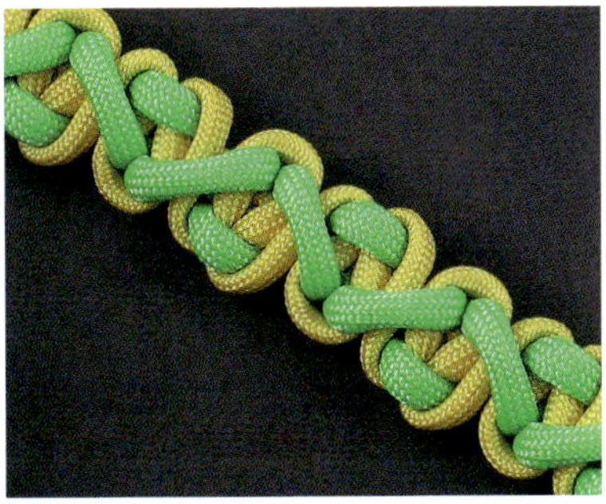

Dieses Knüpfmuster wirkt fast wie Stromschnellen eines schnell fließenden Flusses, der sich seinen Weg zwischen Felsbrocken bahnt. Der dynamisch wirkende feste Strang eignet sich gut als Armband.

Schnur: *2 Schnüre à 1,5 m (fertige Armbandlänge ca. 19 cm)*

Komponenten: *Gekreuzte Buchten + Überhandknoten + kontrastfarbige Schnüre*

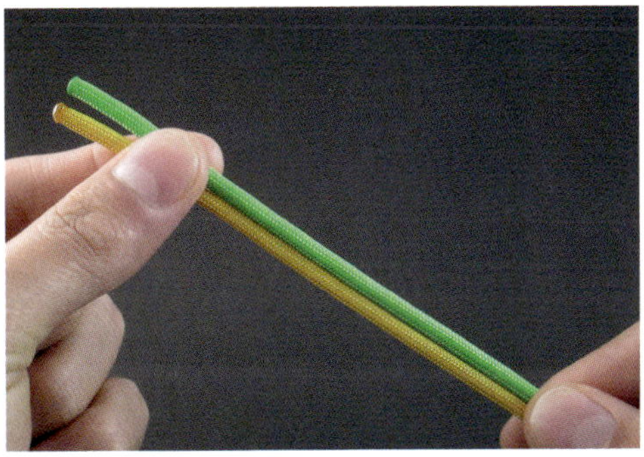

1. Die beiden Schnüre nebeneinanderlegen und die gewünschte Armbandlänge plus 13 cm abmessen.

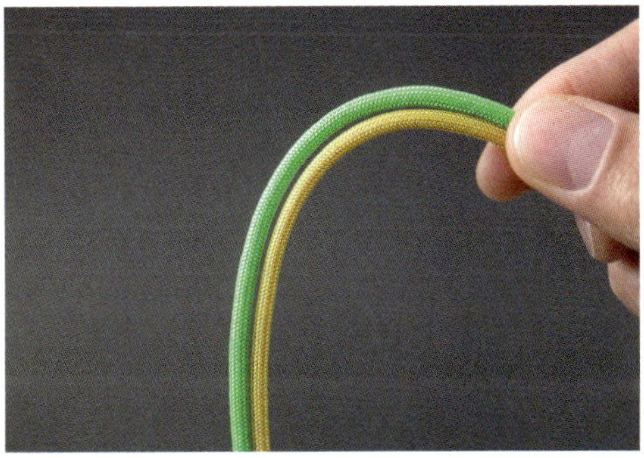

2. An der abgemessenen Stelle festhalten. Die kurzen Enden zeigen nach links.

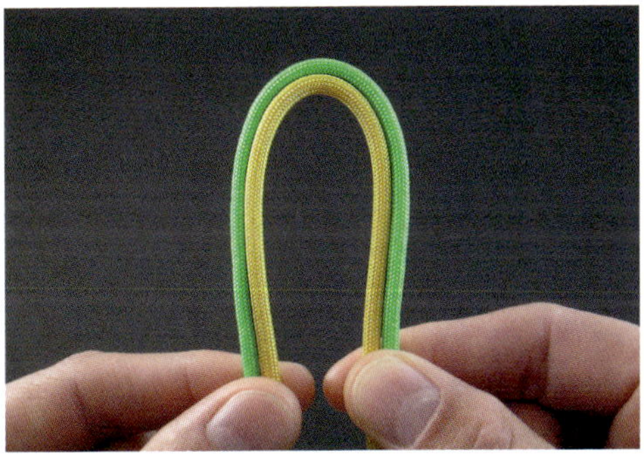

3. Rechts von der abgemessenen Stelle (siehe Schritt 1) in die langen Enden eine Bucht legen.

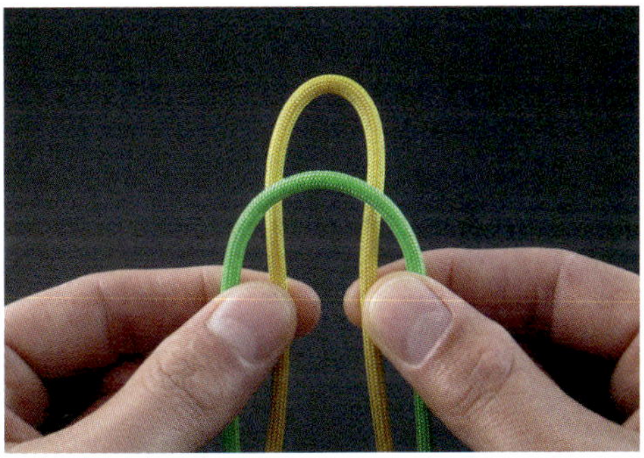

4. Eine Schnur vor der Bucht der anderen nach unten schieben.

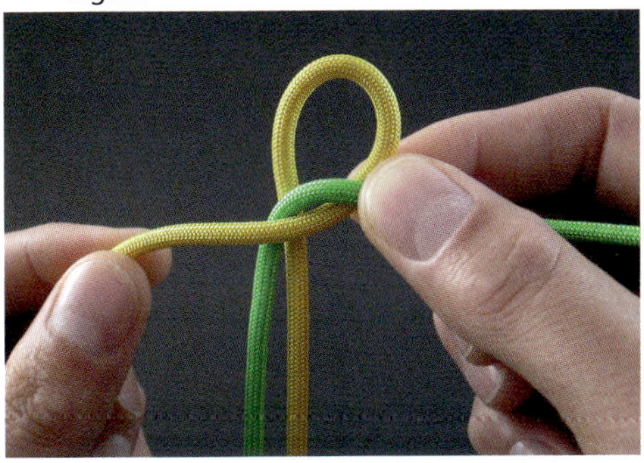

5. Das rechte lose Ende der hinteren Schnur über die beiden senkrechten Schnüre nach links legen.

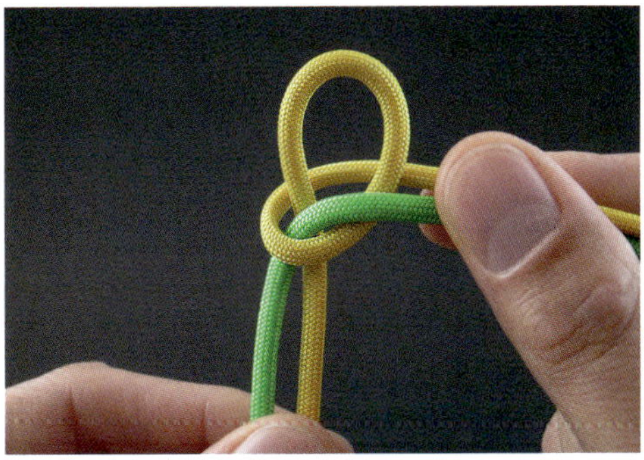

6. Dann dasselbe lose Ende hinter der oberen Schlaufe nach rechts führen …

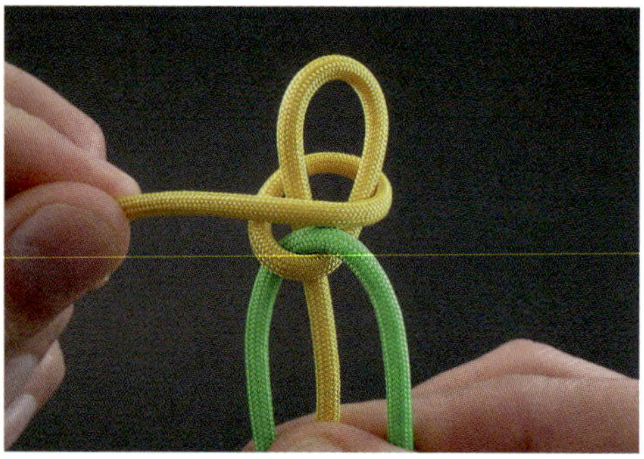

7. … und vor der Schlaufe wieder nach links.

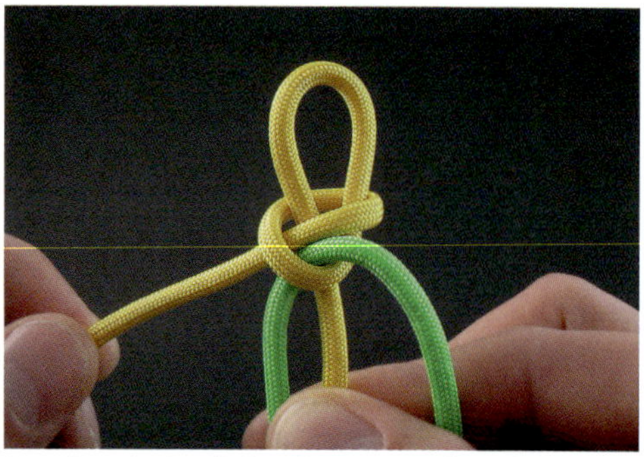

8. Durch den linken Bogen stecken. So entsteht ein Slipknoten, der die obere Schlaufe umfasst.

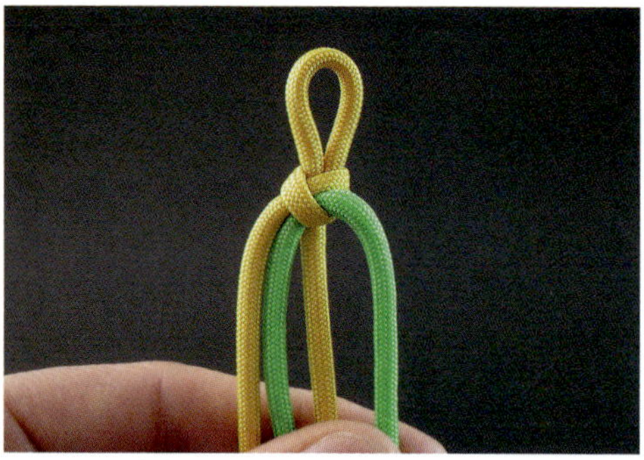

9. Fest dichtholen und dabei oben eine 1,5 cm große Schlaufe stehen lassen.

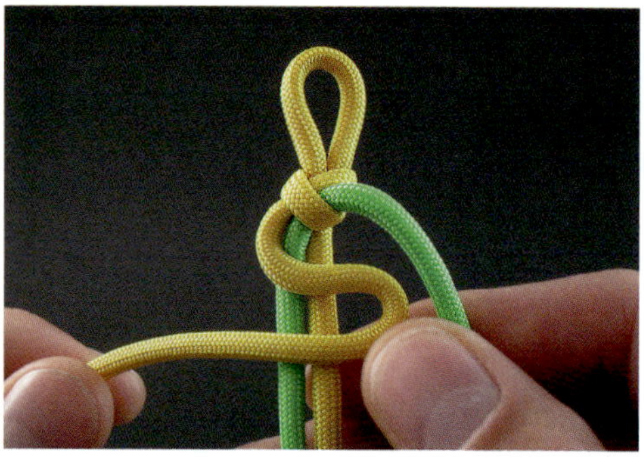

10. Das linke lose Ende als Bucht über beide senkrechten Schnüre nach rechts legen.

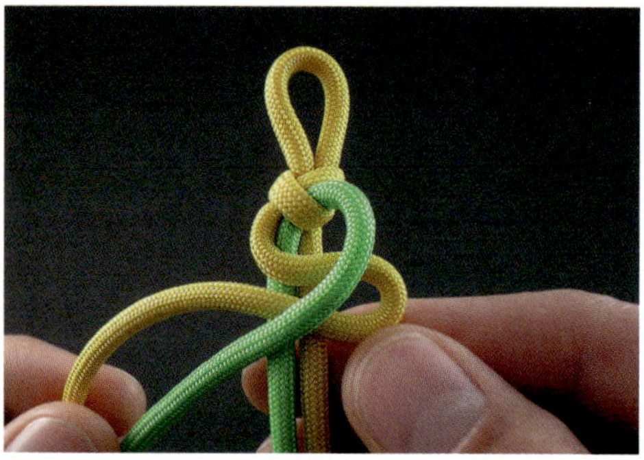

11. Das rechte lose Ende über der Bucht und den darunterliegenden senkrechten Schnüren nach links legen.

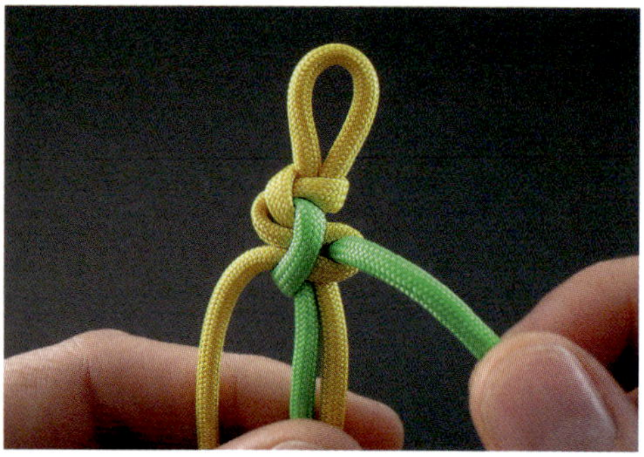

12. Unter den senkrechten Schnüren hinten nach rechts führen. Von hinten durch den rechten Bogen der Bucht stecken.

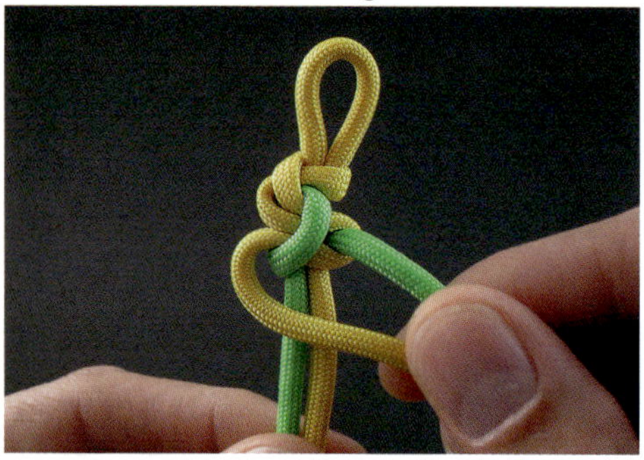

13. Das linke lose Ende über den senkrechten Schnüren nach rechts legen.

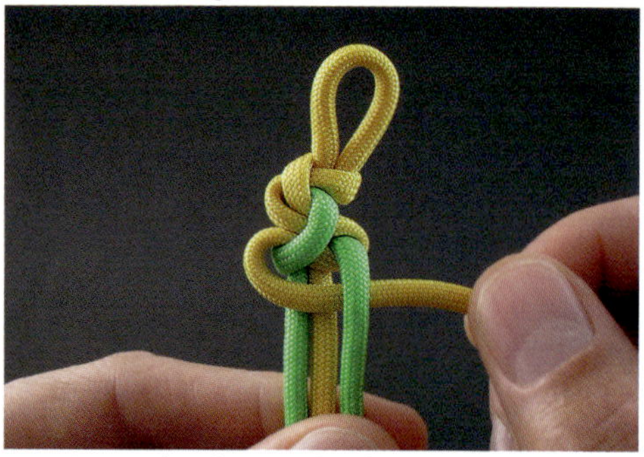

14. Das rechte lose Ende über die darunterliegende Schnur legen …

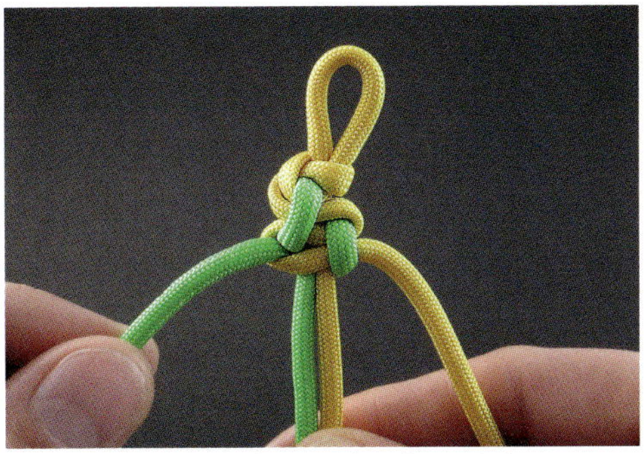

15. … und unter den senkrechten Schnüren nach links führen. Von hinten durch den linken Bogen stecken. Fest dichtholen.

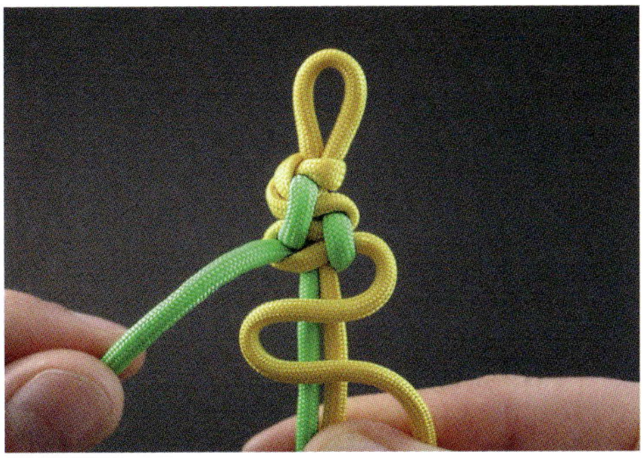

16. Das rechte lose Ende über beide senkrechte Schnüre als Bucht nach links legen.

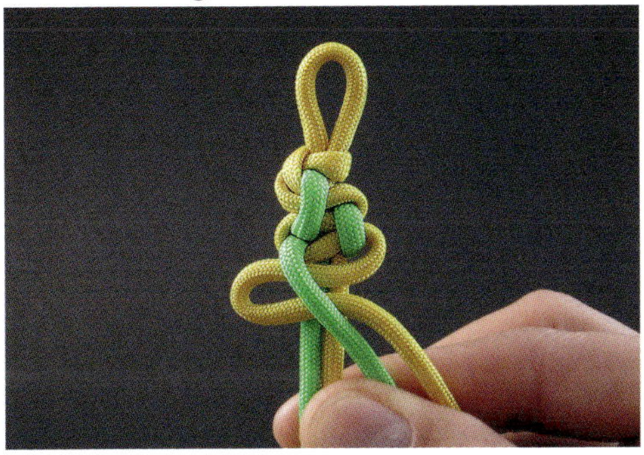

17. Das linke lose Ende über der Bucht und den darunterliegenden senkrechten Schnüren nach rechts legen.

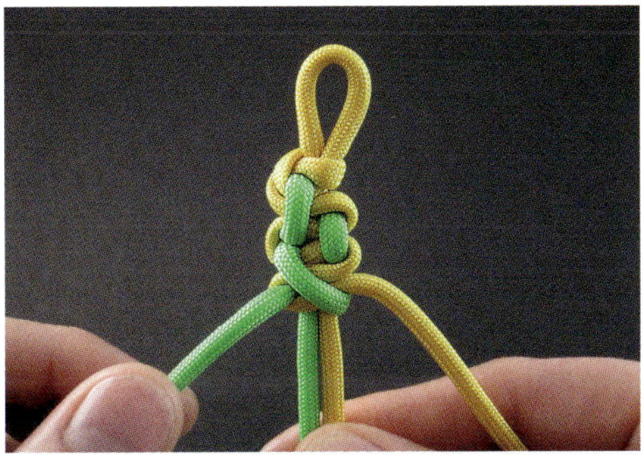

18. Unter den senkrechten Schnüren nach links führen. Von hinten durch den linken Bogen der Bucht stecken. Dichtholen.

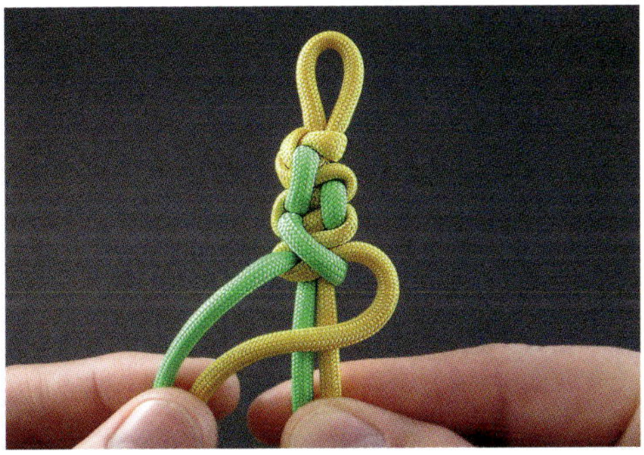

19. Das rechte lose Ende über die senkrechten Schnüre nach links legen.

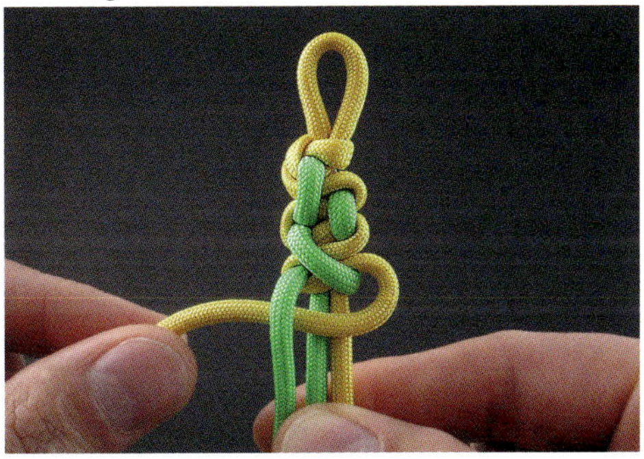

20. Das linke lose Ende über die davorliegende Schnur nach unten legen.

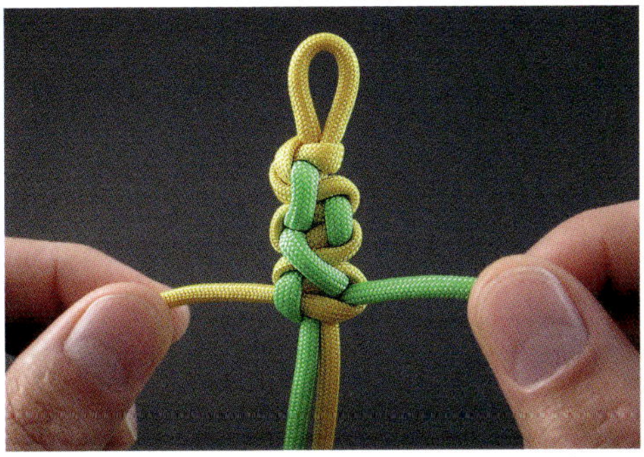

21. Nach rechts führen, unter den senkrechten Schnüren hindurch und hinten durch den rechten Bogen. Fest dichtholen.

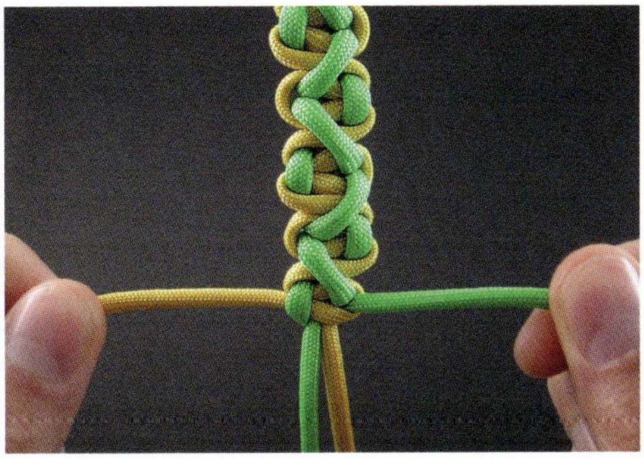

22. Die Schritte 10 bis 21 so oft wiederholen, bis die Schnurenden noch mindestens 13 cm lang sind.

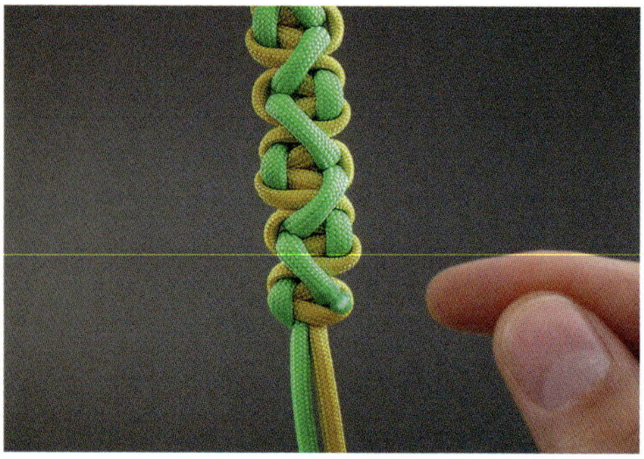

23. Die Enden der waagerechten Schnüre kurz abschneiden und sorgfältig abbrennen.

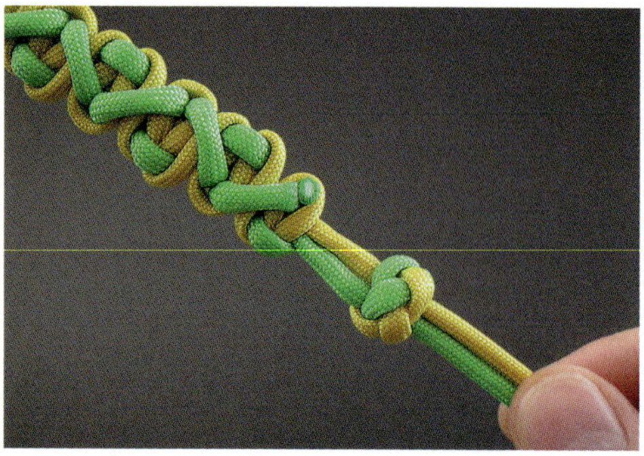

24. In die senkrechten Enden einen zweisträngigen Diamantknoten (siehe Seite 30) knüpfen.

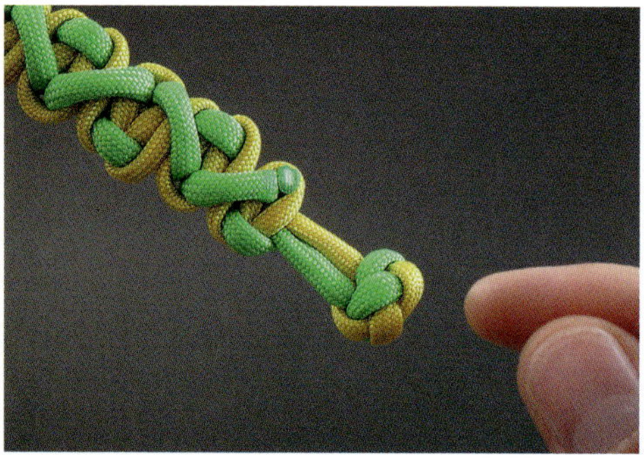

25. Die Enden des Diamantknotens kurz abschneiden und sorgfältig abbrennen.

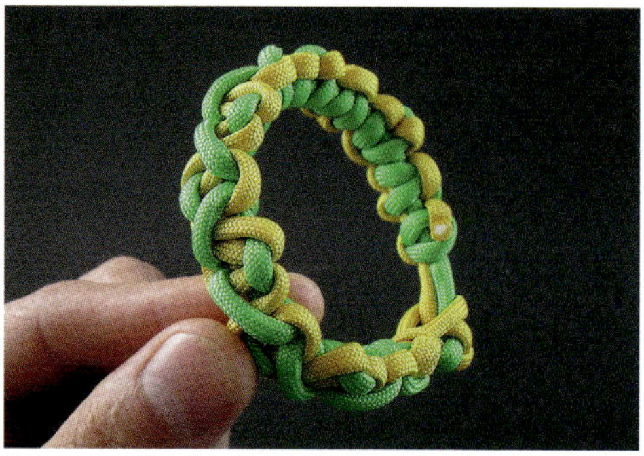

26. So sieht das fertige Armband aus.

Kopfsteinpflaster-Strang

Cobbled Solomon Bar

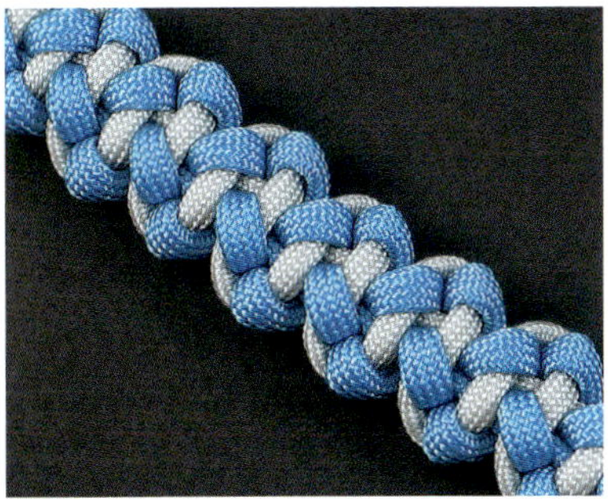

Auch dies ist eine Variante des klassischen Salomon Bars. Vor jedem Kreuzknoten wird eine Umschlingung ausgeführt. Das interessante Muster wird erst sichtbar, wenn man das fertige Werk umdreht.

Schnur: *2 Schnüre à 1,8 m + 1,5 m (fertige Armbandlänge ca. 19 cm)*

Komponenten: *Salomon Bar + Umschlingungen + kontrastfarbige Schnüre*

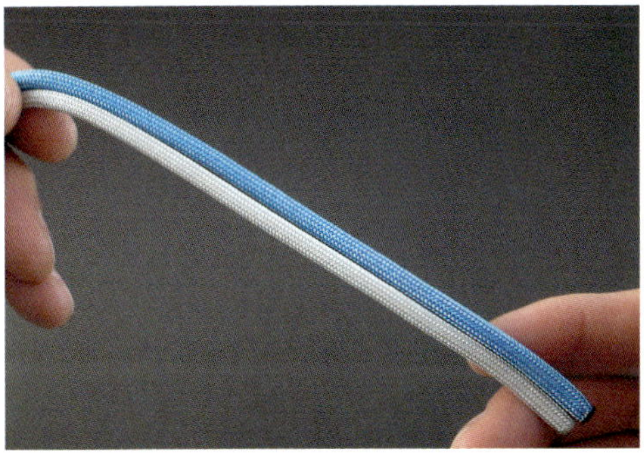

1. Die beiden Schnüre nebeneinanderlegen und die gewünschte Armbandlänge plus 13 cm abmessen.

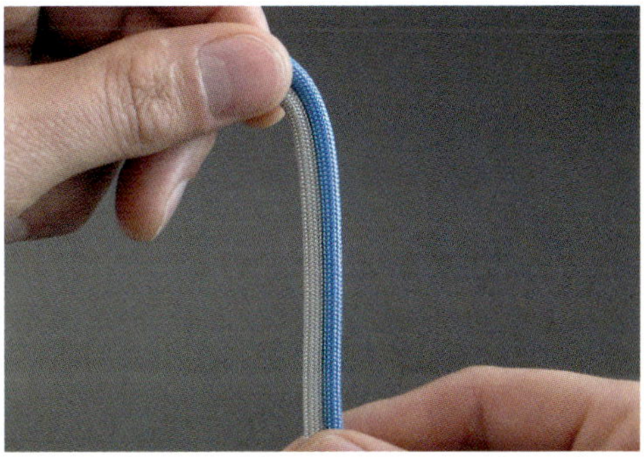

2. An der zuvor abgemessenen Stelle (siehe Schritt 1) festhalten. Die kurzen Enden zeigen nach unten.

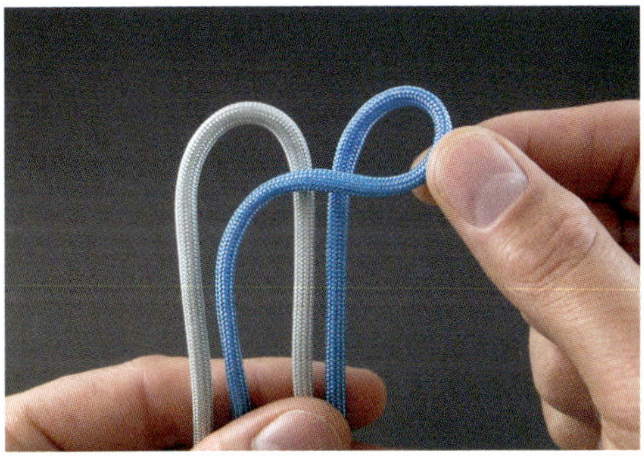

3. Das rechte lose Ende über die senkrechten Schnüre nach links legen.

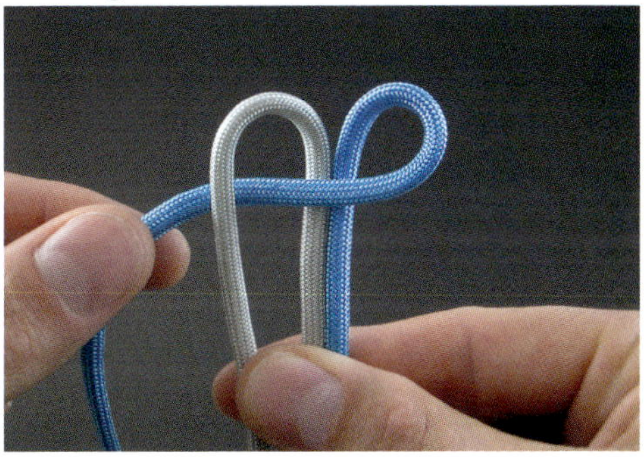

4. Das linke lose Ende über die davorliegende Schnur nach unten legen.

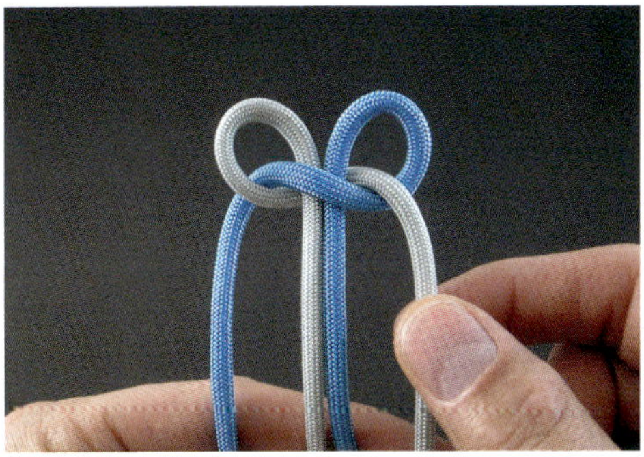

5. Nach rechts führen und von hinten durch die rechte Schlaufe stecken.

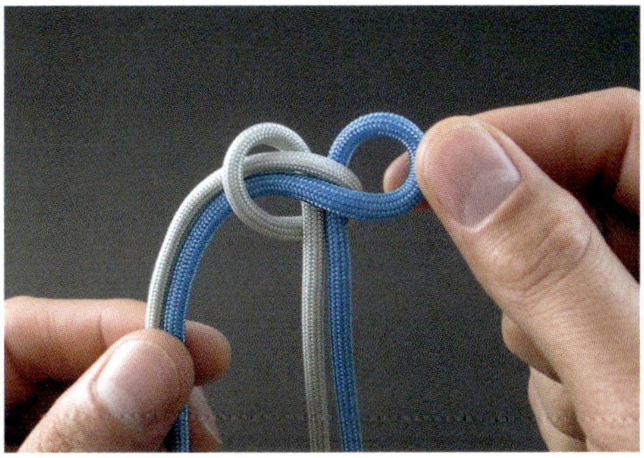

6. Das rechte lose Ende von vorn durch die linke Schlaufe führen.

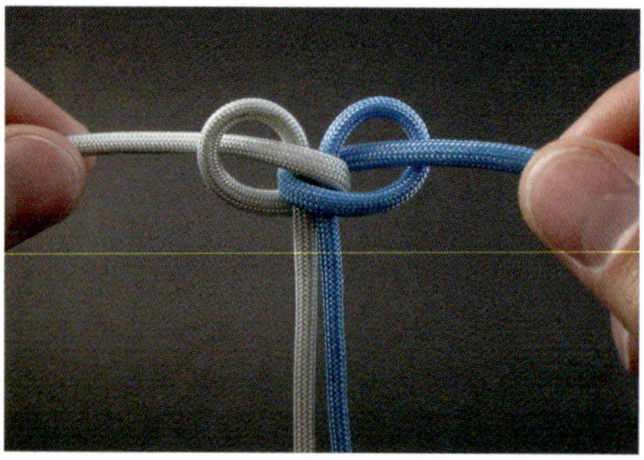

7. Das linke lose Ende von hinten durch die rechte Schlaufe führen.

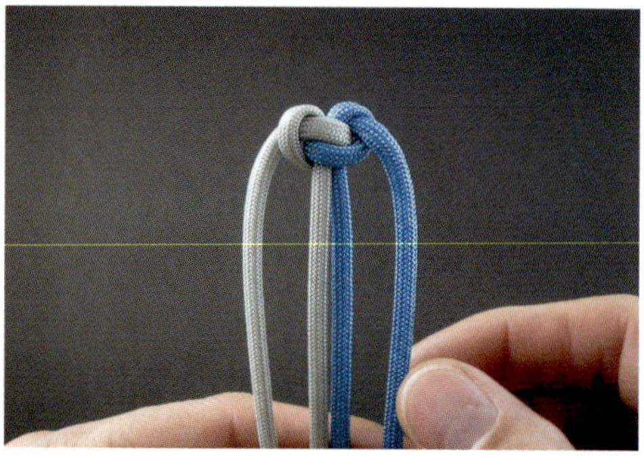

8. Alle Schnüre sorgfältig dichtholen.

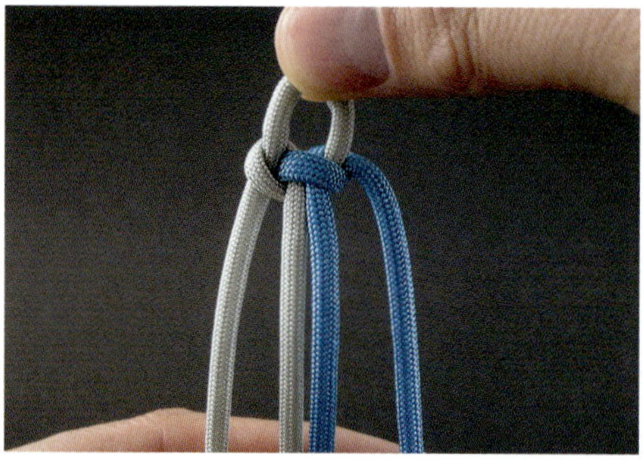

9. An der oberen Schnur ziehen, bis eine 1,5 cm große Bucht entstanden ist.

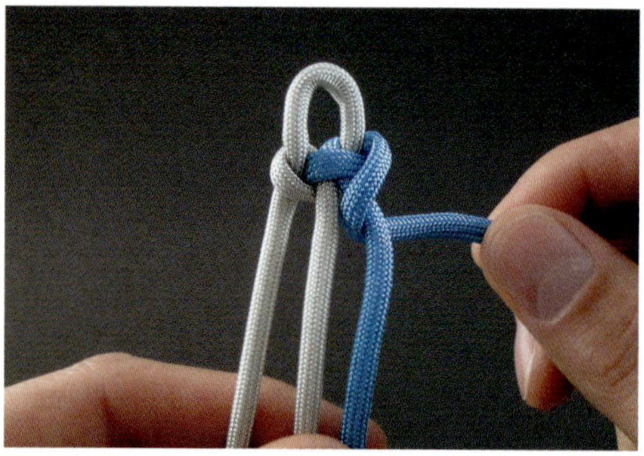

10. Das rechte lose Ende von vorn um die links danebenliegende senkrechte Schnur führen.

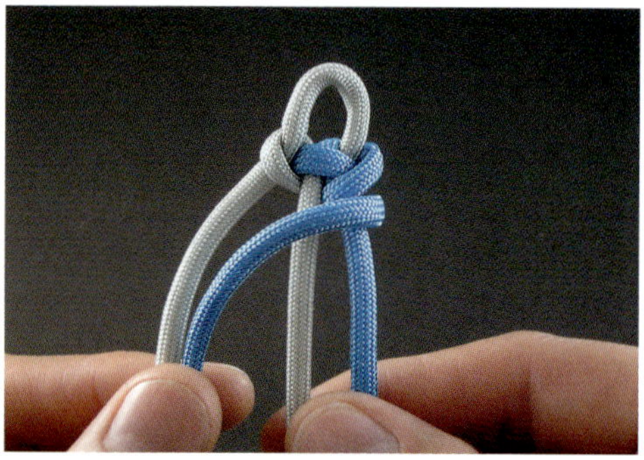

11. Vor den senkrechten Schnüren nach links führen.

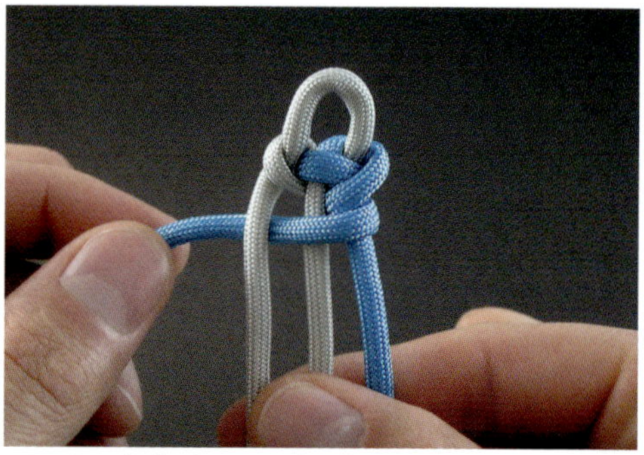

12. Das linke lose Ende über die davorliegende Schnur nach unten legen …

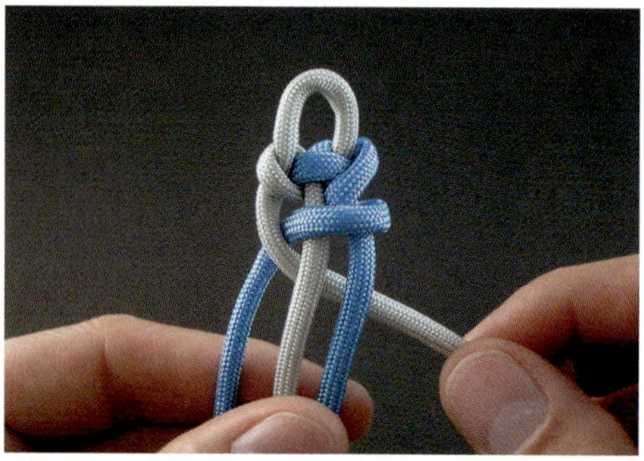

13. … und hinter den senkrechten Schnüren nach rechts führen.

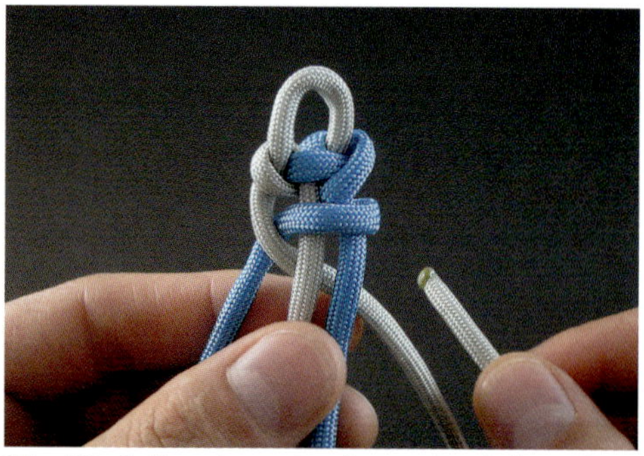

14. Die Spitze der unten liegenden Schnur in die Hand nehmen …

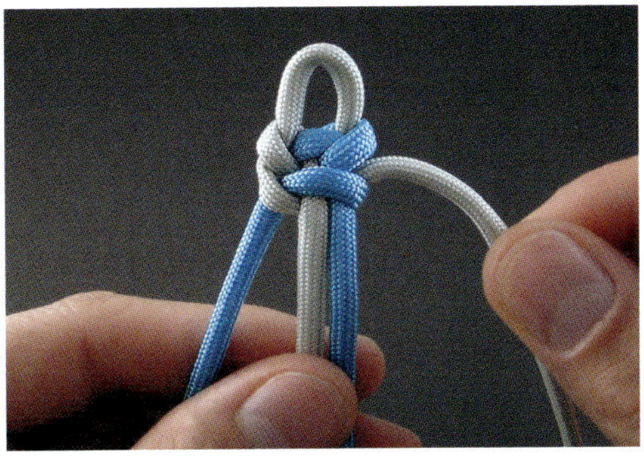

15. … und von unten durch den Bogen der oberen rechten Schnur führen. Fest dichtholen.

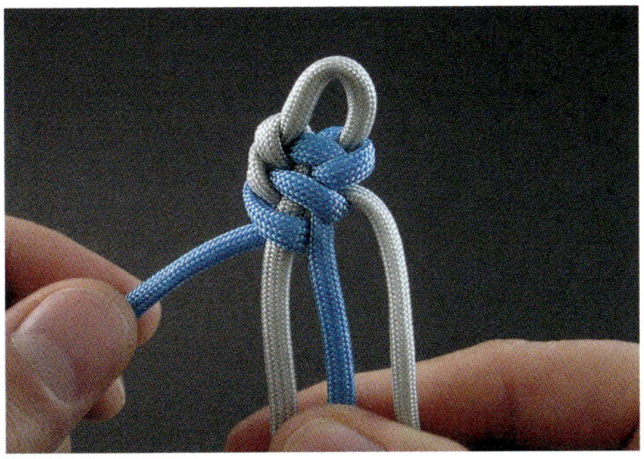

16. Das linke lose Ende von vorn um die rechts danebenliegende senkrechte Schnur führen.

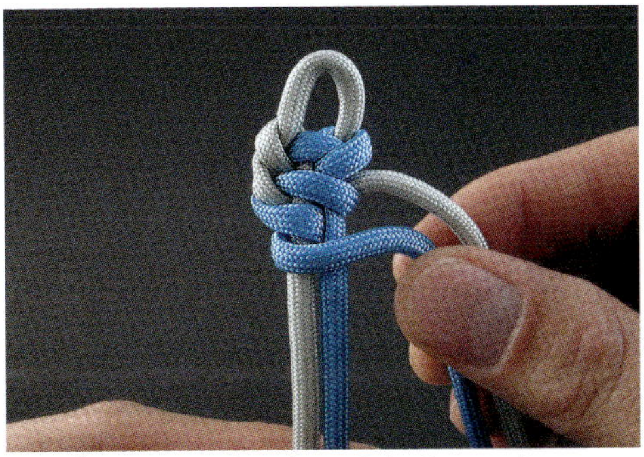

17. Über die senkrechten Schnüre nach rechts legen.

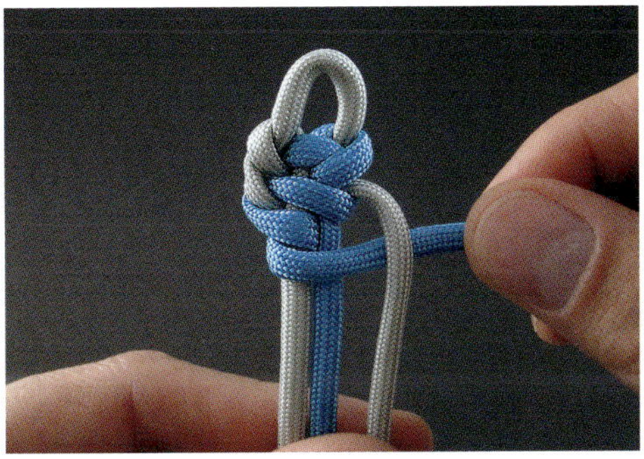

18. Das rechte lose Ende über die darunterliegende Schnur legen.

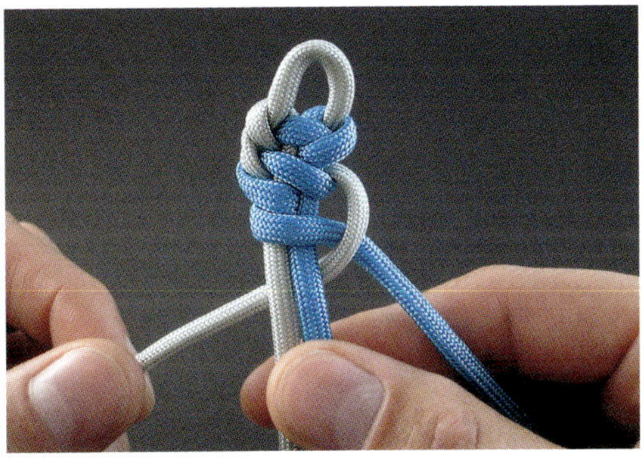

19. Hinter den senkrechten Schnüren nach links führen.

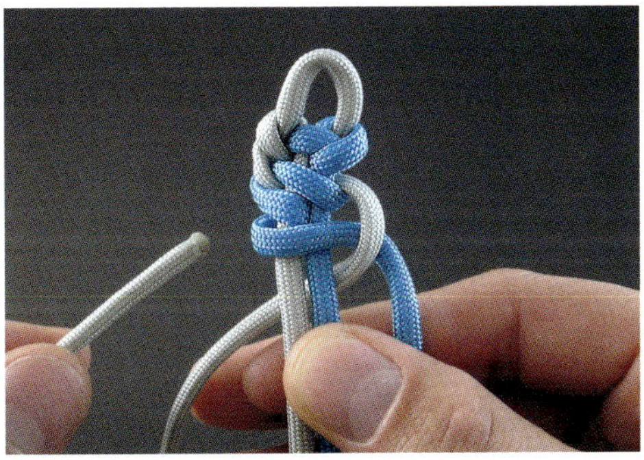

20. Die Spitze der links unten liegenden Schnur in die Hand nehmen …

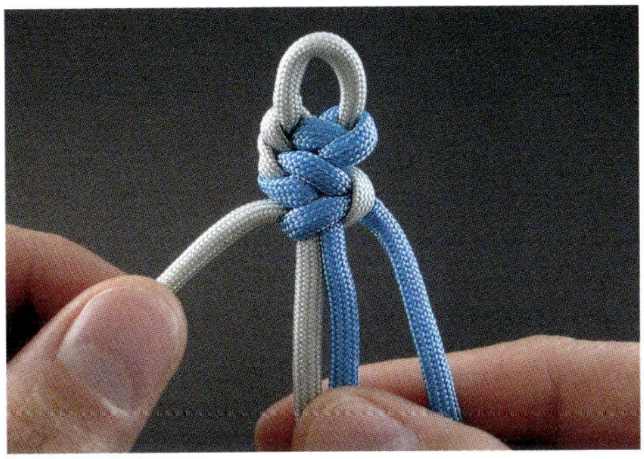

21. … und von unten durch den Bogen der oberen linken Schnur führen. Fest dichtholen.

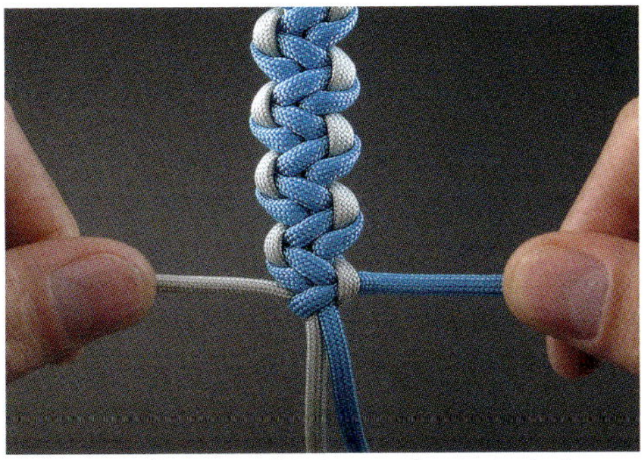

22. Die Schritte 10 bis 21 so oft wiederholen, bis die Schnurenden noch mindestens 13 cm lang sind.

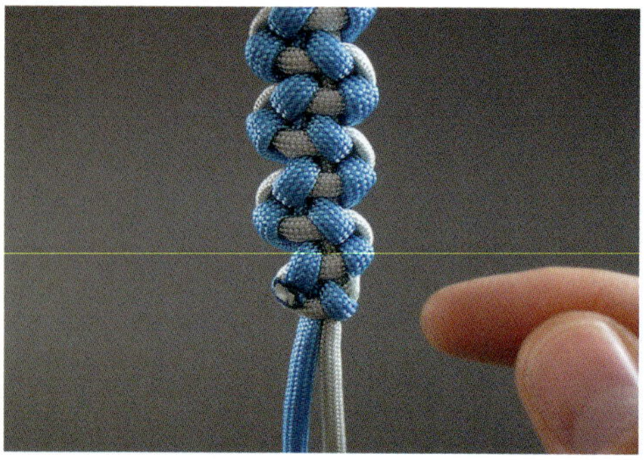

23. Die Enden der waagerechten Schnüre auf der strukturierten Seite des Strangs kurz abschneiden und sorgfältig abbrennen.

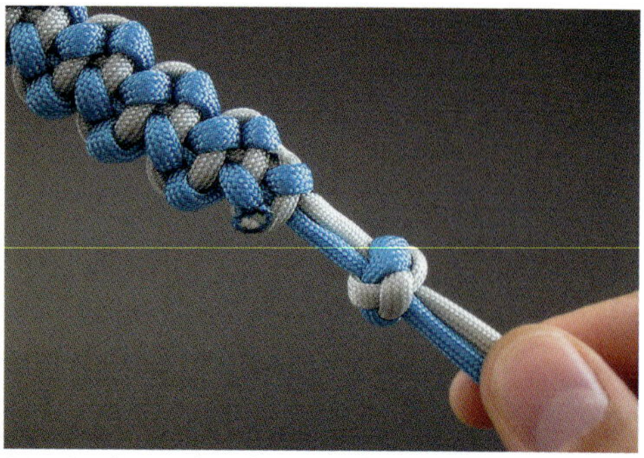

24. In die senkrechten Enden einen zweisträngigen Diamantknoten (siehe Seite 30) knüpfen.

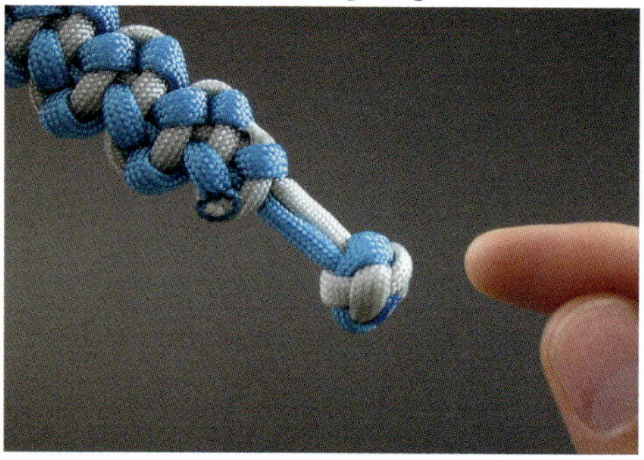

25. Die Enden des Diamantknotens kurz abschneiden und sorgfältig abbrennen.

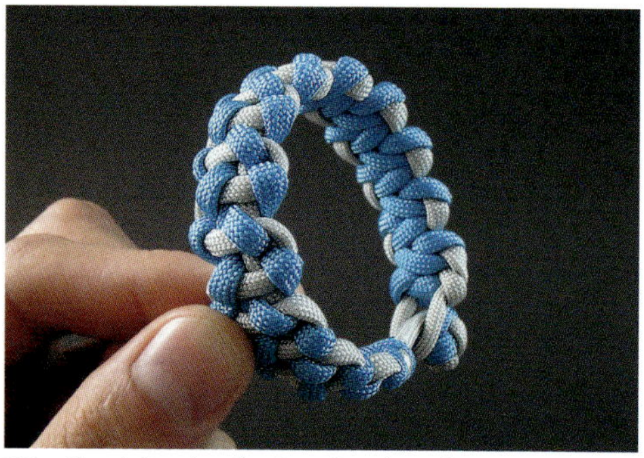

26. So sieht das fertige Armband aus.

Streifenstrang

Surreal Solomon Bar

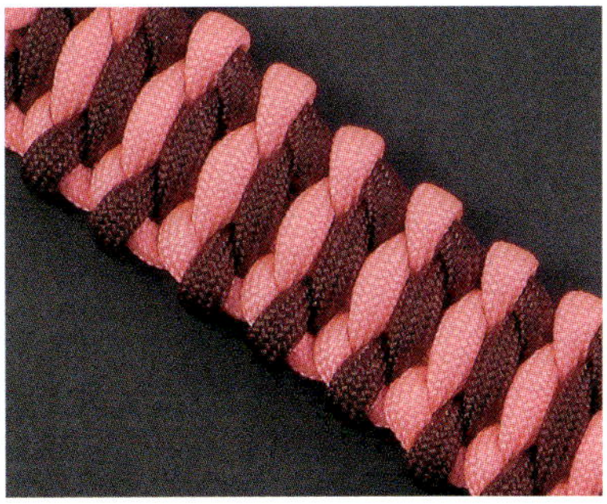

Diese Knüpferei ähnelt den Leitersprossen (siehe *Paracord Basics*), aber die Schnüre an den Rändern verlaufen hier gerade. Der robuste Strang ist flach und dadurch sehr angenehm am Handgelenk zu tragen.

Schnur: *2 Schnüre à 1,8 m (fertige Armbandlänge ca. 19 cm)*

Komponenten: *Salomon Bar + verhakte Schnüre + kontrastfarbige Schnüre*

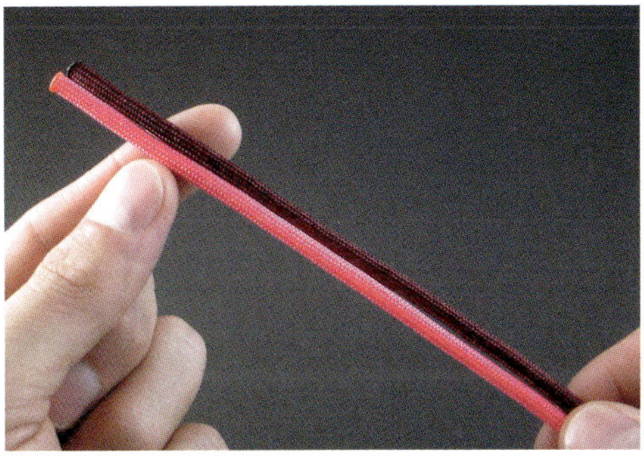

1. Die beiden Schnüre nebeneinanderlegen und die gewünschte Armbandlänge plus 13 cm abmessen.

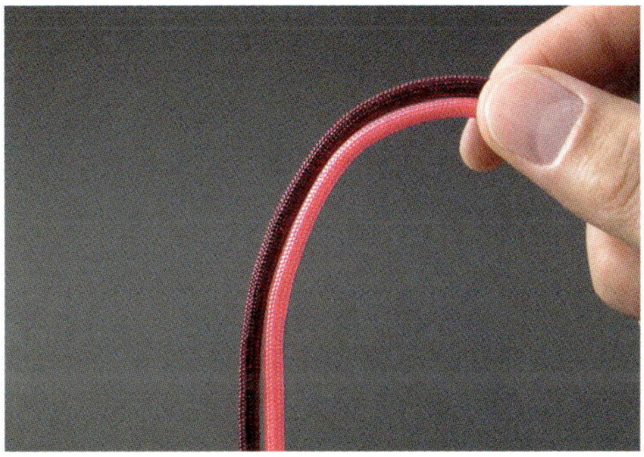

2. An der abgemessenen Stelle festhalten. Die kurzen Enden zeigen nach links unten.

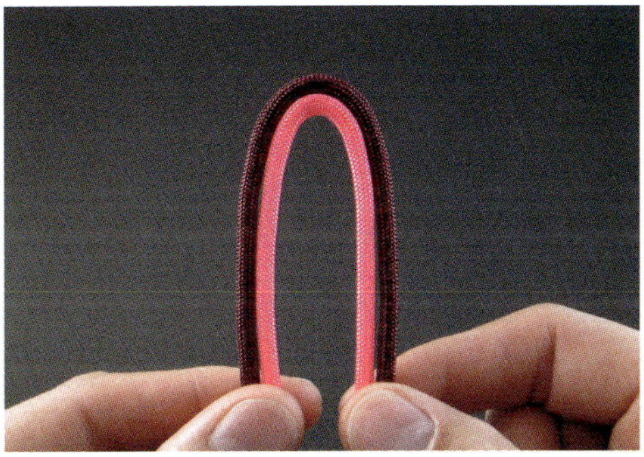

3. Rechts von der abgemessenen Stelle (siehe Schritt 1) in die langen Enden eine Bucht legen.

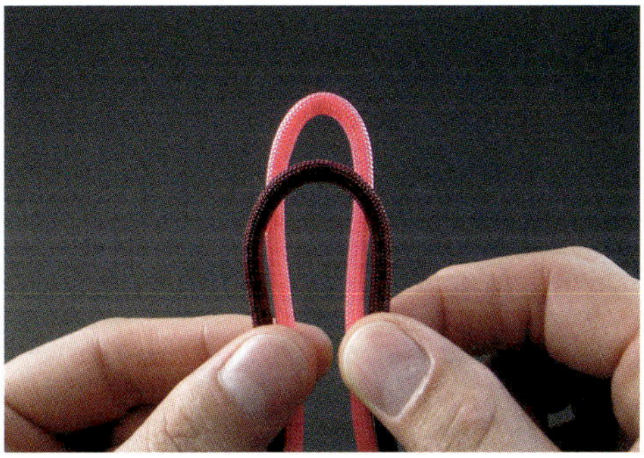

4. Eine Schnur vor der Bucht der anderen nach unten schieben.

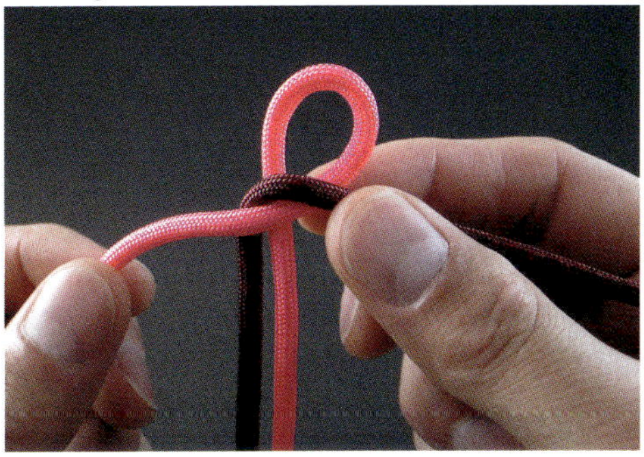

5. Das rechte lose Ende der hinteren Schnur über den links von ihr liegenden senkrechten Schnüren nach links führen.

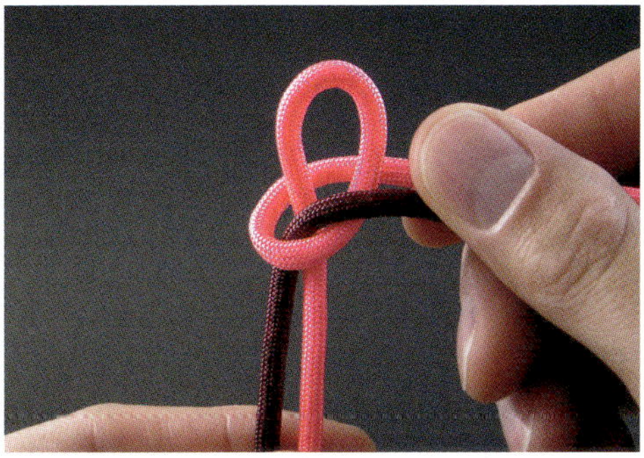

6. Dasselbe lose Ende hinter der oberen Schlaufe nach rechts führen …

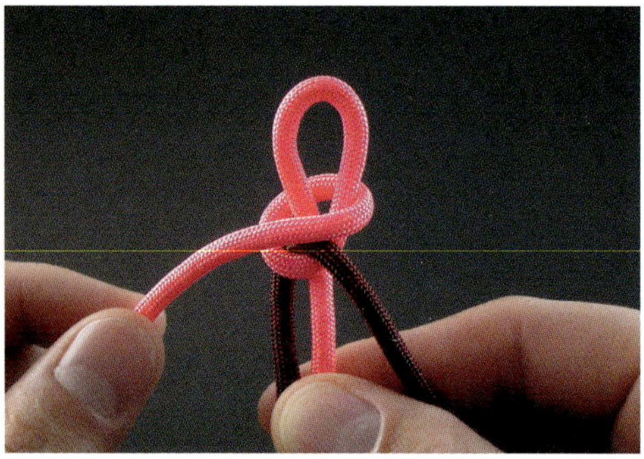

7. … und vor der Schlaufe wieder nach links.

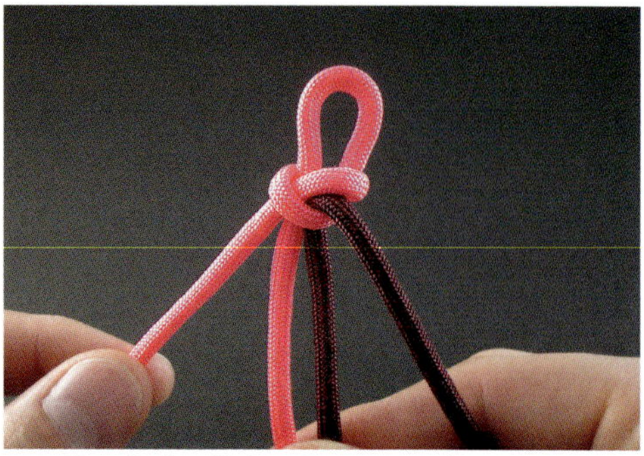

8. Durch den linken Bogen stecken. So entsteht ein Slipknoten, der die obere Schlaufe umfasst.

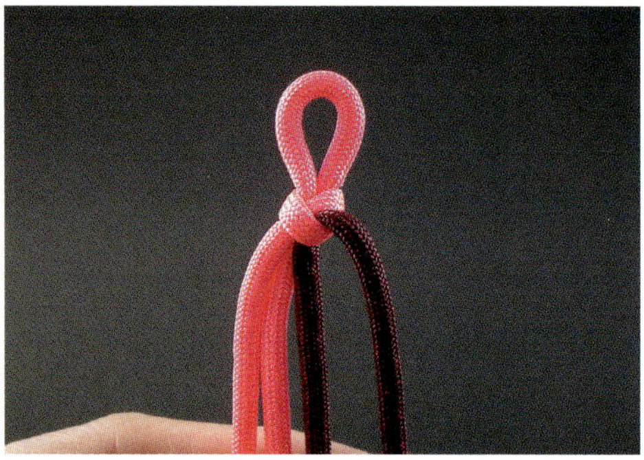

9. Dichtholen, dabei oben eine 1,5 cm große Schlaufe stehen lassen.

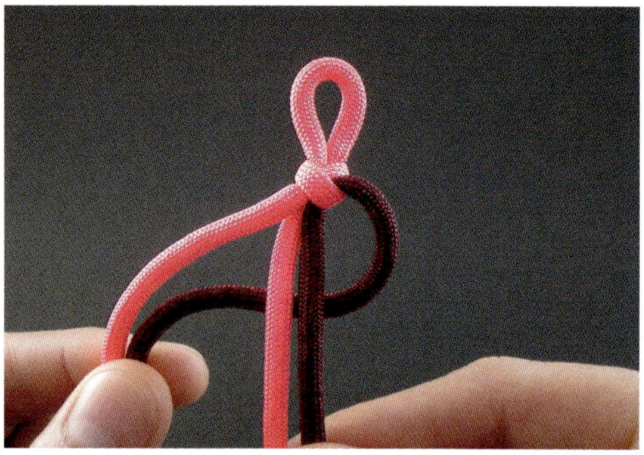

10. Das rechte lose Ende hinter den senkrechten Schnüren nach links legen.

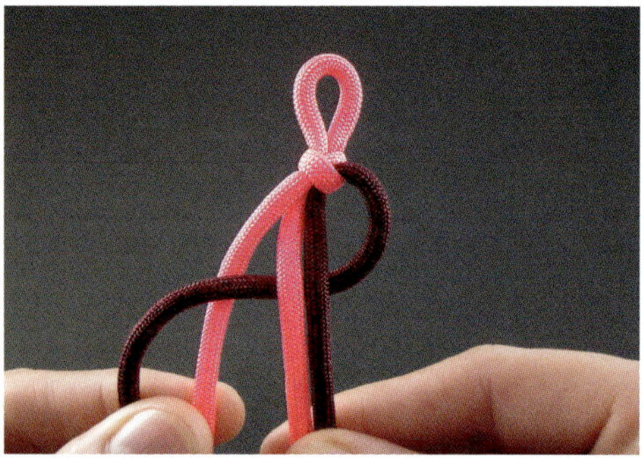

11. Die linke Schnur unter die rechts neben ihr liegende Schnur legen.

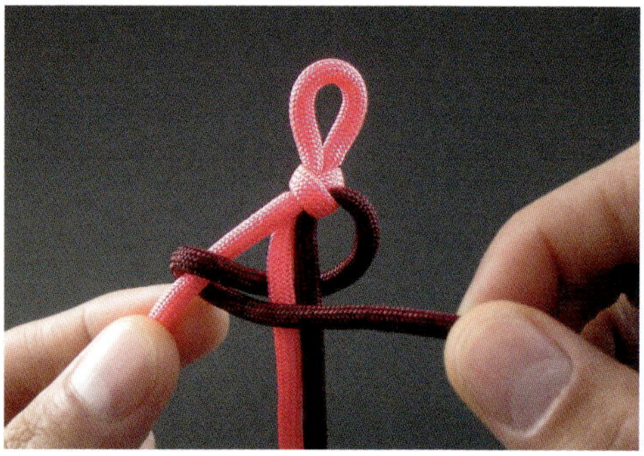

12. Das lose Ende von hinten um die linke Schnur und vor die senkrechten Schnüre legen …

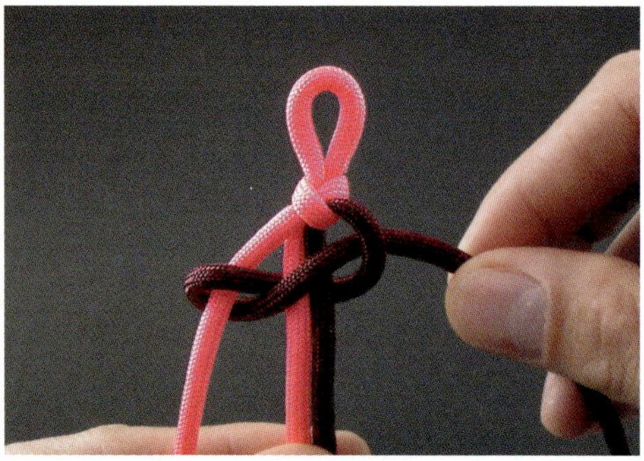

13. … und von vorn durch den rechten Bogen stecken.

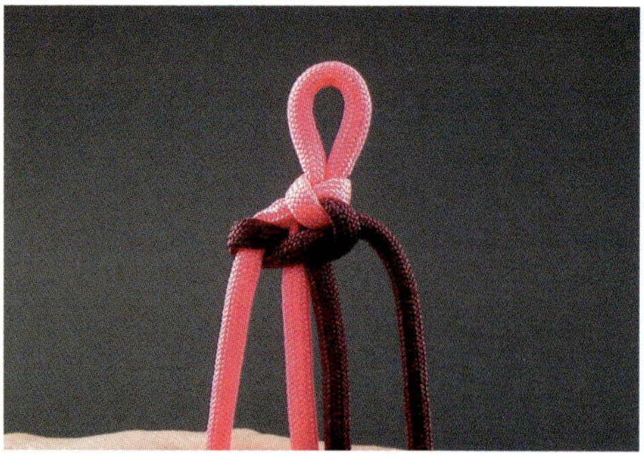

14. Alle Schnüre sorgfältig dichtholen, dabei wird die erste Rippe sichtbar.

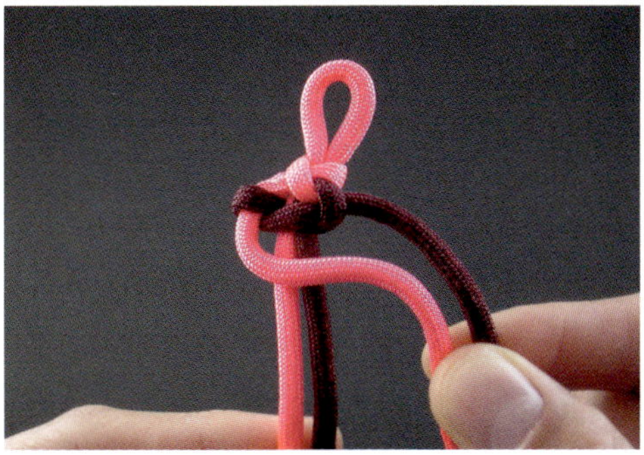

15. Das linke lose Ende vor den senkrechten Schnüren nach rechts legen.

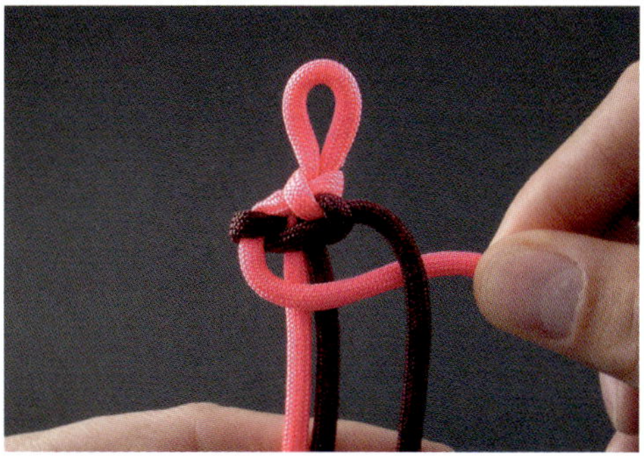

16. Die rechte Schnur über die darunterliegende Schnur legen.

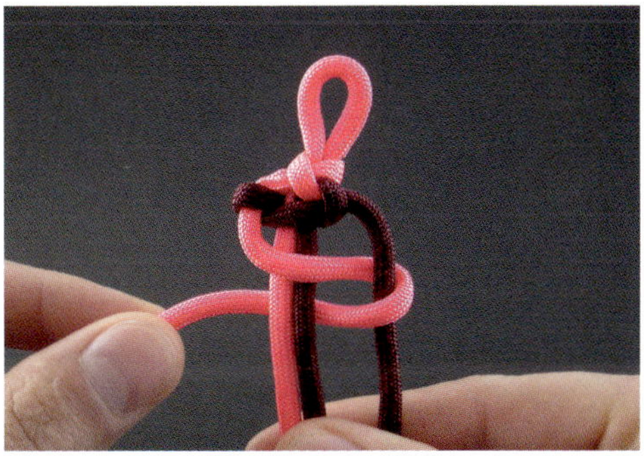

17. Das lose Ende von vorn um die rechte Schnur und hinter die senkrechten Schnüre führen …

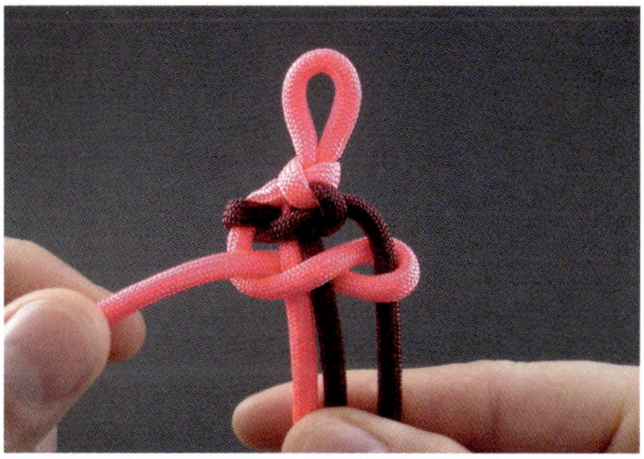

18. … und von hinten durch den linken Bogen stecken.

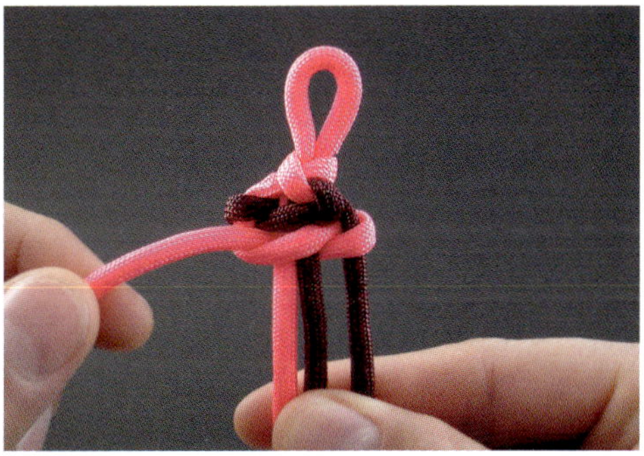

19. Alle Schnüre sorgfältig dichtholen. Die nächste Rippe wird sichtbar.

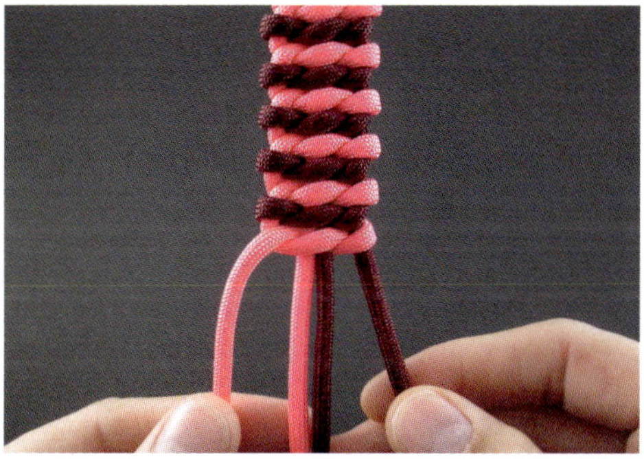

20. Die Schritte 10 bis 19 so oft wiederholen, bis die Schnurenden noch mindestens 13 cm lang sind.

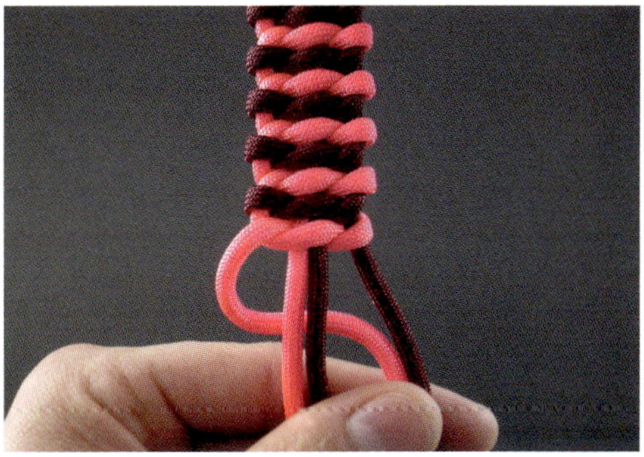

21. Das linke lose Ende hinter den senkrechten Schnüren nach rechts legen.

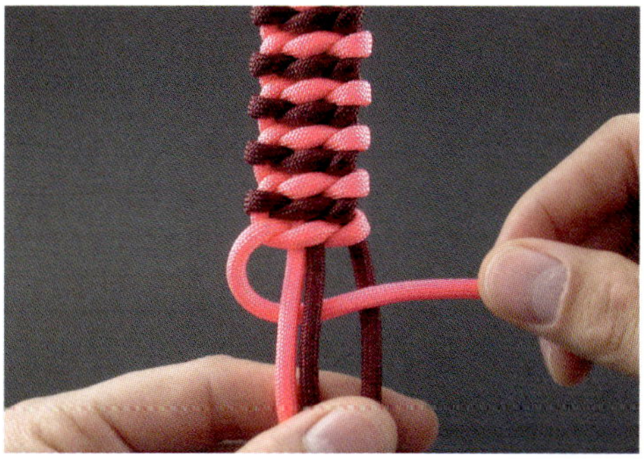

22. Die rechte Schnur unter die links neben ihr liegende Schnur legen …

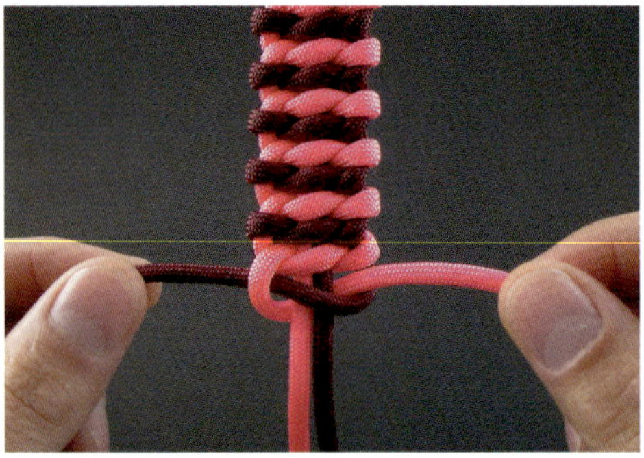

23. … und nach links führen, über den senkrechten Schnüren und von vorn durch den rechten Bogen.

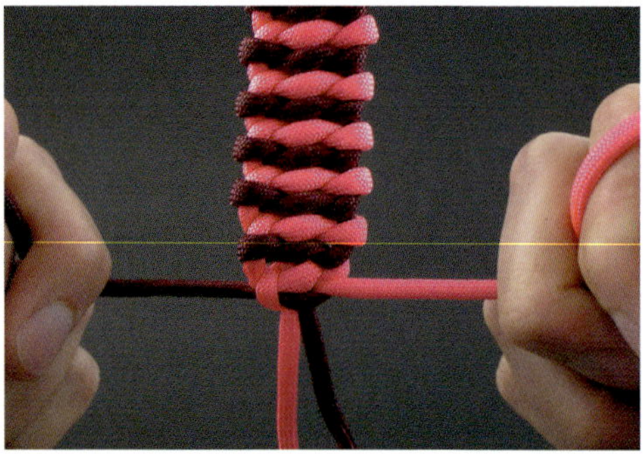

24. Fest dichtholen.

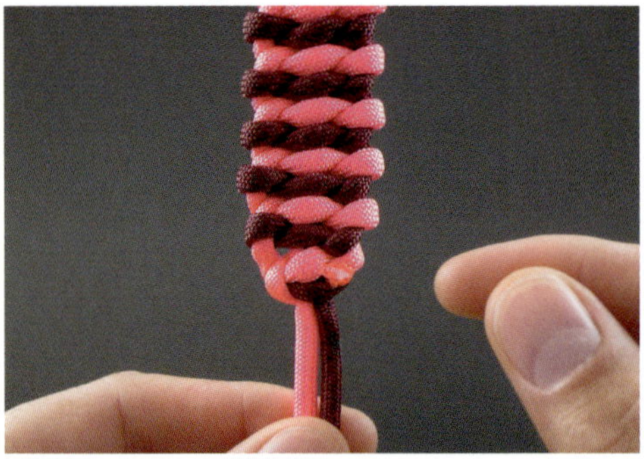

25. Die Enden der waagerechten Schnüre kurz abschneiden und sorgfältig abbrennen.

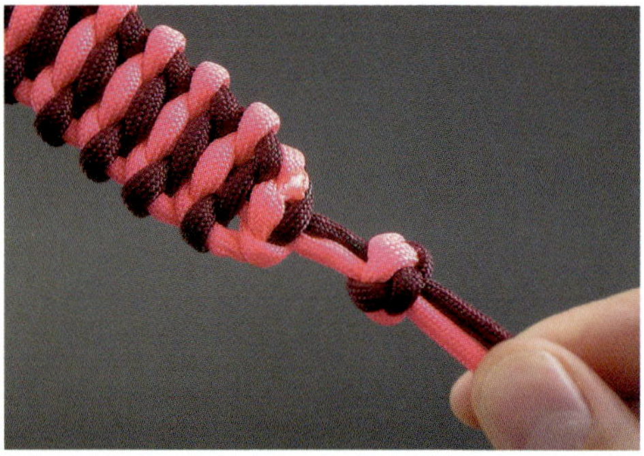

26. In die senkrechten Enden einen zweisträngigen Diamantknoten (siehe Seite 30) knüpfen.

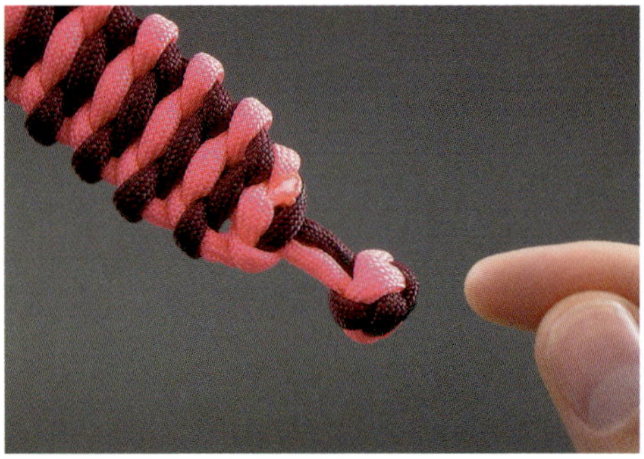

27. Die Enden des Diamantknotens kurz abschneiden und sorgfältig abbrennen.

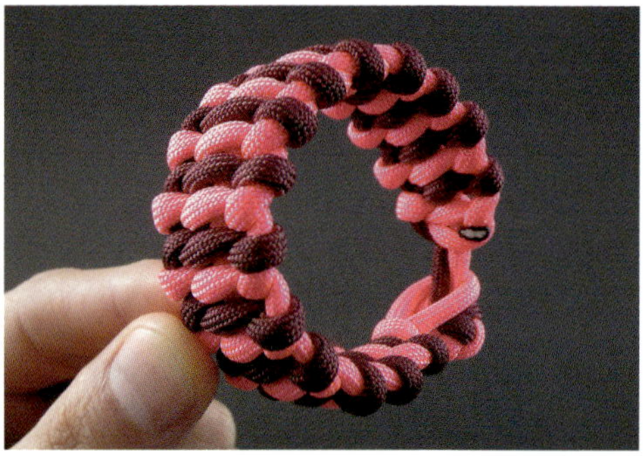

28. So sieht das fertige Streifenstrang-Armband aus.

– Kapitel 3 –

Kronen-Plattings

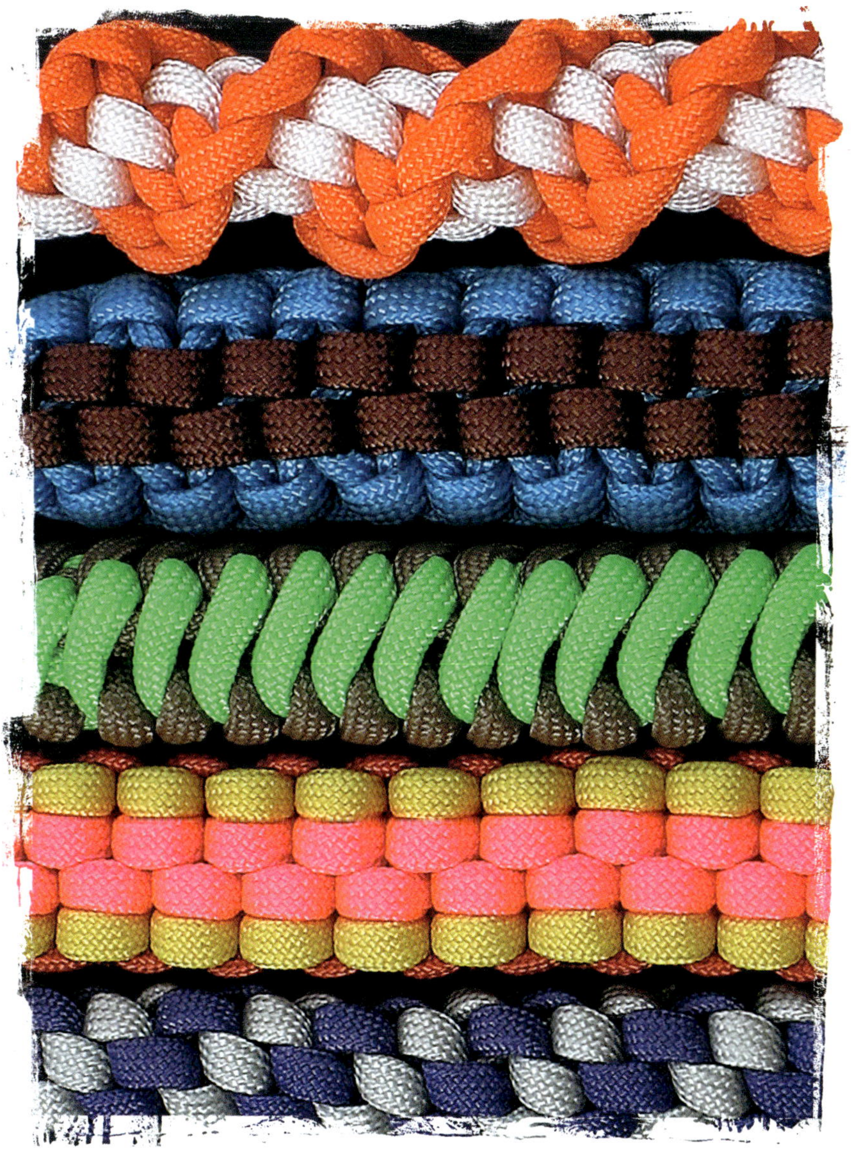

Rundes Kronen-Platting

Round Crown Sinnet

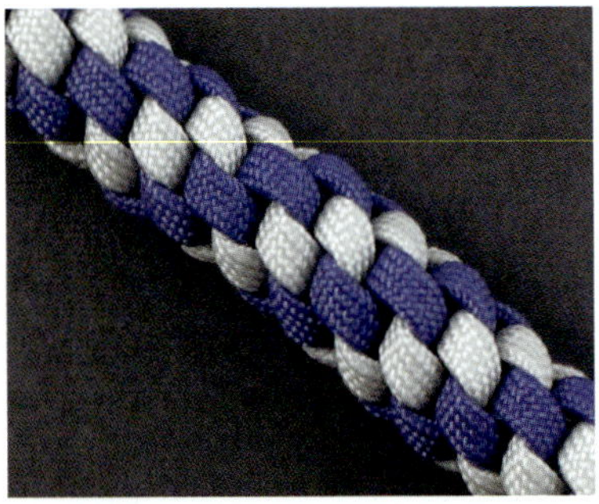

Der kompakte Strang mit dem spiralförmigen Farbwechsel ist recht leicht zu knüpfen. Er eignet sich als Schlüsselanhänger, aber auch als Gepäckmarkierer oder Reißverschluss-Anhänger.

Schnur: *2 Schnüre à 1,5 m (fertige Anhängerlänge ca. 9 cm)*

Komponenten: *Historischer Knoten+ kontrastfarbige Schnüre*

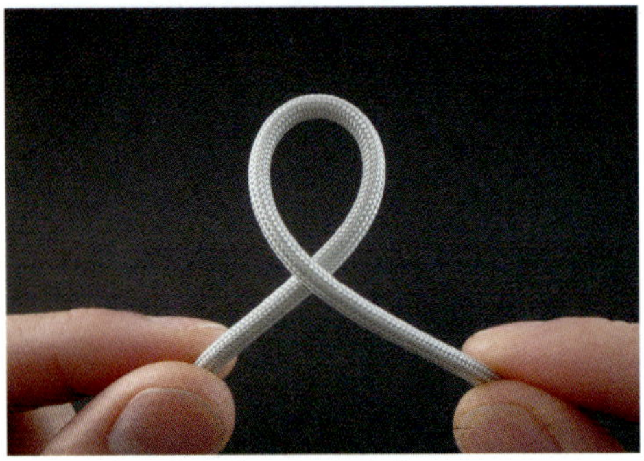

1. In die Mitte der ersten Schnur entgegen dem Uhrzeigersinn eine Schlaufe legen.

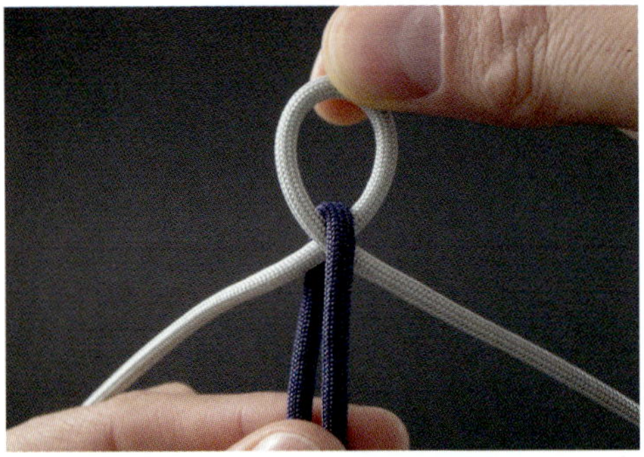

2. Die zweite Schnur durch die Schlaufe führen und bis zur Mitte durchziehen.

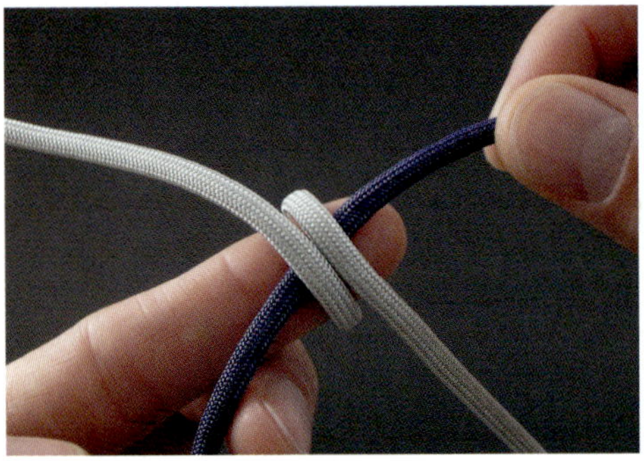

3. Die Knüpfarbeit um die eigene Achse drehen, den Zeigefinger in die Schlaufe schieben und diese etwas weiten.

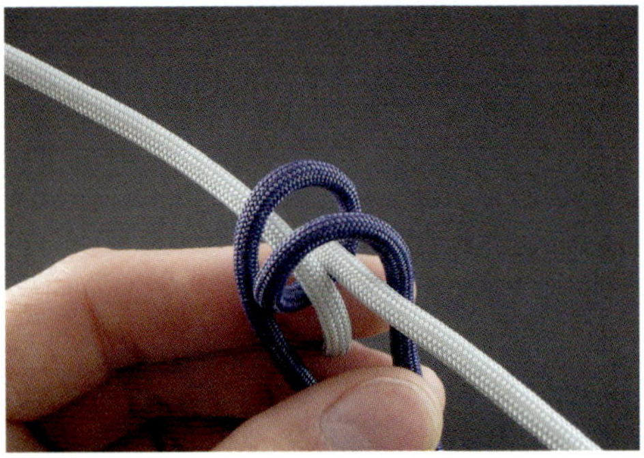

4. Die Enden der zweiten Schnur in entgegengesetzten Richtungen über die erste Schnur legen.

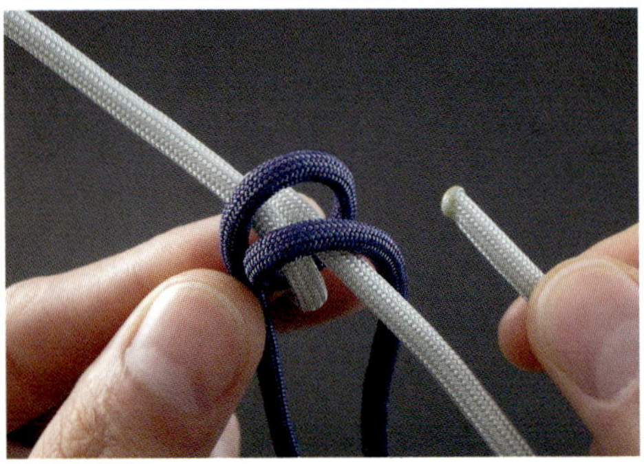

5. Das Ende der unteren Schnur über den ersten Bogen legen …

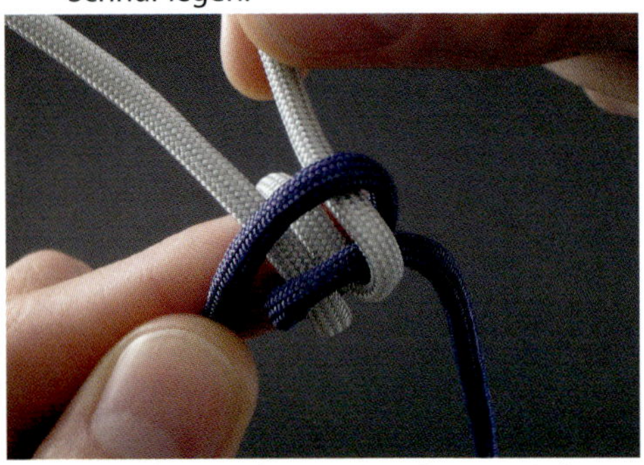

6. … und unter den zweiten Bogen stecken.

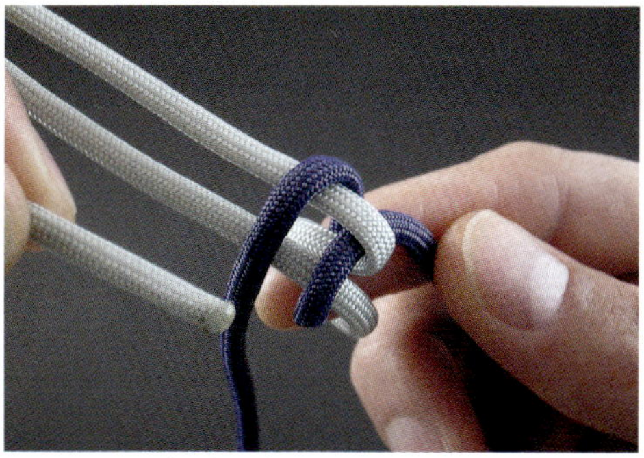

7. Das Ende der oberen Schnur über den unter ihr liegenden Bogen führen …

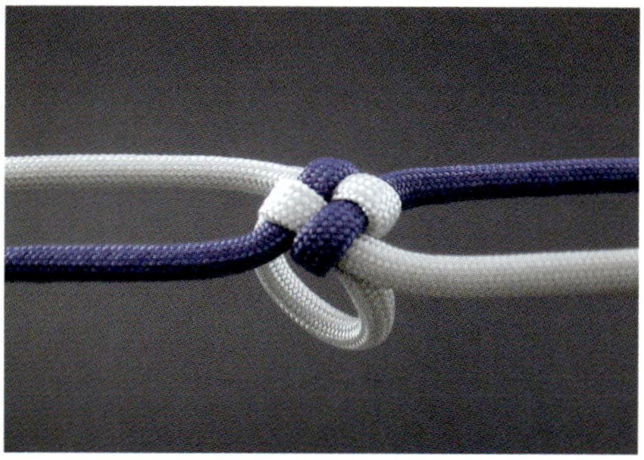

8. … und unter dem zweiten Bogen durchstecken. Fest dichtholen. Dies ist ein **Kronenknoten**.

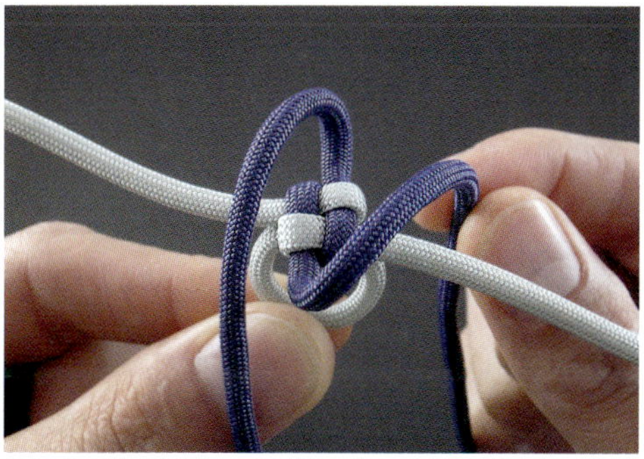

9. Die Schnurenden wieder in entgegengesetzten Richtungen über die darunterliegende Schnur legen.

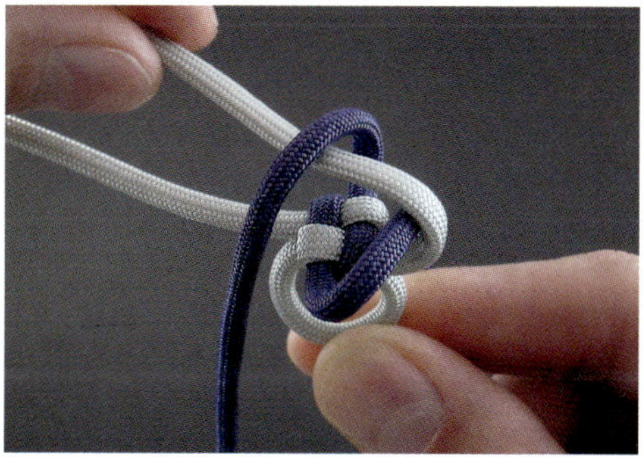

10. Die untere Schnur über den über ihr liegenden Bogen führen und durch den zweiten Bogen stecken.

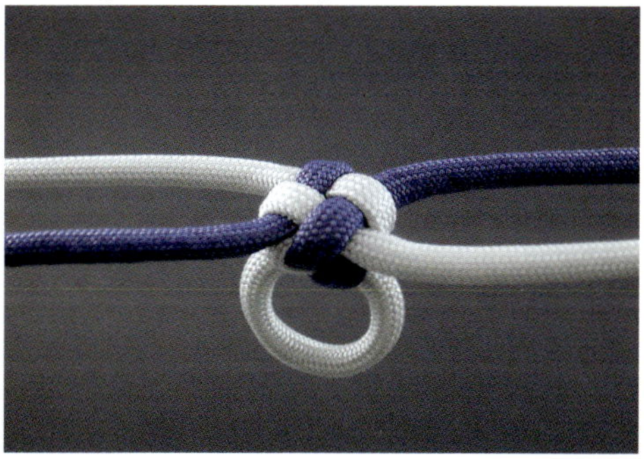

11. Die obere Schnur über den über ihr liegenden Bogen führen und durch den zweiten Bogen stecken. Dichtholen.

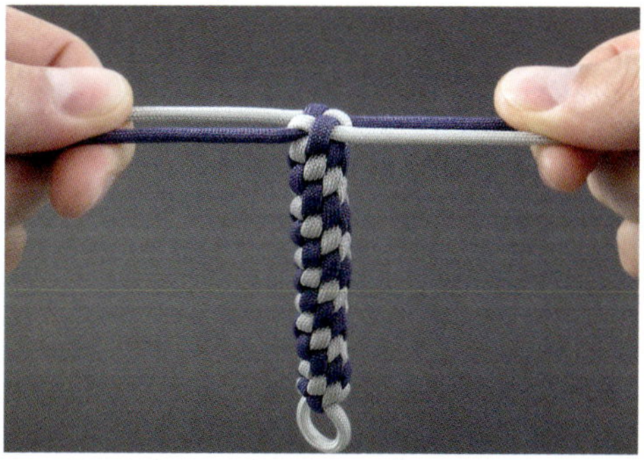

12. Die Schritte 9 bis 11 so oft wiederholen, bis die Schnurenden noch mindestens 13 cm lang sind.

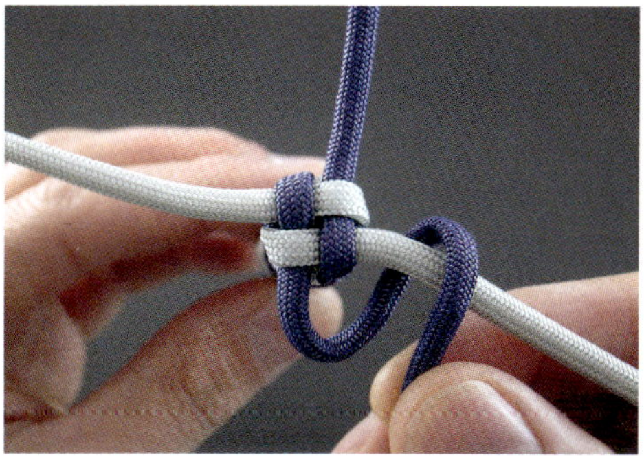

13. **Wandknoten:** Entgegen dem Uhrzeigersinn arbeiten. Die untere Schnur von unten um die rechte Schnur führen.

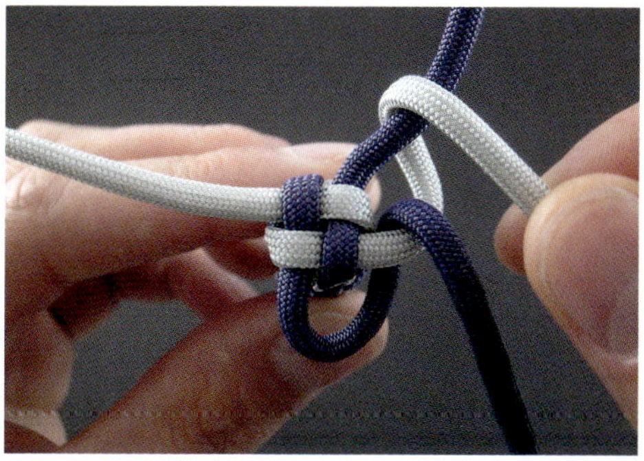

14. Die rechte Schnur von unten um die obere Schnur führen.

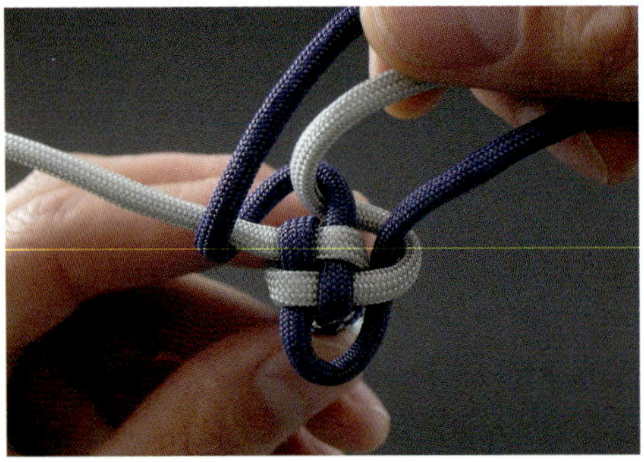

15. Die obere Schnur von unten um die linke Schnur legen.

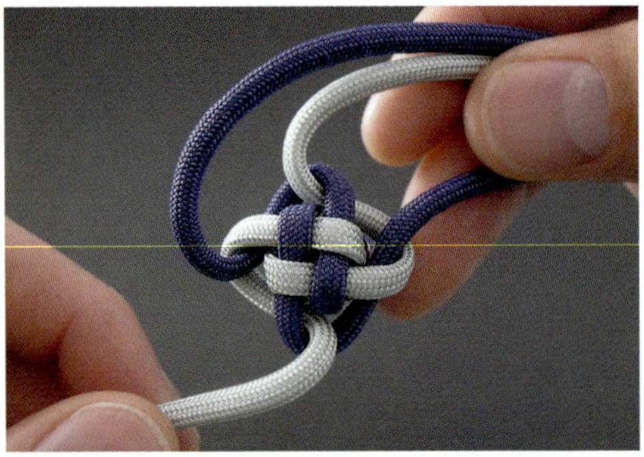

16. Dann die linke Schnur von unten durch den unteren Bogen stecken.

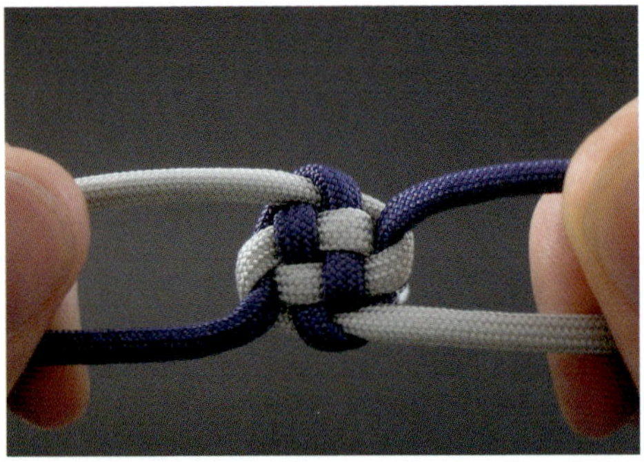

17. Das ist der Wandknoten, der nun fest dichtgeholt wird.

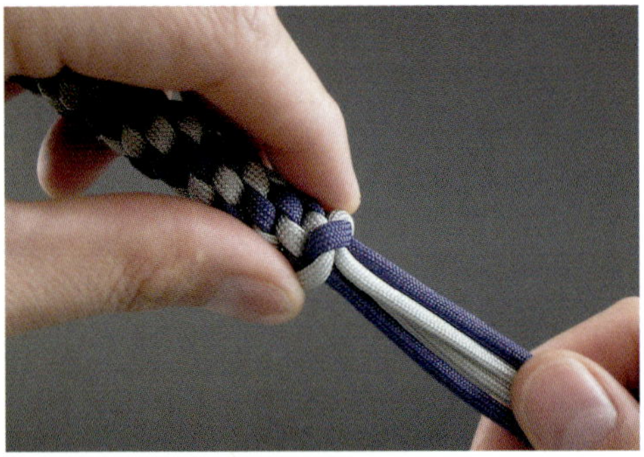

18. Den Wandknoten gut nach unten drücken, um ihn zu sichern, …

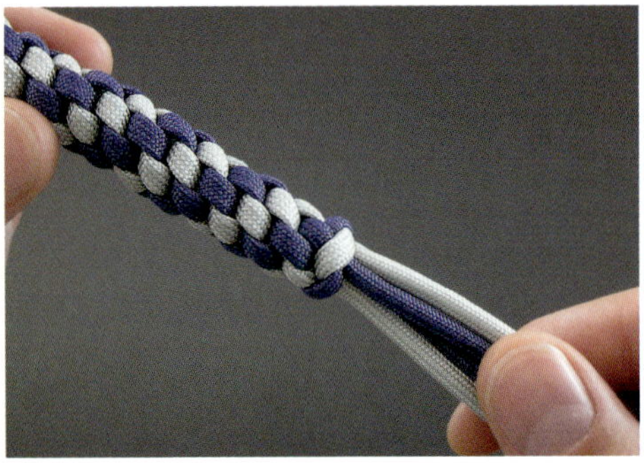

19. … und gleichzeitig an den senkrechten Schnüren ziehen.

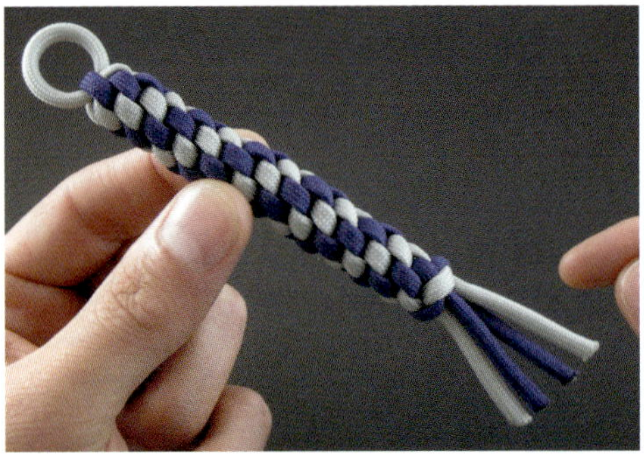

20. Die Enden abschneiden und sorgfältig abbrennen. Fertig ist der Schlüsselanhänger.

Kronen-Platting Royal

Royal Crown Sinnet

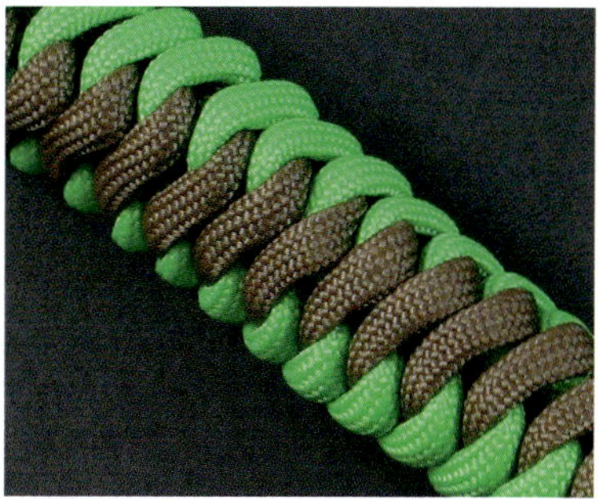

Hier wechseln Kronenknoten und Wandknoten miteinander ab. Der Strang ist dicker als die meisten Plattings aus vier Schnüren. Kontrastfarben bringen das Muster gut zur Geltung.

Schnur: *2 Schnüre à 1,8 m (fertige Anhängerlänge ca. 9 cm)*

Komponenten: *Kronenknoten + Wandknoten + kontrastfarbige Schnüre*

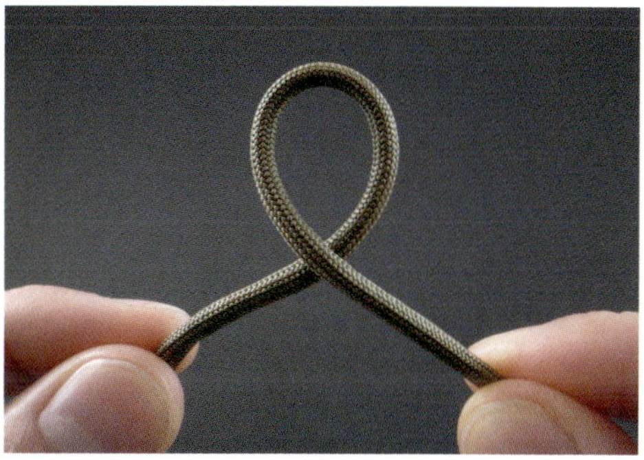

1. In die Mitte der ersten Schnur entgegen dem Uhrzeigersinn eine Schlaufe legen.

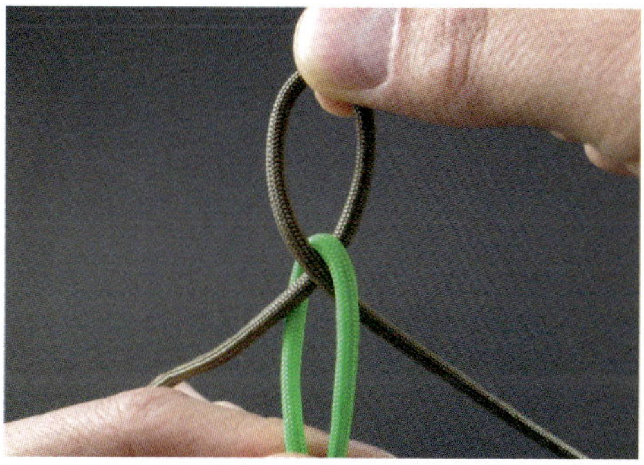

2. Die zweite Schnur durch die Schlaufe führen und bis zur Mitte durchziehen.

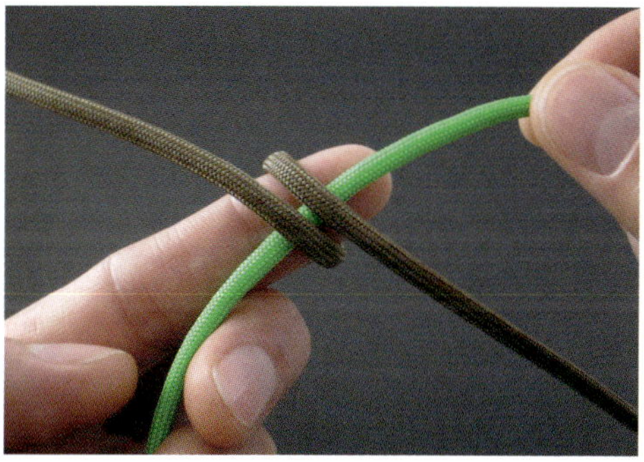

3. Die Knüpfarbeit um die eigene Achse drehen, den Zeigefinger in die Schlaufe schieben und diese etwas weiten.

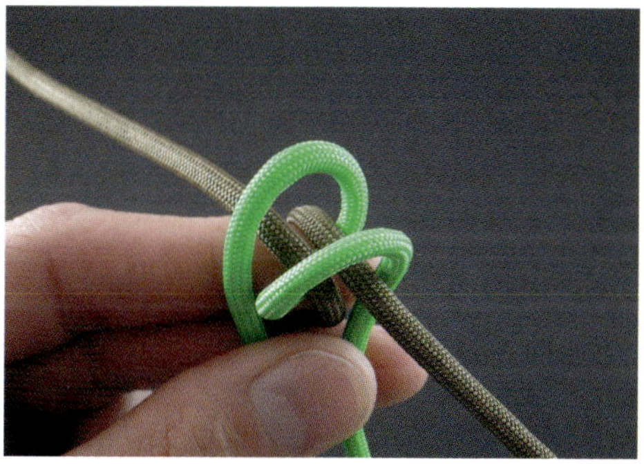

4. Die Enden der zweiten Schnur in entgegengesetzten Richtungen über die erste Schnur legen.

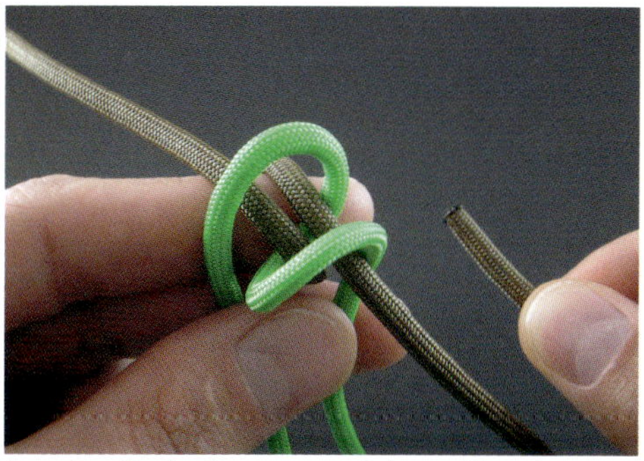

5. Das Ende der unteren Schnur über den ersten Bogen legen …

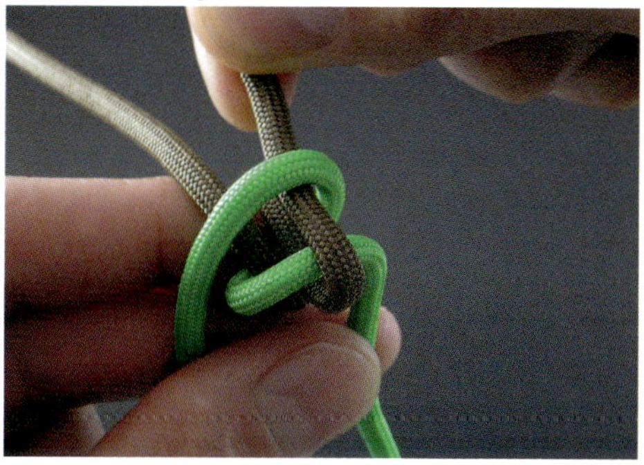

6. … und unter den zweiten Bogen stecken.

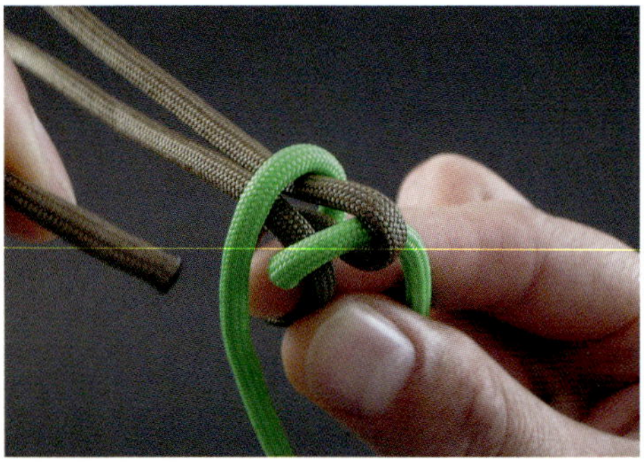

7. Das Ende der oberen Schnur über den unter ihr liegenden Bogen führen …

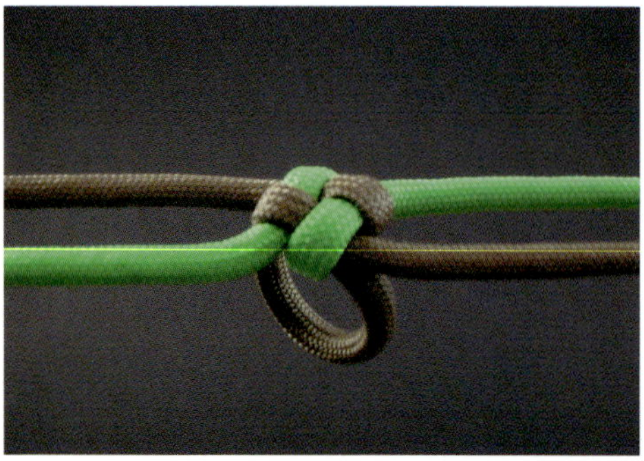

8. … und unter dem zweiten Bogen durchstecken. Dies ist ein **Kronenknoten**. Gut dichtholen.

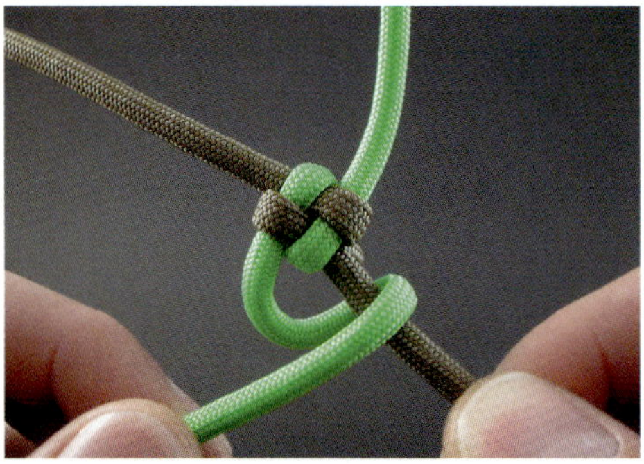

9. Entgegen dem Uhrzeigersinn arbeiten. Die untere Schnur von unten um die rechte Schnur führen.

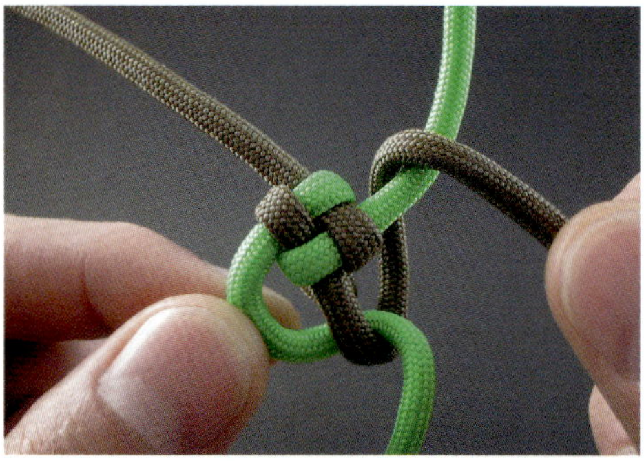

10. Die rechte Schnur von unten um die obere Schnur führen.

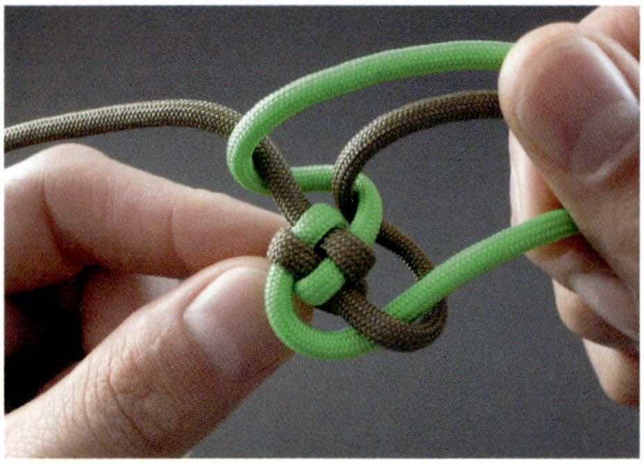

11. Die obere Schnur von unten um die linke Schnur legen.

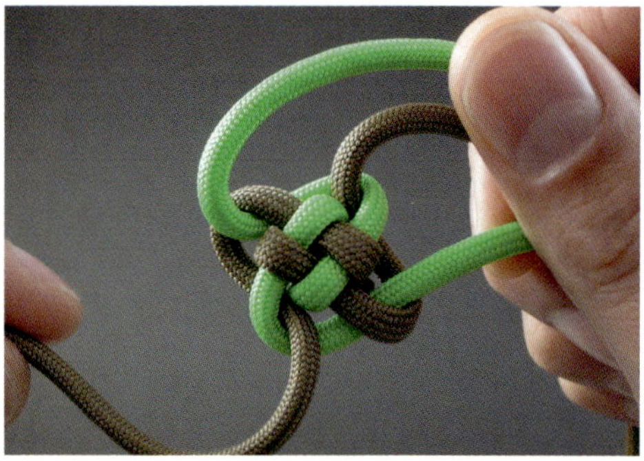

12. Dann die linke Schnur von unten durch den unteren Bogen stecken.

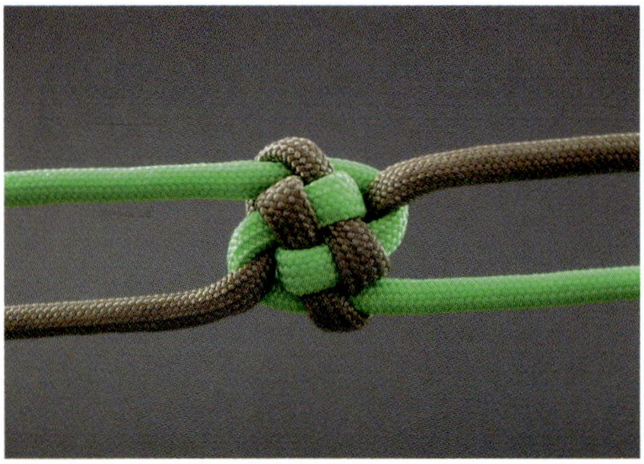

13. Den Wandknoten nur so weit dichtholen, dass er flach bleibt. Nicht ganz zusammenziehen.

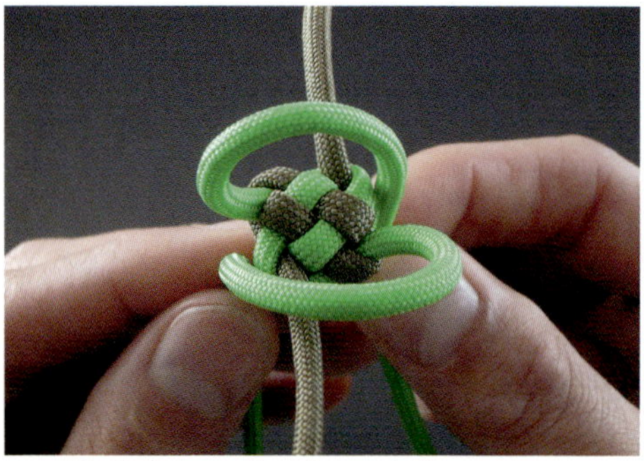

14. Die linken und rechten Enden in entgegengesetzten Richtungen über die darunterliegende Schnur legen.

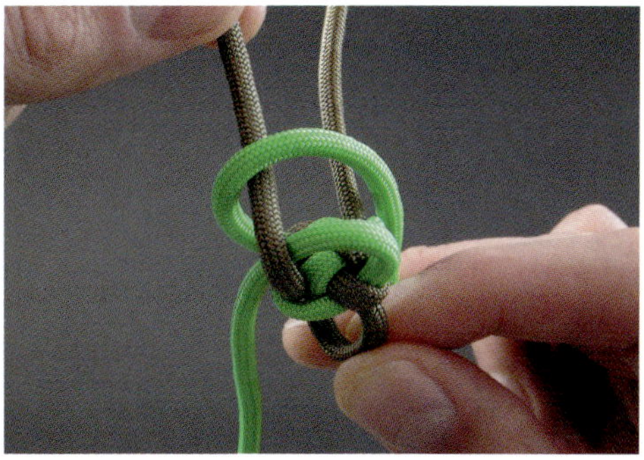

15. Das Ende der unteren Schnur über den ersten Bogen legen und unter den zweiten Bogen stecken.

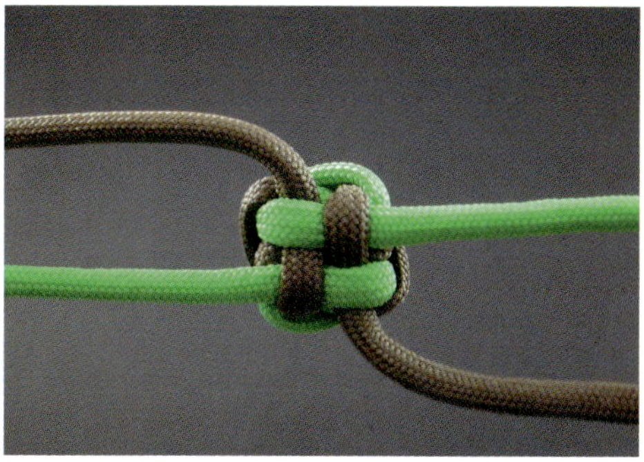

16. Die obere Schnur über den über ihr liegenden Bogen führen und durch den zweiten Bogen stecken. Fest dichtholen.

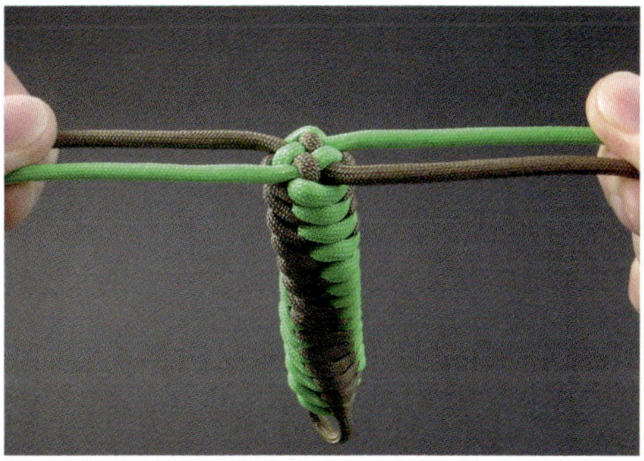

17. Die Schritte 9 bis 16 so oft wiederholen, bis die Schnurenden noch mindestens 13 cm lang sind.

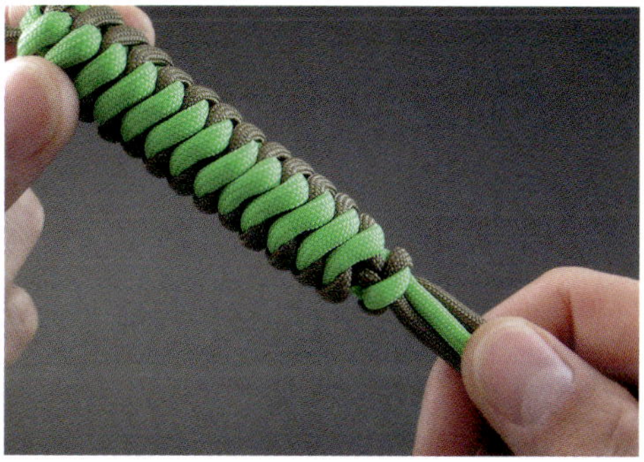

18. Mit den waagerechten Enden einen Wandknoten (siehe Seite 69) knüpfen und dichtholen, bis er sich zusammenzieht.

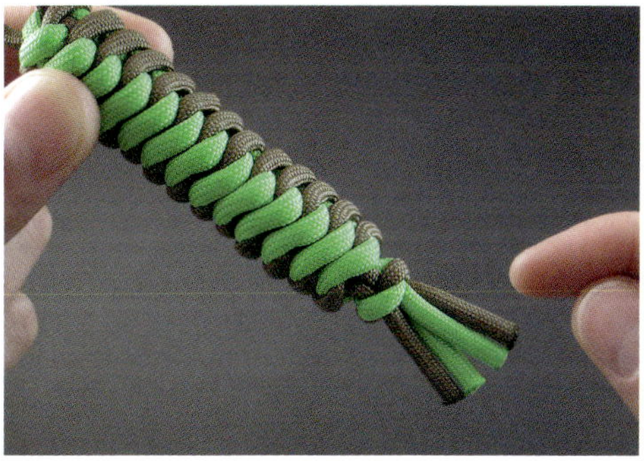

19. Die Enden abschneiden und sorgfältig abbrennen.

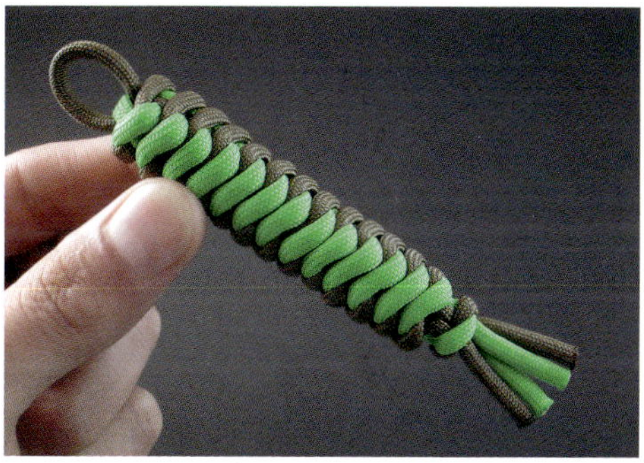

20. So sieht der fertige Schlüsselanhänger aus.

Korkenzieher-Platting

Corkscrew Crown Sinnet

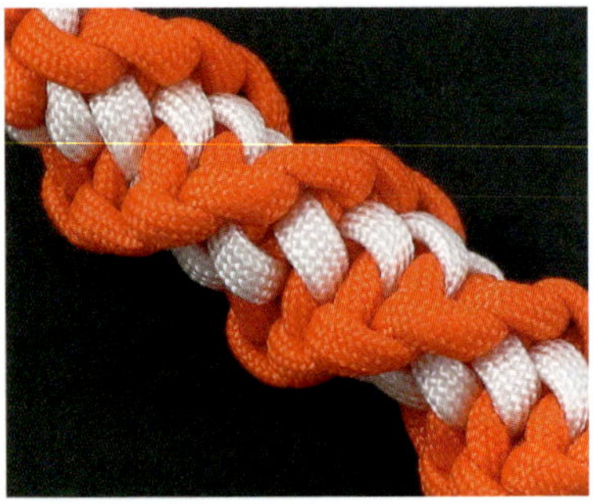

Auf der Grundlage von Kronenknoten entsteht mit dieser Technik ein kompakter Strang mit Spiralstruktur. Sie sieht für Nicht-Eingeweihte kompliziert aus, ist aber gar nicht so schwierig zu knüpfen. Gut zu verwenden als Schlüsselanhänger.

Schnur: *2 Schnüre à 1,8 m (fertige Länge ca. 9 cm)*
Komponenten: *Längliches Kronen-Platting + Spiralstruktur + kontrastfarbige Schnüre*

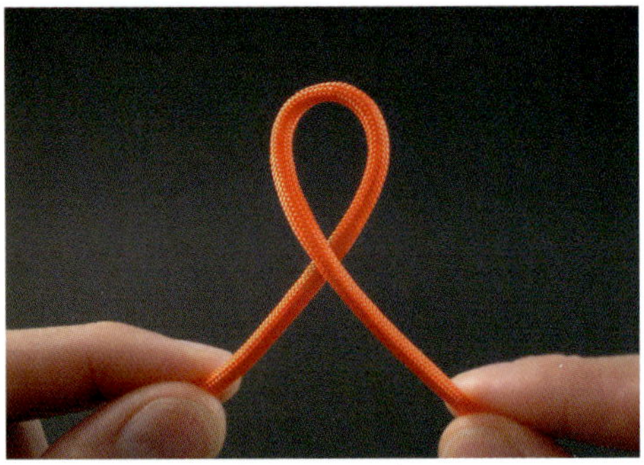

1. In die Mitte der ersten Schnur entgegen dem Uhrzeigersinn eine Schlaufe legen.

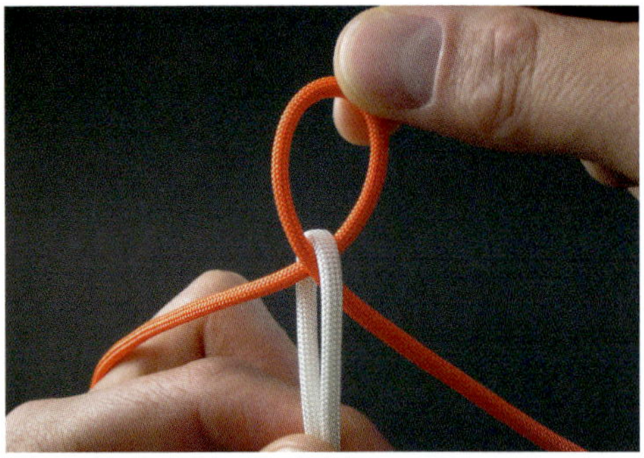

2. Die zweite Schnur durch die Schlaufe führen und bis zur Mitte durchziehen.

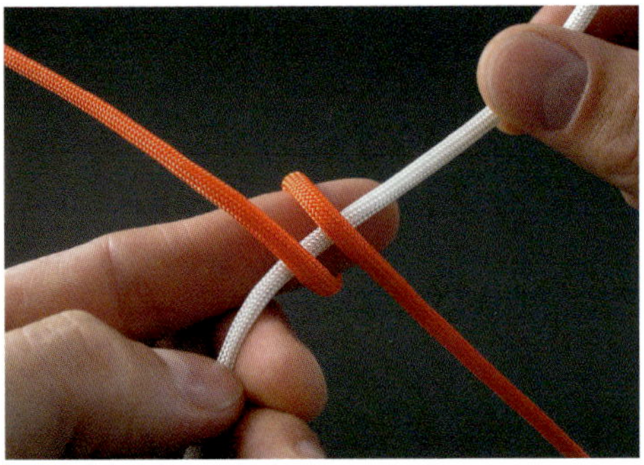

3. Die Knüpfarbeit um die eigene Achse drehen, den Zeigefinger in die Schlaufe schieben und diese etwas weiten.

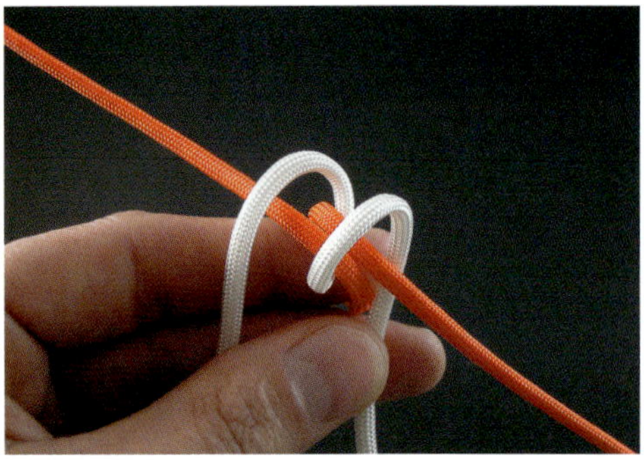

4. Die Enden der zweiten Schnur in entgegengesetzten Richtungen über die erste Schnur legen.

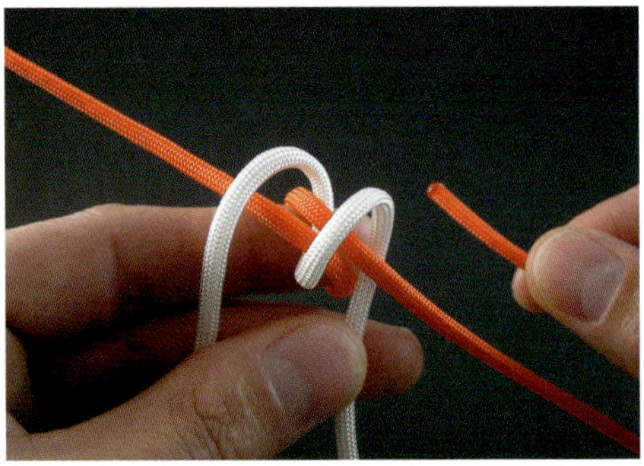

5. Das Ende der unteren Schnur über den ersten Bogen legen …

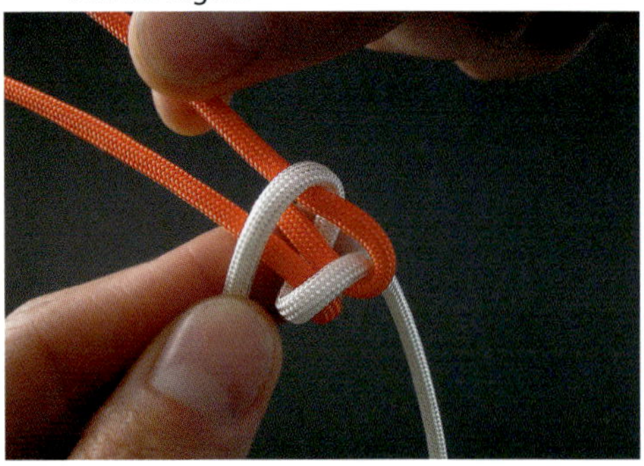

6. … und unter den zweiten Bogen stecken.

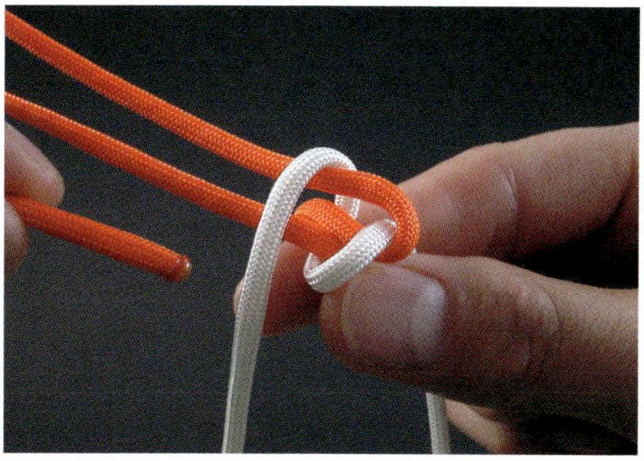

7. Das Ende der oberen Schnur über den unter ihr liegenden Bogen führen …

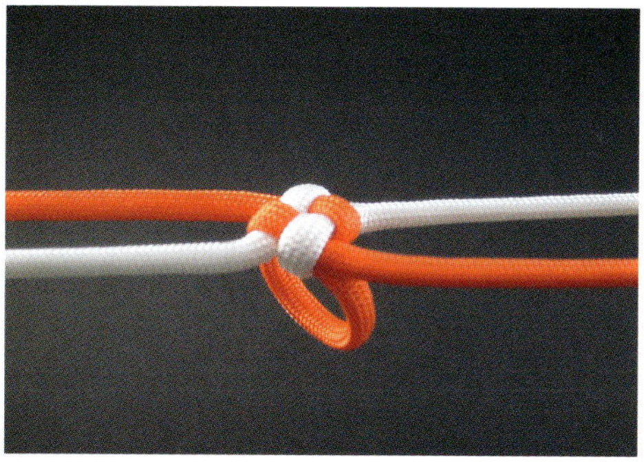

8. … und unter den zweiten Bogen stecken. Den entstandenen Kronenknoten fest dichtholen.

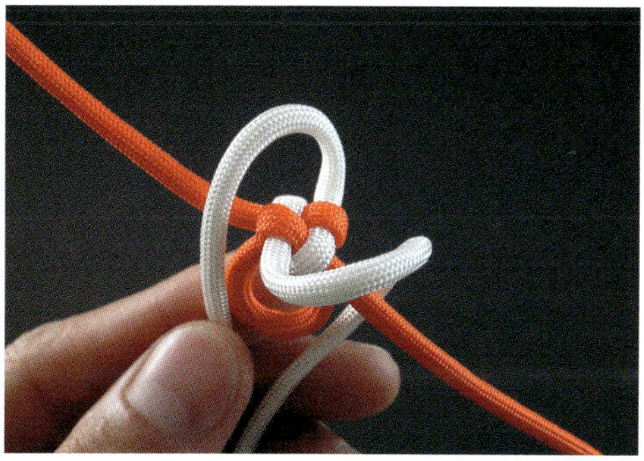

9. Die linken und rechten Schnüre in entgegengesetzten Richtungen über die unteren Schnüre legen.

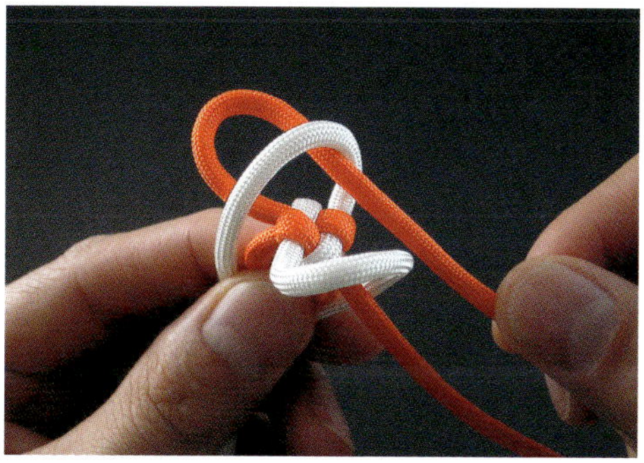

10. Das Ende der oberen Schnur über den unter ihr liegenden Bogen führen und unter dem zweiten Bogen durchstecken.

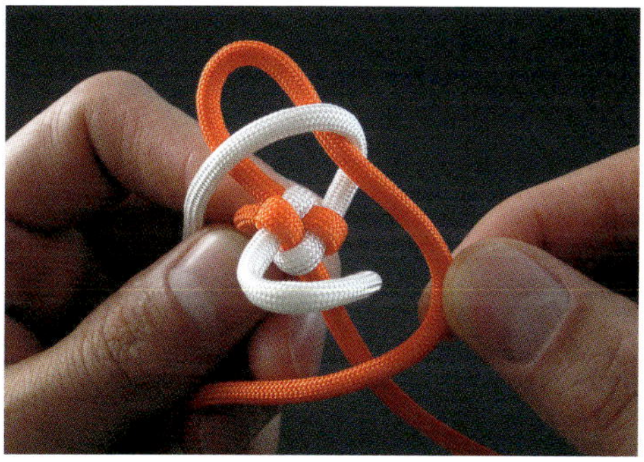

11. Dann dasselbe Ende über der unteren Schnur nach links legen.

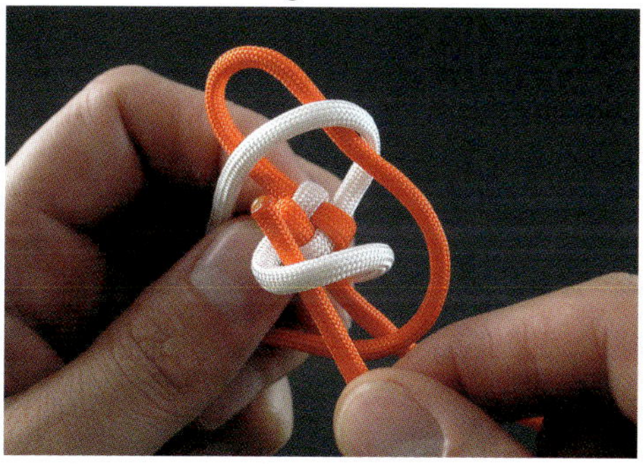

12. Das untere Ende über die darüberliegende Schnur führen, durch den ersten Bogen stecken, …

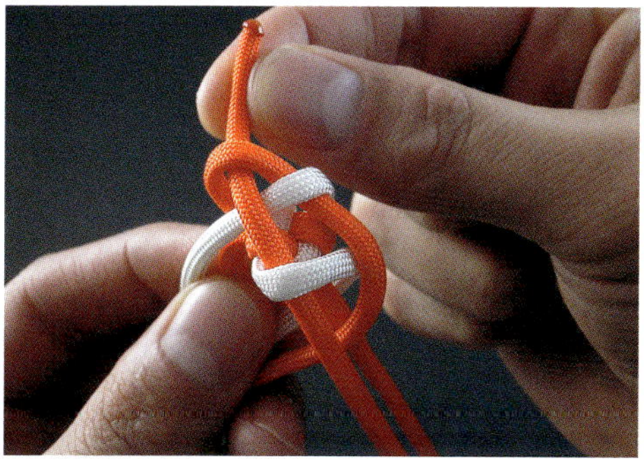

13. … über den zweiten Bogen legen und durch den oberen Bogen stecken.

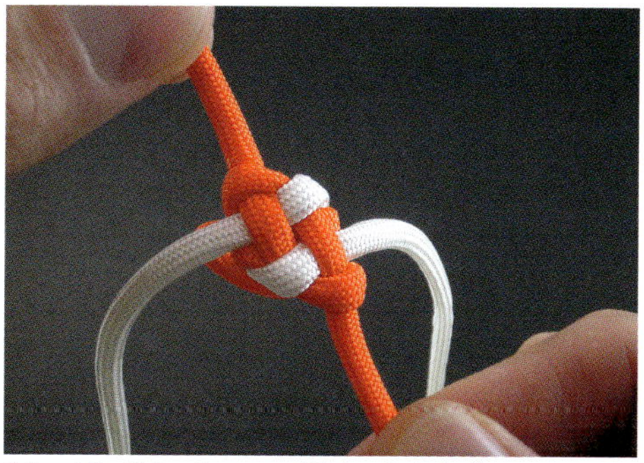

14. Alle Schnüre sorgfältig dichtholen.

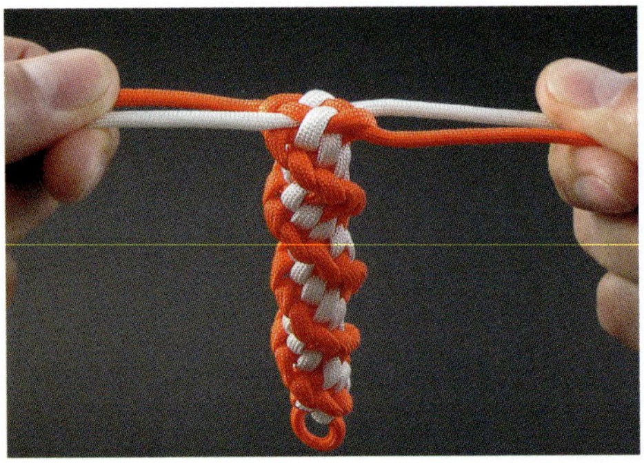

15. Die Schritte 9 bis 14 so oft wiederholen, bis die Schnurenden noch mindestens 13 cm lang sind.

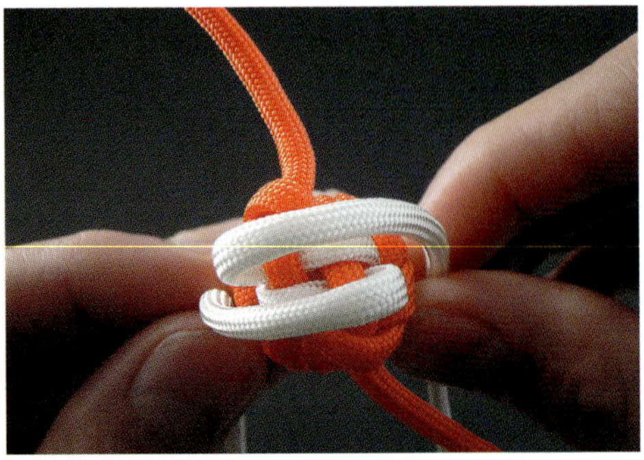

16. Viersträngiger Diamantknoten: Die linken und rechten Schnüre in entgegengesetzter Richtung über die unteren legen.

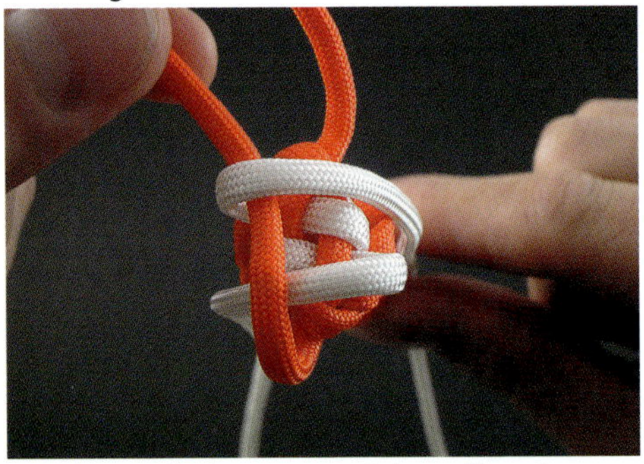

17. Das Ende der unteren Schnur über den ersten Bogen legen und unter den zweiten Bogen stecken.

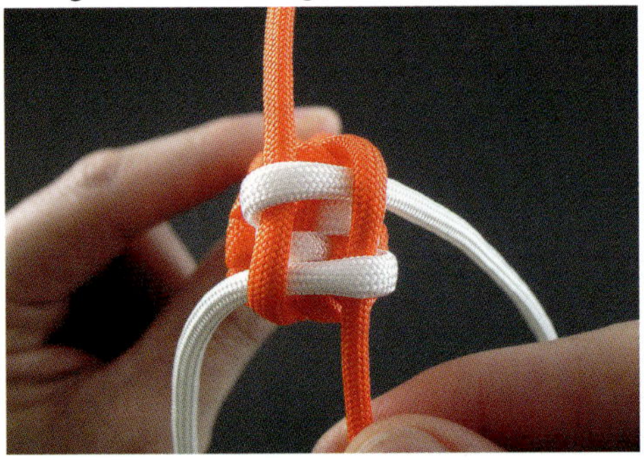

18. Die obere Schnur über den unter ihr liegenden Bogen führen und unter den zweiten Bogen stecken.

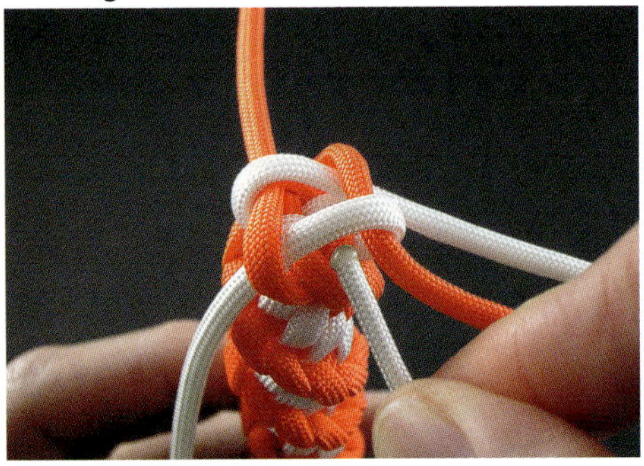

19. Die rechte Schnur im Uhrzeigersinn um die links daneben liegende Schnur führen und von unten …

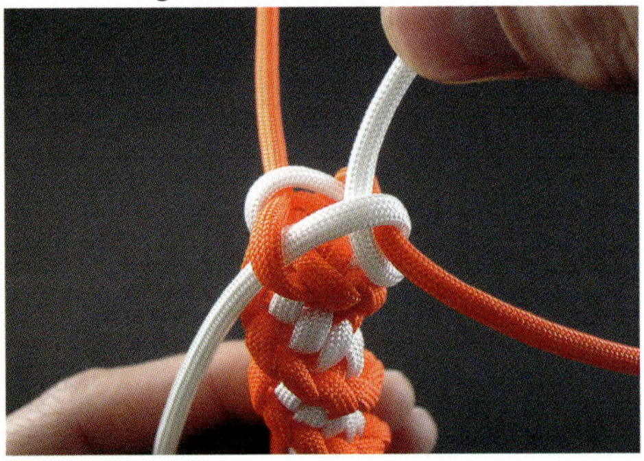

20. … zur Mitte des Kronenknotens stecken.

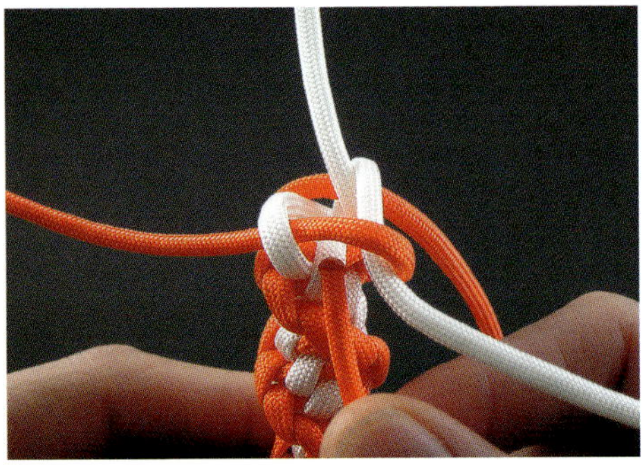

21. Im Uhrzeigersinn fortfahren. Die nächste Schnur um die benachbarte Schnur führen …

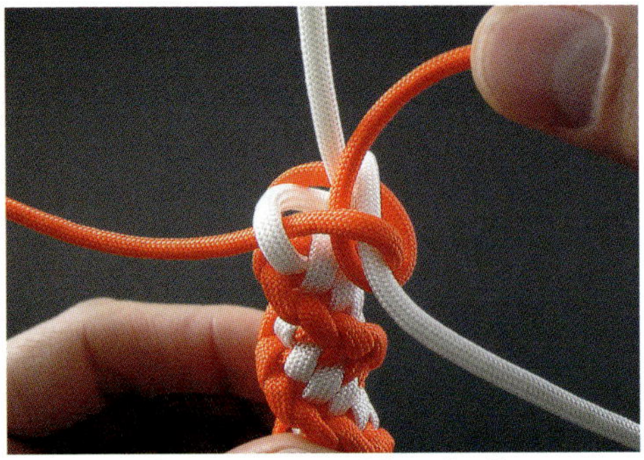

22. … und von unten zur Mitte des Kronenknotens stecken.

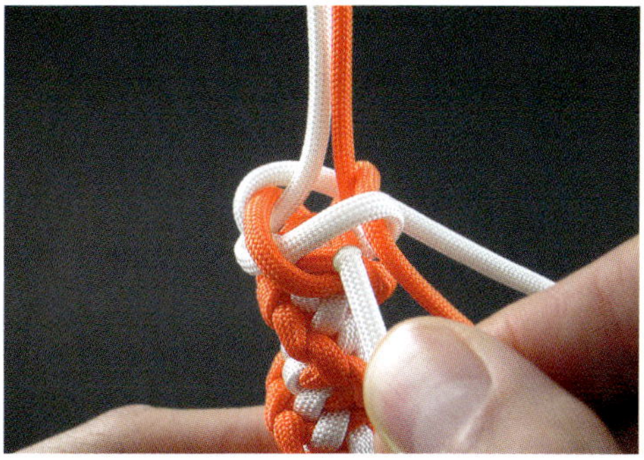

23. Die nächste Schnur (vor der zuletzt benutzten) im Uhrzeigersinn um die benachbarte Schnur legen …

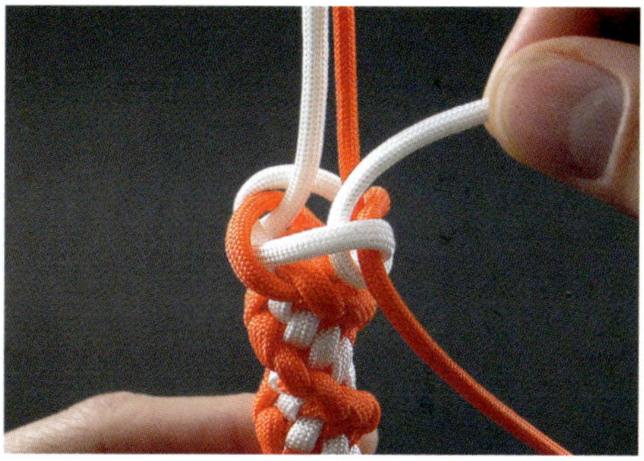

24. … und von unten zur Mitte des Kronenknotens stecken.

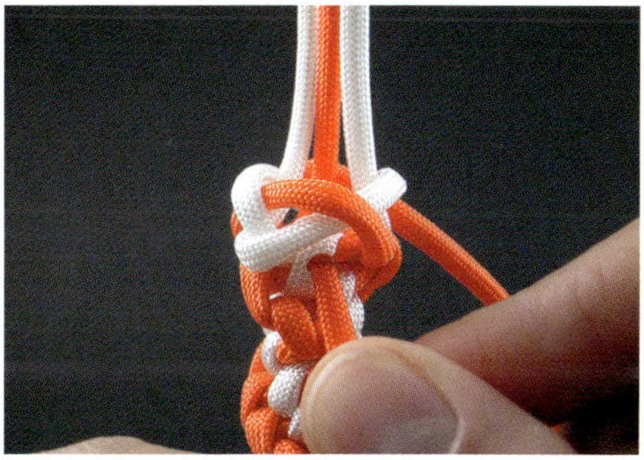

25. Schließlich auch die letzte Schnur im Uhrzeigersinn um die benachbarte Schnur führen …

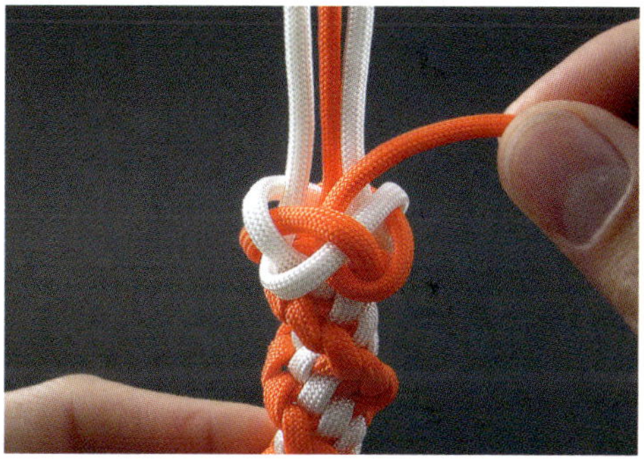

26. … und von unten zur Mitte des Kronenknotens stecken.

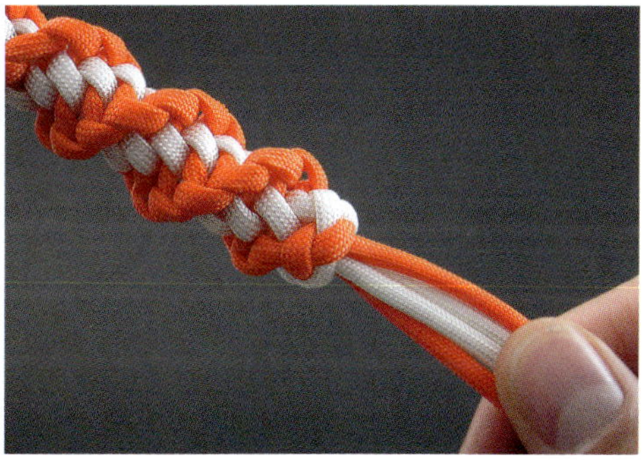

27. Die senkrechten Schnüre dichtholen, bis der Knoten fest ist und symmetrisch aussieht.

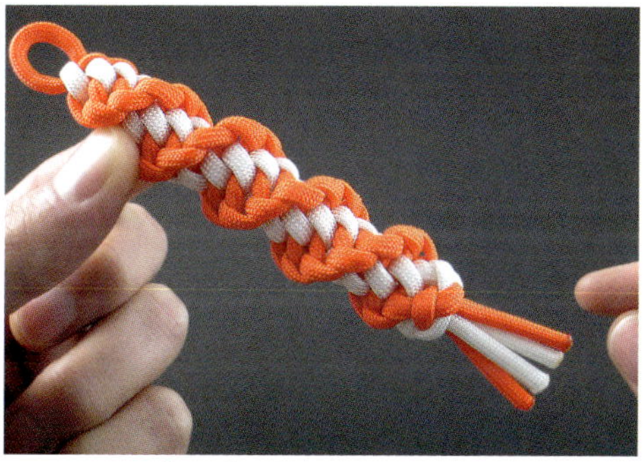

28. Die Enden abschneiden und sorgfältig abbrennen. Nun ist der Schlüsselanhänger fertig.

Gestreiftes Kronen-Platting

Striped Crown Sinnet

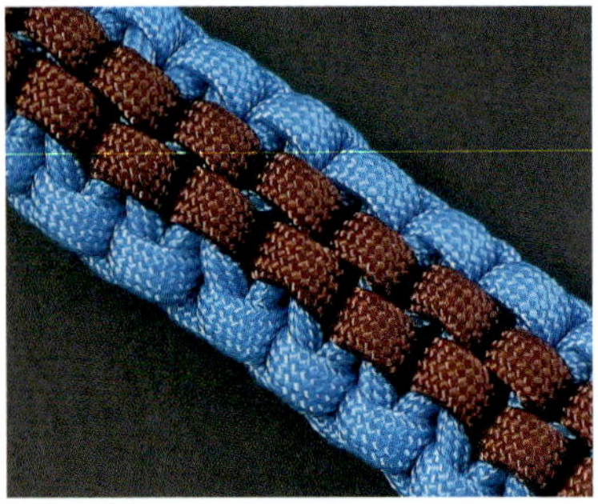

Dieser Strang wird ganz ähnlich geknüpft wie das Korkenzieher-Platting, sieht aber völlig anders aus. Der klare Streifen in der Mitte wirkt ansprechend grafisch. Das Band eignet sich gut für einen Schlüsselanhänger.

Schnur: *2 Schnüre à 1,8 m (fertige Anhängerlänge ca. 9 cm)*

Komponenten: *Längliches Kronen-Platting + Streifen + kontrastfarbige Schnüre*

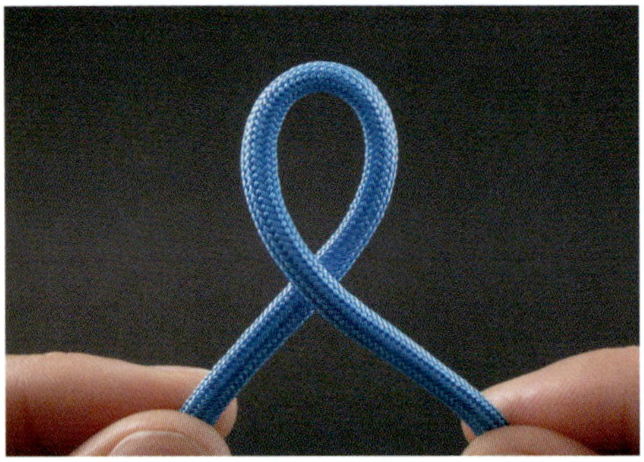

1. In die Mitte der ersten Schnur entgegen dem Uhrzeigersinn eine Schlaufe legen.

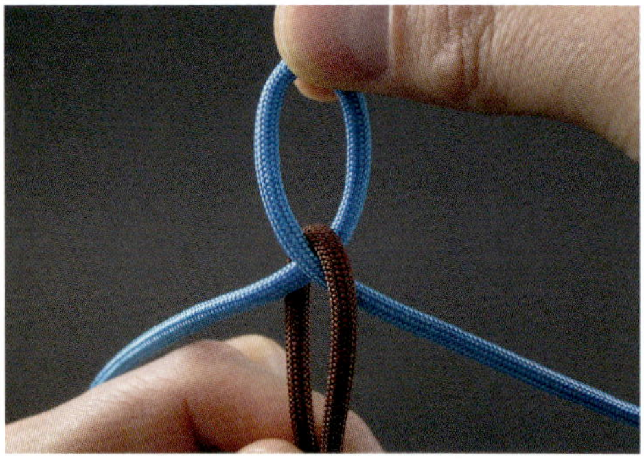

2. Die zweite Schnur durch die Schlaufe führen und bis zur Mitte durchziehen.

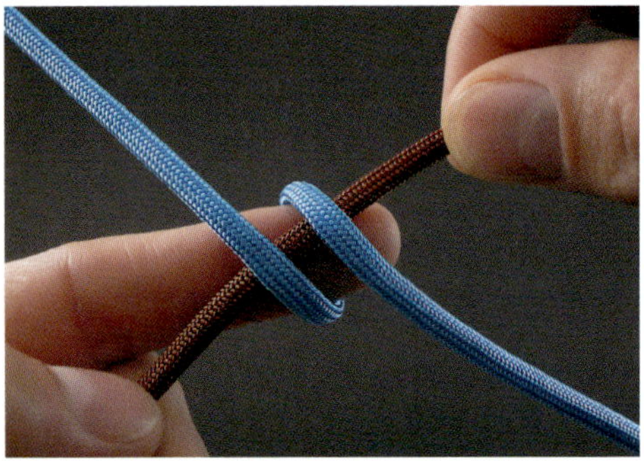

3. Die Knüpfarbeit um die eigene Achse drehen, den Zeigefinger in die Schlaufe schieben und diese etwas weiten.

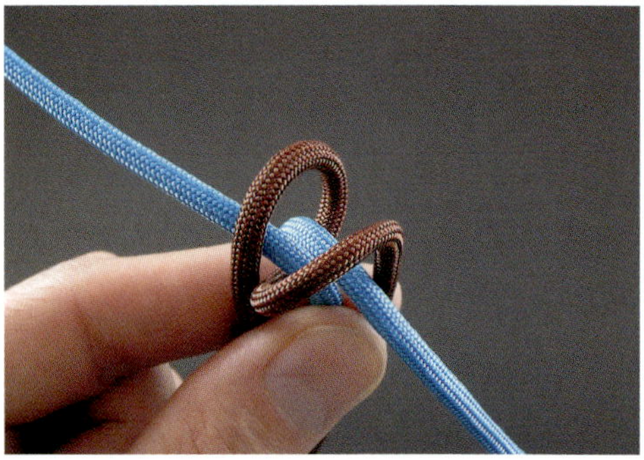

4. Die Enden der zweiten Schnur in entgegengesetzten Richtungen über die erste Schnur legen.

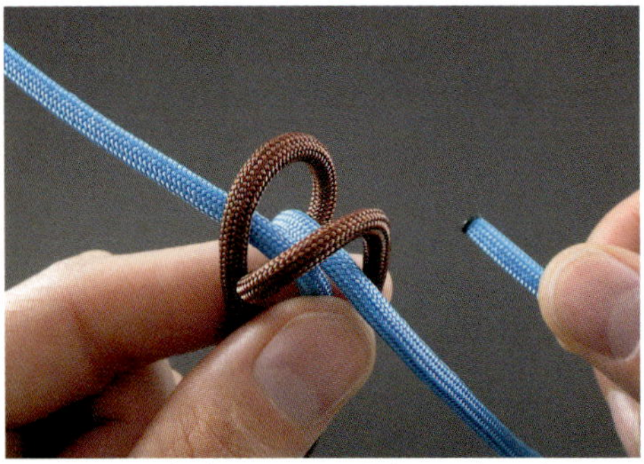

5. Das Ende der unteren Schnur über den ersten Bogen legen …

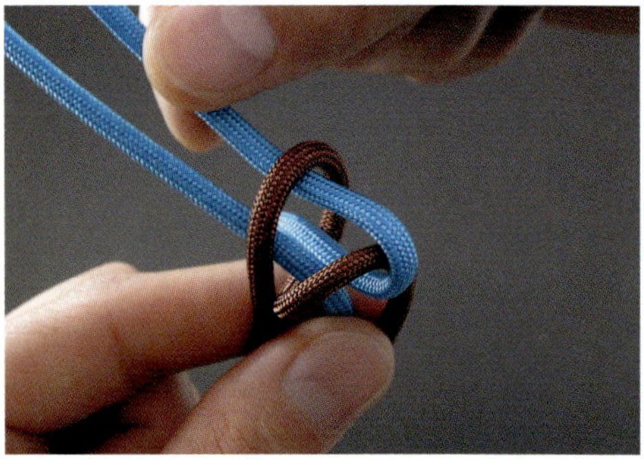

6. … und unter den zweiten Bogen stecken.

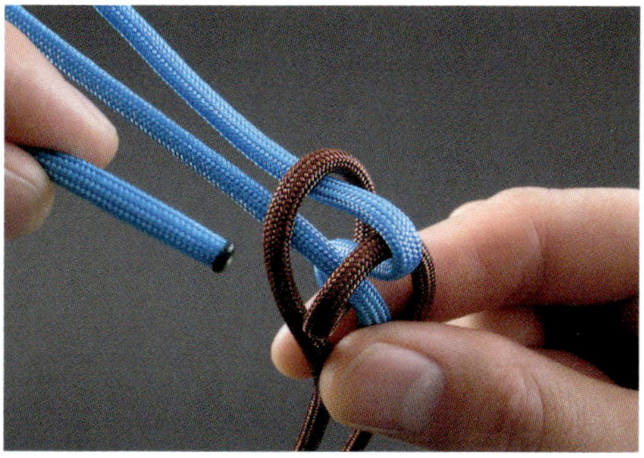

7. Das Ende der oberen Schnur über den unter ihr liegenden Bogen führen …

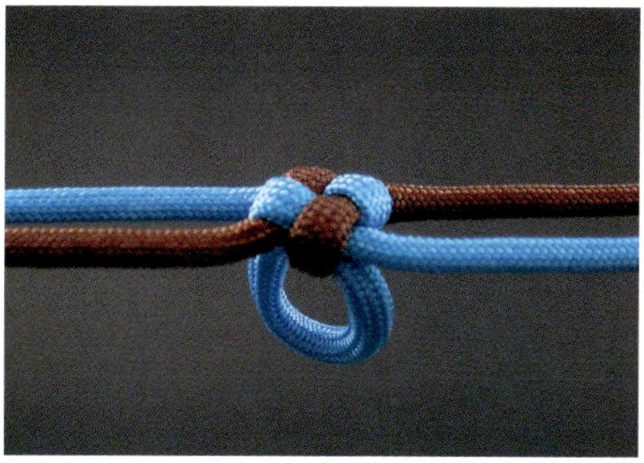

8. … und unter den zweiten Bogen stecken. Den so entstandenen Kronenknoten dichtholen.

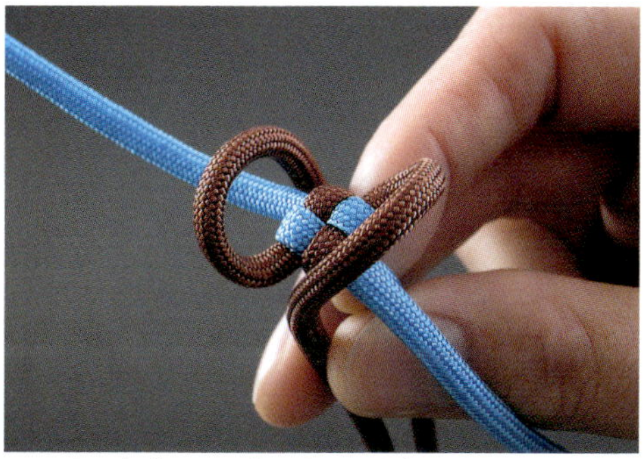

9. Die linken und rechten Schnüre in entgegengesetzten Richtungen über die darunterliegenden Schnüre legen.

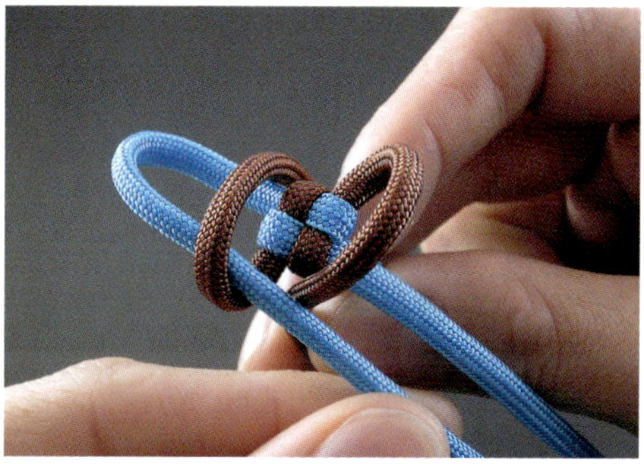

10. Das Ende der oberen Schnur über den unter ihr liegenden Bogen führen und unter dem zweiten Bogen durchstecken.

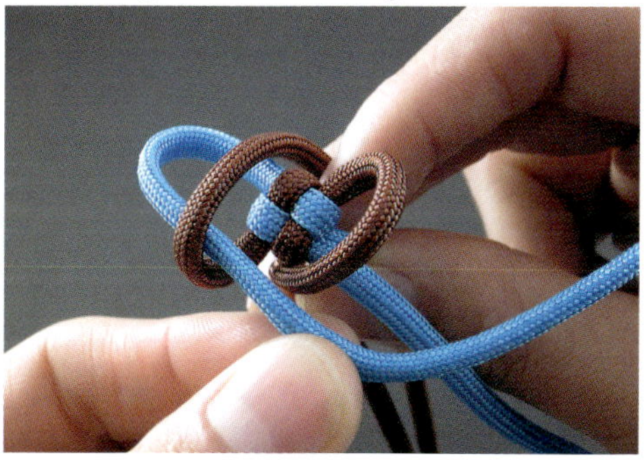

11. Dasselbe Ende nach rechts über die untere Schnur legen.

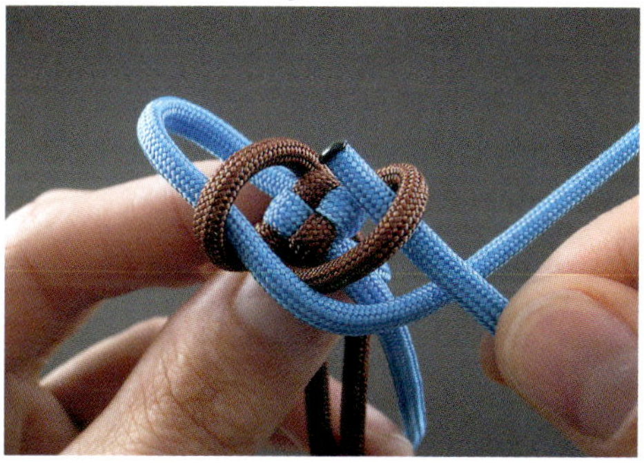

12. Das Ende der unteren Schnur über die darüberliegende Schnur führen, durch den ersten Bogen stecken, …

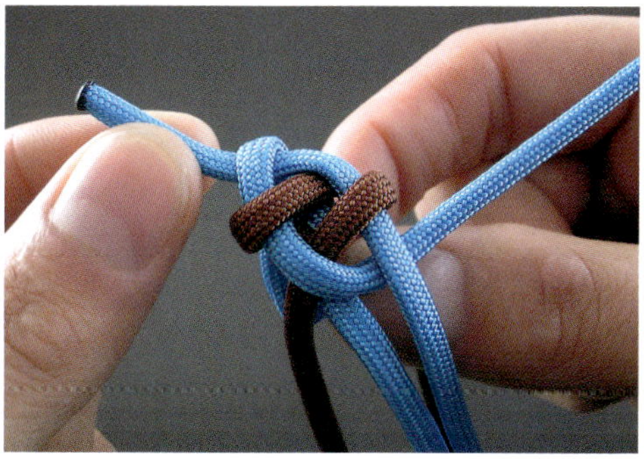

13. … über den zweiten Bogen legen und durch den oberen Bogen stecken.

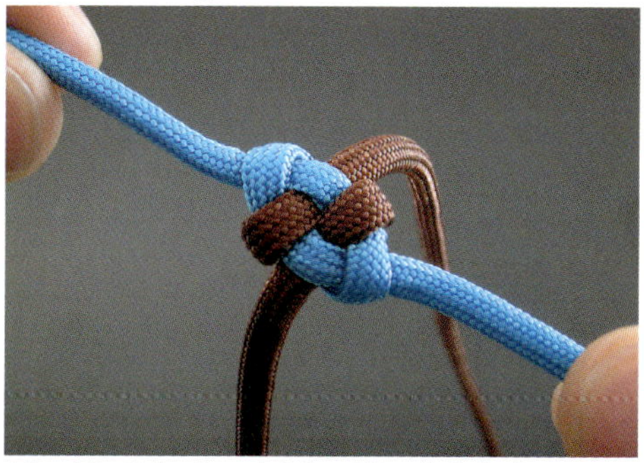

14. Alle Schnüre gleichmäßig dichtholen.

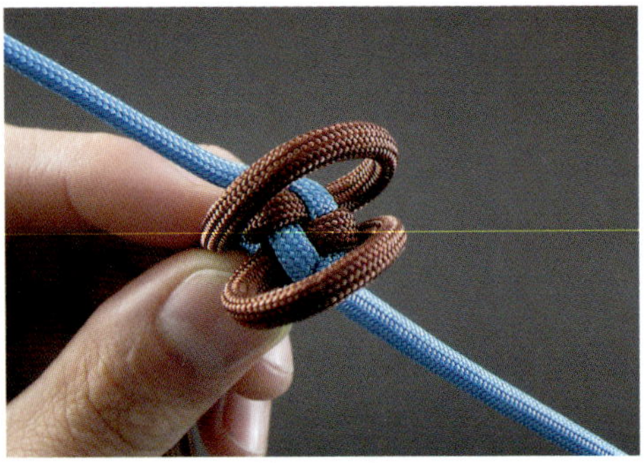

15. Die rechte und linke Schnur in entgegengesetzten Richtungen über die darunterliegende Schnur legen.

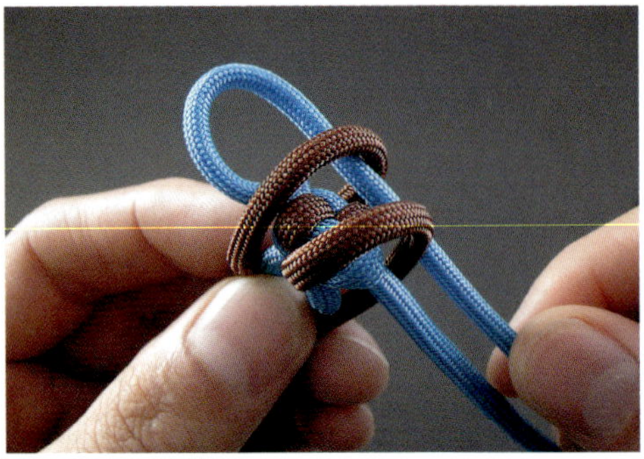

16. Das Ende der oberen Schnur über den unter ihr liegenden Bogen führen und unter dem zweiten Bogen durchstecken.

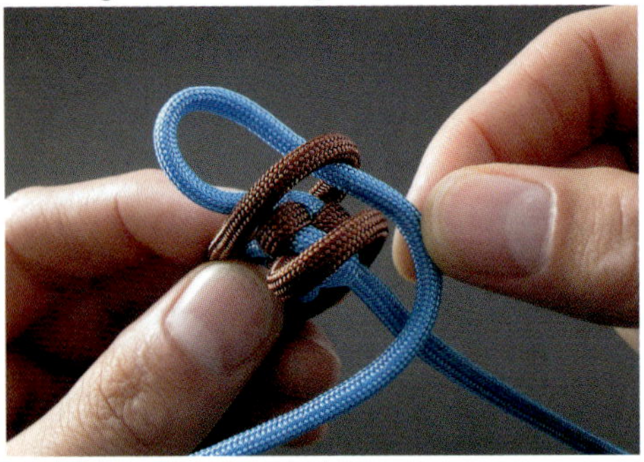

17. Dann dasselbe Ende über der unteren Schnur nach links legen.

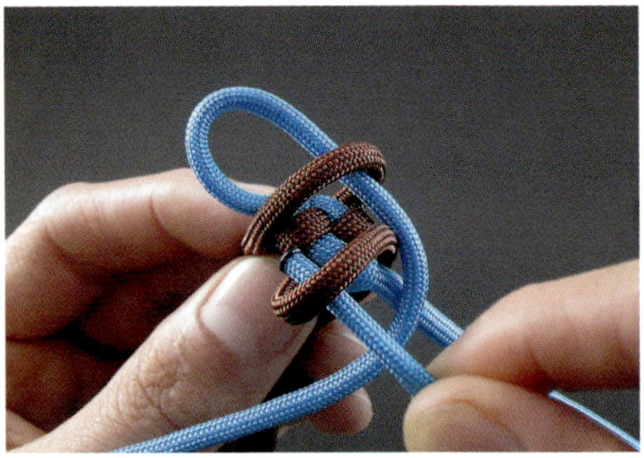

18. Das Ende der unteren Schnur über die darüberliegende Schnur, durch den ersten Bogen, …

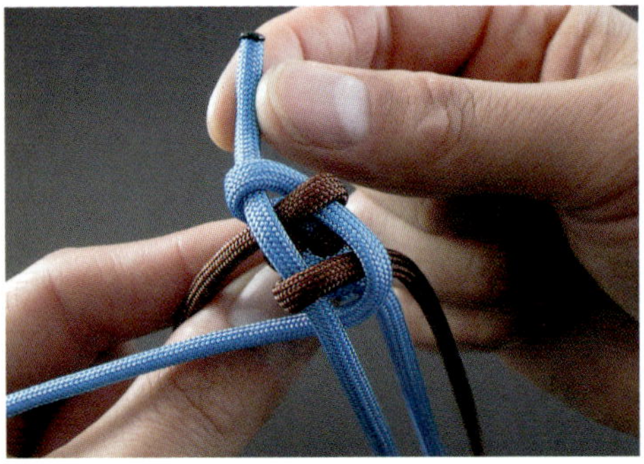

19. … über den zweiten Bogen und durch den oberen Bogen stecken.

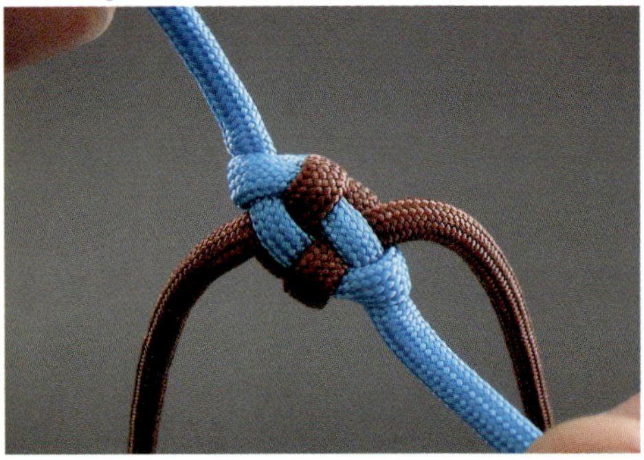

20. Alle Schnüre gleichmäßig dichtholen.

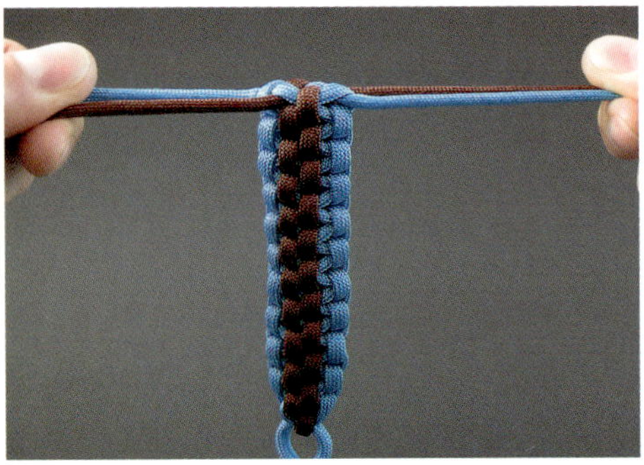

21. Die Schritte 9 bis 20 so oft wiederholen, bis die Schnurenden noch mindestens 13 cm lang sind.

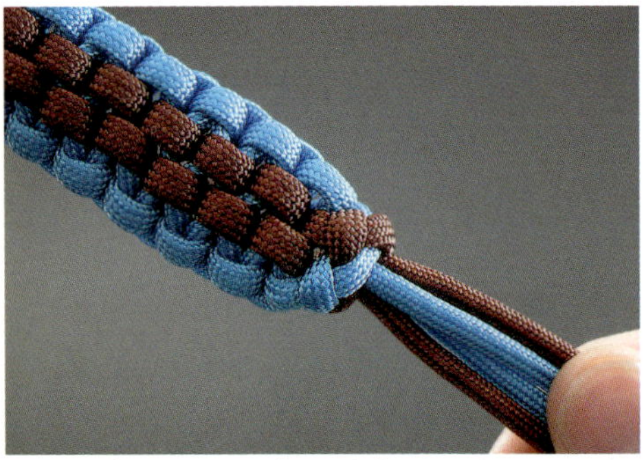

22. In die waagerechten Schnüre einen viersträngigen Diamantknoten (siehe Seite 76) knüpfen.

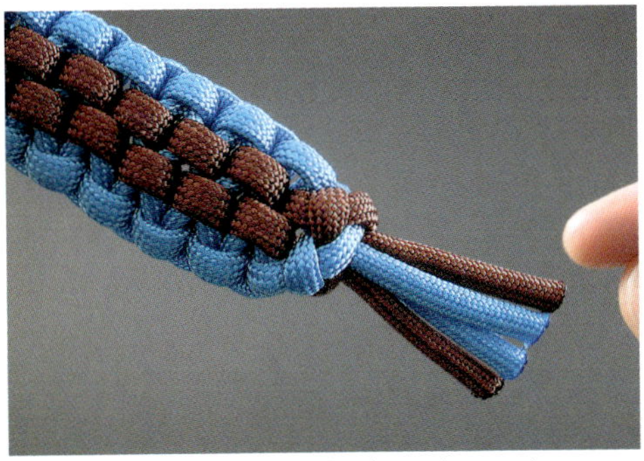

23. Zuletzt die Enden abschneiden und sorgfältig abbrennen.

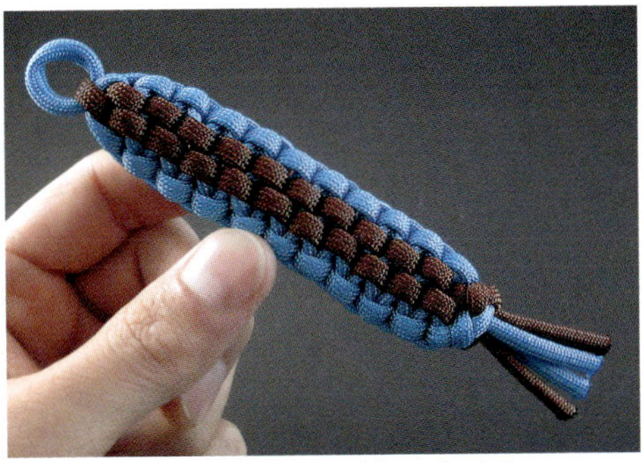

24. So sieht der fertige Schlüsselanhänger aus.

Regenbogen-Platting

Spectrally Clustered Crown Sinnet

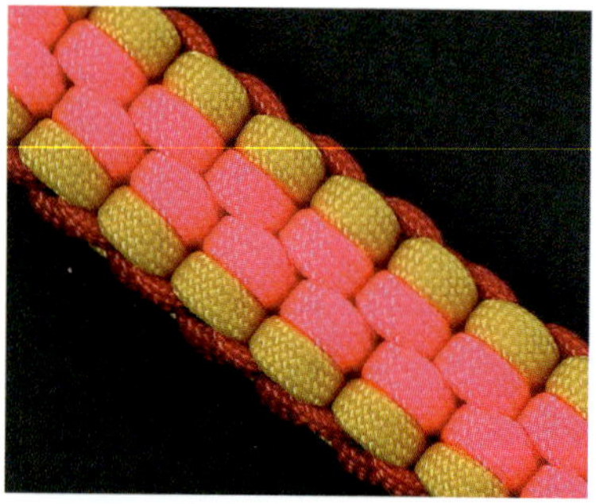

Dies ist ein einfaches Vierkant-Platting, aber durch die Ton in Ton abgestimmten Farben sieht es sehr attraktiv aus. Die Anleitung zeigt das Knüpfen mit drei Farben. Es funktioniert auch mit bis zu fünf Farben.

Schnur: *3 Schnüre à 2,1 m (fertige Anhängerlänge ca. 9 cm)*

Komponenten: *Eckiges Kronen-Platting + Schnüre in abgestimmten Farben*

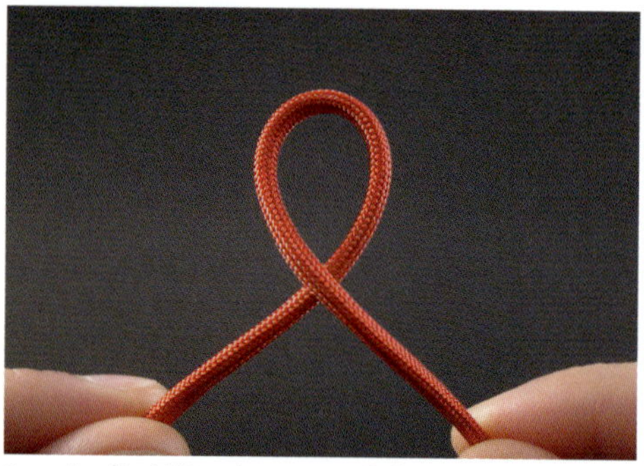

1. In die Mitte der ersten Schnur entgegen dem Uhrzeigersinn eine Schlaufe legen.

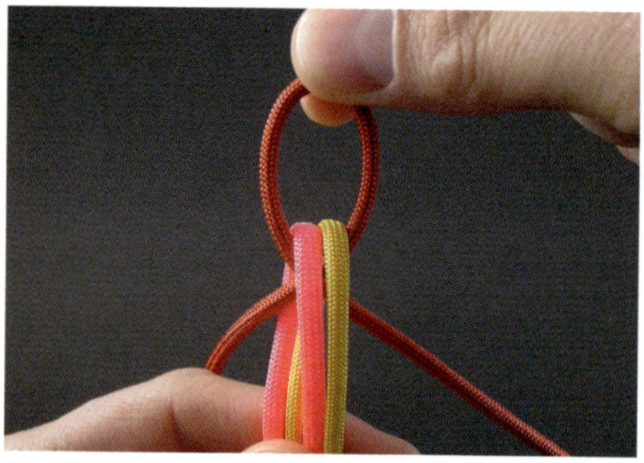

2. Die zweite und dritte Schnur nebeneinander durch die Schlaufe führen und bis zur Mitte durchziehen.

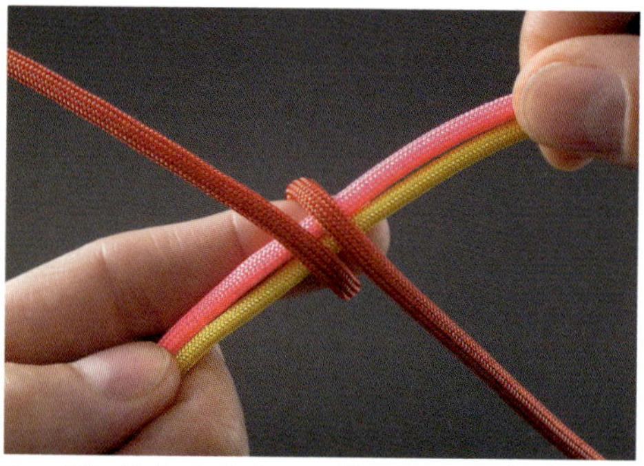

3. Die Knüpfarbeit um die eigene Achse drehen, den Zeigefinger in die Schlaufen schieben und beide etwas weiten.

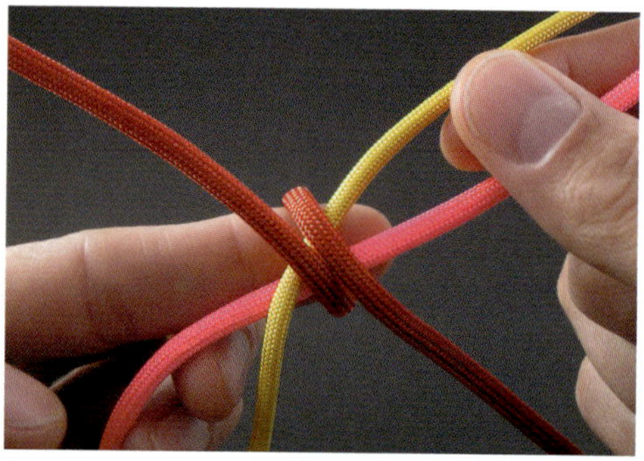

4. Die zweite und dritte Schnur so übereinanderlegen, dass sich ein **X** bildet.

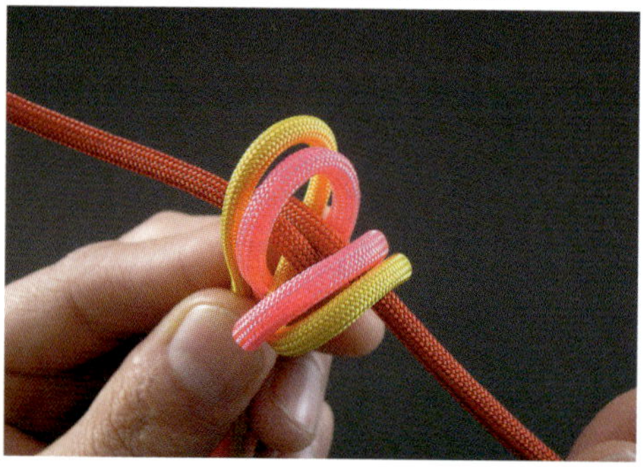

5. Die Enden der zweiten und dritten Schnur in entgegengesetzten Richtungen über die erste Schnur legen (rechts über links).

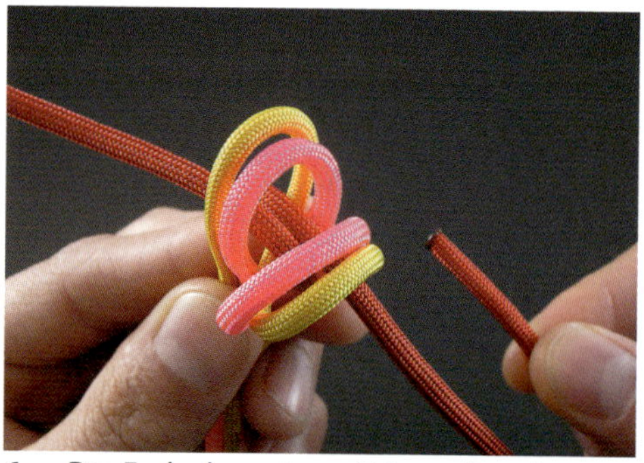

6. Das Ende der unteren Schnur über den oberhalb liegenden doppelten Bogen legen …

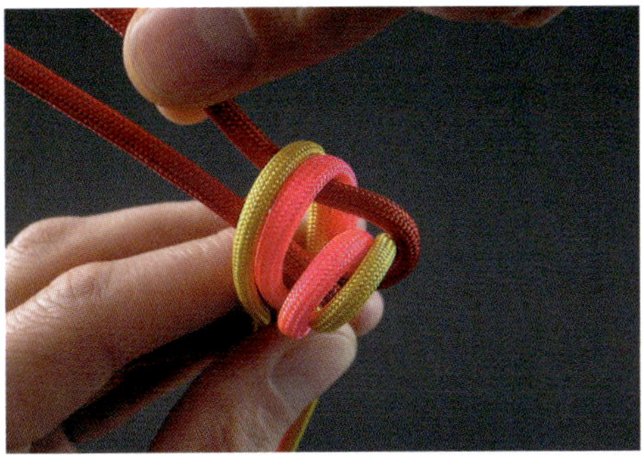

7. … und unter dem zweiten doppelten Bogen durchziehen.

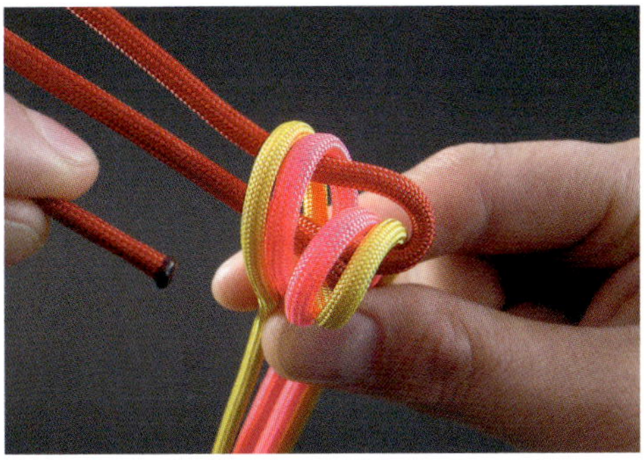

8. Das Ende der oberen Schnur über die unterhalb liegenden doppelten Bögen legen …

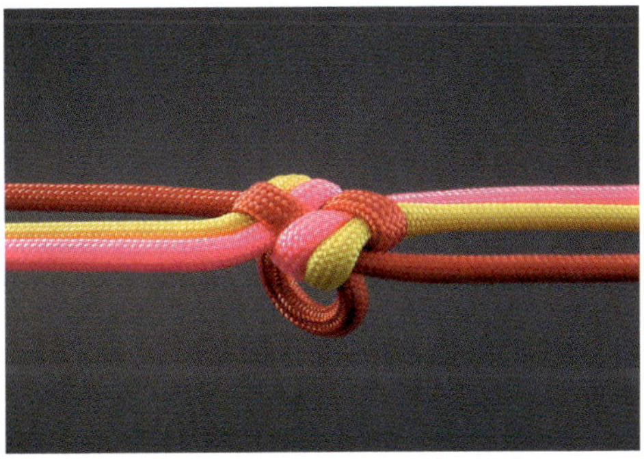

9. … und unter dem zweiten doppelten Bogen durchziehen. Den so entstandenen Kronenknoten gleichmäßig dichtholen.

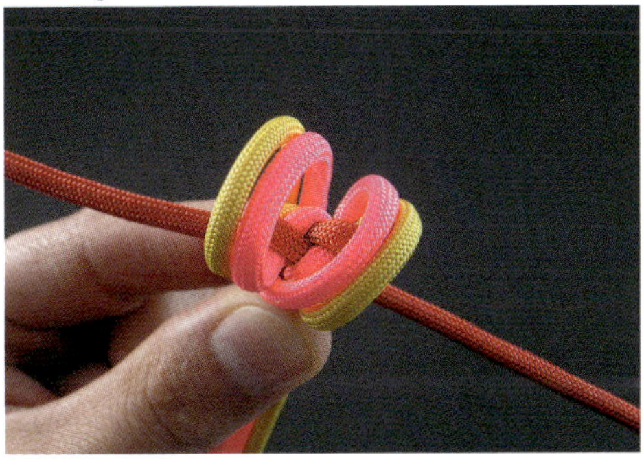

10. Die linken und rechten Schnüre in entgegengesetzten Richtungen über die darunterliegende Schnur legen.

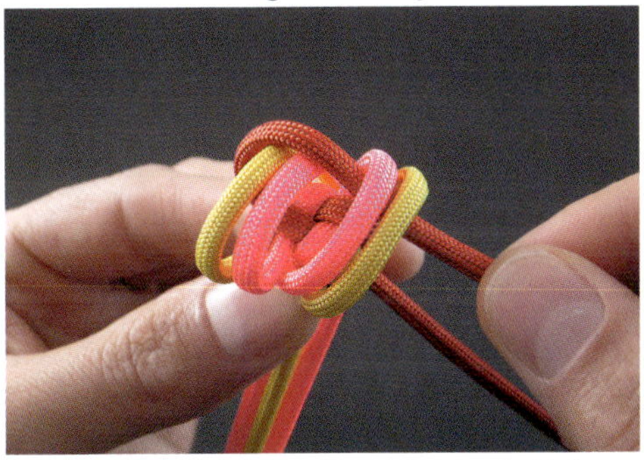

11. Die obere Schnur über den unterhalb liegenden doppelten Bogen legen und durch den zweiten doppelten Bogen stecken.

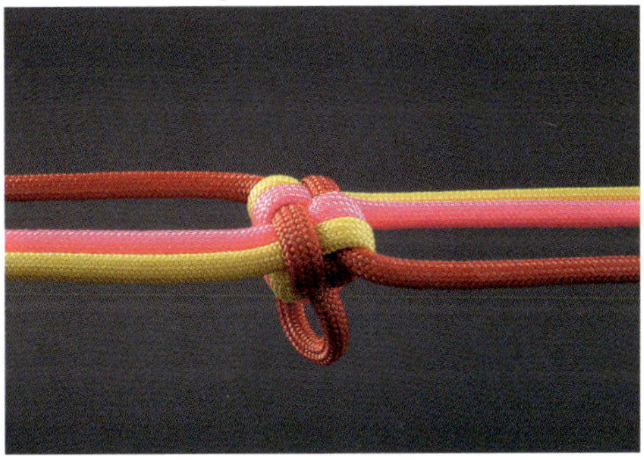

12. Die untere Schnur über den oberhalb liegenden Bogen legen und durch den zweiten Bogen stecken. Fest dichtholen.

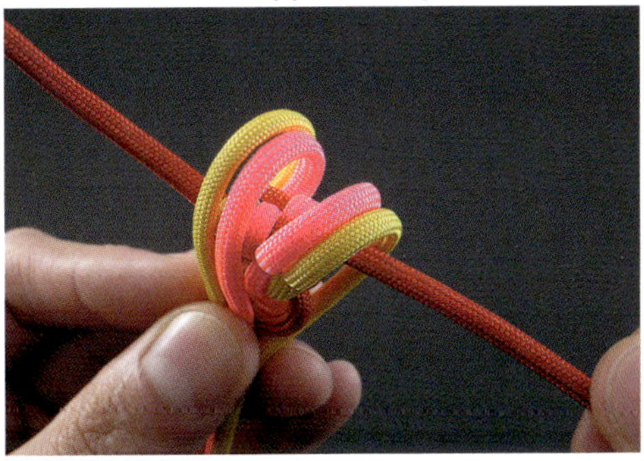

13. Die rechte und linke Schnur in entgegengesetzten Richtungen über die darunterliegende Schnur legen.

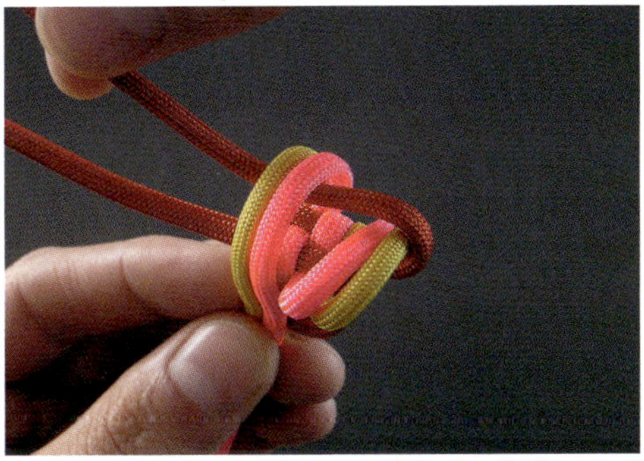

14. Die untere Schnur über den oberhalb liegenden Bogen legen und durch den zweiten doppelten Bogen stecken.

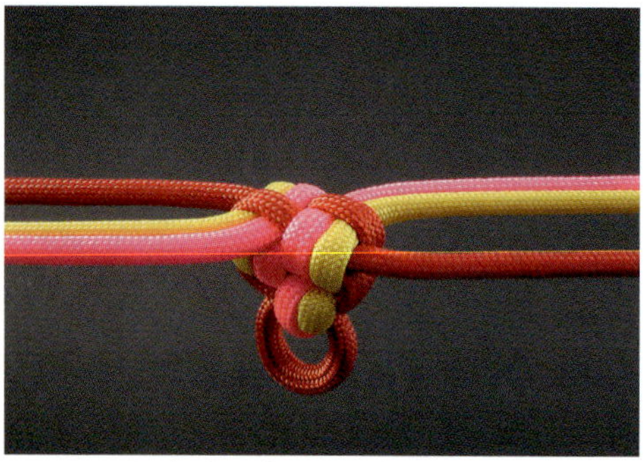

15. Das Ende der oberen Schnur über den unteren doppelten Bogen legen und durch den zweiten doppelten Bogen stecken.

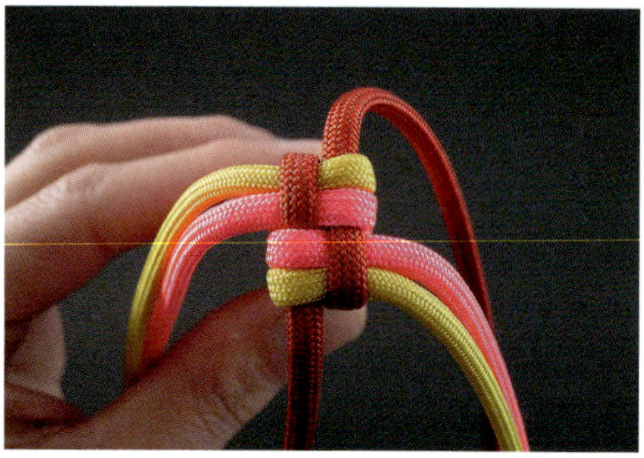

16. Die Schritte 10 bis 15 so oft wiederholen, bis die Schnurenden noch mindestens 13 cm lang sind.

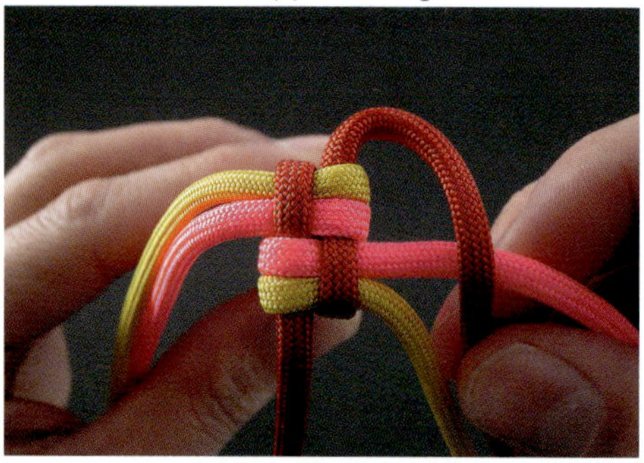

17. Sechssträngiger Diamantknoten: Die obere Schnur über die obere der rechts unterhalb liegenden Schnur führen.

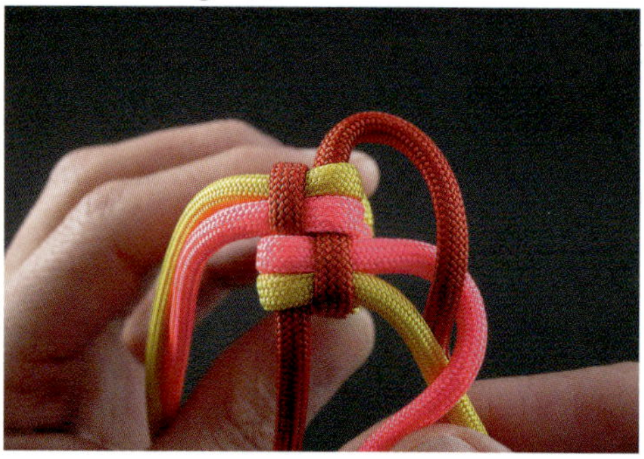

18. Die obere rechte Schnur über die rechts darunterliegende Schnur kreuzen.

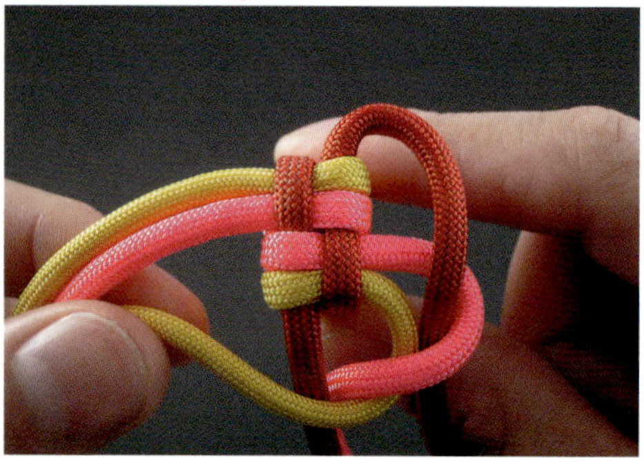

19. Die untere rechte Schnur über die untere Schnur legen.

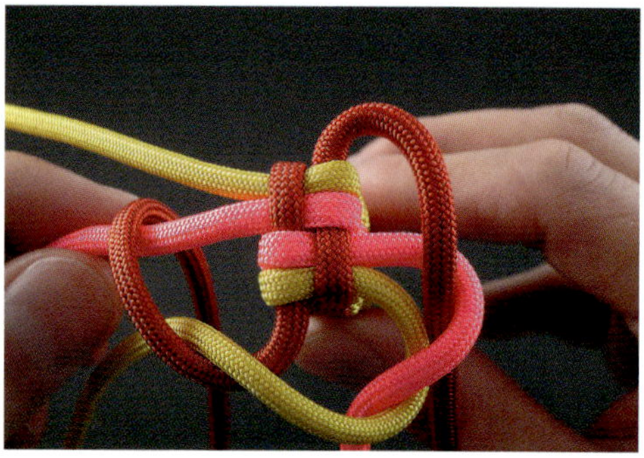

20. Die untere Schnur über die untere der links oberhalb liegenden Schnur führen.

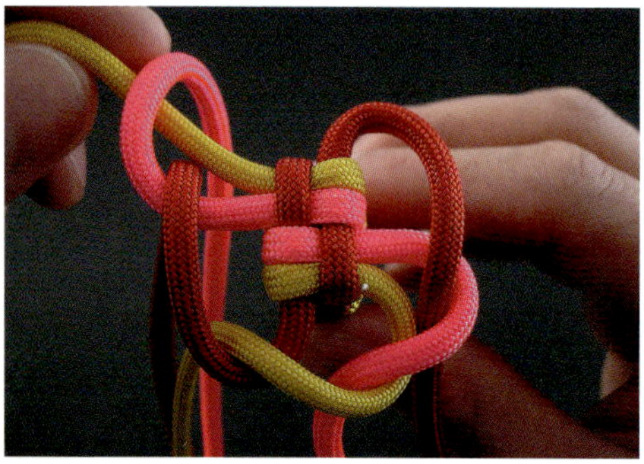

21. Die untere linke Schnur über die linke obere Schnur kreuzen.

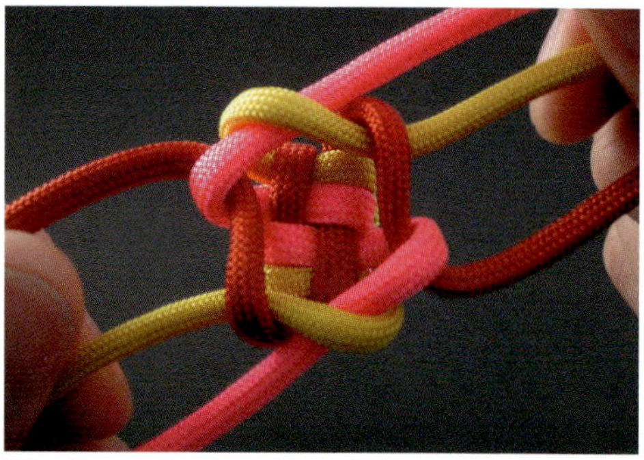

22. Dann die obere linke Schnur von oben durch den oberen Bogen stecken.

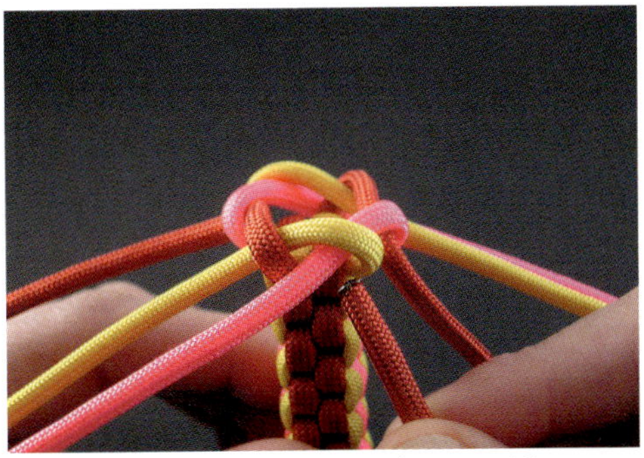

23. Jetzt die untere rechte Schnur im Uhrzeigersinn um die benachbarte Schnur führen …

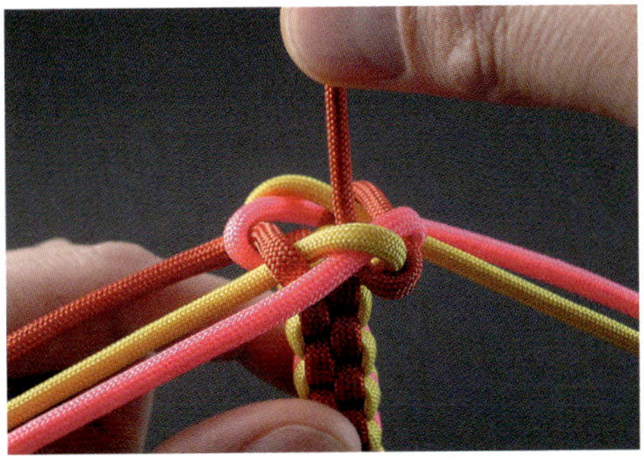

24. … und zur Mitte des Kronenknotens durchstecken.

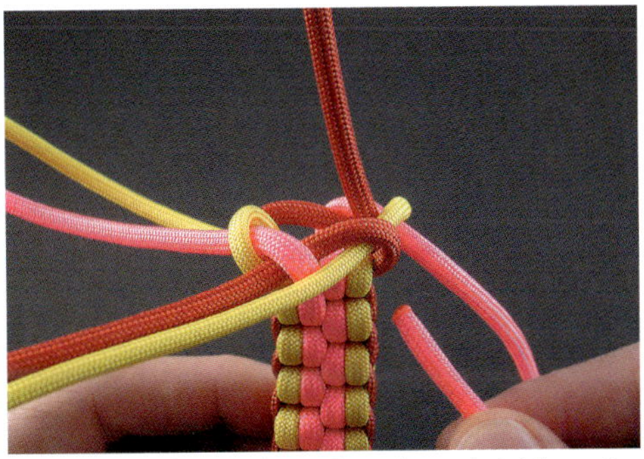

25. Die nächste Schnur (vor der zuletzt benutzten) im Uhrzeigersinn um die benachbarte Schnur legen …

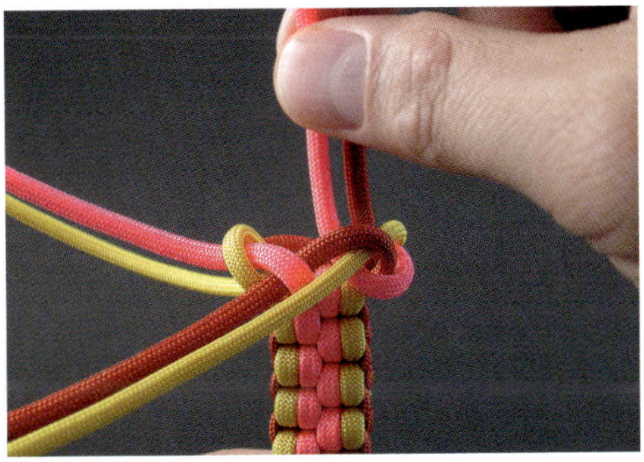

26. … und zur Mitte des Kronenknotens durchstecken.

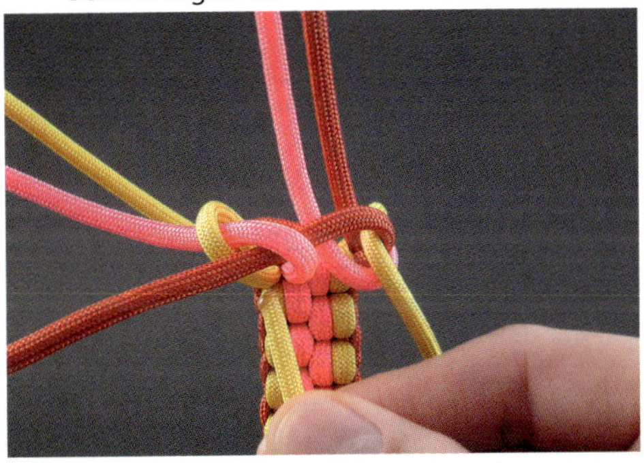

27. Wieder die nächste Schnur (vor der zuletzt benutzten) im Uhrzeigersinn um die benachbarte Schnur legen …

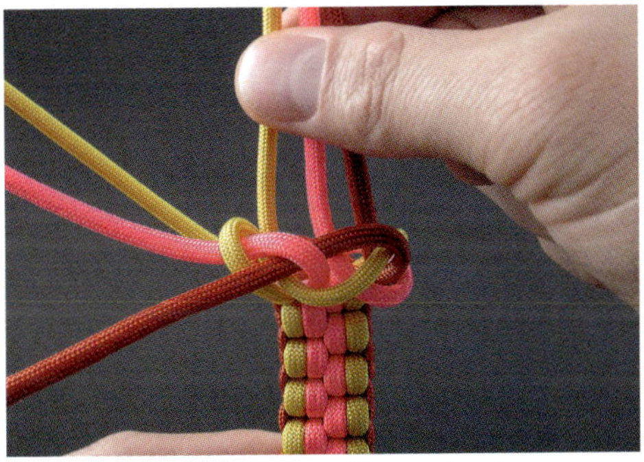

28. … und zur Mitte des Kronenknotens durchstecken.

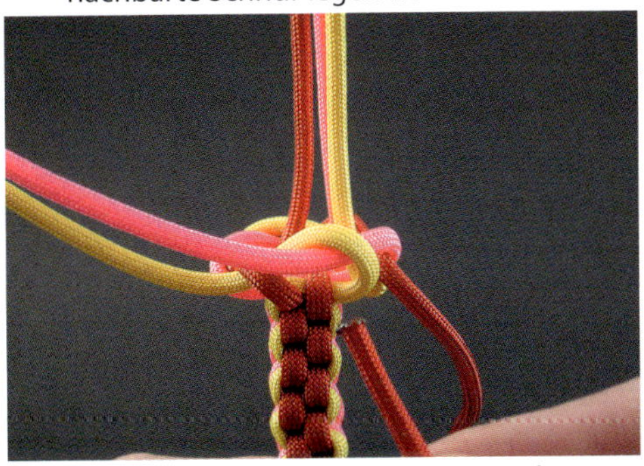

29. Die nächste Schnur (vor der zuletzt benutzten) im Uhrzeigersinn um die benachbarte Schnur legen …

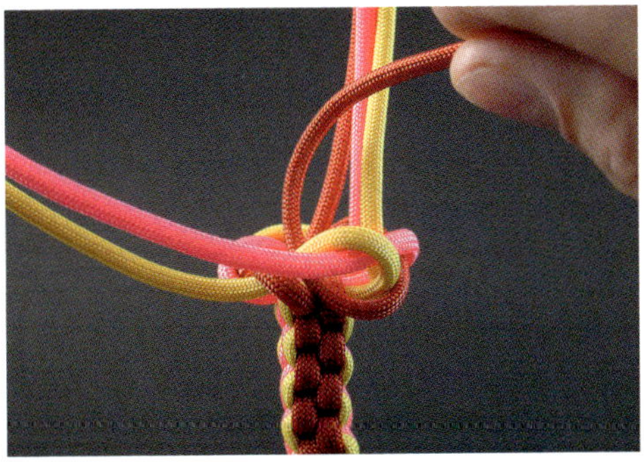

30. … und zur Mitte des Kronenknotens durchstecken.

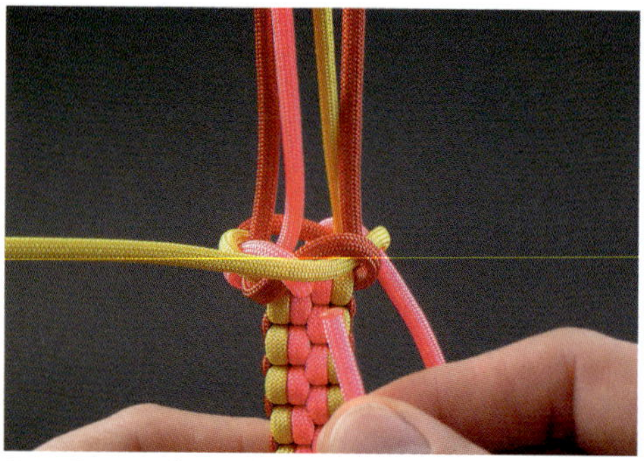

31. Erneut die nächste Schnur (vor der zuletzt benutzten) im Uhrzeigersinn um die benachbarte Schnur legen …

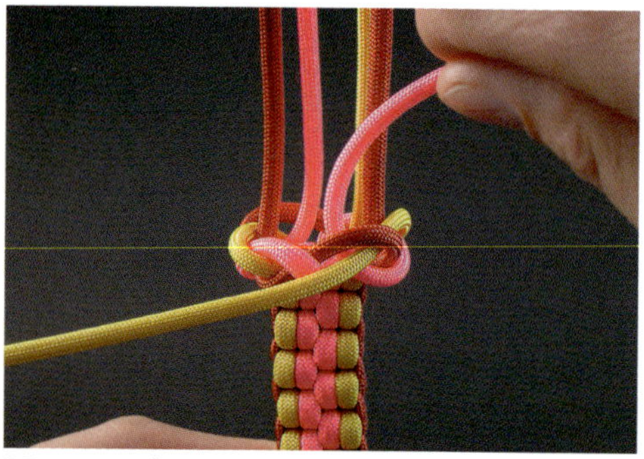

32. … und zur Mitte des Kronenknotens durchstecken.

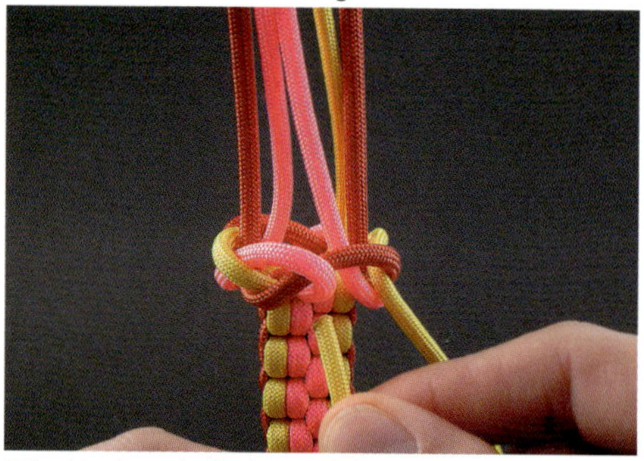

33. Und auch die letzte Schnur im Uhrzeigersinn um die benachbarte Schnur legen …

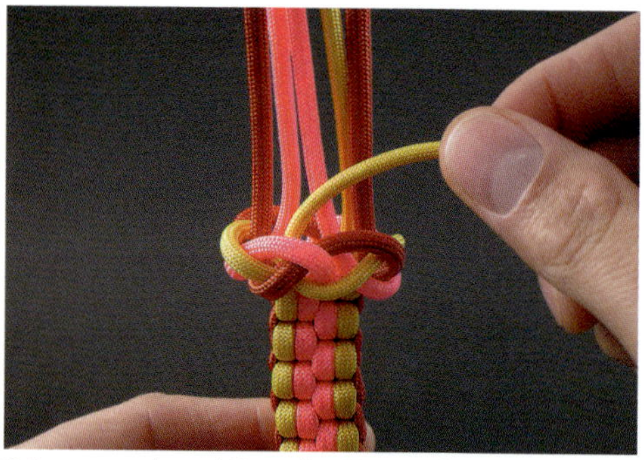

34. … und zur Mitte des Kronenknotens durchstecken.

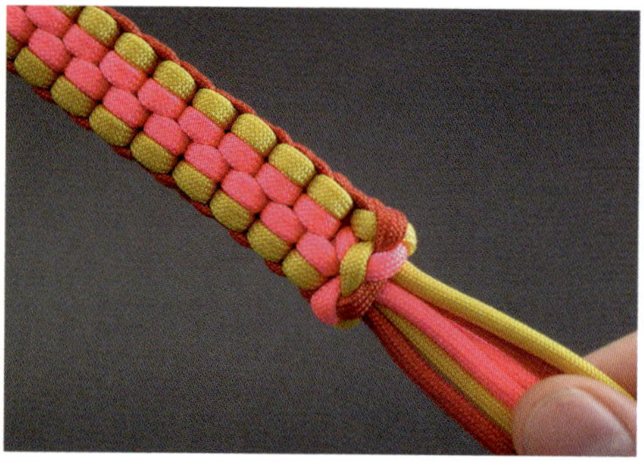

35. An den senkrechten Schnüren ziehen, bis der Knoten fest ist und symmetrisch aussieht.

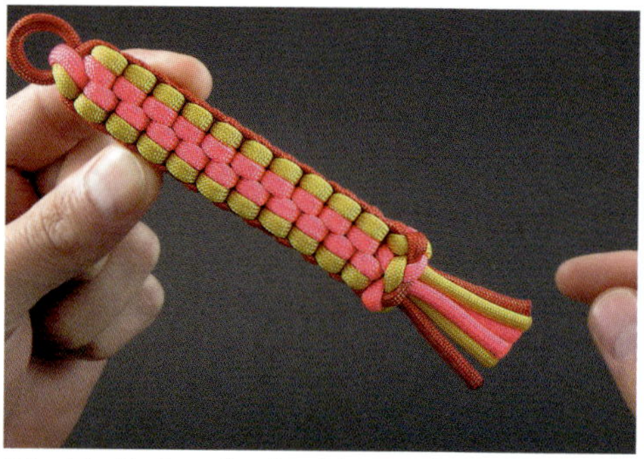

36. Die Enden abschneiden und sorgfältig abbrennen. Fertig ist der Schlüsselanhänger.

– Kapitel 4 –

Wellenmuster

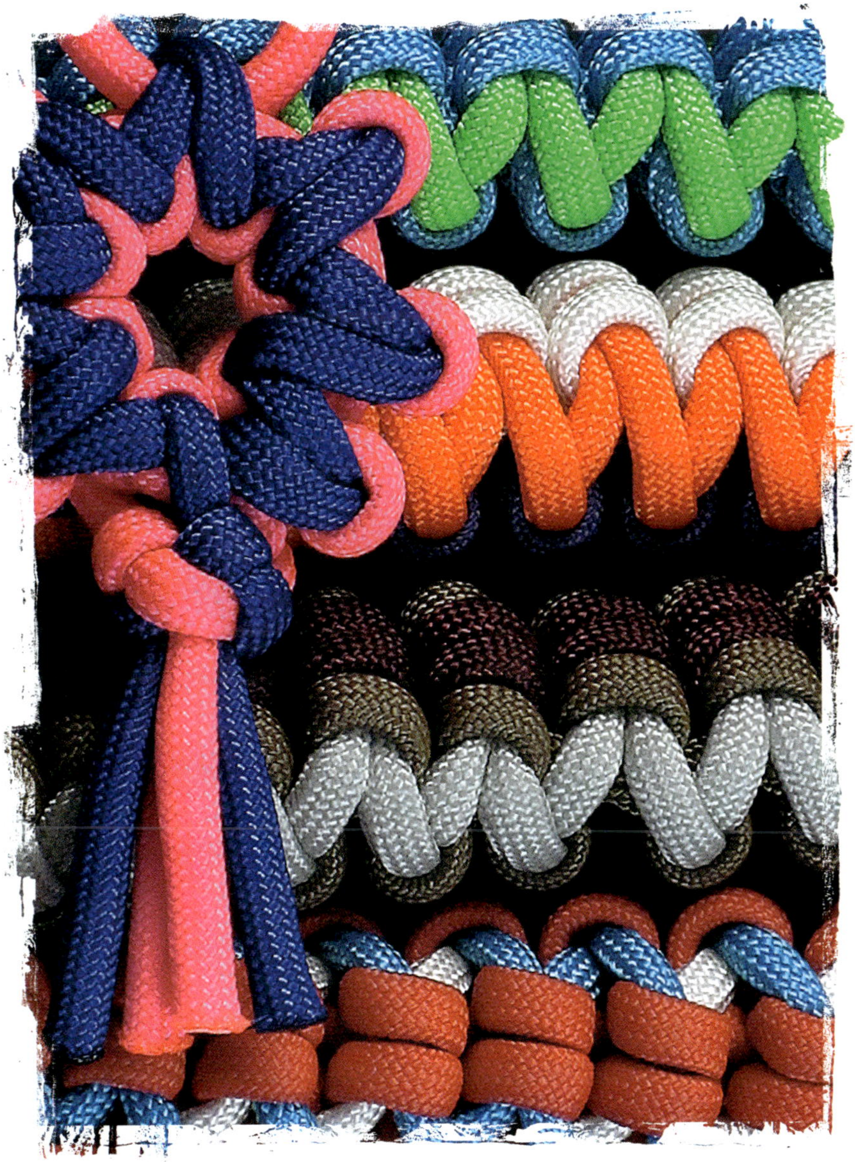

Sinuswellen

Sine Wave Sinnet

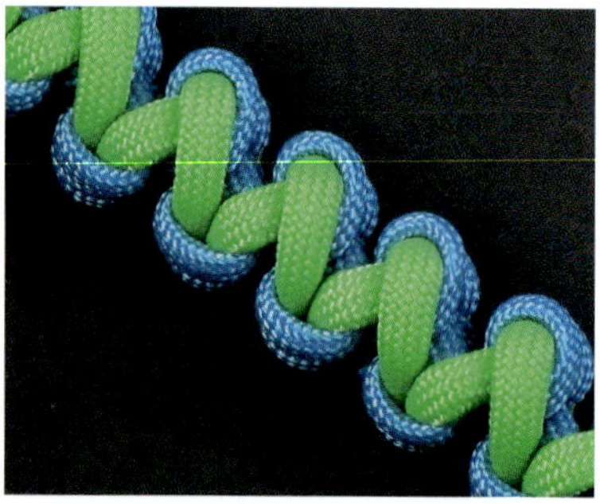

Das Wellenmuster, das hier mit Schnur geknüpft wird, erinnert in seiner Regelmäßigkeit an eine Sinuskurve. Die gleichmäßige Wellenstruktur gibt diesem dekorativen Strang eine gewisse Elastizität.

Schnur: *2 Schnüre à 1,5 m (fertige Anhängerlänge ca. 9 cm)*

Komponenten: *Wellenstruktur + kontrastfarbige Schnüre*

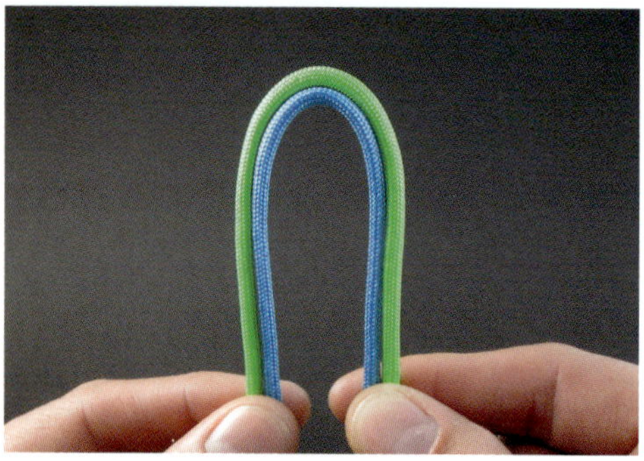

1. In die Mitte beider Schnüre eine Bucht legen.

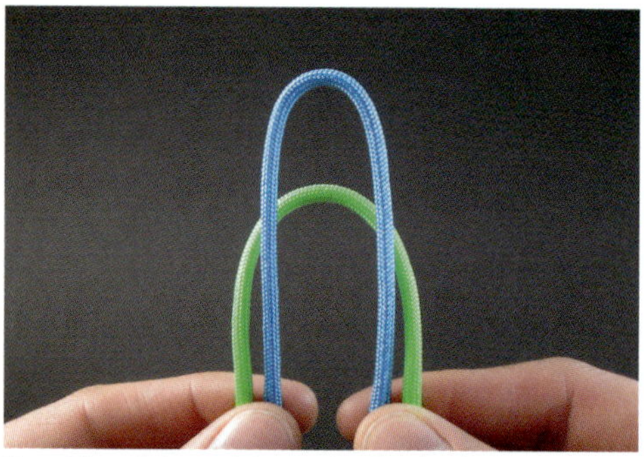

2. Eine Schnur hinter der Bucht der anderen um 1,5 cm nach unten schieben.

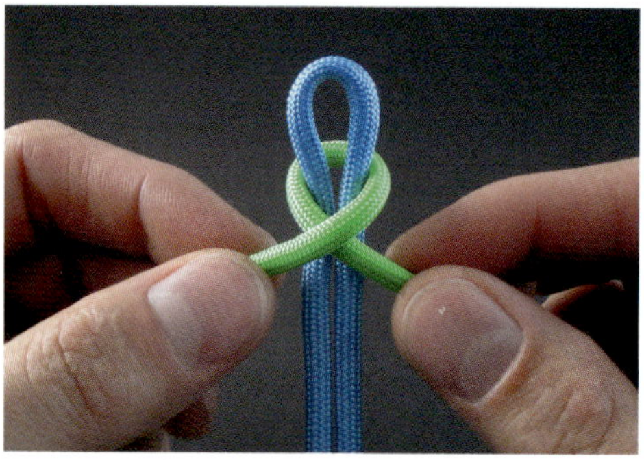

3. Die Enden der hinteren Schnur nach vorn holen und rechts über links kreuzen.

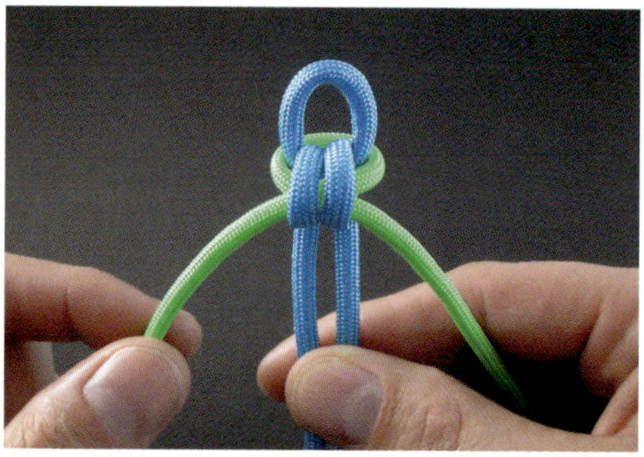

4. Die senkrechten Schnüre von oben nach unten hinter der Kreuzungsstelle durchstecken.

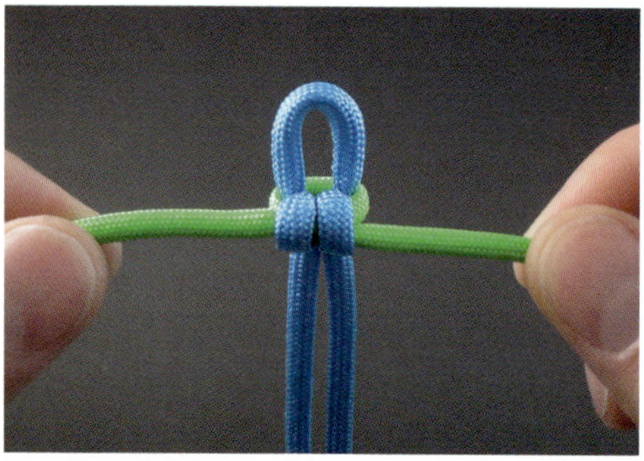

5. Fest dichtholen. Die 1,5 cm große Bucht muss dabei erhalten bleiben.

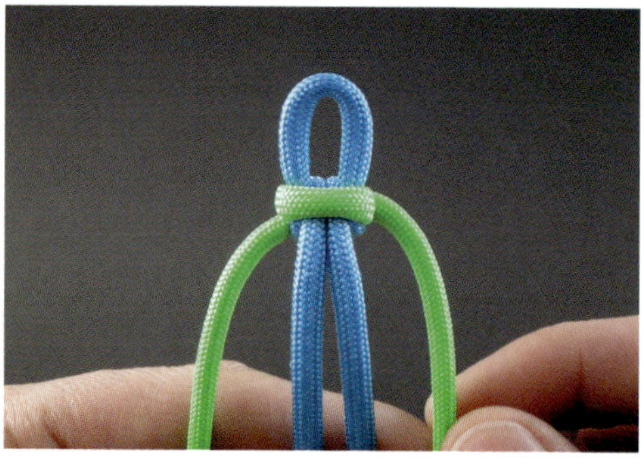

6. Die Knüpfarbeit um die eigene Achse wenden.

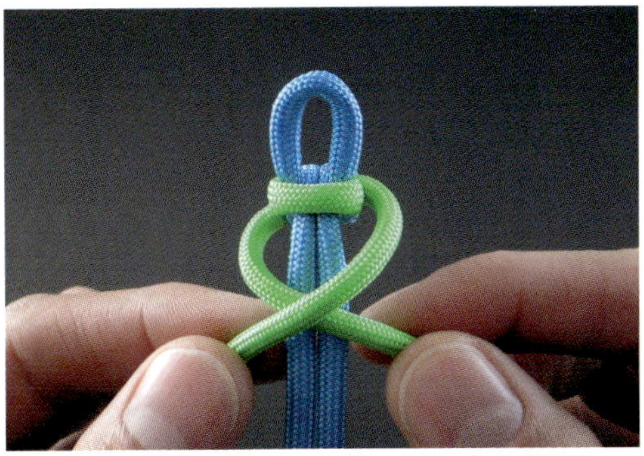

7. Die waagerechten Schnüre rechts über links vor den senkrechten Schnüren kreuzen.

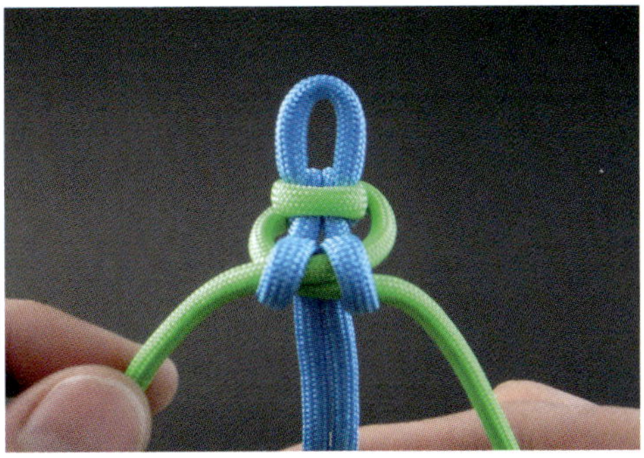

8. Die senkrechten Schnüre von oben nach unten hinter der Kreuzungsstelle durchstecken.

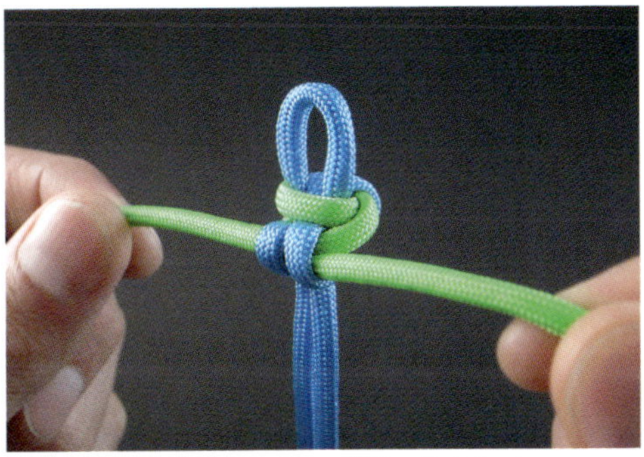

9. Alle Schnüre gleichmäßig dichtholen.

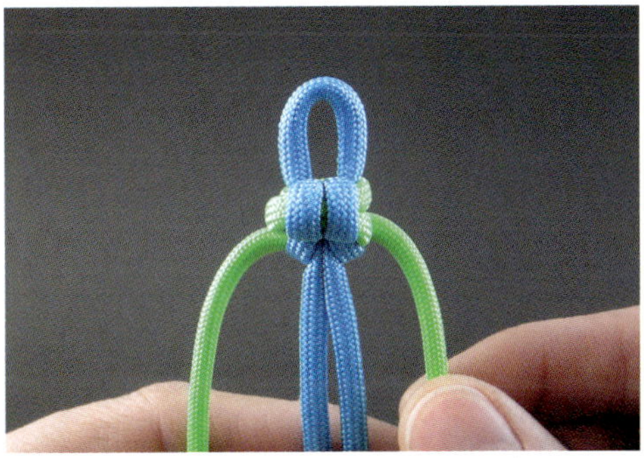

10. Die Knüpfarbeit um die eigene Achse wenden.

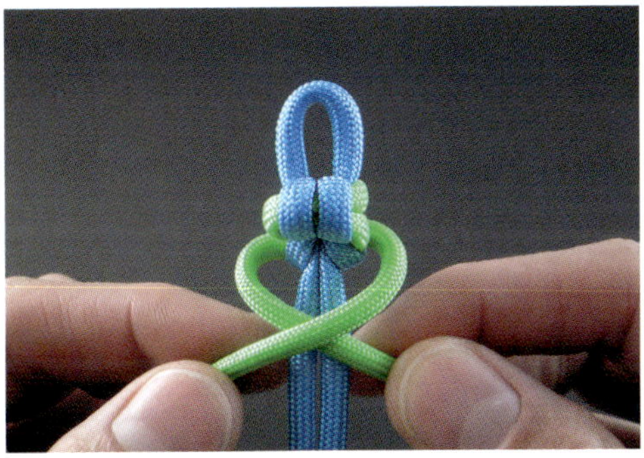

11. Die waagerechten Schnüre rechts über links vor den senkrechten Schnüren kreuzen.

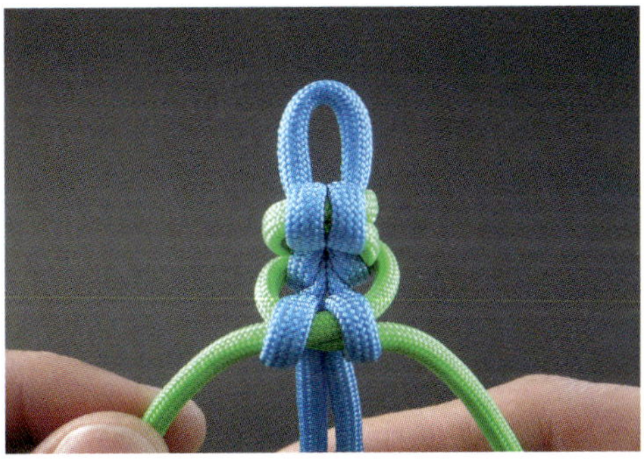

12. Die senkrechten Schnüre von oben nach unten hinter der Kreuzungsstelle durchstecken.

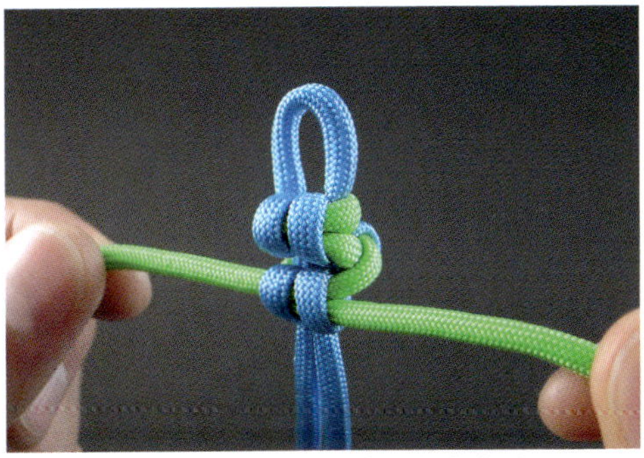

13. Alle Schnüre gleichmäßig dichtholen.

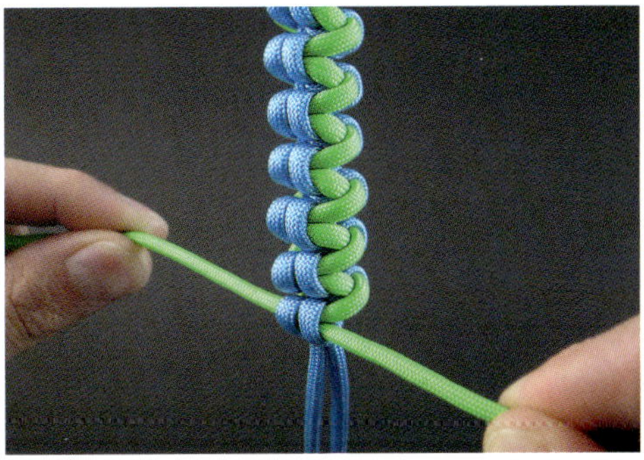

14. Die Schritte 6 bis 13 so oft wiederholen, bis die Schnurenden noch mindestens 13 cm lang sind.

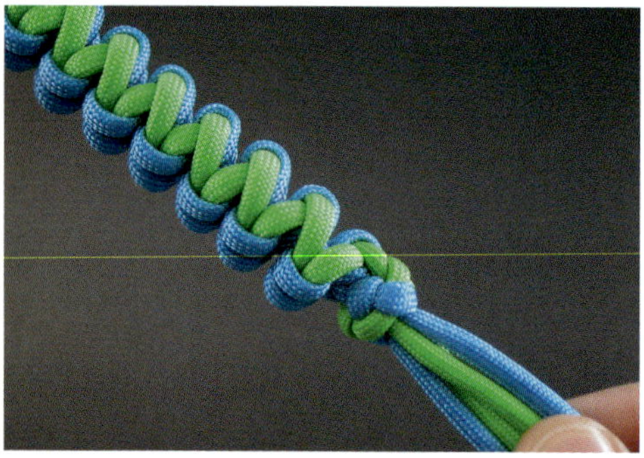

15. Mit allen vier Schnüren einen viersträngigen Diamantknoten (siehe Seite 76) knüpfen.

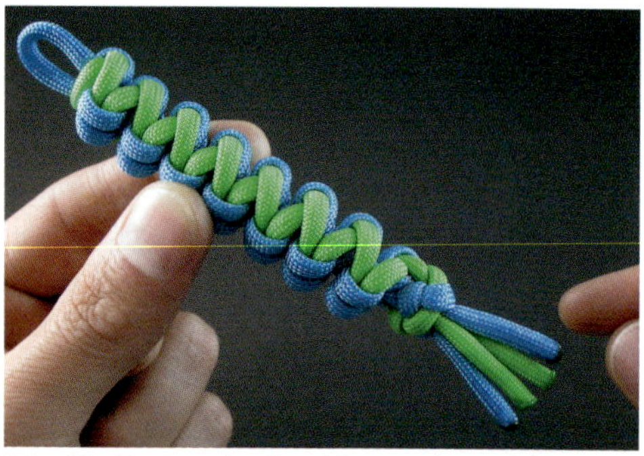

16. Die Enden abschneiden und sorgfältig abbrennen. Damit ist der Schlüsselanhänger fertig.

Drei-Farben-Wellen

Divided Sine Wave Sinnet

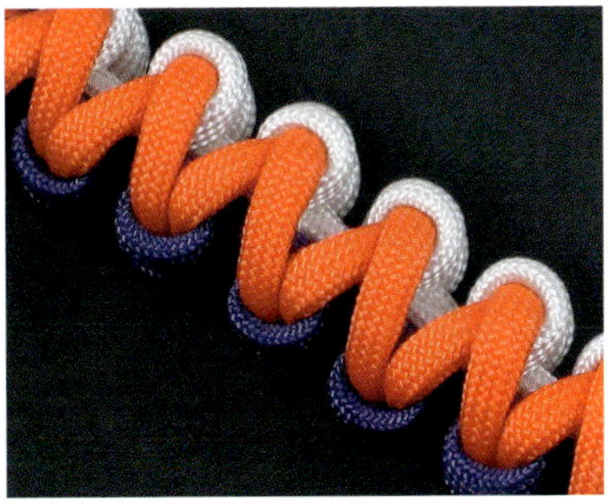

Durch die dritte Farbe fällt dieses Knüpfmuster besonders ins Auge. Es ist etwas dicker als die Grundform und darum recht stabil. Vielleicht möchten Sie es in den Farben Ihrer Lieblingsmannschaft knüpfen?

Schnur: *3 Schnüre à 1,5 m (fertige Anhängerlänge ca. 9 cm)*

Komponenten: *Wellenstruktur + kontrastfarbige Schnüre*

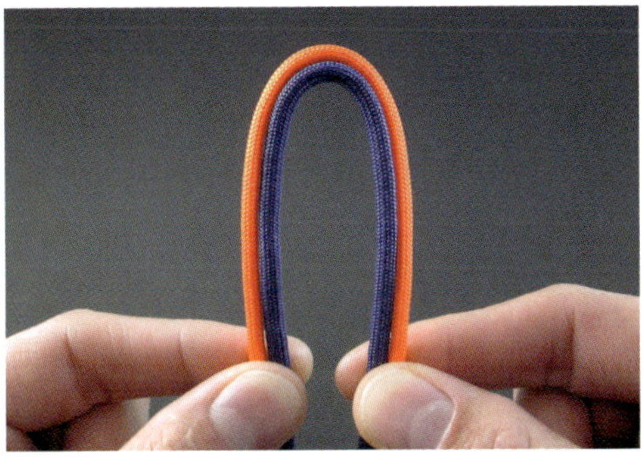

1. Zuerst in die Mitte von zwei Schnüren eine Bucht legen.

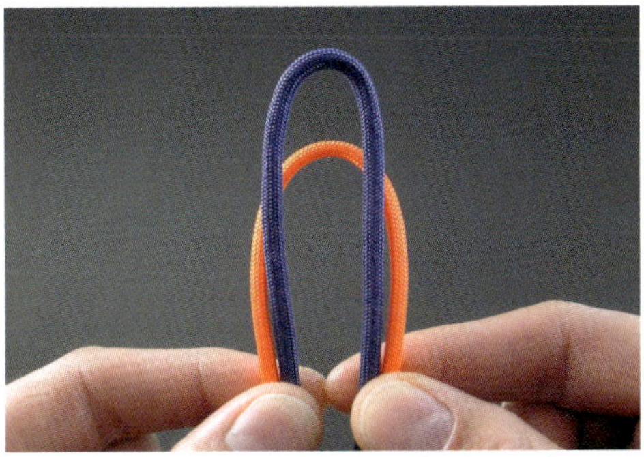

2. Eine Schnur hinter der Bucht der anderen um 1,5 cm nach unten schieben.

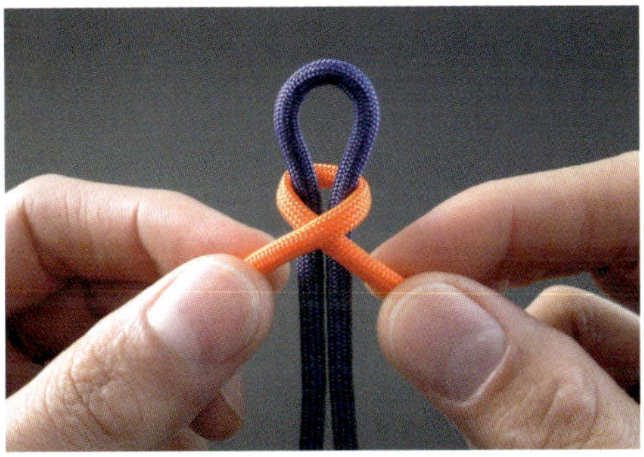

3. Die Enden der hinteren Schnur nach vorn holen und rechts über links kreuzen.

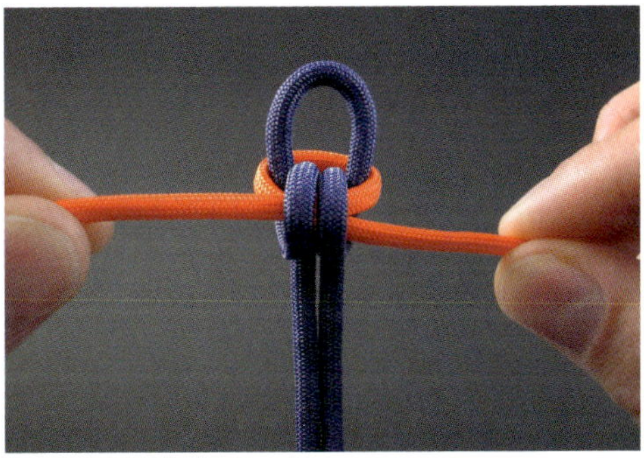

4. Die senkrechten Schnüre von oben nach unten hinter der Kreuzungsstelle durch stecken.

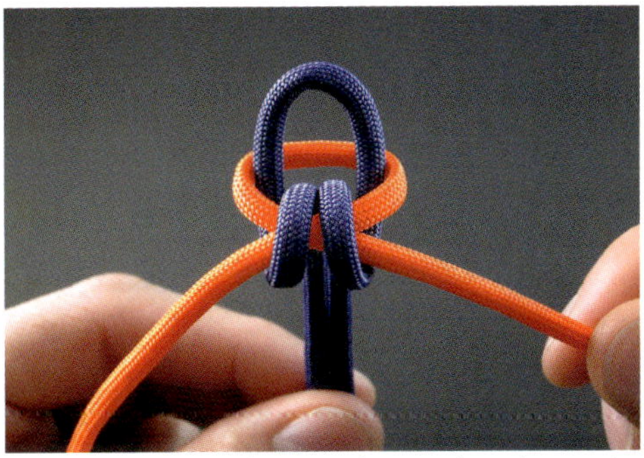

5. Die waagerechten Enden nach rechts und links dichtholen. Oben bleibt eine 1,5 cm große Bucht stehen.

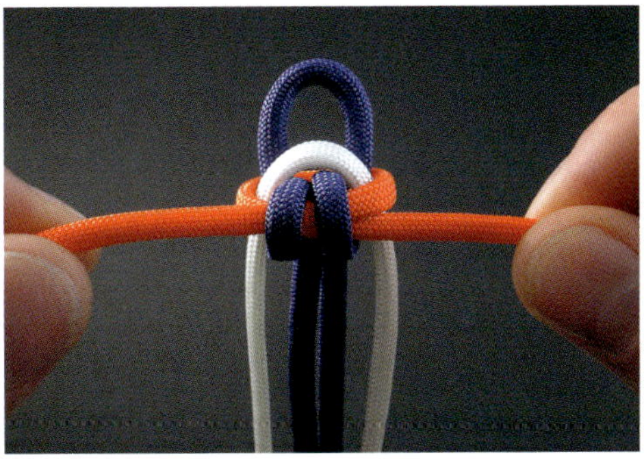

6. Die dritte Schnur über den senkrechten Schnüren durch die Schlaufe der waagerechten führen. Bis zur Mitte durchziehen.

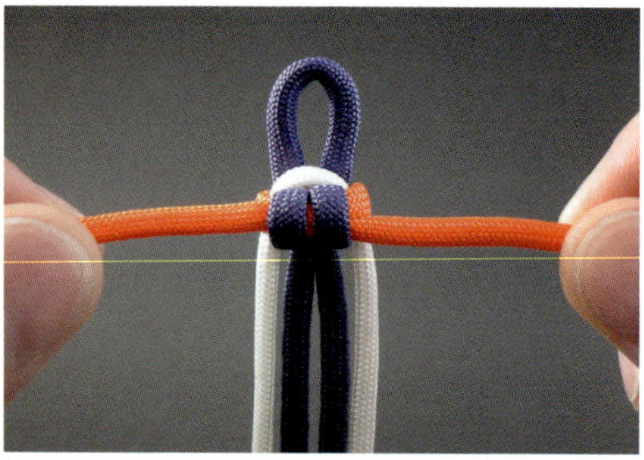

7. Die Enden der waagerechten Schnur über der dritten Schnur dichtholen.

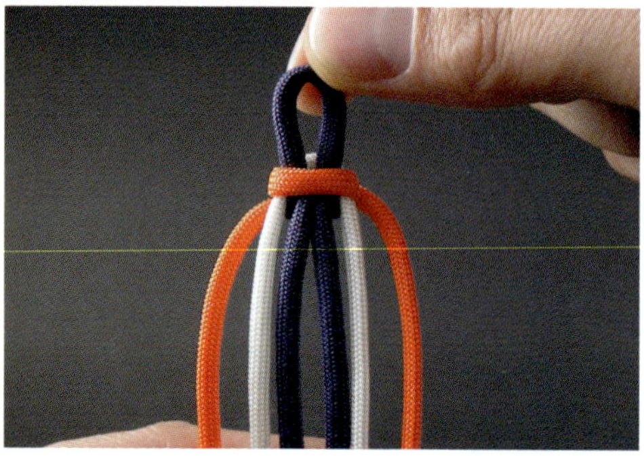

8. Die Knüpfarbeit um die eigene Achse wenden.

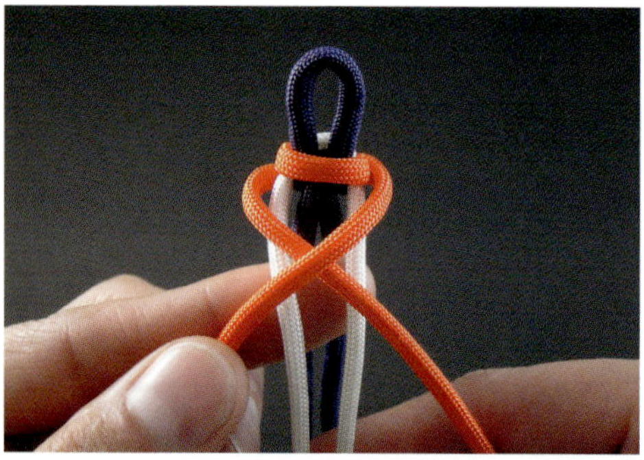

9. Die waagerechten Schnüre rechts über links vor den senkrechten Schnüren kreuzen.

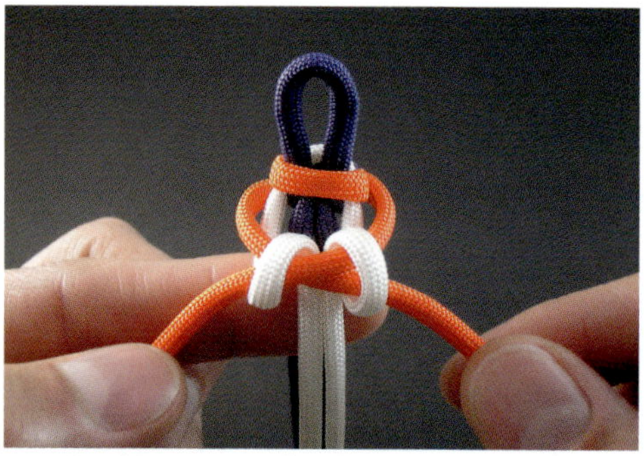

10. Die hinteren senkrechten Schnüre von oben zwischen den oberen Beinen hinter die gekreuzten Schnüre führen.

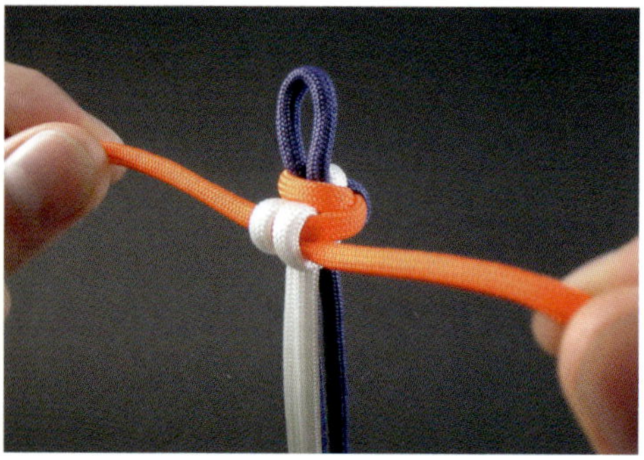

11. Alle Schnüre gleichmäßig dichtholen.

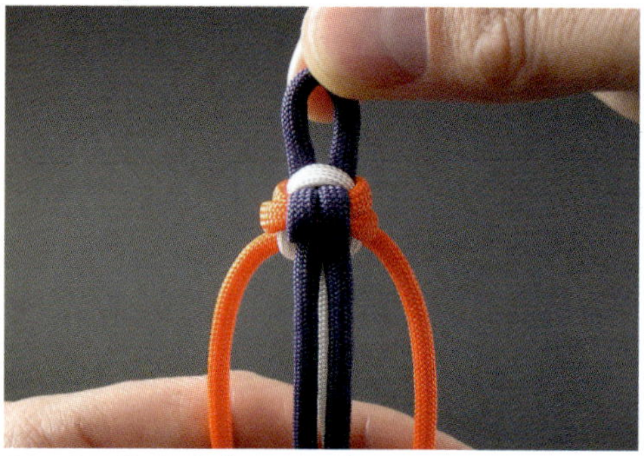

12. Die Knüpfarbeit um die eigene Achse wenden.

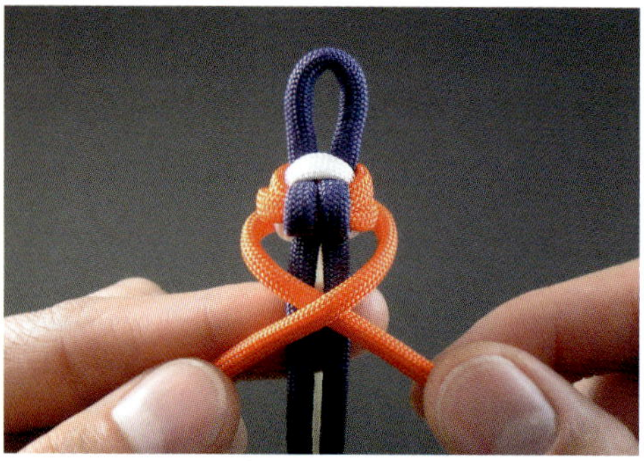

13. Die waagerechten Schnüre rechts über links vor den senkrechten Schnüren kreuzen.

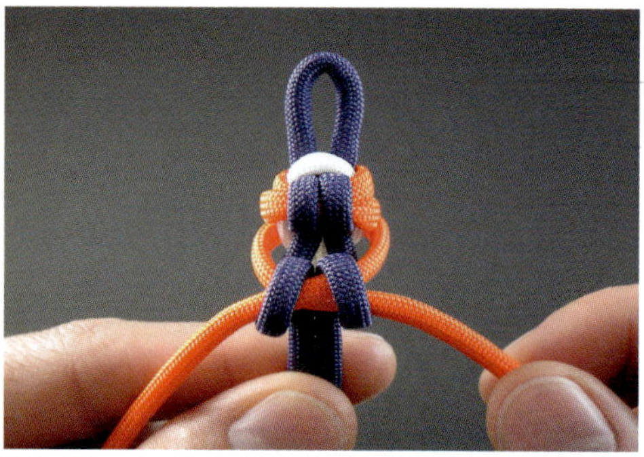

14. Die vorderen senkrechten Schnüre von oben zwischen den oberen Beinen hinter die gekreuzten Schnüre führen.

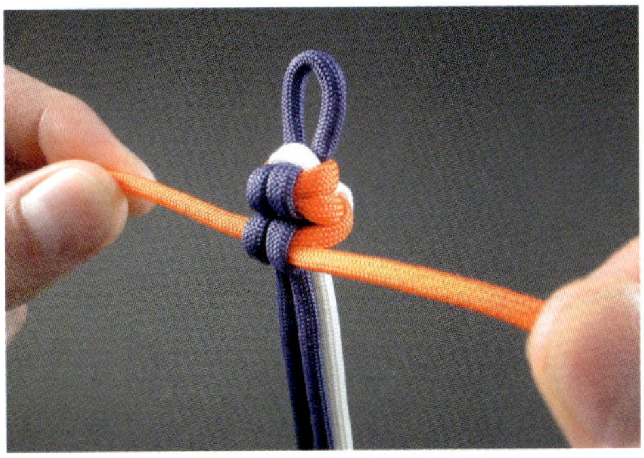

15. Alle Schnüre gleichmäßig dichtholen.

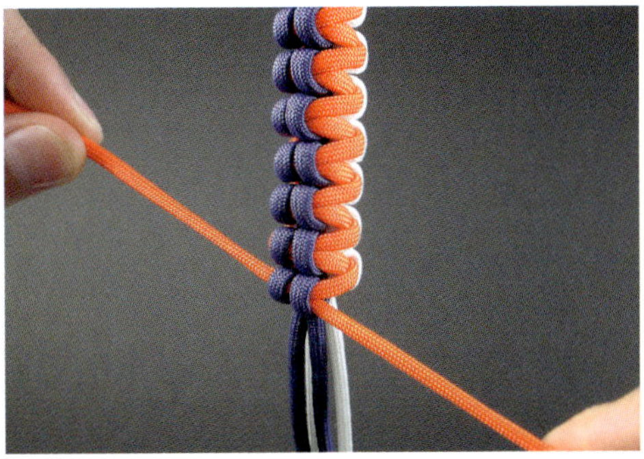

16. Die Schritte 8 bis 15 so oft wiederholen, bis die Schnurenden noch mindestens 13 cm lang sind.

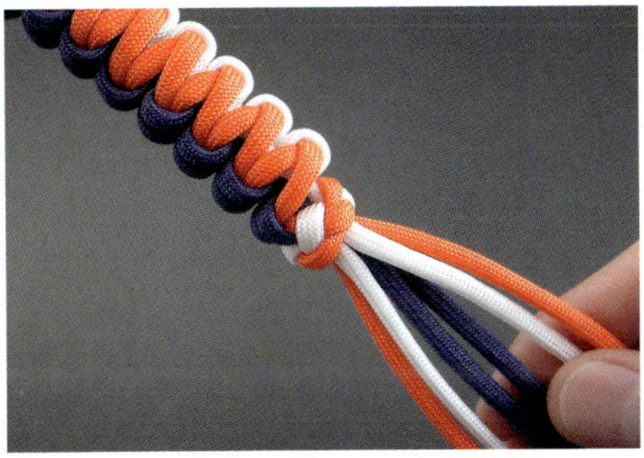

17. Mit den waagerechten und den hinteren senkrechten Schnüren einen viersträngigen Diamantknoten (siehe Seite 76) um die vorderen senkrechten Schnüre knüpfen.

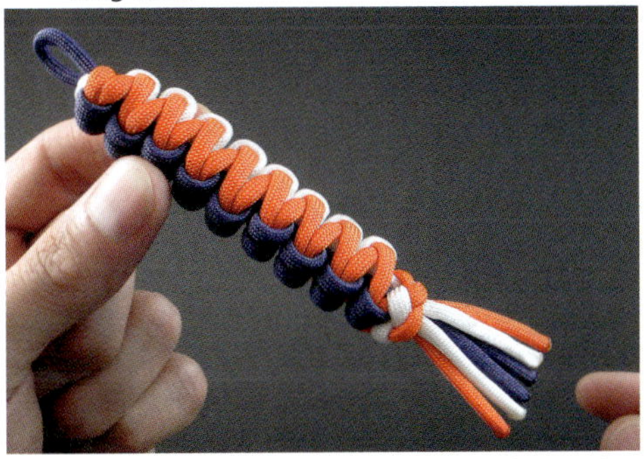

18. Die Enden abschneiden und sorgfältig abbrennen. Der Schlüsselanhänger ist fertig.

Breiter Wellenstrang

Wide Sine Wave Sinnet

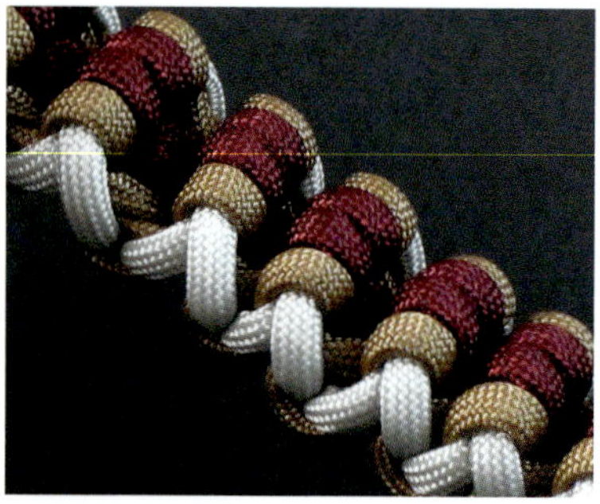

Dieser Strang mit symmetrisch angeordneten Farben hat eine deutliche Querrippen-Struktur. Die dritte Farbe gibt ihm seine auffällige Breite und wertet ihn auch optisch auf.

Schnur: *3 Schnüre à 1,8 m (fertige Anhängerlänge ca. 9 cm)*

Komponenten: *Wellenstruktur + Umschlingungen + abgestimmte Farben*

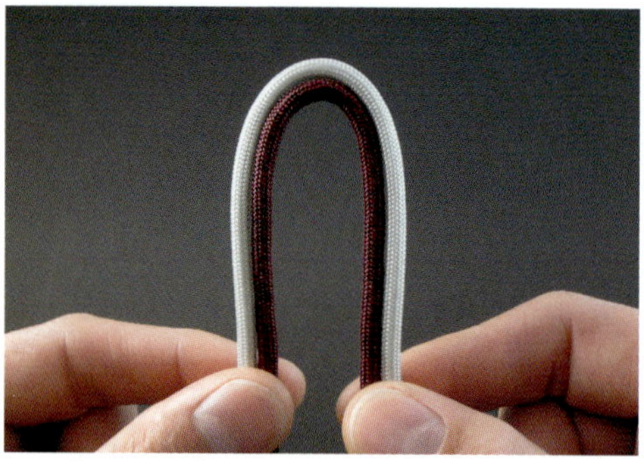

1. Zuerst in die Mitte von zwei Schnüren eine Bucht legen.

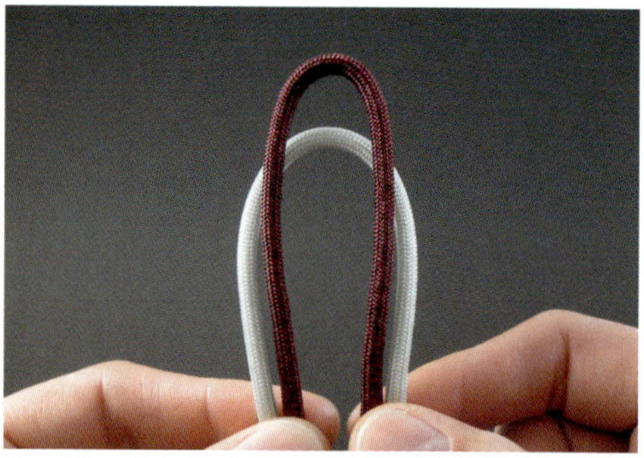

2. Eine Schnur hinter der Bucht der anderen um 1,5 cm nach unten schieben.

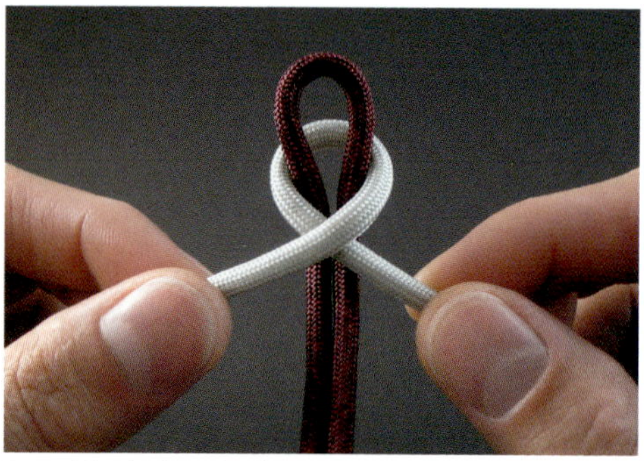

3. Die Enden der hinteren Schnur nach vorn holen und rechts über links kreuzen.

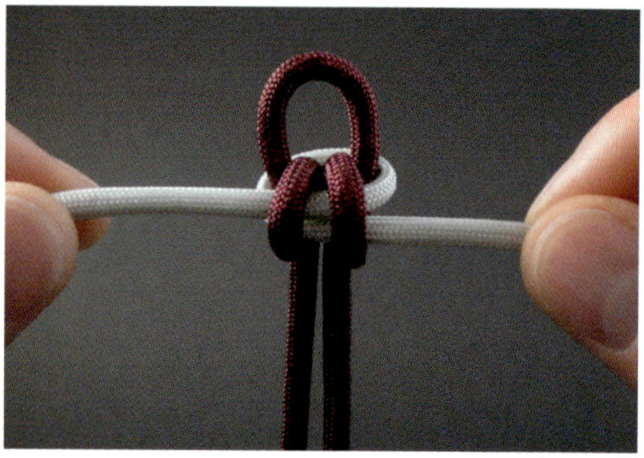

4. Die senkrechten Schnüre von oben nach unten hinter der Kreuzungsstelle durchstecken.

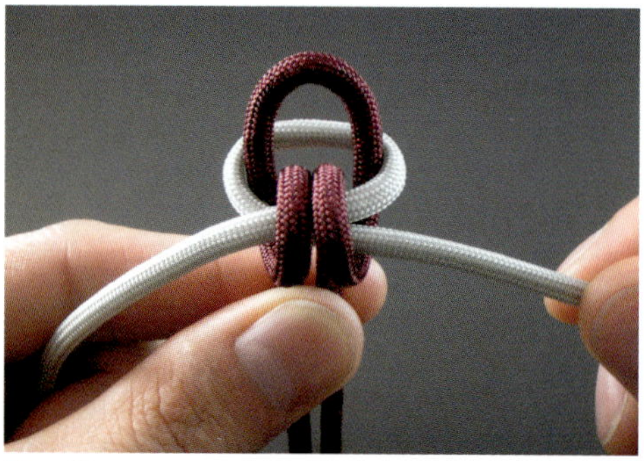

5. Die waagerechten Enden nach rechts und links dichtholen. Oben bleibt eine 1,5 cm große Bucht stehen.

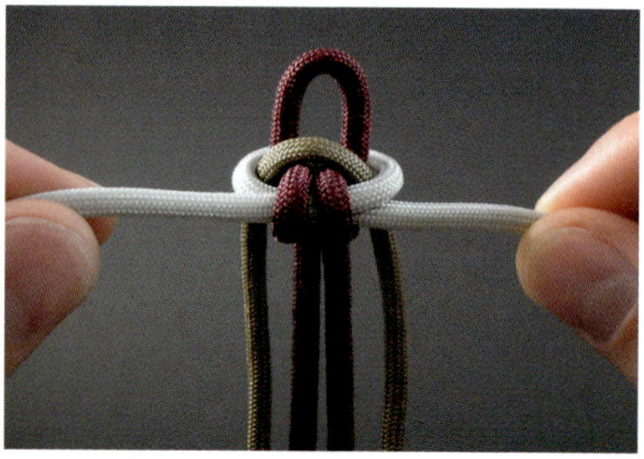

6. Die dritte Schnur über den senkrechten Schnüren durch die Schlaufe der waagerechten führen. Bis zur Mitte durchziehen.

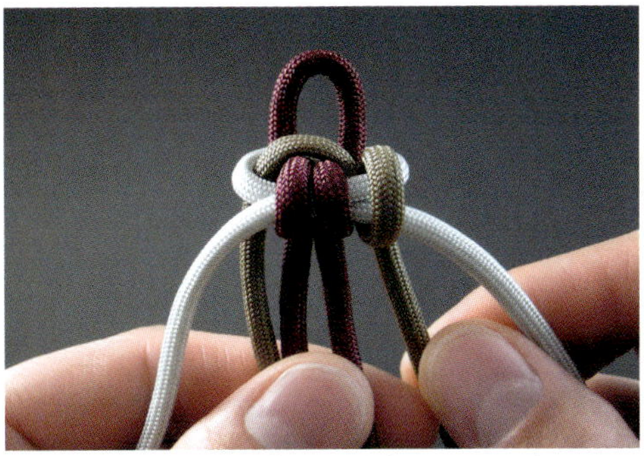

7. Die Enden der dritten Schnur von oben hinter die gekreuzten Schnüre führen.

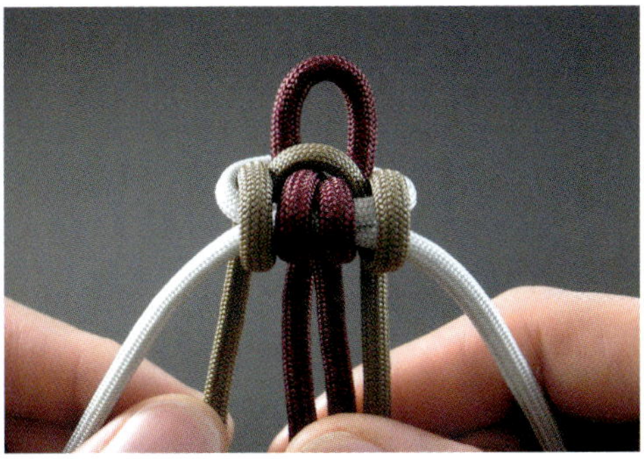

8. Die Beine der dritten Schnur liegen auf der Außenseite der Wicklung.

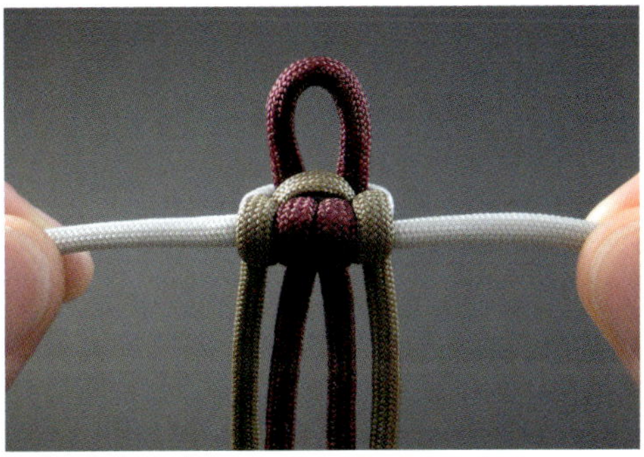

9. Alle Schnüre gleichmäßig dichtholen.

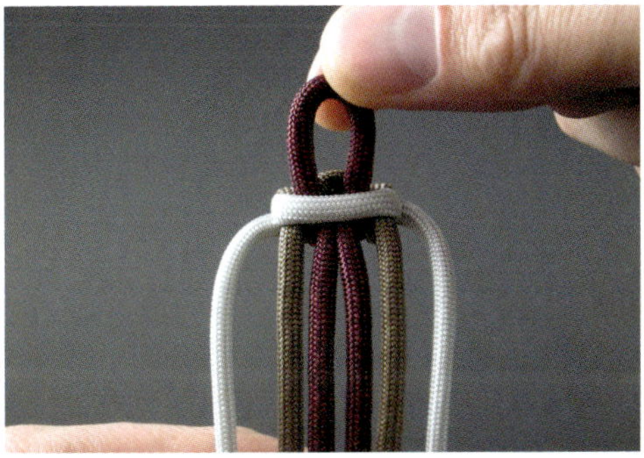

10. Die Knüpfarbeit um die eigene Achse wenden.

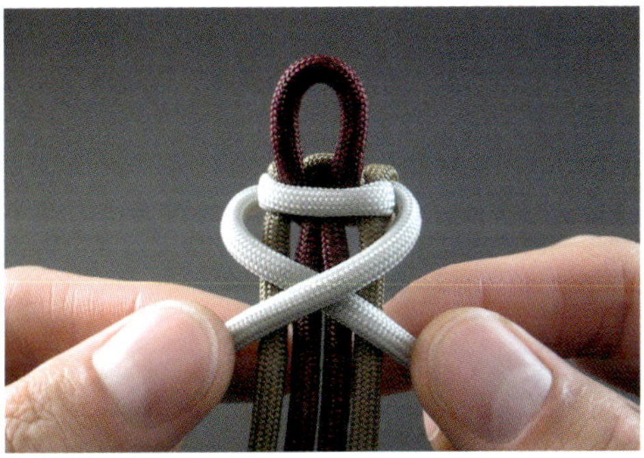

11. Die waagerechten Schnüre rechts über links vor den senkrechten Schnüren kreuzen.

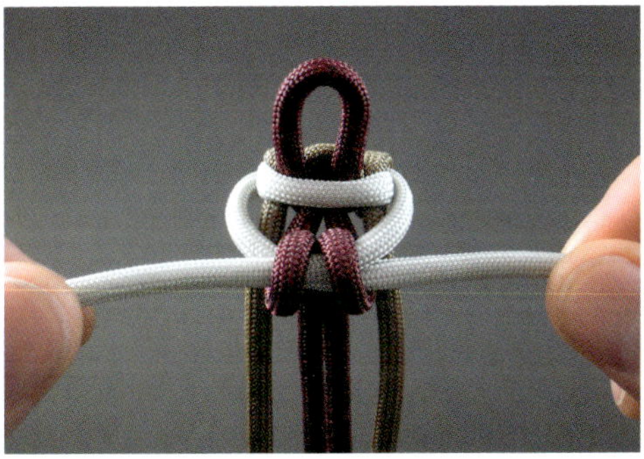

12. Die inneren senkrechten Schnüre von oben hinter die gekreuzten Schnüre stecken. Die Beine liegen innen.

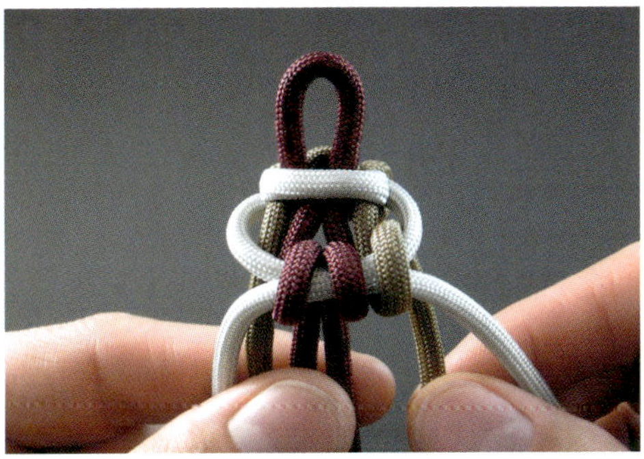

13. Die äußeren senkrechten Schnüre von oben hinter die gekreuzten Schnüre stecken.

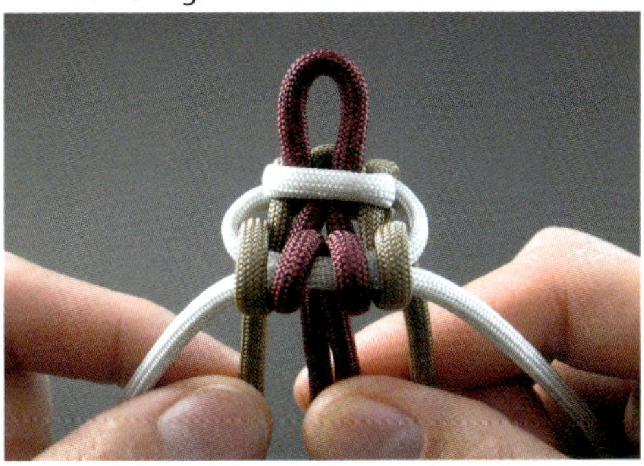

14. Die Beine liegen außen und vor den rechts bzw. links darüberliegenden Bögen.

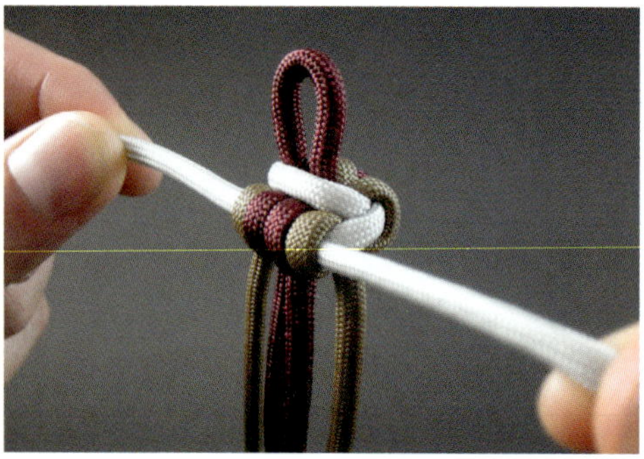

15. Alle Schnüre gleichmäßig dichtholen.

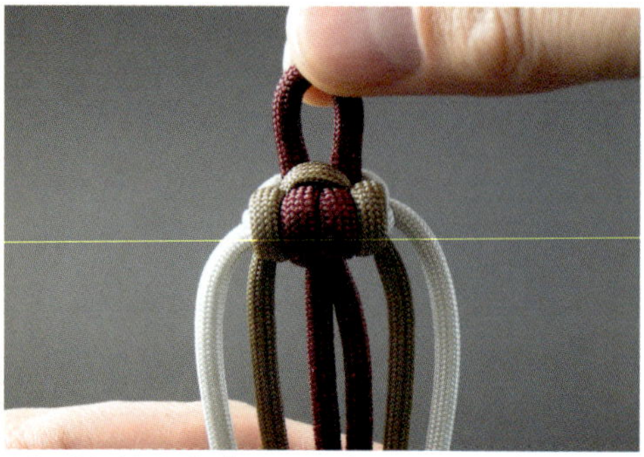

16. Die Knüpfarbeit um die eigene Achse wenden.

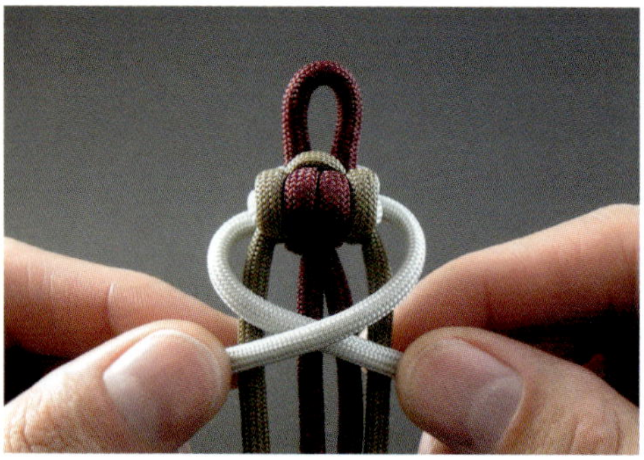

17. Die waagerechten Schnüre rechts über links vor den senkrechten Schnüren kreuzen.

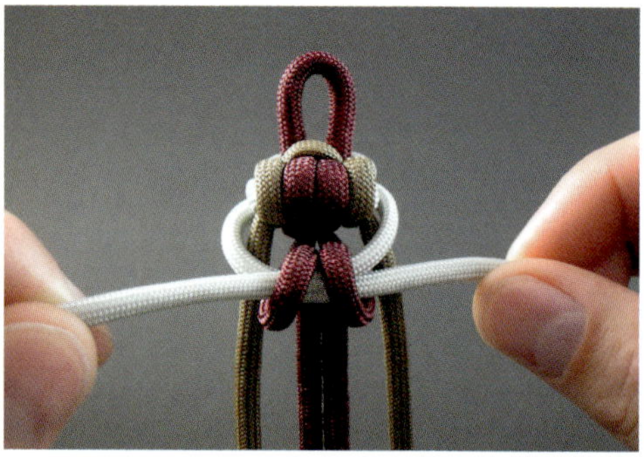

18. Die inneren senkrechten Schnüre von oben hinter die gekreuzten Schnüre stecken. Die Beine liegen innen.

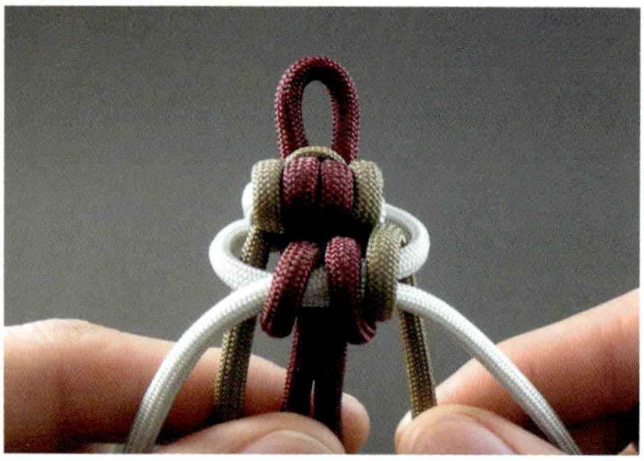

19. Die äußeren senkrechten Schnüre von oben hinter die gekreuzten Schnüre stecken.

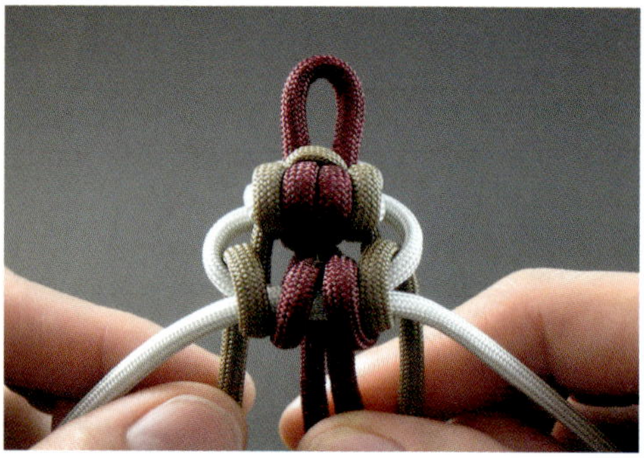

20. Die Beine liegen außen und vor den rechts bzw. links darüberliegenden Bögen.

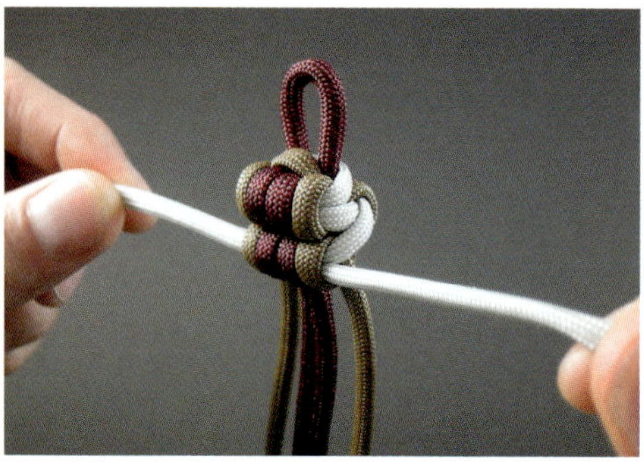

21. Alle Schnüre gleichmäßig dichtholen.

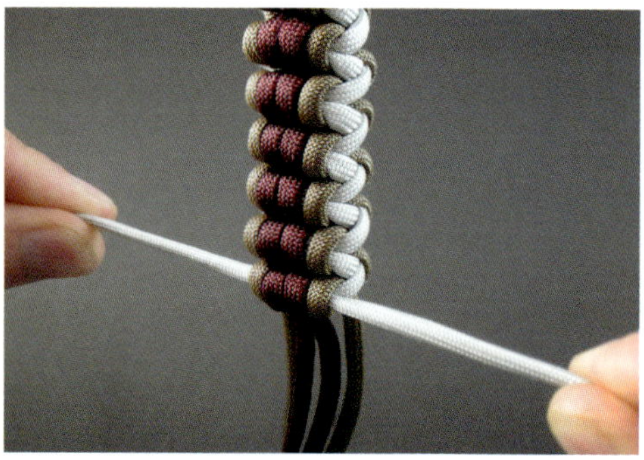

22. Die Schritte 10 bis 21 so oft wiederholen, bis die Schnurenden noch mindestens 13 cm lang sind.

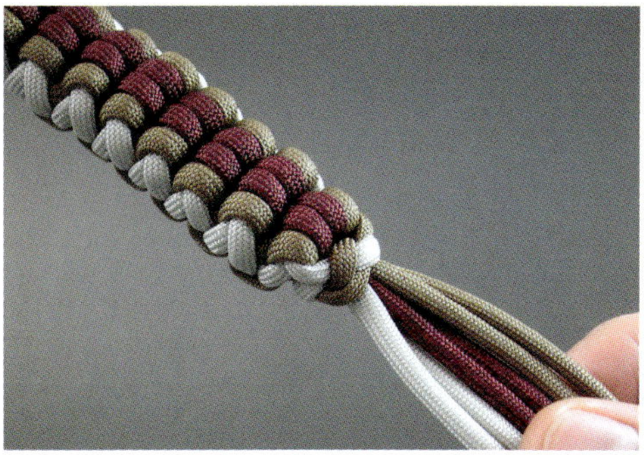

23. Um die zwei inneren senkrechten Schnüre mit den vier übrigen einen viersträngigen Diamantknoten (siehe Seite 76) knüpfen.

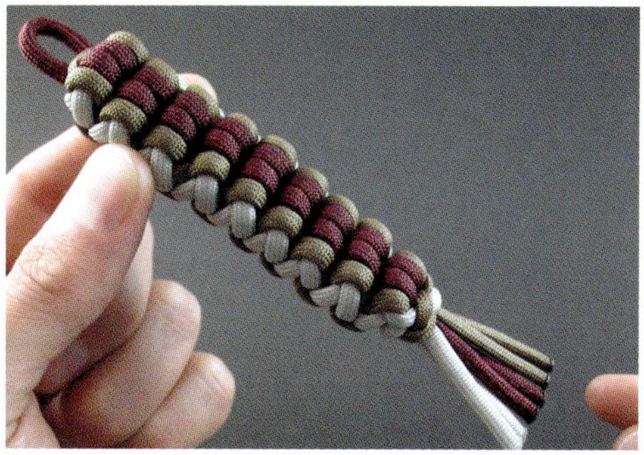

24. Die Enden abschneiden und sorgfältig abbrennen. Damit ist der Schlüsselanhänger fertig.

Tempelturm-Strang

Temple Tower Sinnet

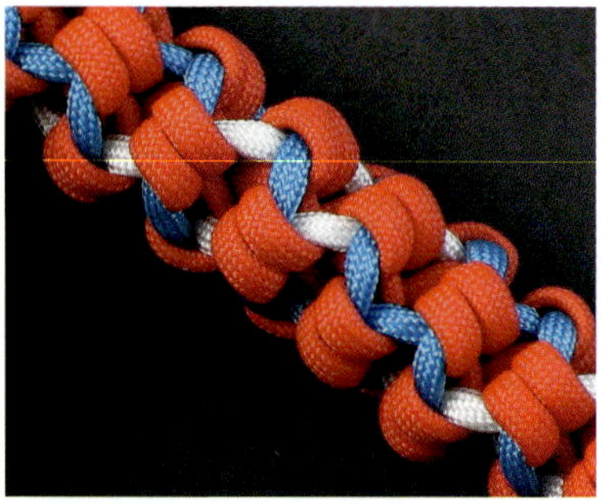

Dieses Muster hat eine streng symmetrische Struktur, die mich an die Türme der Tempelanlage von Angkor Wat in Kambodscha erinnert. Ideal als Schlüsselanhänger, weil der Strang gut in der Hand liegt.

Schnur: *1 Schnur à 2,4 m + 2 Schnüre à 1,8 m (fertige Anhängerlänge ca. 9 cm)*

Komponenten: *Wellenstruktur + gedrehte Ausrichtung + kontrastfarbige Schnüre*

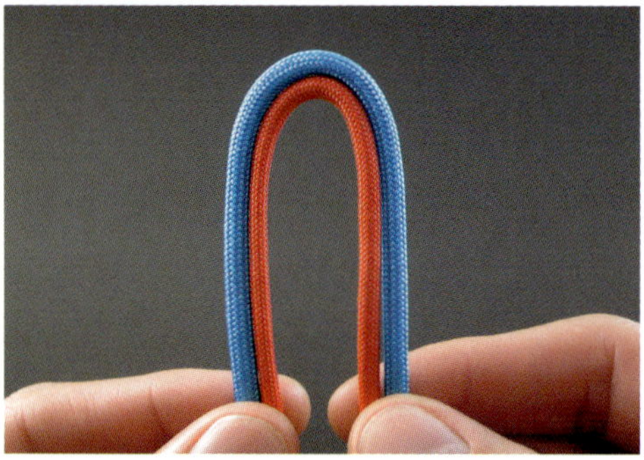

1. In die Mitte einer langen und einer kurzen Schnur eine Bucht legen.

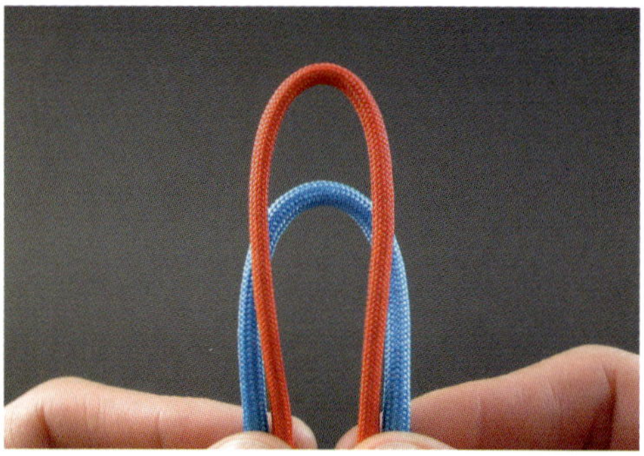

2. Die kurze Schnur hinter der Bucht der langen 1,5 cm nach unten schieben.

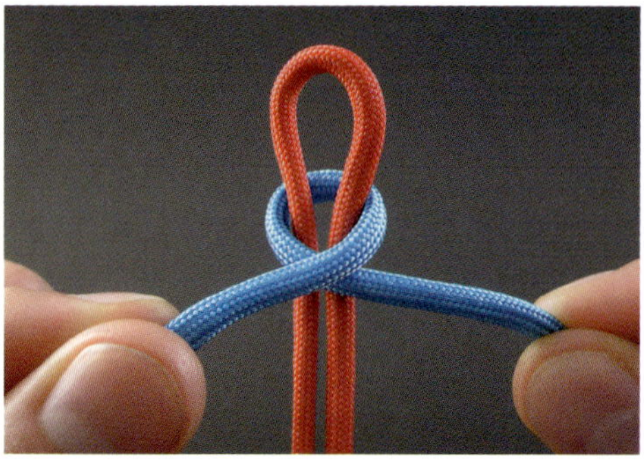

3. Die Enden der hinteren Schnur nach vorn holen und rechts über links kreuzen.

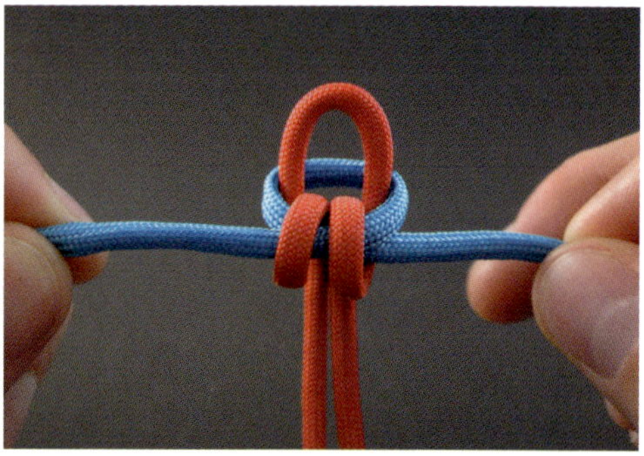

4. Die senkrechten Schnüre von oben nach unten hinter der Kreuzungsstelle durchstecken.

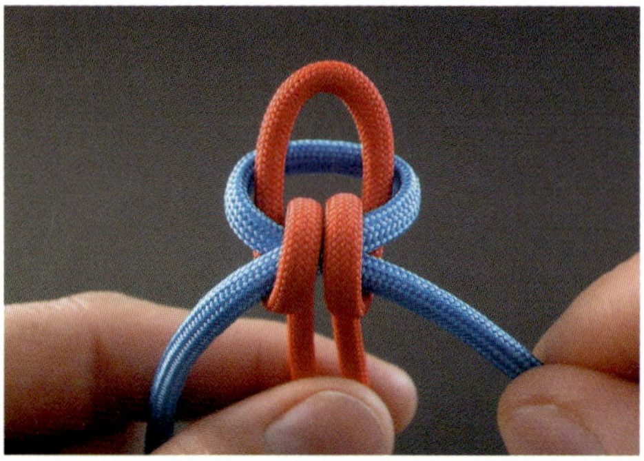

5. Die waagerechten Enden nach rechts und links dichtholen. Oben bleibt eine 1,5 cm große Bucht stehen.

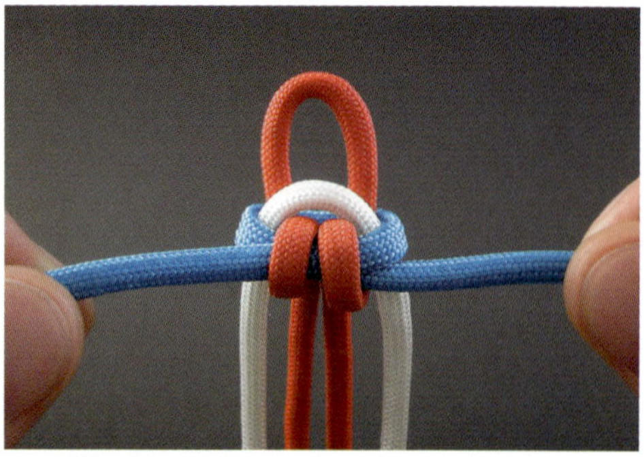

6. Die dritte Schnur über den senkrechten Schnüren durch die Schlaufe der waagerechten führen. Bis zur Mitte durchziehen.

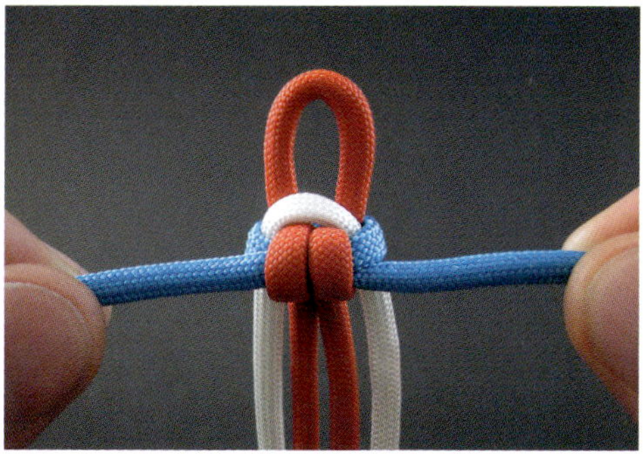

7. Die Enden der waagerechten Schnur über der zweiten kurzen Schnur dichtholen.

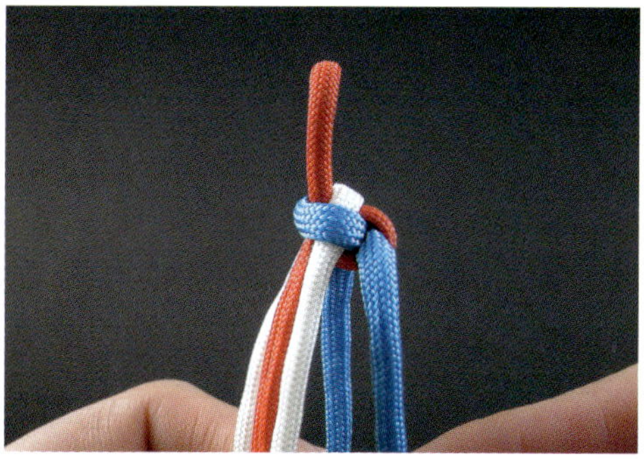

8. Die linke Seite des Werkstücks 90° (zu Ihrem Körper hin) um die eigene Achse drehen.

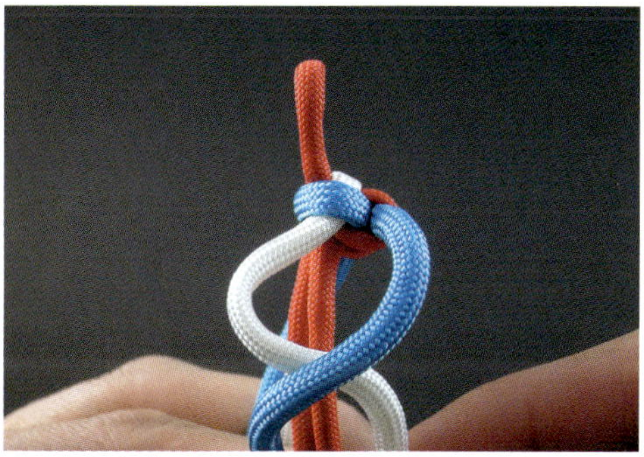

9. Die linken und rechten Schnüre rechts über links über den senkrechten Schnüren kreuzen.

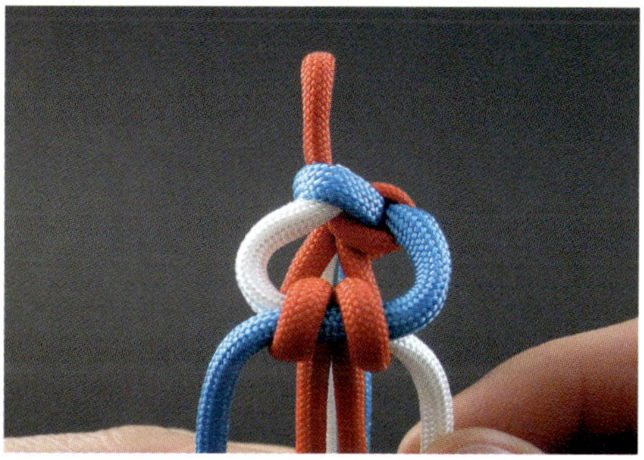

10. Die senkrechten Schnüre von oben nach unten hinter der Kreuzungsstelle durchstecken.

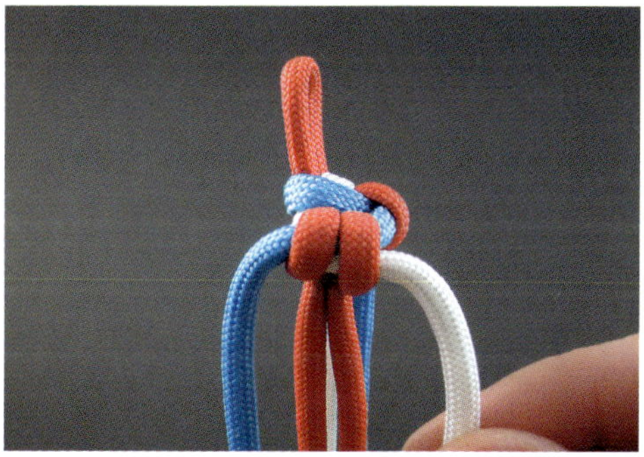

11. Alle Schnüre gleichmäßig dichtholen.

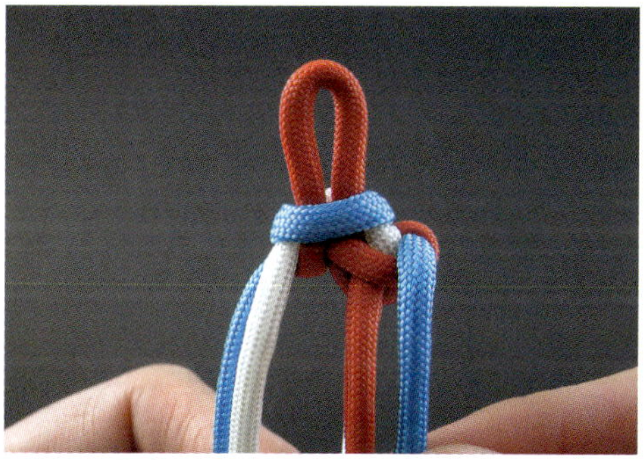

12. Die linke Seite des Werkstücks 90° (zu Ihrem Körper hin) um die eigene Achse drehen.

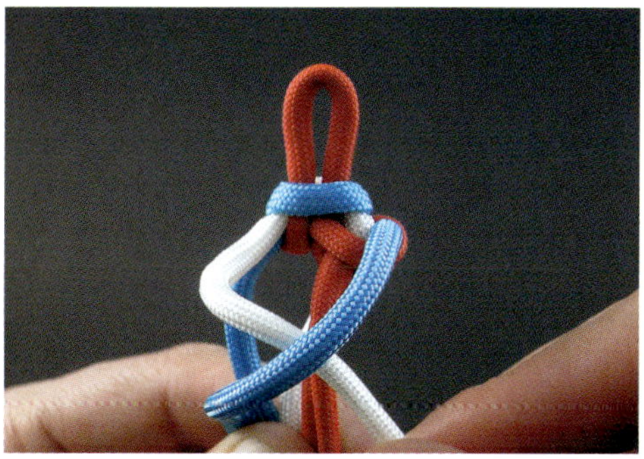

13. Die linken und rechten Schnüre rechts über links über den senkrechten Schnüren kreuzen.

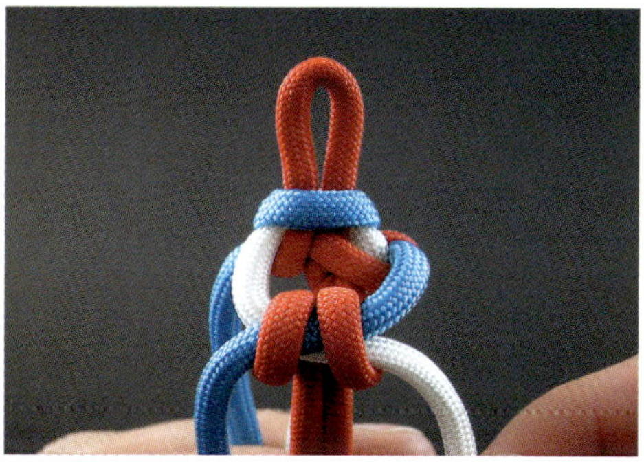

14. Die senkrechten Schnüre von oben nach unten hinter der Kreuzungsstelle durchstecken.

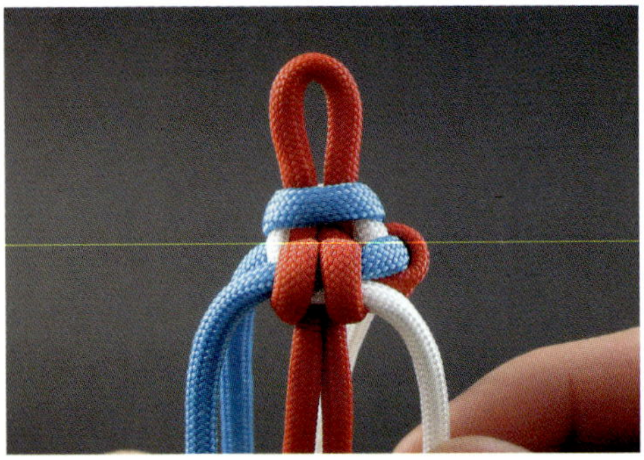

15. Alle Schnüre gleichmäßig dichtholen.

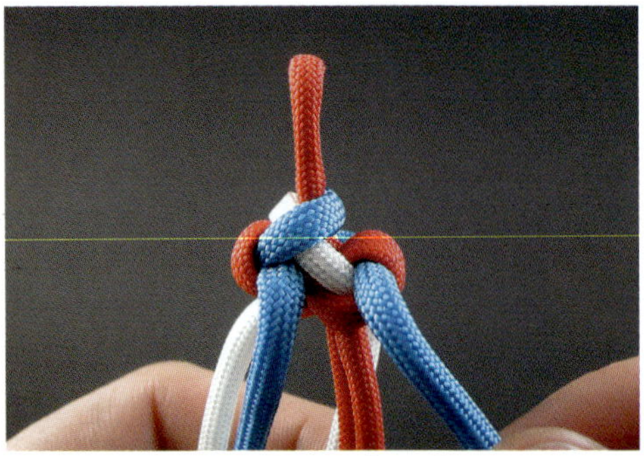

16. Die linke Seite des Werkstücks 90° (zu Ihrem Körper hin) um die eigene Achse drehen.

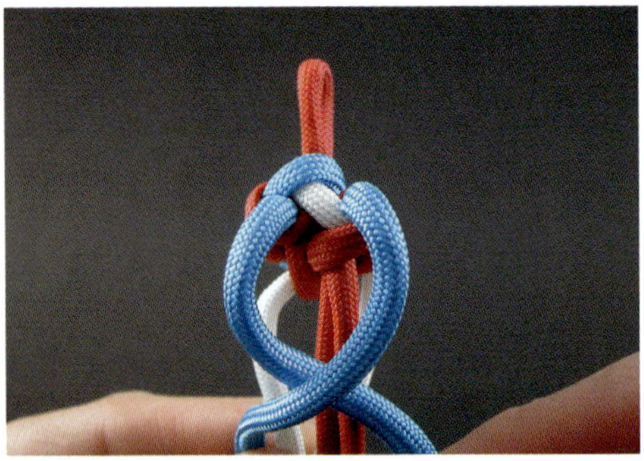

17. Die linken und rechten Schnüre rechts über links über den senkrechten Schnüren kreuzen.

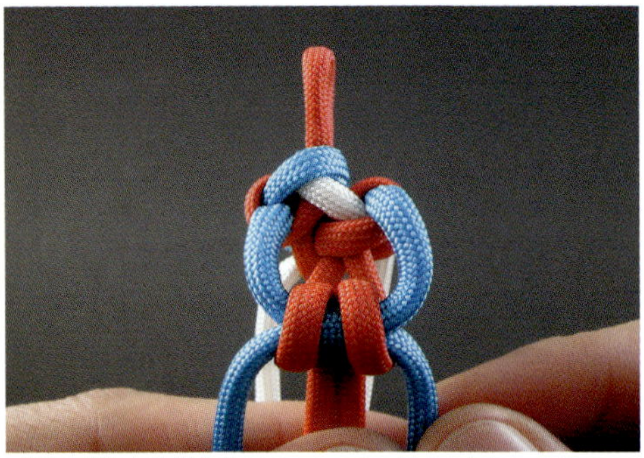

18. Die senkrechten Schnüre von oben nach unten hinter der Kreuzungsstelle durchstecken.

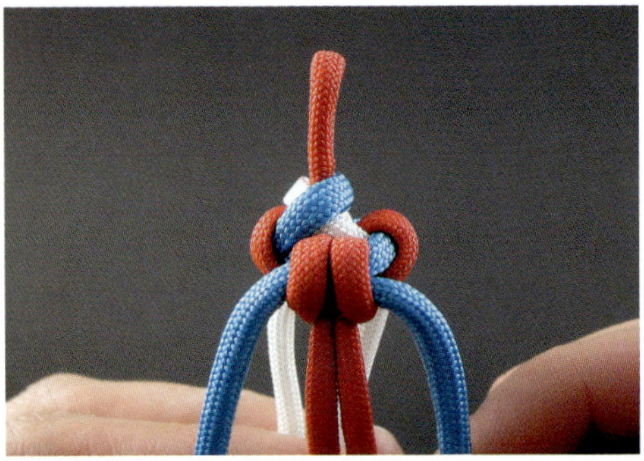

19. Alle Schnüre gleichmäßig dichtholen.

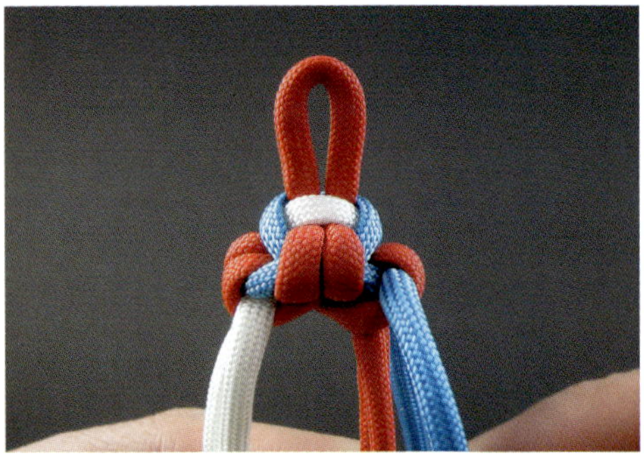

20. Die linke Seite des Werkstücks 90° (zu Ihrem Körper hin) um die eigene Achse drehen.

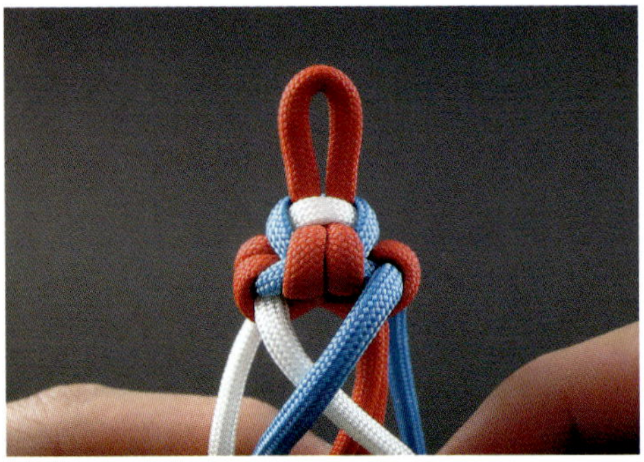

21. Die linken und rechten Schnüre rechts über links über den senkrechten Schnüren kreuzen.

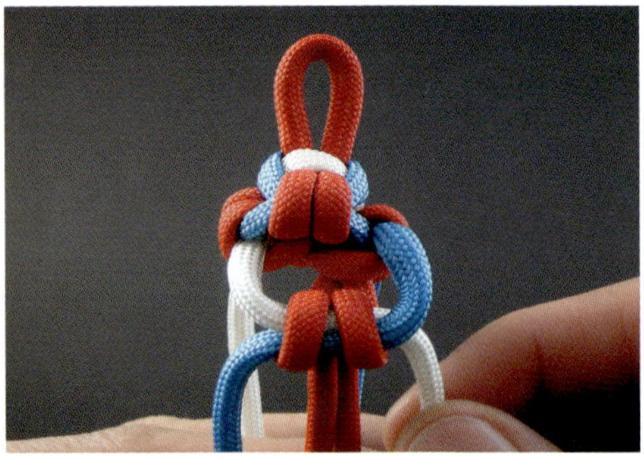

22. Die senkrechten Schnüre von oben nach unten hinter der Kreuzungsstelle durchstecken.

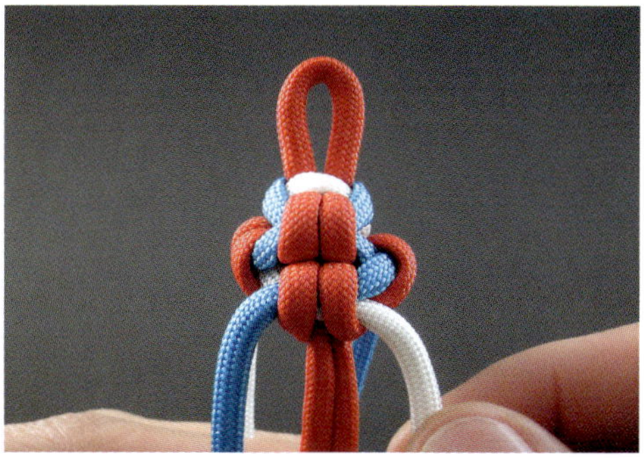

23. Alle Schnüre gleichmäßig dichtholen.

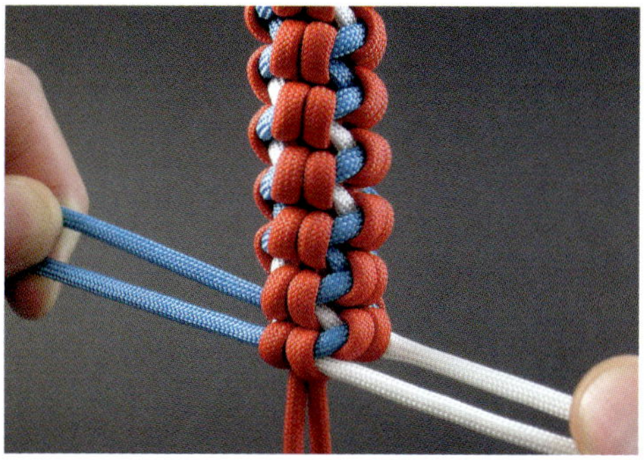

24. Die Schritte 8 bis 23 so oft wiederholen, bis die Schnurenden noch mindestens 13 cm lang sind.

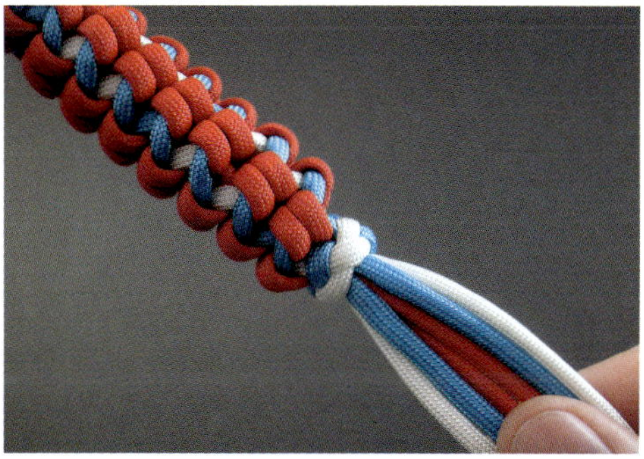

25. Mit den kurzen waagerechten Schnüren einen Diamantknoten (siehe Seite 76) um die langen senkrechten Schnüre knüpfen.

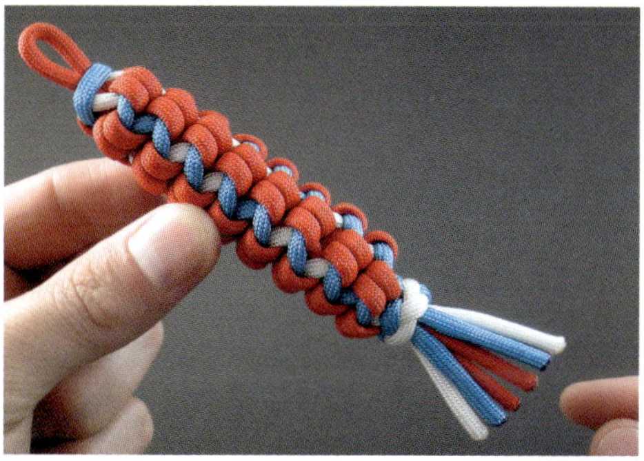

26. Die Enden abschneiden und sorgfältig abbrennen. Der fertige Schlüsselanhänger ist griffig und kompakt.

Sandrosen-Medaillon

Desert Flower Medallion

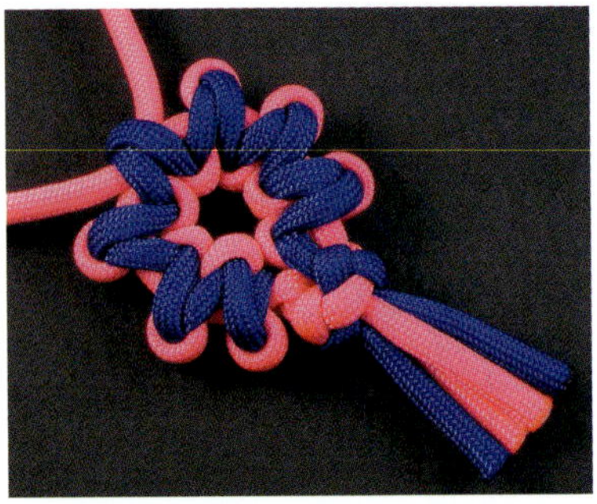

Die Sandrose ist eines meiner Lieblingsmodelle in diesem Buch. Die Blütenform mit dem nahtlos anschließenden Halsband sieht toll aus und eignet sich gut als individuelles Geschenk oder auch zum Verkaufen.

Schnur: *2 Schnüre à 2,1 m + 1,5 m (fertiges Medaillon ca. 3,8 cm Ø)*

Komponenten: *Wellenstruktur + einseitige Schlaufen links + integrierte Schlinge + kontrastfarbige Schnüre*

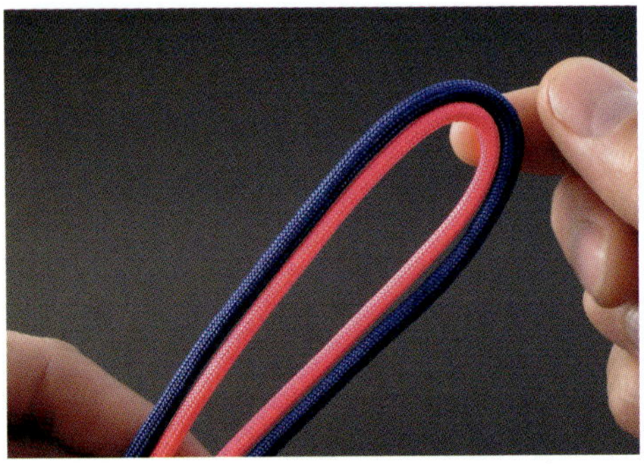

1. In die Mitte beider Schnüre eine Bucht legen.

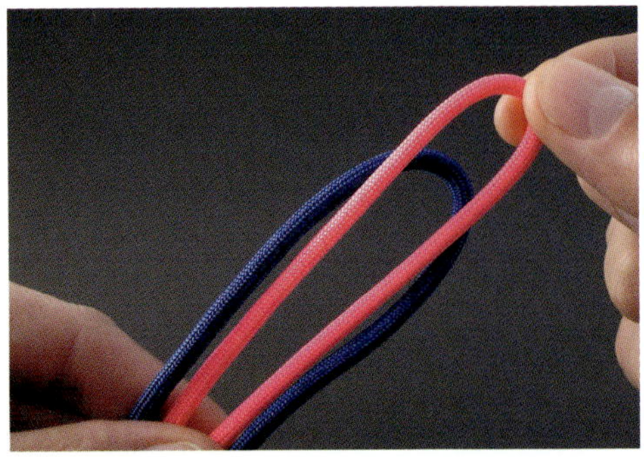

2. Die kurze Schnur hinter der Bucht der langen etwa 1,5 cm nach unten schieben.

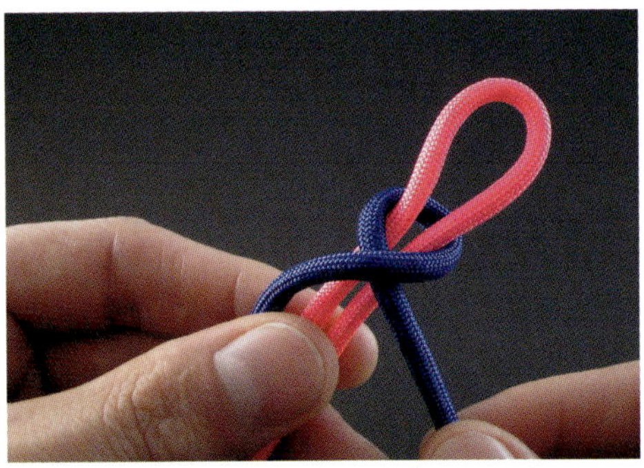

3. Die Enden der hinteren Schnur nach vorn holen und rechts über links kreuzen.

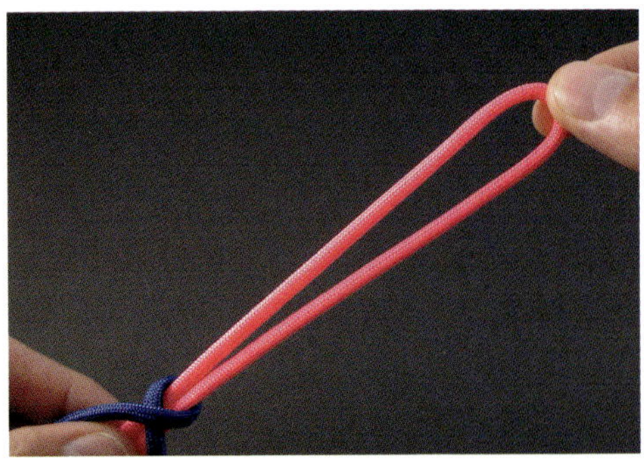

4. Die Bucht über den gekreuzten Schnüren 30 cm lang herausziehen.

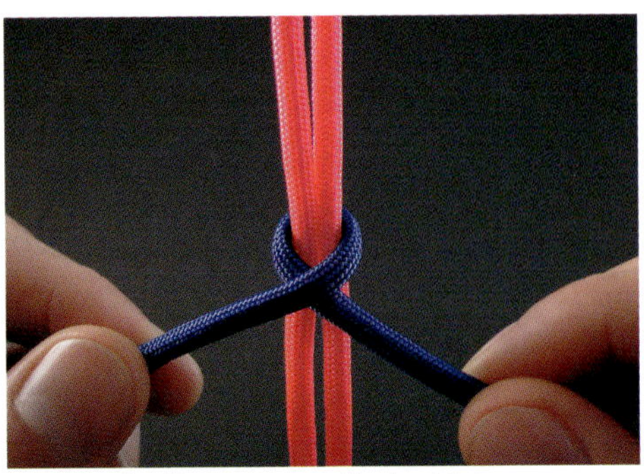

5. An der Kreuzungsstelle der hinteren Schnüre die linke senkrechte Schnur …

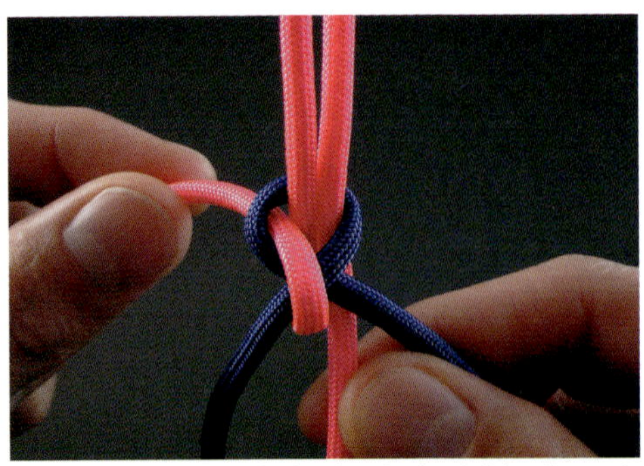

6. … nach oben links durch die Schlaufe nach hinten führen.

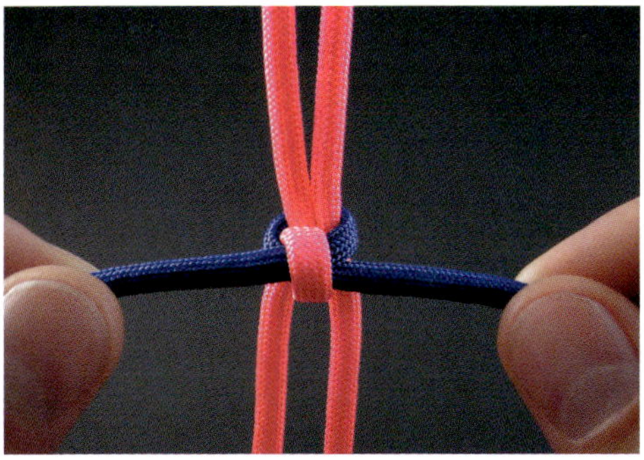

7. Dichtholen, dabei die große Bucht unverändert stehen lassen.

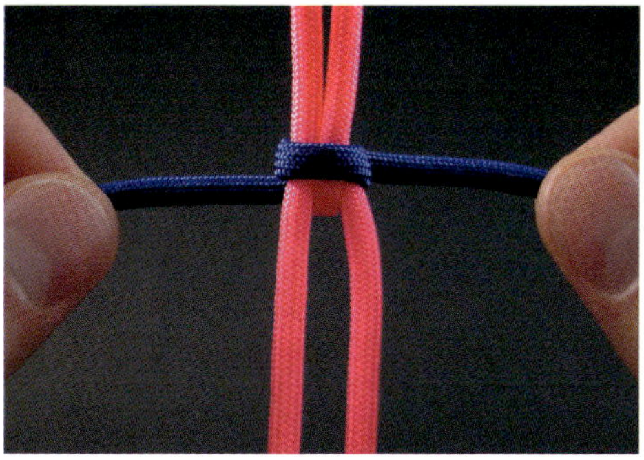

8. Die Knüpfarbeit um die eigene Achse wenden.

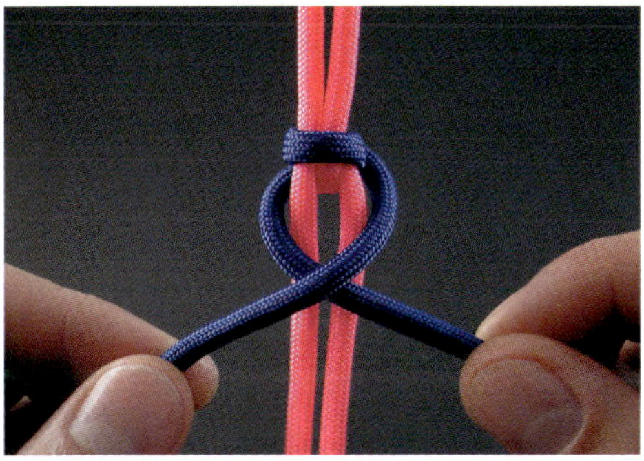

9. Die waagerechten Schnüre rechts über links vor den senkrechten Schnüren kreuzen. Die linke senkrechte Schnur …

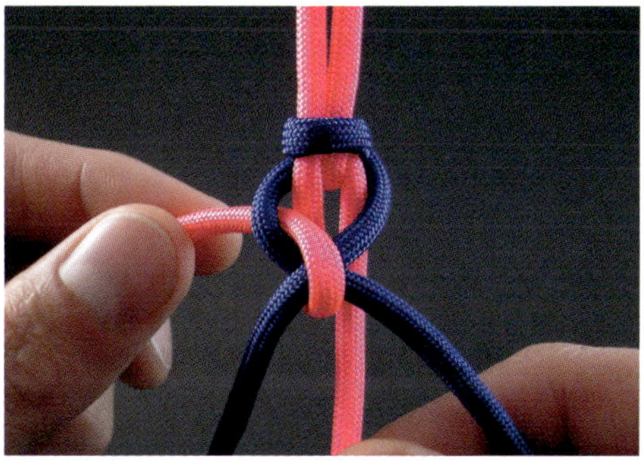

10. … nach oben links durch die Schlaufe nach hinten führen.

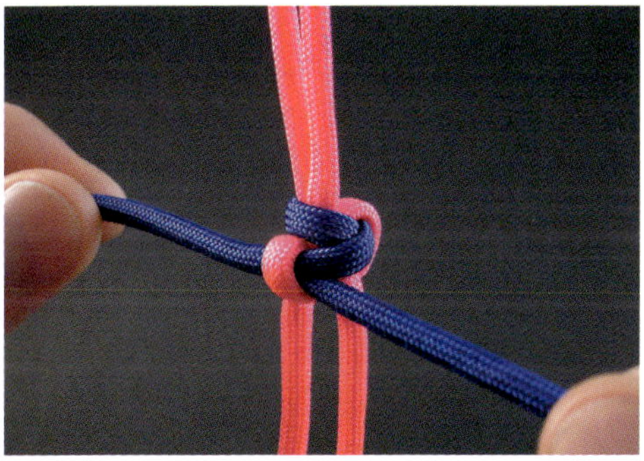

11. Alle Schnüre gleichmäßig dichtholen.

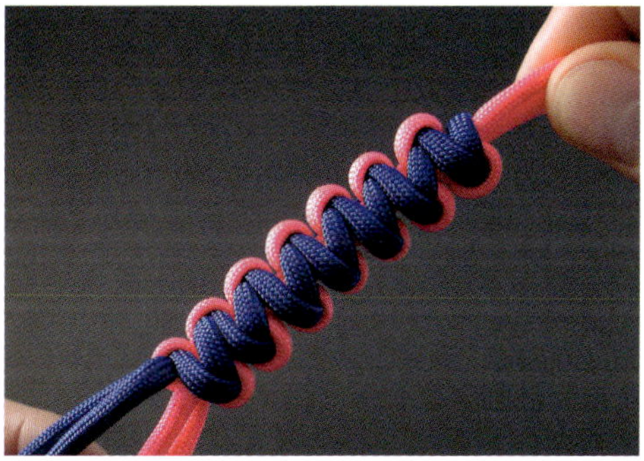

12. Die Schritte 8 bis 11 noch zwölfmal wiederholen (oder bis insgesamt 14 Blütenblätter geknüpft sind).

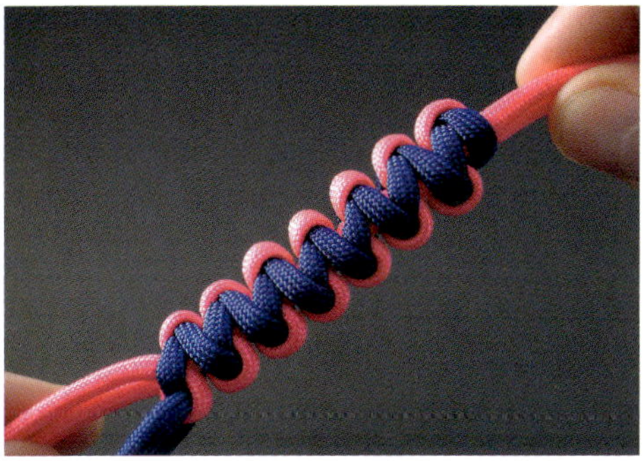

13. Die Knüpfarbeit um die eigene Achse wenden.

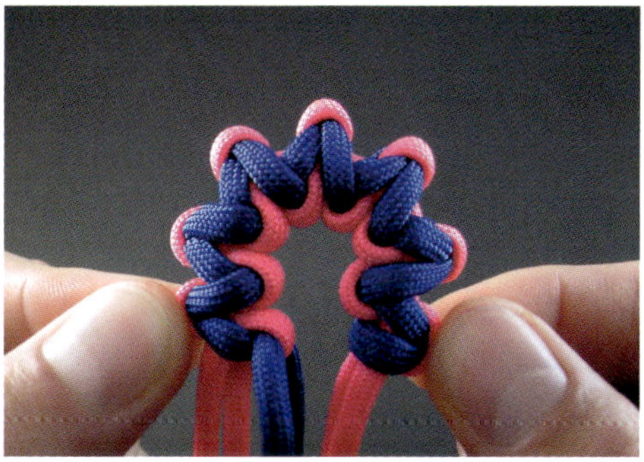

14. Den Strang biegen, bis sich seine Enden beinahe berühren.

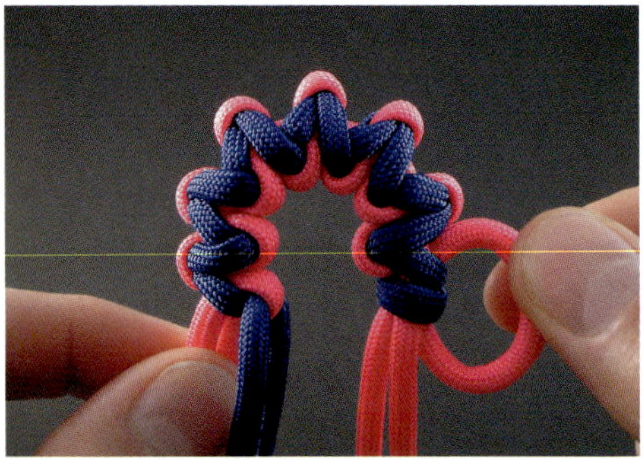

15. Die untere rechte Schlaufe herausziehen, …

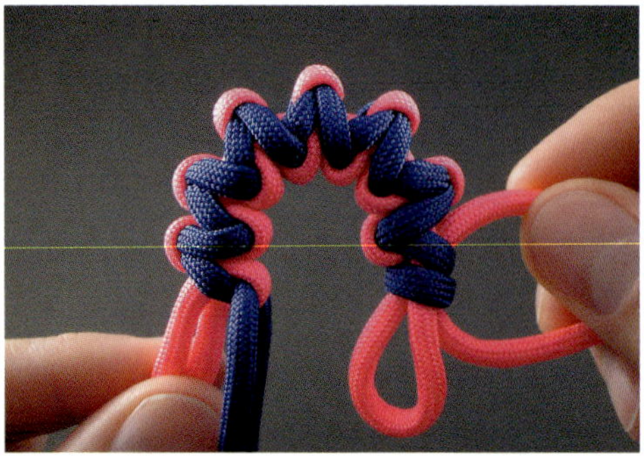

16. … bis unten noch eine 1,5 cm große Schlaufe übrig ist.

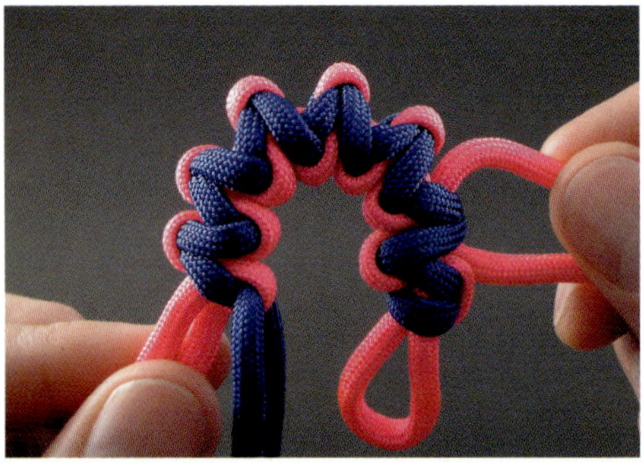

17. Die darüberliegende Schlaufe herausziehen, um die untere rechte Schlaufe zu straffen.

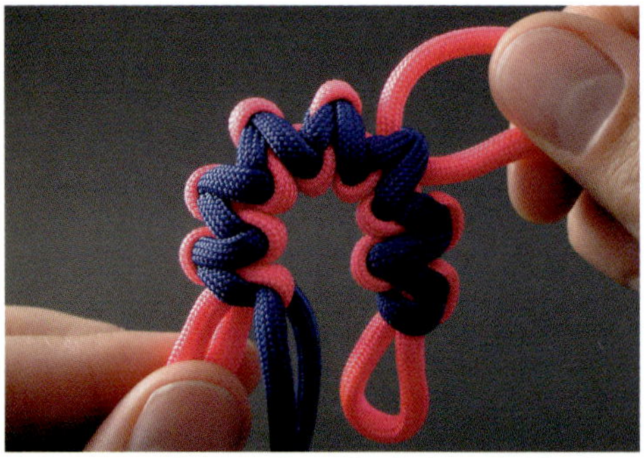

18. Weiter die jeweils nächsthöhere Schlaufe herausziehen, um die vorherige zu straffen.

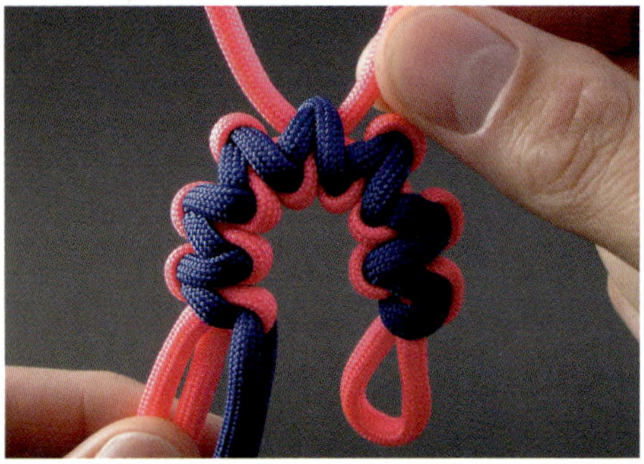

19. Dadurch wird die obere (mittlere) Schlaufe etwas größer.

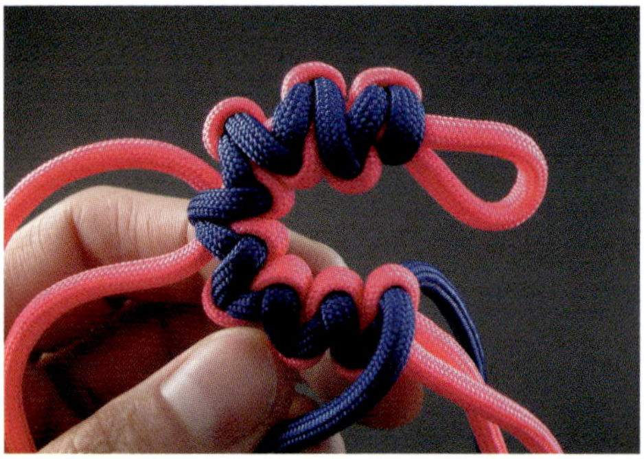

20. Die Knüpfarbeit entgegen dem Uhrzeigersinn um 90° drehen.

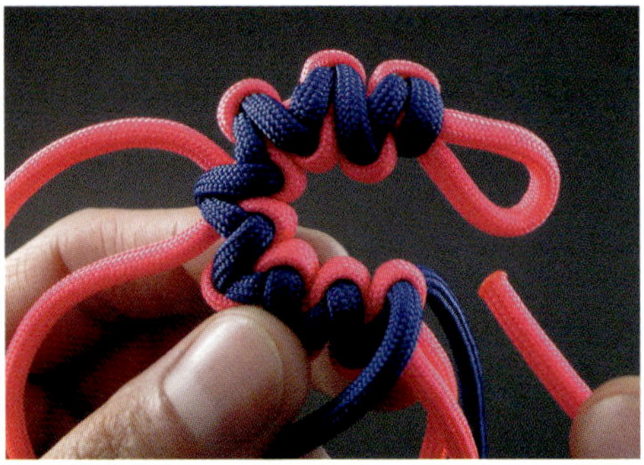

21. Nun das Ende der vorderen senkrechten (langen) Schnur erfassen …

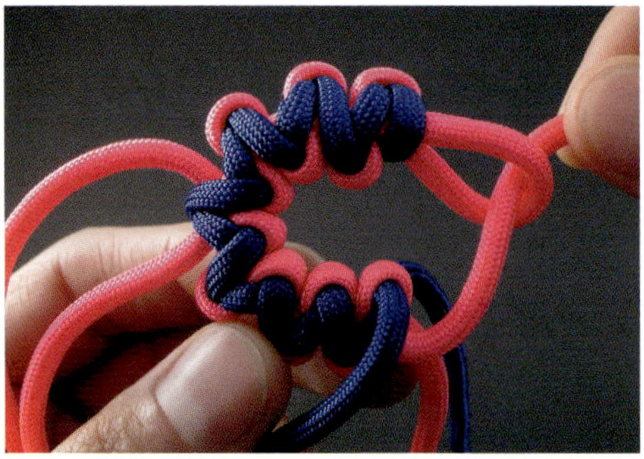

22. … und durch die obere Schlaufe führen.

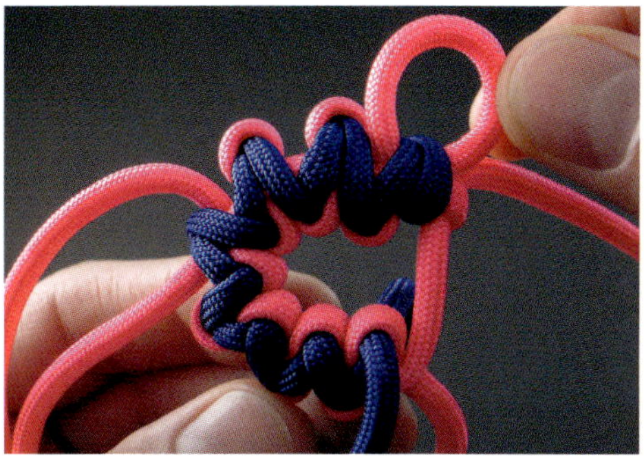

23. Um die Schlaufe dichtzuholen, die darüberliegende Schlaufe herausziehen.

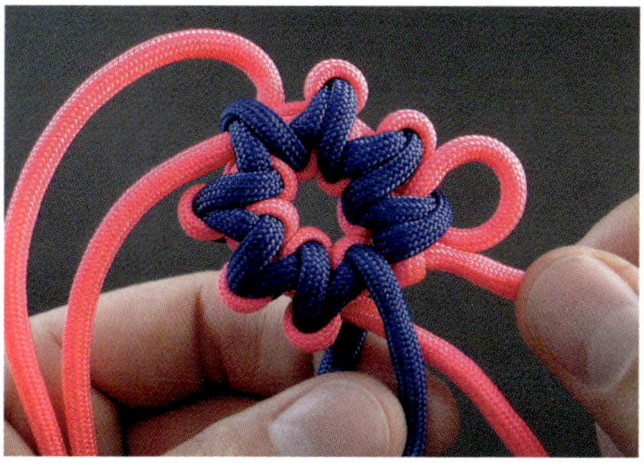

24. Die vordere senkrechte Schnur durch die zusammengezogene untere Schlaufe ziehen, bis sich die Form zum Kreis schließt.

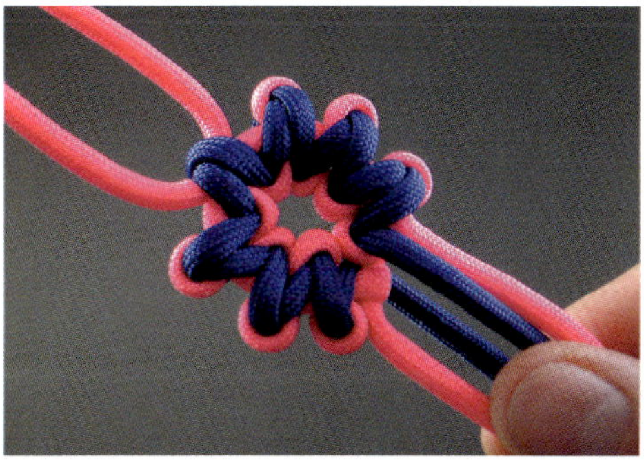

25. Die Schritte 17 bis 19 wiederholen.

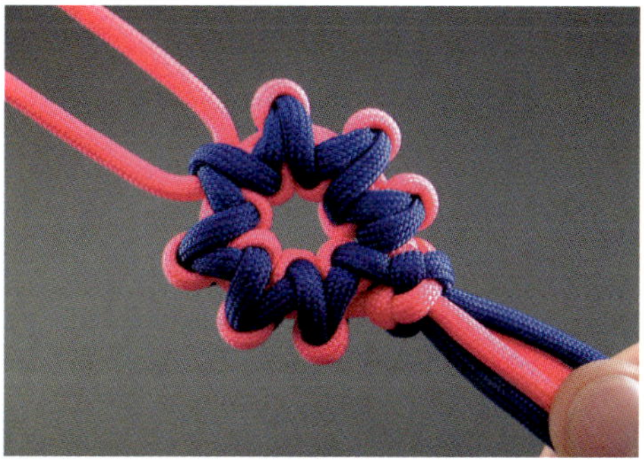

26. Mit allen vier Schnüren einen viersträngigen Diamantknoten (siehe Seite 76) knüpfen.

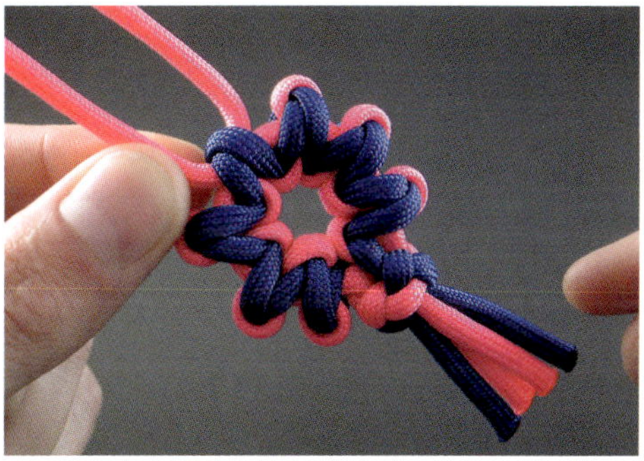

27. Die Enden abschneiden und sorgfältig abbrennen.

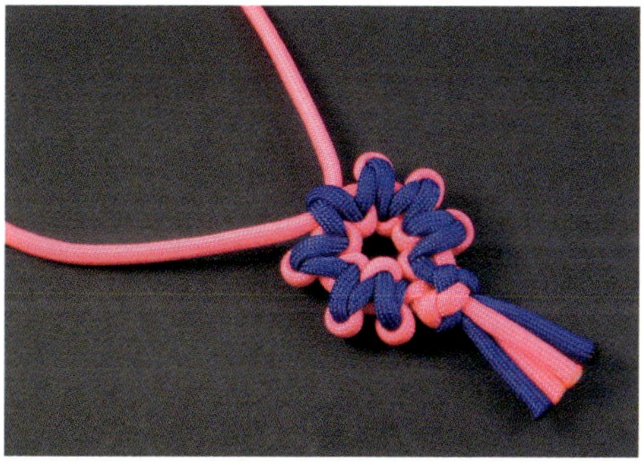

28. So dekorativ sieht das fertige Sandrosen-Medaillon aus.

– Kapitel 5 –

Schlangengrube

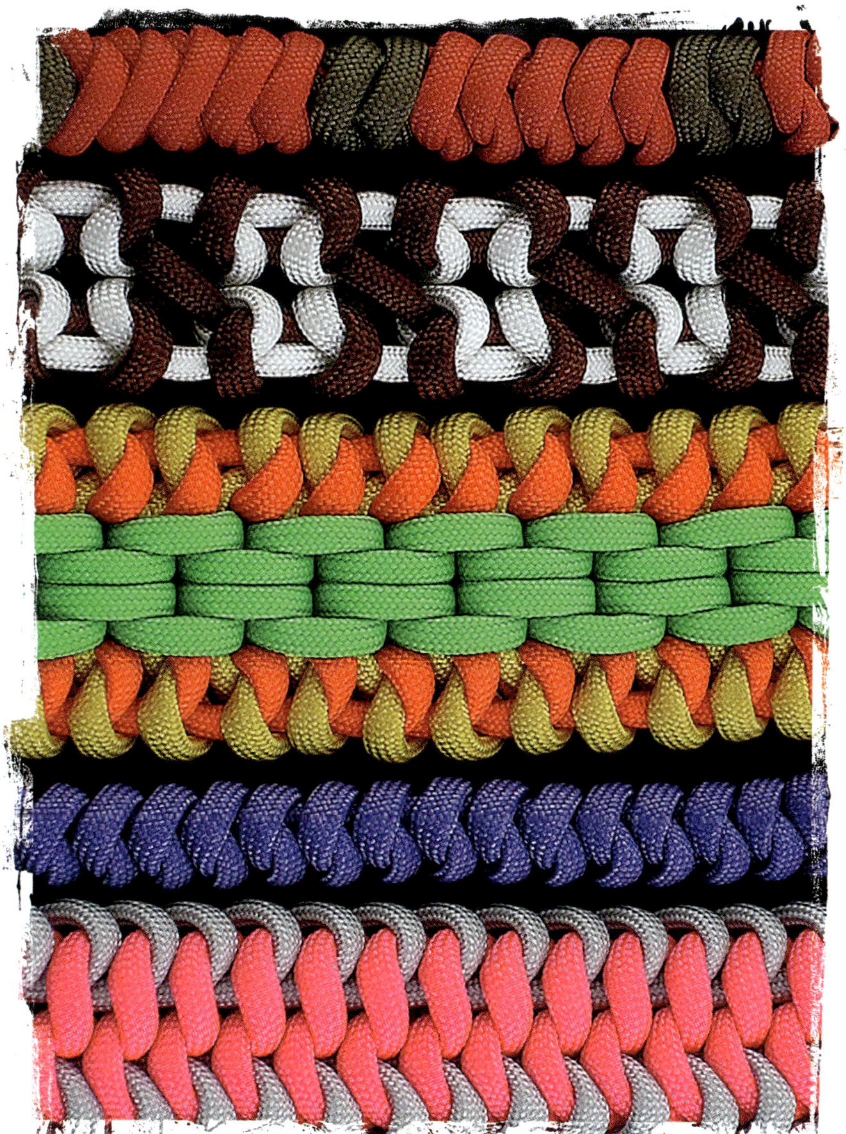

Schlangenknoten

Snake Knot

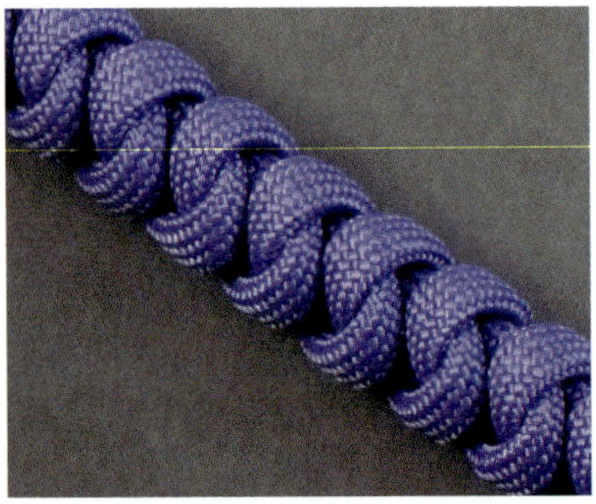

Der Schlangenknoten stammt aus China und ist dort ein beliebtes Geschenk mit symbolischer Aussage. Hindus und Buddhisten messen dem Knoten spirituelle Bedeutung bei, darum sieht man ihn häufiger als Abschluss von Gebetsketten.

Schnur: *2,1 m (fertige Armbandlänge ca. 19 cm)*
Komponenten: *Historischer Knoten*

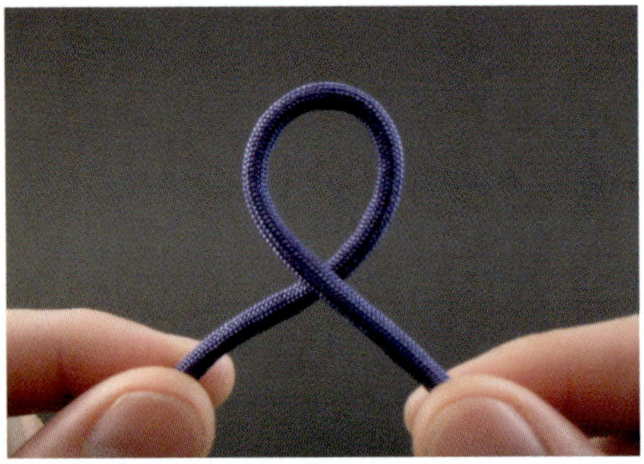

1. In die Mitte der Schnur entgegen dem Uhrzeigersinn eine Schlaufe legen.

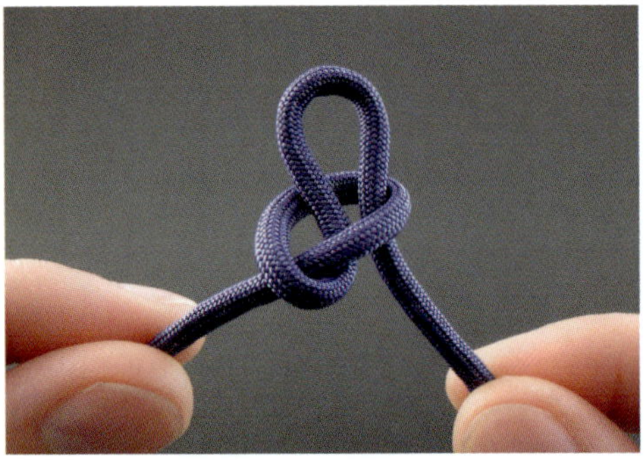

2. Ins rechte lose Ende eine Bucht legen, durch die Schlaufe ziehen …

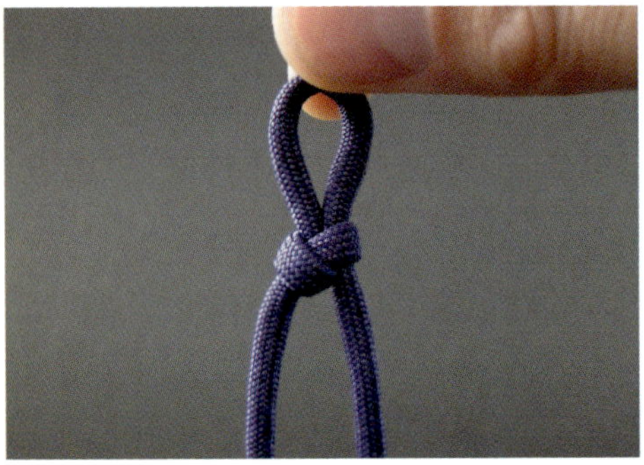

3. … und dichtholen, dabei über dem Slipknoten eine 1,5 cm große Schlaufe stehen lassen.

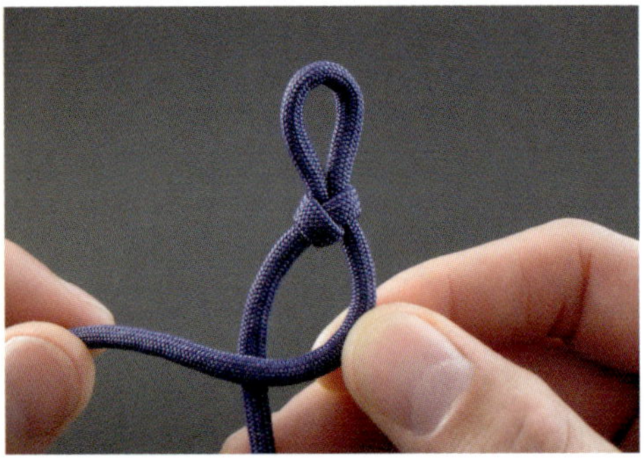

4. Das rechte lose Ende über der linken Schnur nach links legen.

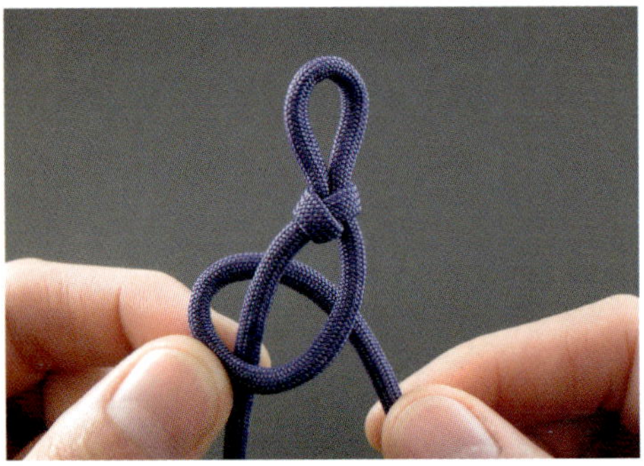

5. Nach rechts führen und von hinten als Schlaufe entgegen dem Uhrzeigersinn um die linke Schnur legen.

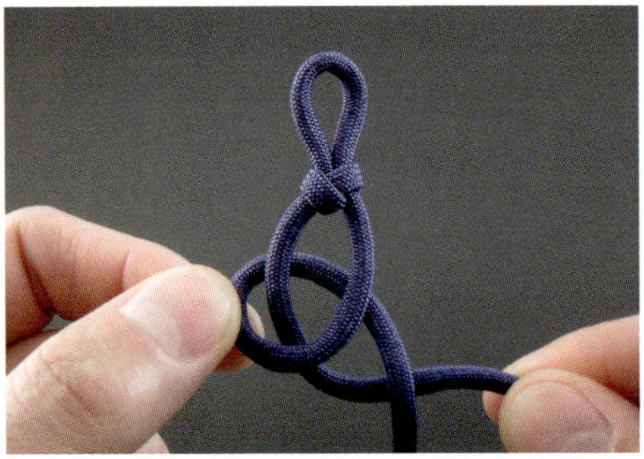

6. Die umschlungene Schnur hinter dem losen Ende der anderen Schnur nach rechts legen.

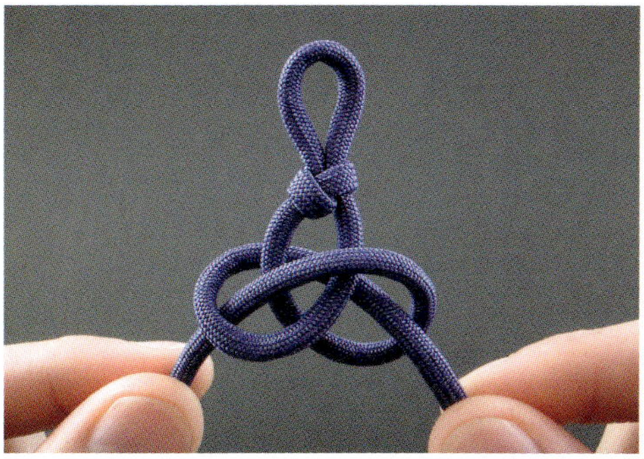

7. Über die umschlungene Schnur nach links führen und durch die linke Schlaufe ziehen.

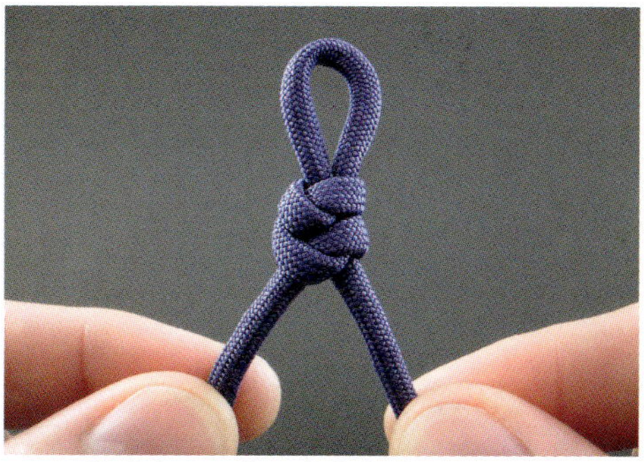

8. Alle Schnüre fest dichtholen.

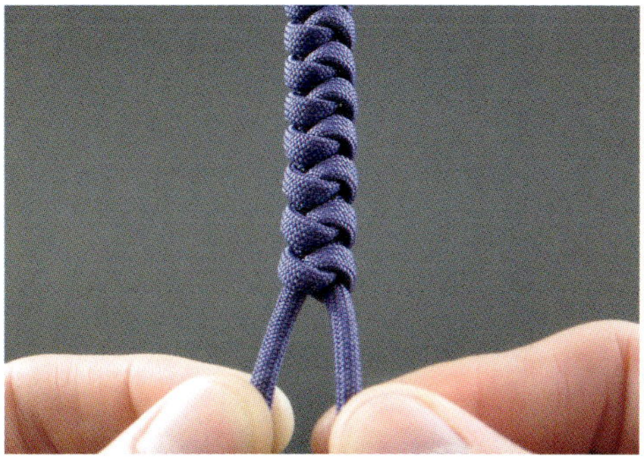

9. Die Schritte 4 bis 8 wiederholen, bis die Schnurenden noch mindestens 13 cm lang sind.

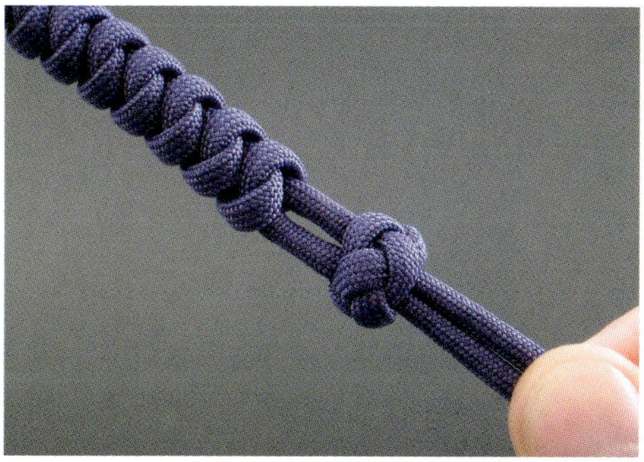

10. In die senkrechten Enden einen zweisträngigen Diamantknoten (siehe Seite 30) knüpfen.

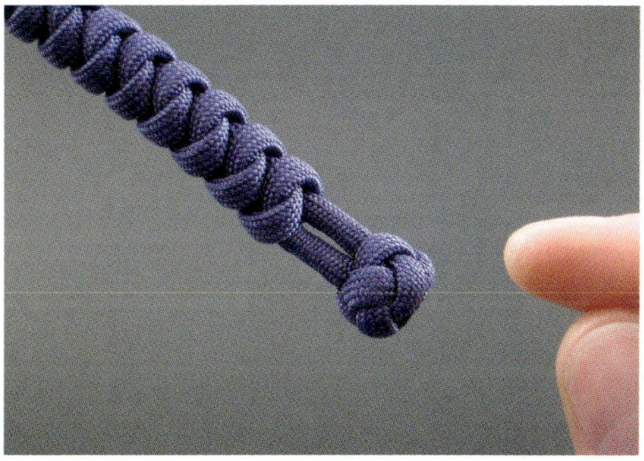

11. Die Enden am Diamantknoten kurz abschneiden und sorgfältig abbrennen.

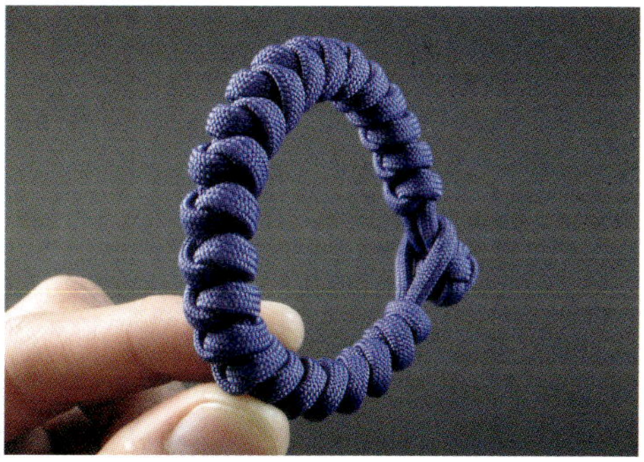

12. So sieht das fertige Schlangenknoten-Armband aus.

Gestreifte Schlange

Mystic Snake Knot

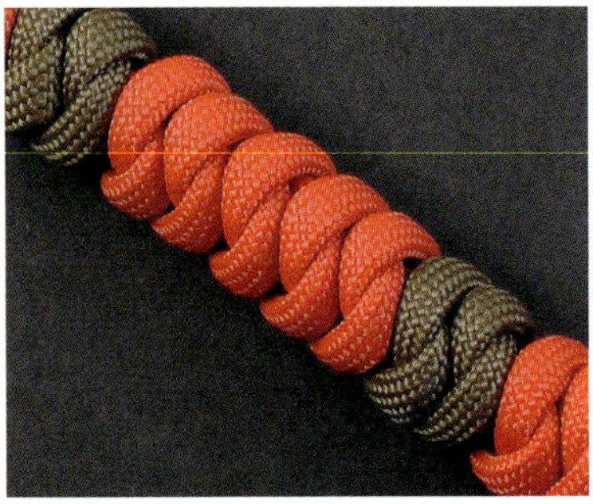

Dieser Strang zeigt, welche Varianten durch Knotenkombinationen möglich sind. Das Muster wirkt wie unregelmäßige Perlen, und der Farbwechsel kann vielfach abgewandelt werden.

Schnur: *2 Schnüre à 2,4 m + 1,8 m (fertige Armbandlänge ca. 19 cm)*

Komponenten: *Schlangenknoten + Tunneltechnik + kontrastfarbige Schnüre*

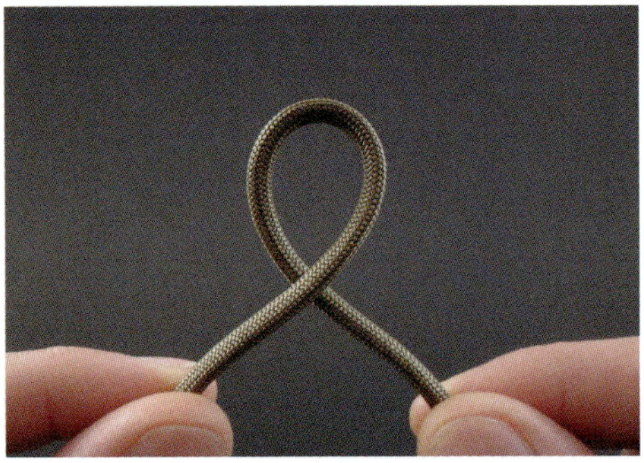

1. In die Mitte der kurzen Schnur im Uhrzeigersinn eine Schlaufe legen.

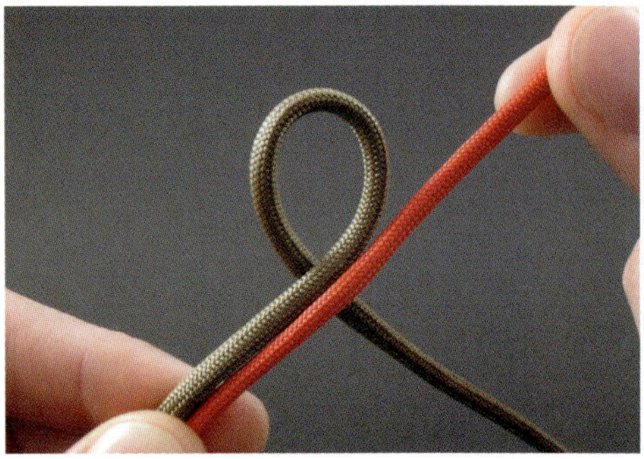

2. Die Mitte der langen Schnur an der Kreuzung unter der Schlaufe anlegen.

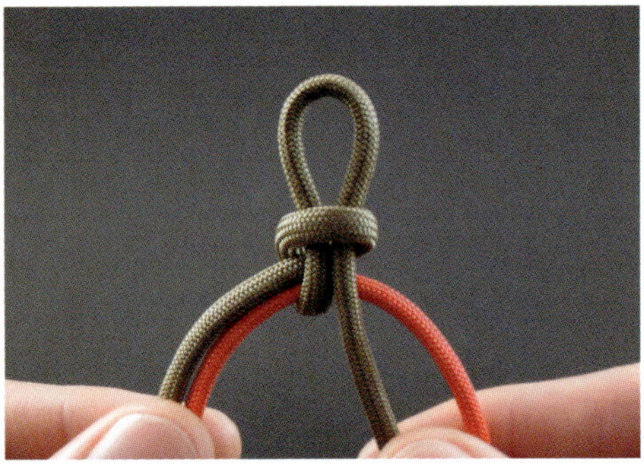

3. Das rechte lose Ende über die zweite Schnur und durch die Schlaufe führen.

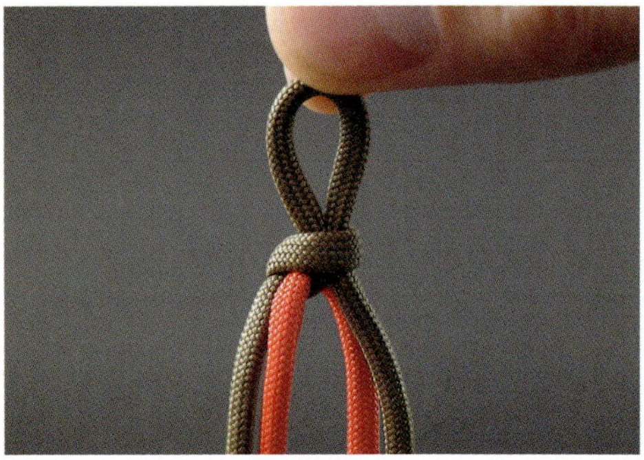

4. Dichtholen, dabei über dem Slipknoten eine 1,5 cm große Schlaufe stehen lassen.

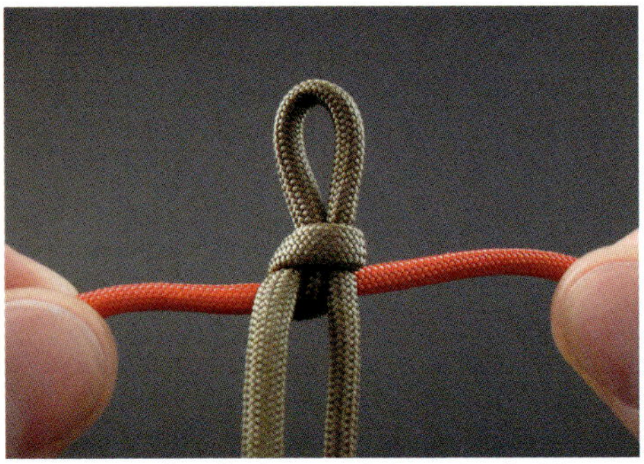

5. Die Enden der langen Schnur in die Waagerechte anheben.

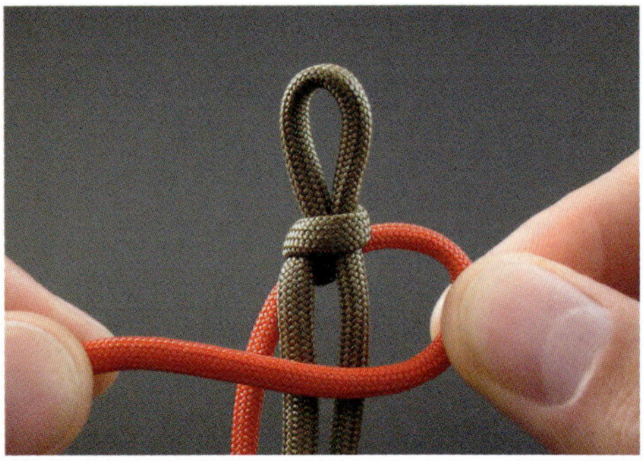

6. Das rechte lose Ende über alle drei senkrechten Schnüre nach links legen, …

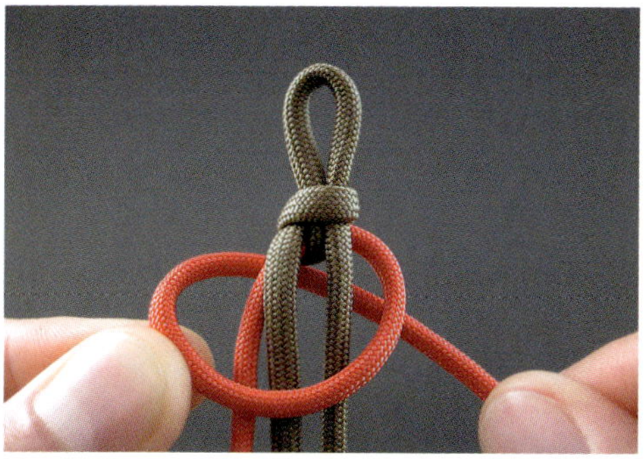

7. … nach rechts führen, dann von hinten um die senkrechten Schnüre legen (Schlaufe entgegen dem Uhrzeigersinn).

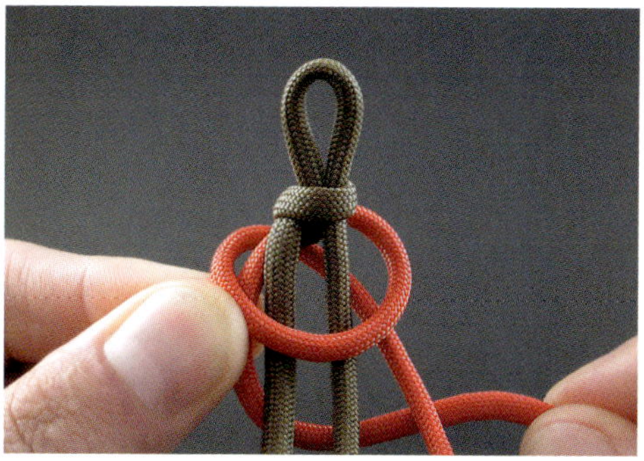

8. Die äußerste linke Schnur unter den beiden senkrechten Schnüren und dem Bein der Schlaufe nach rechts legen.

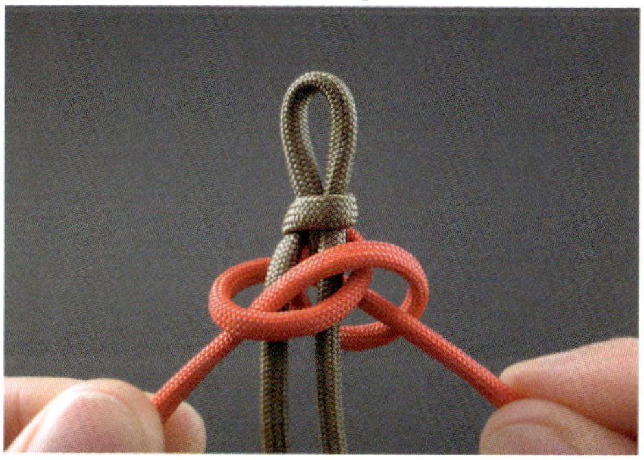

9. Nach links führen und von oben nach unten in die linke Schlaufe stecken.

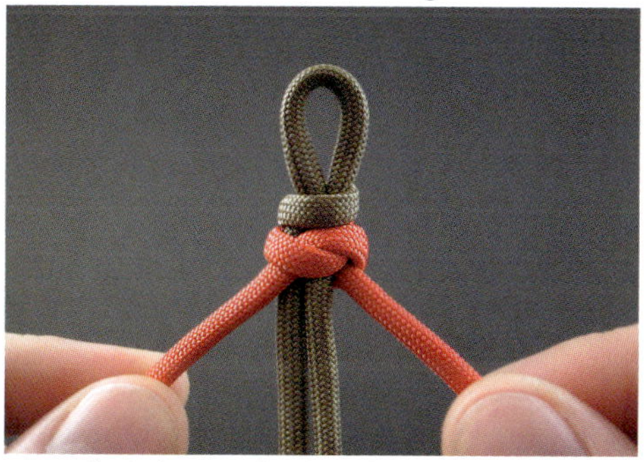

10. Alle Schnüre gleichmäßig dichtholen.

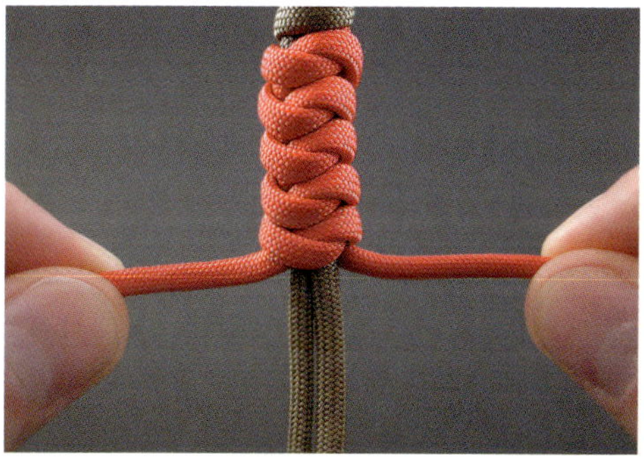

11. Die Schritte 6 bis 10 noch viermal wiederholen.

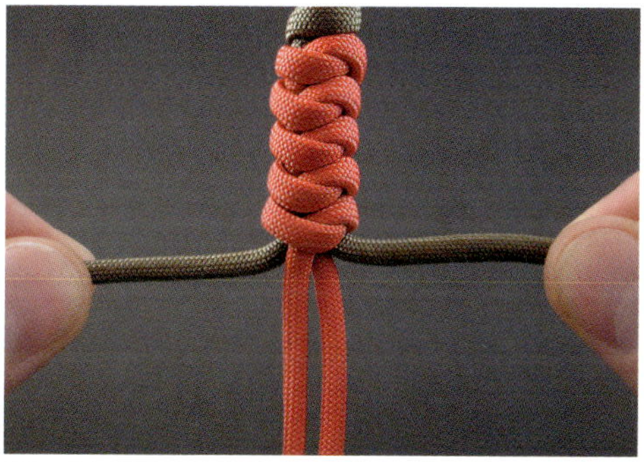

12. Die kurzen Enden in die Waagerechte anheben.

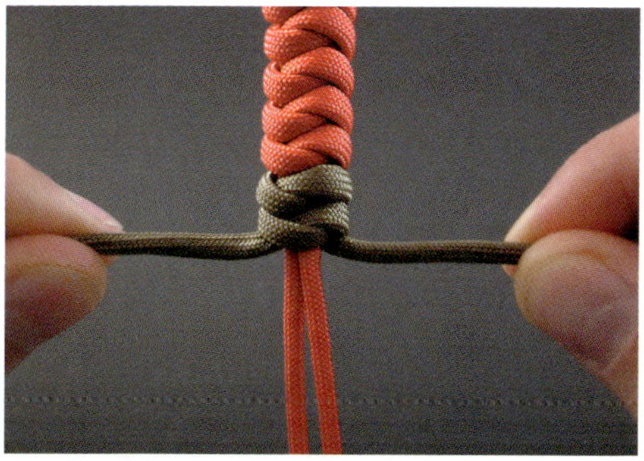

13. Die Schritte 6 bis 10 noch zweimal wiederholen.

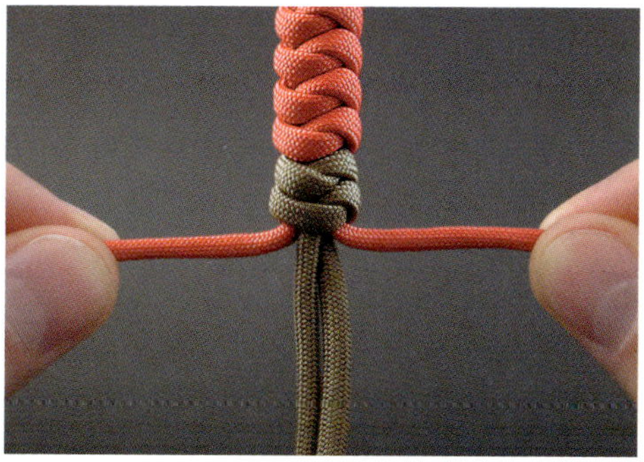

14. Die langen Enden in die Waagerechte anheben.

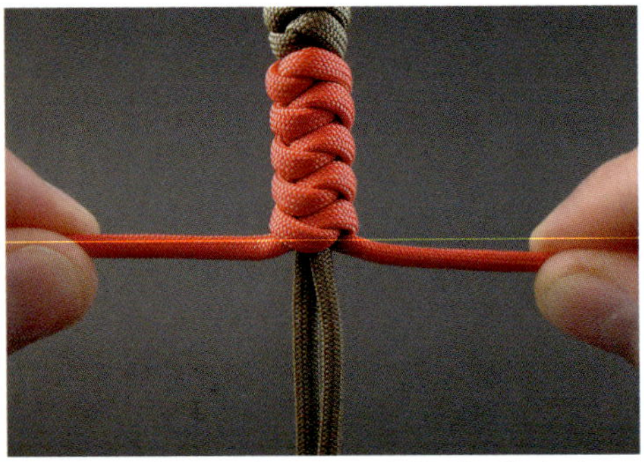

15. Die Schritte 6 bis 10 noch fünfmal wiederholen.

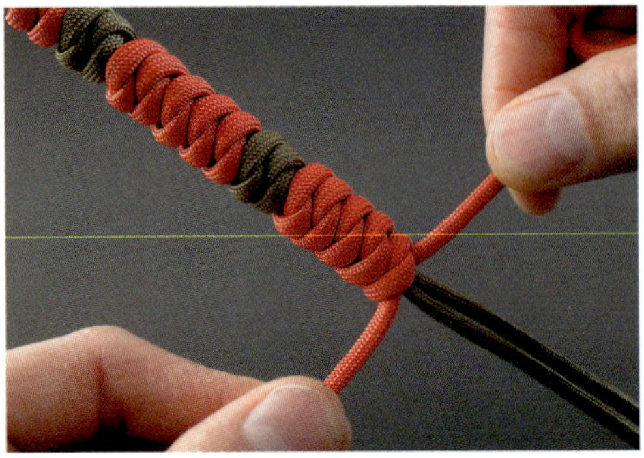

16. Die Schritte 12 bis 15 so oft wiederholen, bis die Schnurenden noch mindestens 13 cm lang sind.

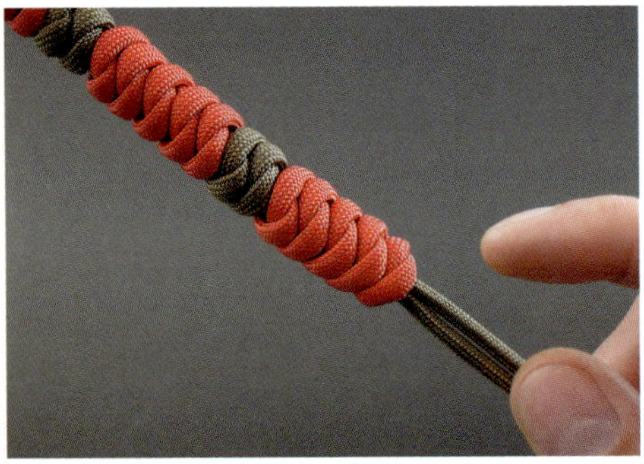

17. Den letzten Knoten fest dichtholen, dann seine Enden sauber abschneiden und sorgfältig abbrennen.

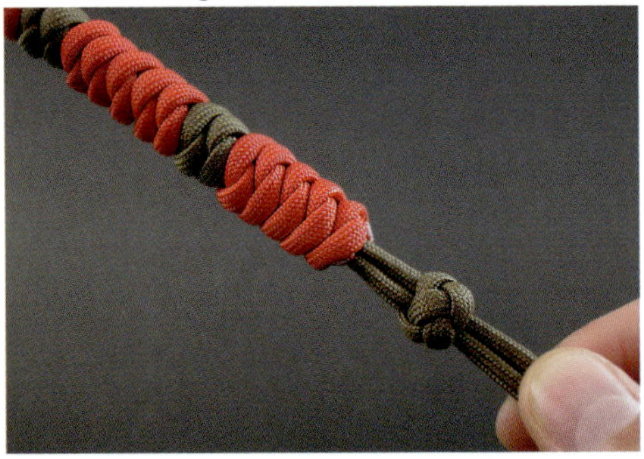

18. In die beiden restlichen senkrechten Schnüre einen zweisträngigen Diamantknoten (siehe Seite 30) knüpfen.

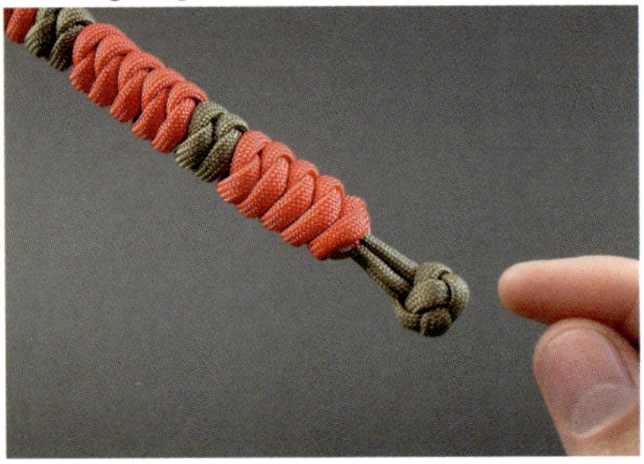

19. Die Enden des Diamantknotens kurz abschneiden und sorgfältig abbrennen.

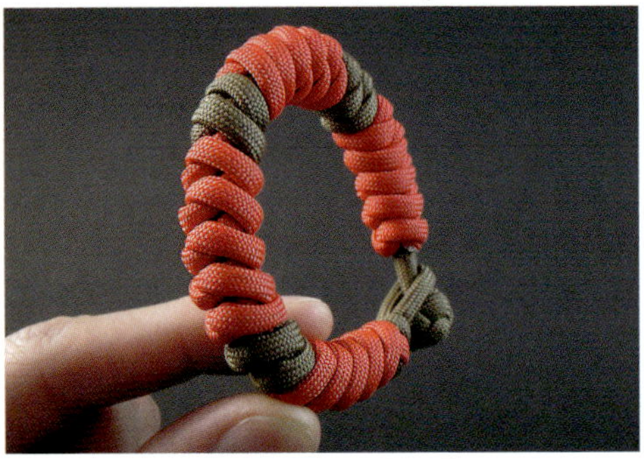

20. So sieht das fertige Armband aus.

Verkreuzte Schlangenknoten

Mated Snake Knots

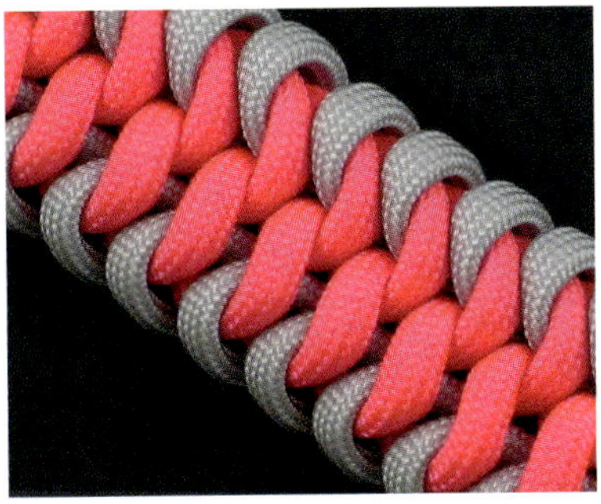

Dieser Strang besteht aus zwei parallelen, miteinander verknüpften Schlangenknoten. Er zeigt, wie leicht sich Knüpfereien mehrreihig verbinden und dadurch verbreitern lassen: so etwa für breite Armbänder und breite Gürtel.

Schnur: *2 Schnüre à 2,4 m (fertige Länge ca. 19 cm)*

Komponenten: *Schlangenknoten + verkreuzte Schnüre + kontrastfarbige Schnüre*

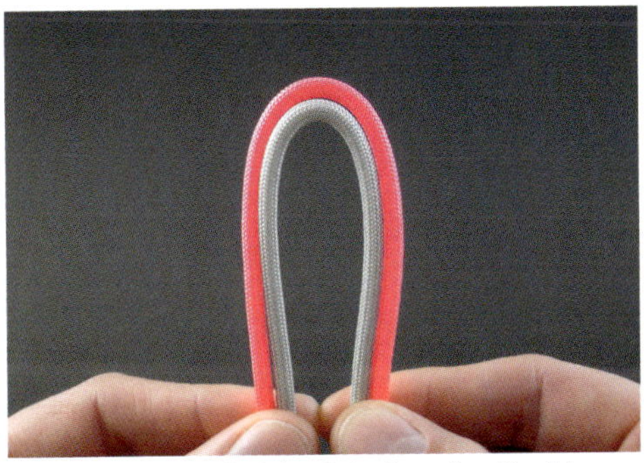

1. In die Mitte beider Schnüre eine Bucht legen.

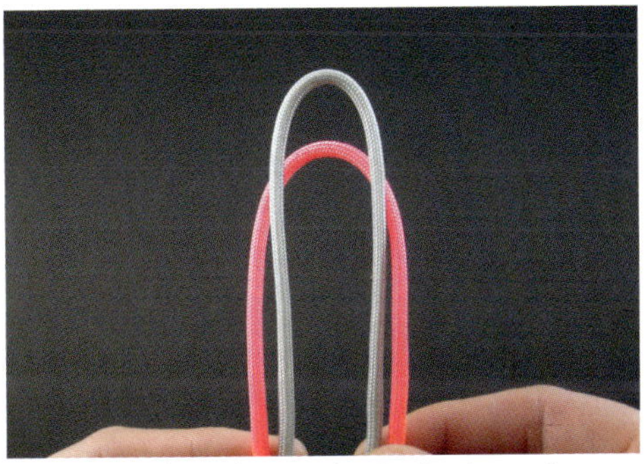

2. Eine Schnur hinter der Bucht der anderen um 1,5 cm nach unten schieben.

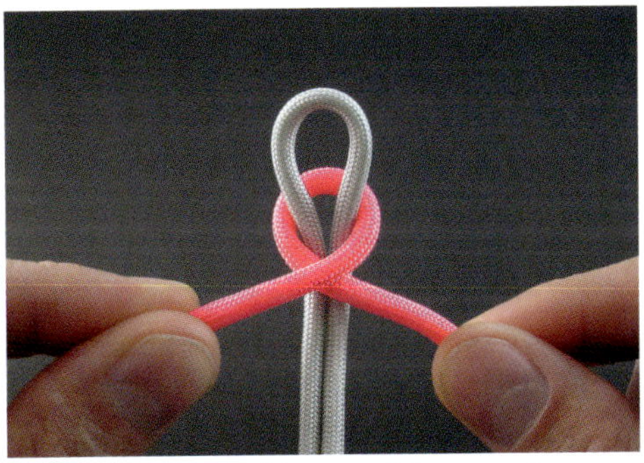

3. Die Enden der hinteren Schnur nach vorn holen und rechts über links kreuzen.

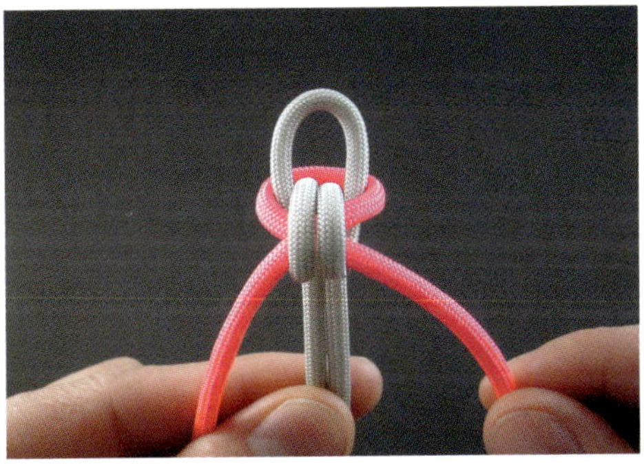

4. Die senkrechten Schnüre von oben nach unten hinter der Kreuzungsstelle durchstecken.

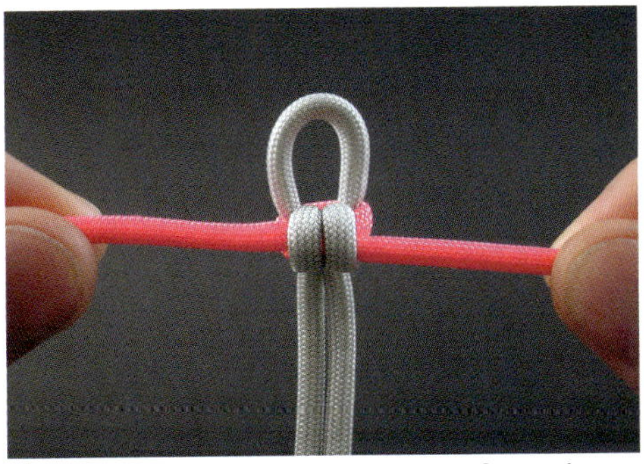

5. Fest dichtholen. Die 1,5 cm große Bucht muss dabei erhalten bleiben.

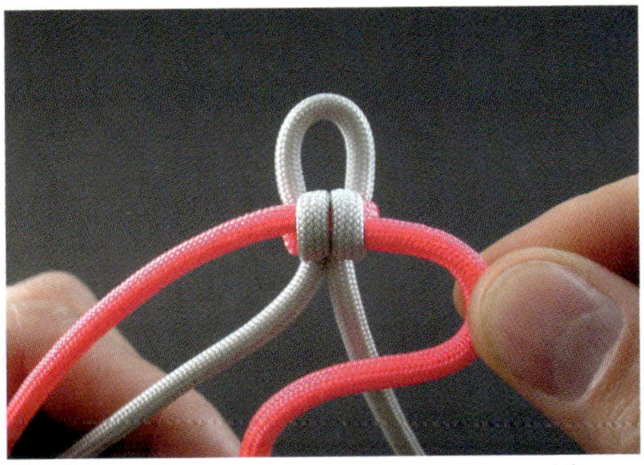

6. Das rechte lose Ende über der benachbarten senkrechten Schnur nach rechts legen.

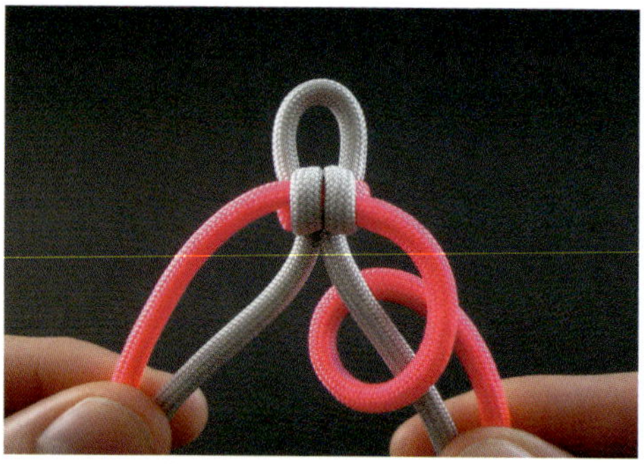

7. Hinter derselben Schnur wieder nach rechts führen. So entsteht eine Schlaufe entgegen dem Uhrzeigersinn.

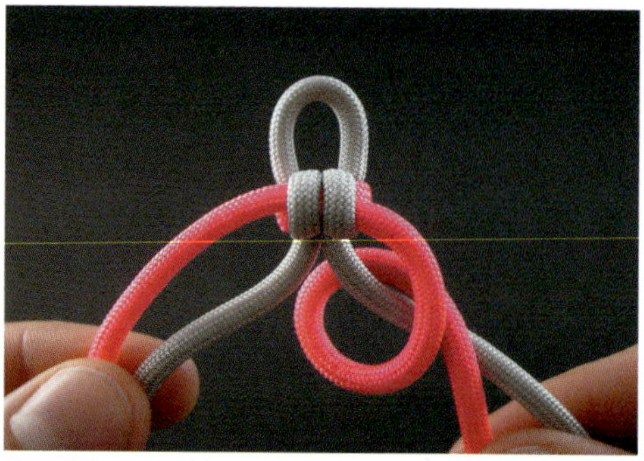

8. Die umschlungene Schnur unter dem Bein der Schlaufe nach rechts führen.

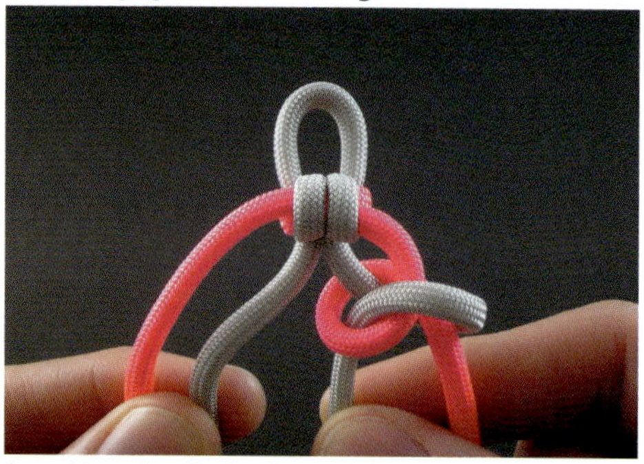

9. Nun das Ende dieser Schnur von oben nach unten in die Schlaufe aus Schritt 7 stecken.

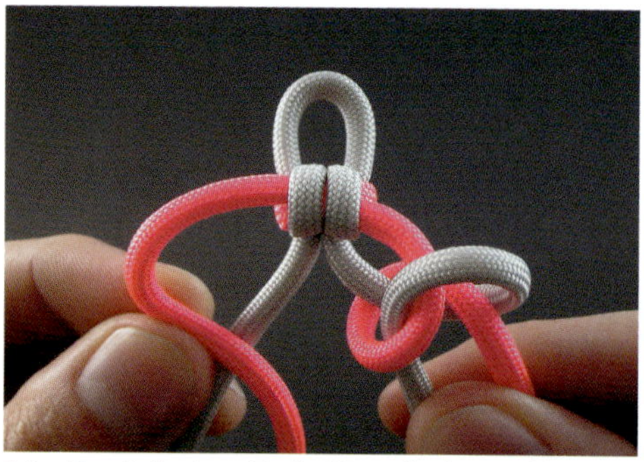

10. Das linke lose Ende über der benachbarten senkrechten Schnur nach rechts legen.

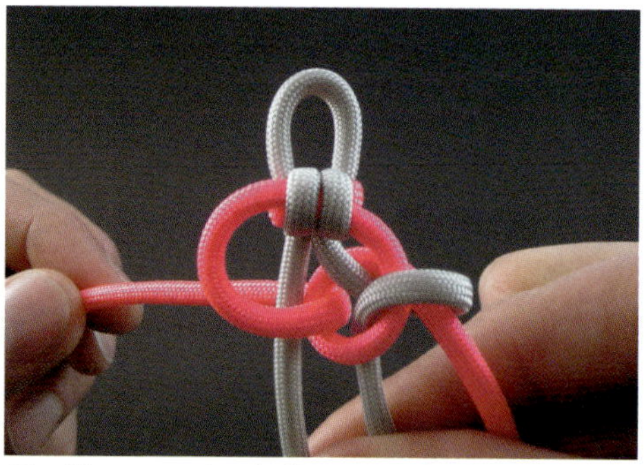

11. Von vorn durch die gegenüberliegende Schlaufe und wieder nach links führen.

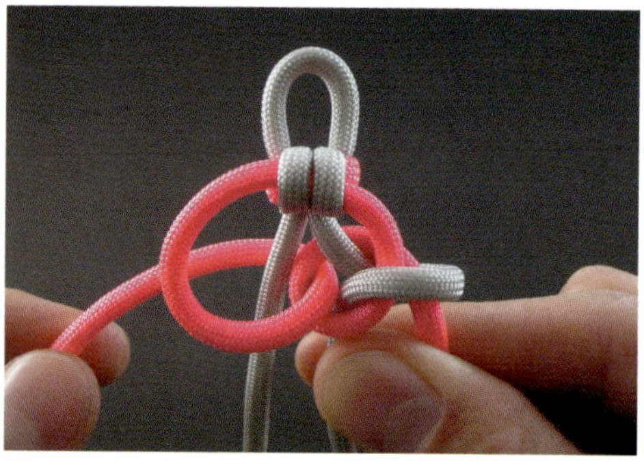

12. Dadurch entsteht um die linke senkrechte Schnur eine Schlaufe im Uhrzeigersinn.

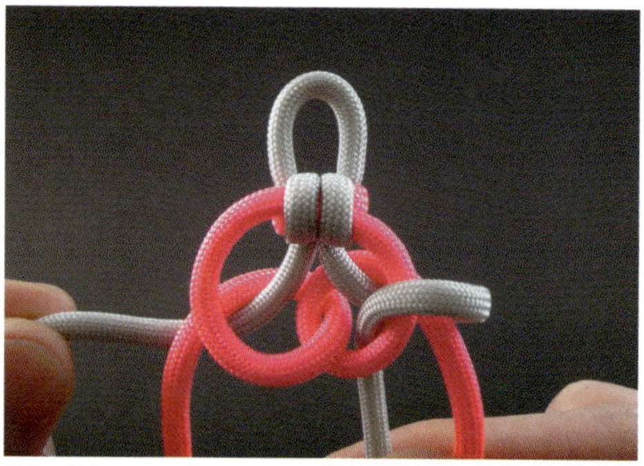

13. Die umschlungene Schnur unter dem Bein der Schlaufe nach links legen.

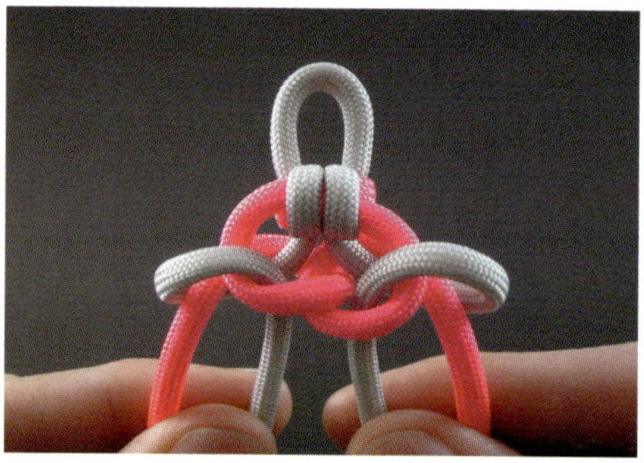

14. Dann von vorn durch die zuletzt gebildete Schlaufe (Schritt 7) ziehen.

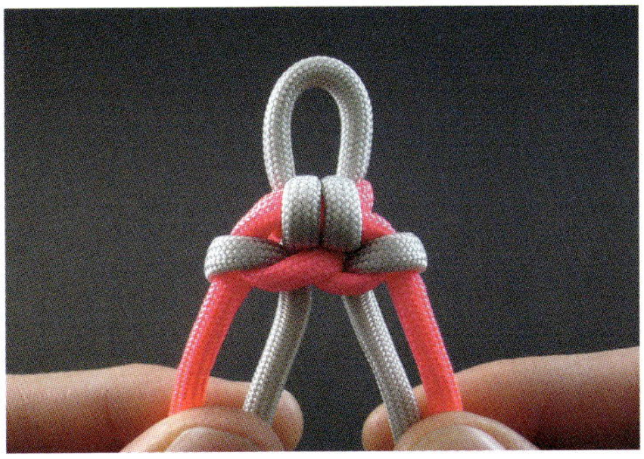

15. Alle Schnüre gleichmäßig dichtholen.

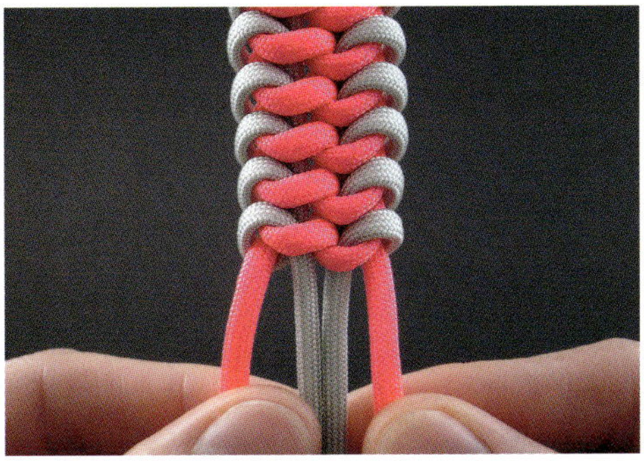

16. Die Schritte 6 bis 15 so oft wiederholen, bis die Schnurenden noch mindestens 13 cm lang sind.

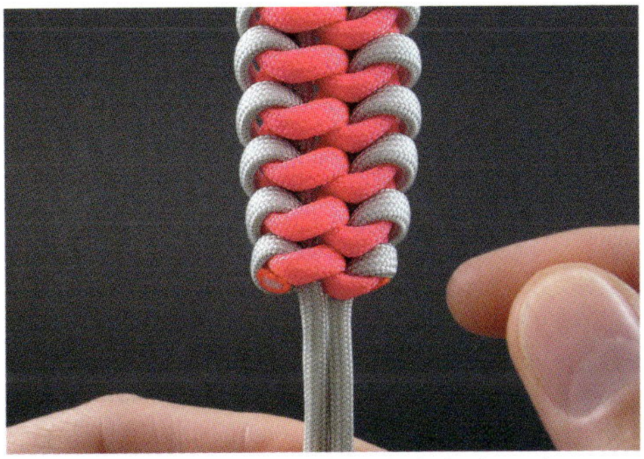

17. Die letzten Knoten fest dichtholen, dann die Enden abschneiden und abbrennen.

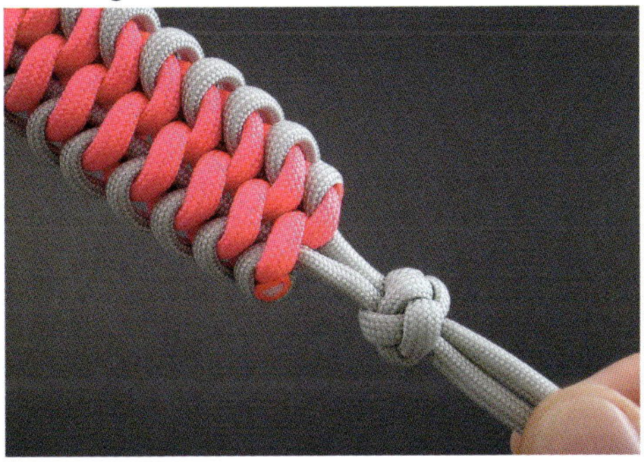

18. In die beiden restlichen senkrechten Schnüre einen zweisträngigen Diamantknoten (siehe Seite 30) knüpfen.

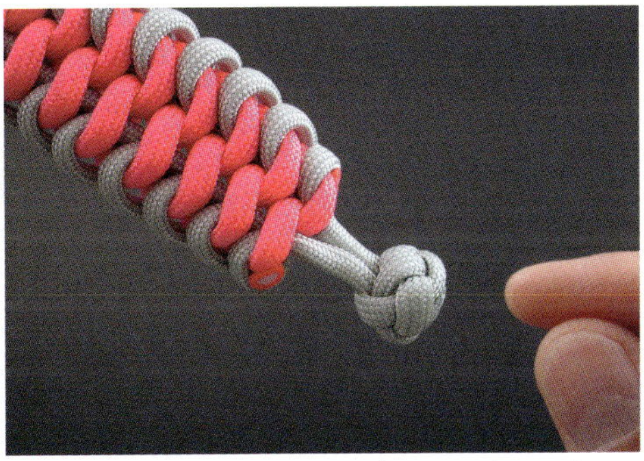

19. Die Enden des Diamantknotens kurz abschneiden und sorgfältig abbrennen.

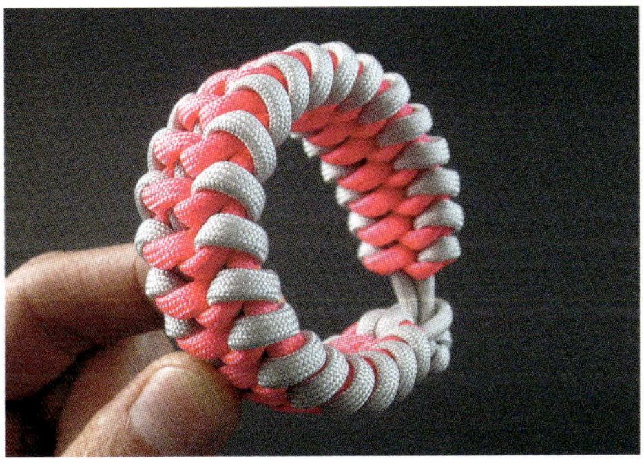

20. So sieht das fertige Armband aus verkreuzten Schlangenknoten aus.

Schlange am Wasserfall Snakes Climbing Chained Endless Falls

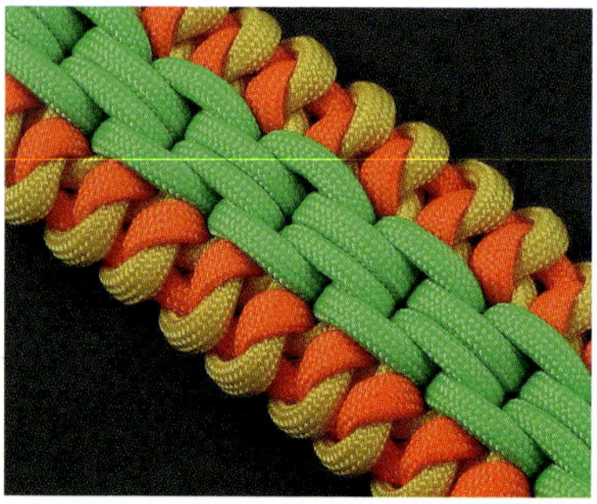

Schlangenknoten und endlose Wasserfälle sind unglaublich vielseitig. Um das zu verdeutlichen, habe ich sie hier zu einem breiten Strang mit unverwechselbarem Aussehen kombiniert.

Schnur: *3 Schnüre à 2,4 m (fertige Armbandlänge ca. 19 cm)*

Komponenten: *Schlangenknoten + Ketten-Wasserfall + gekreuzte Schnüre + kontrastfarbige Schnüre*

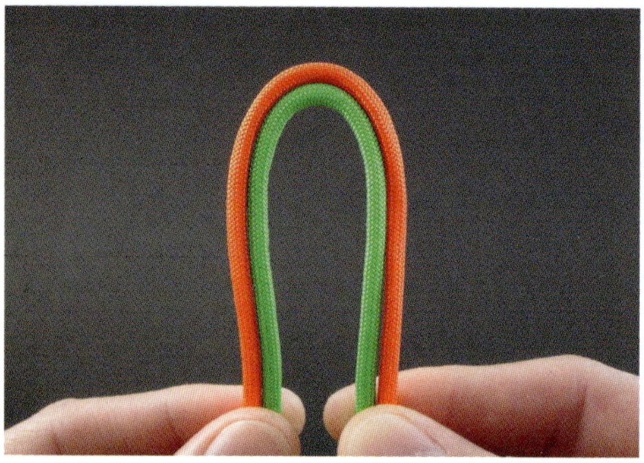

1. Zuerst in die Mitte der beiden Schnüre eine Bucht legen.

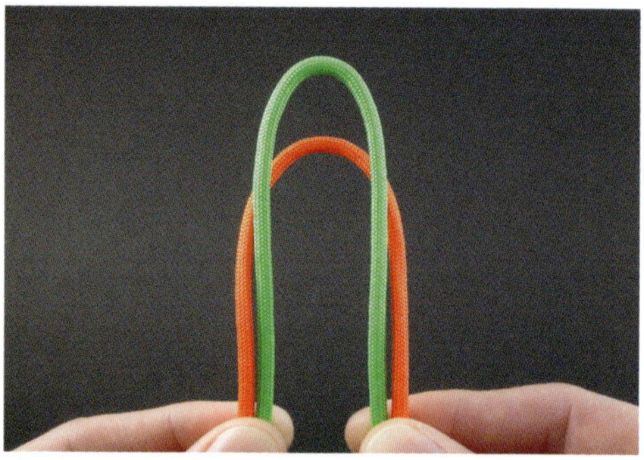

2. Eine Schnur hinter der Bucht der anderen 1,5 cm nach unten schieben.

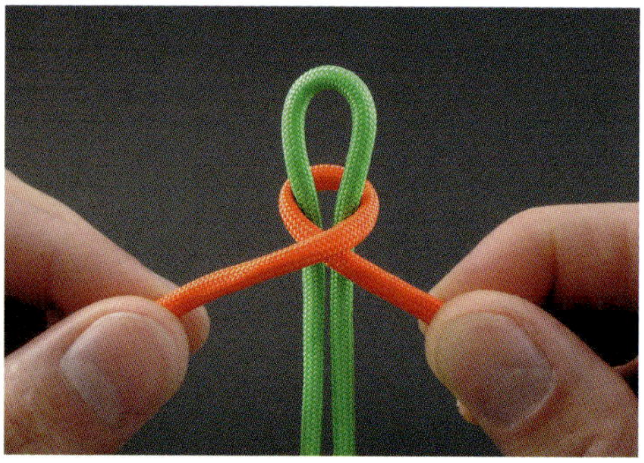

3. Die Enden der hinteren Schnur nach vorn holen und rechts über links kreuzen.

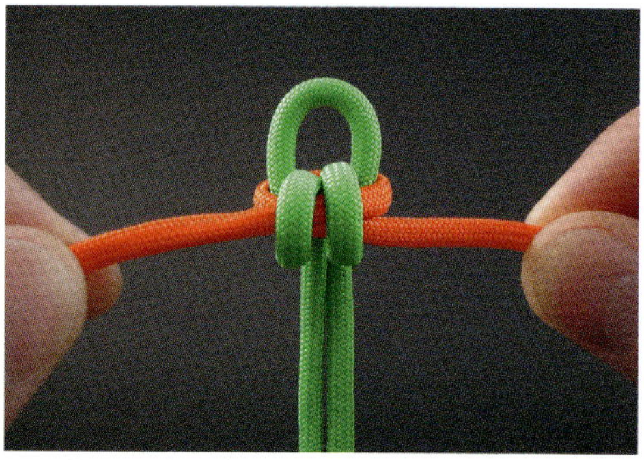

4. Die senkrechten Schnüre von oben nach unten hinter der Kreuzungsstelle durchstecken.

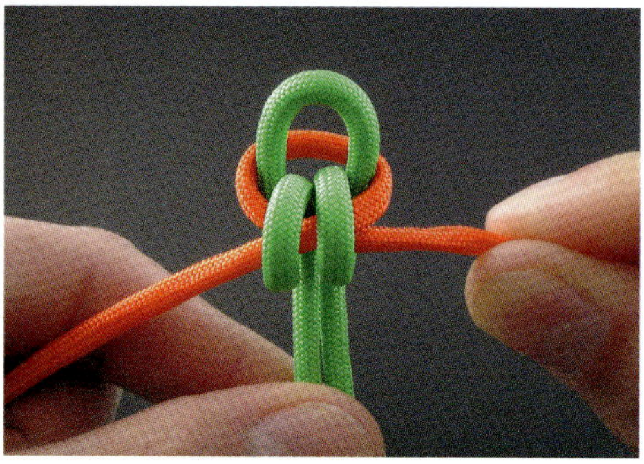

5. Die waagerechten Schnüre nach rechts und links ziehen, dabei oben eine 1,5 cm große Schlaufe stehen lassen.

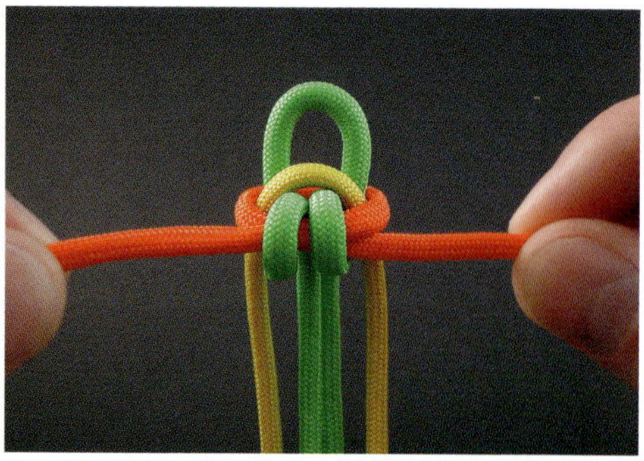

6. Die dritte Schnur von oben durch die Schlaufe der waagerechten Schnüre führen und bis zur Mitte durchziehen.

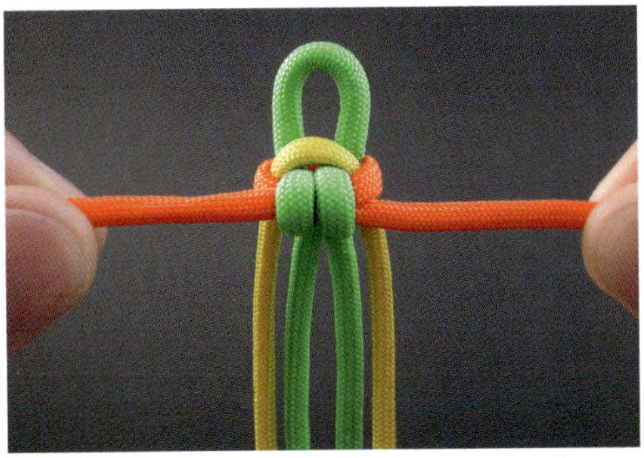

7. Die waagerechten Schnüre über der dritten Schnur fest nach rechts und links ziehen.

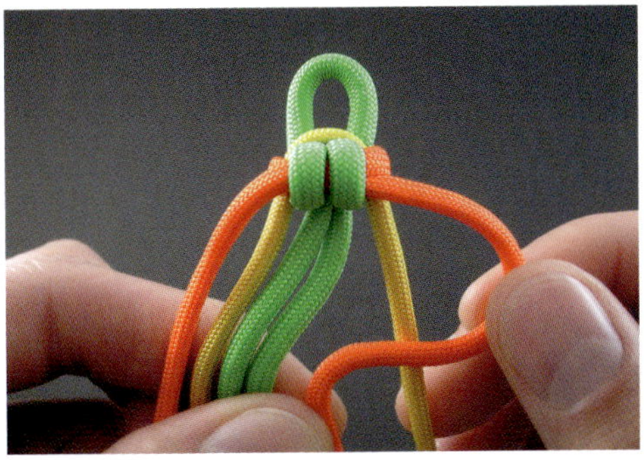

8. Die äußerste rechte Schnur über der benachbarten Schnur nach links legen …

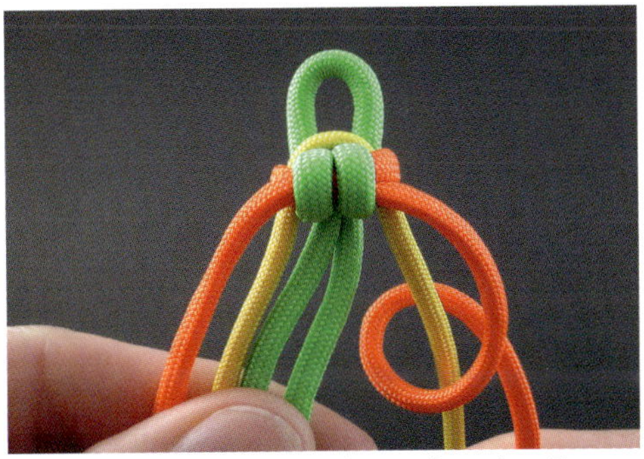

9. … und unter ihr wieder nach rechts. Es entsteht eine Schlaufe entgegen dem Uhrzeigersinn.

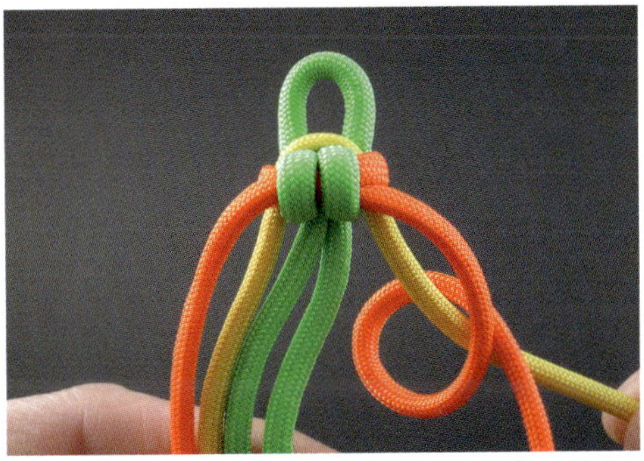

10. Die umschlungene Schnur unter dem Bein der Schlaufe nach rechts führen.

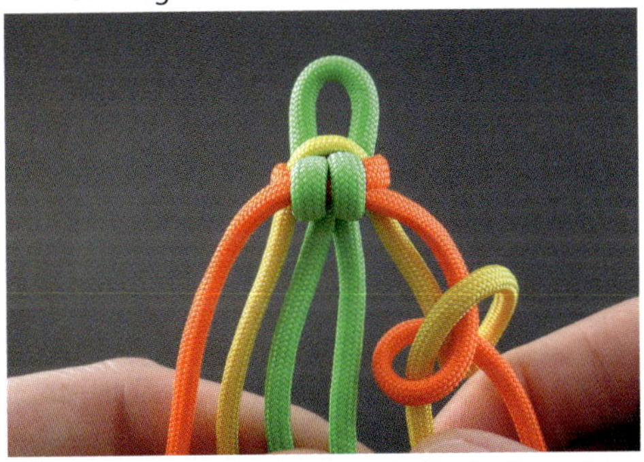

11. Dieselbe Schnur von vorn durch die rechte Schlaufe ziehen.

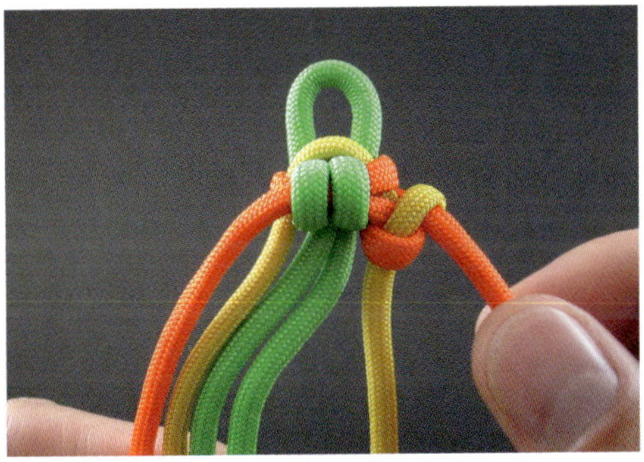

12. Alle Schnüre gleichmäßig dichtholen.

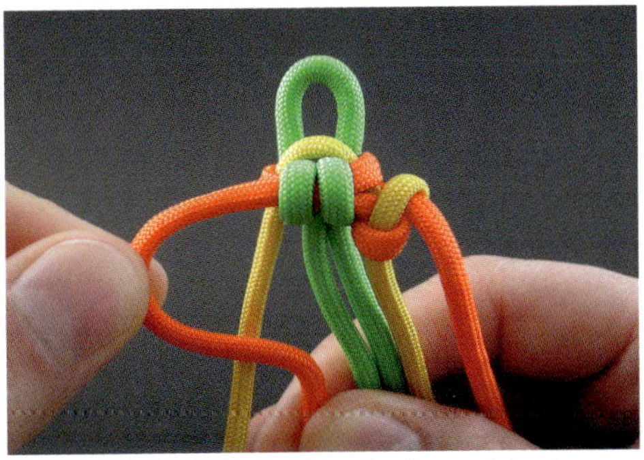

13. Die linke Schnur über der benachbarten Schnur nach rechts legen …

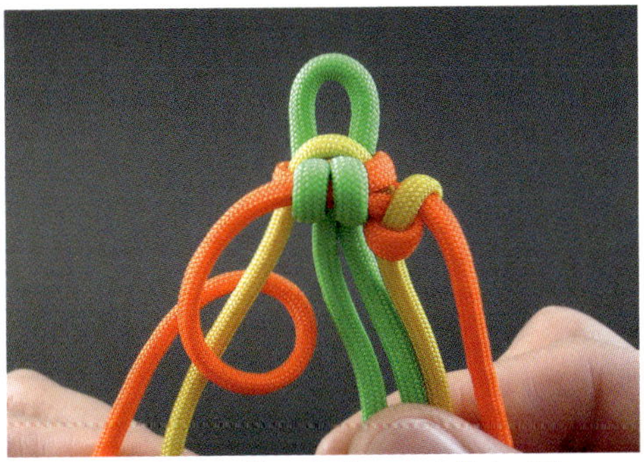

14. … und unter ihr wieder nach links führen. Es entsteht eine Schlaufe im Uhrzeigersinn.

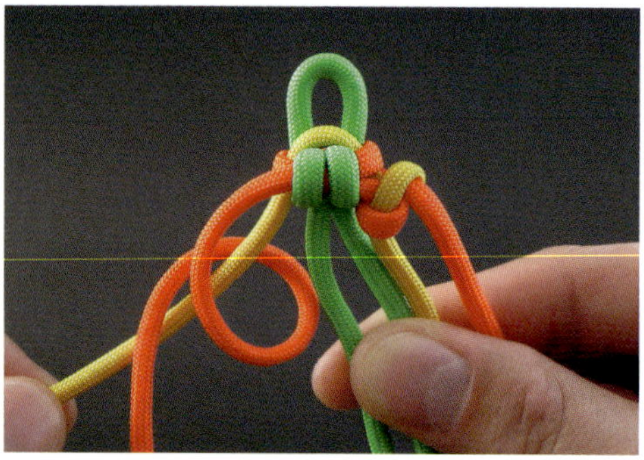

15. Die umschlungene Schnur unter dem Bein der Schlaufe nach links führen …

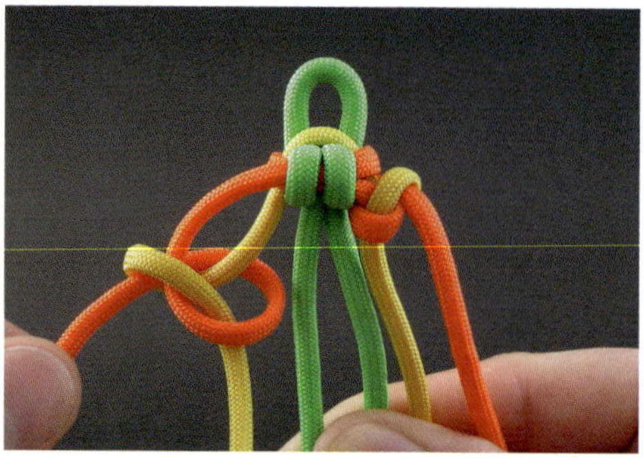

16. … und von vorn durch die zuletzt gelegte Schlaufe stecken.

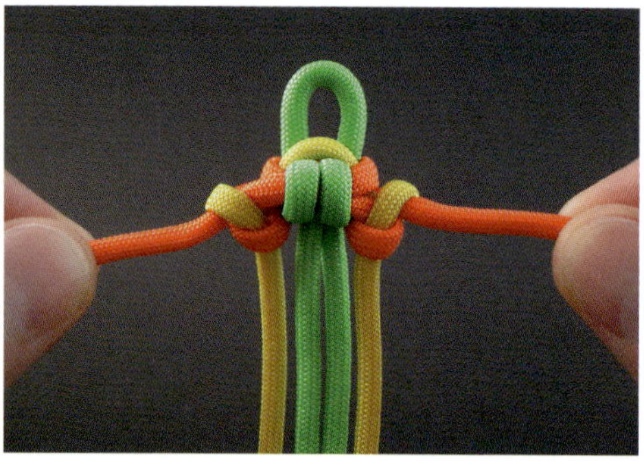

17. Alle Schnüre gleichmäßig dichtholen.

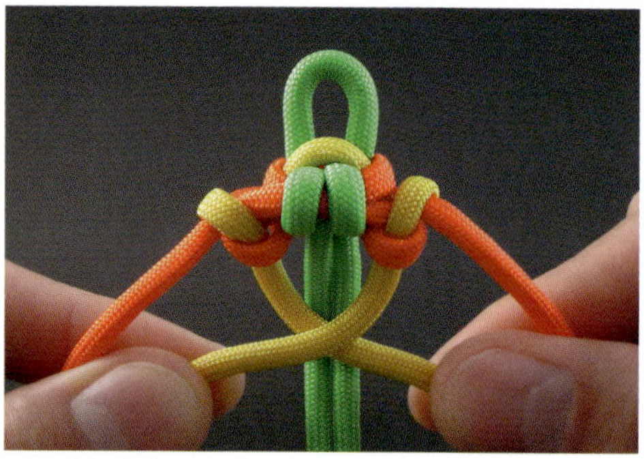

18. Die Schnüre beiderseits der Mittelschnüre rechts über links kreuzen.

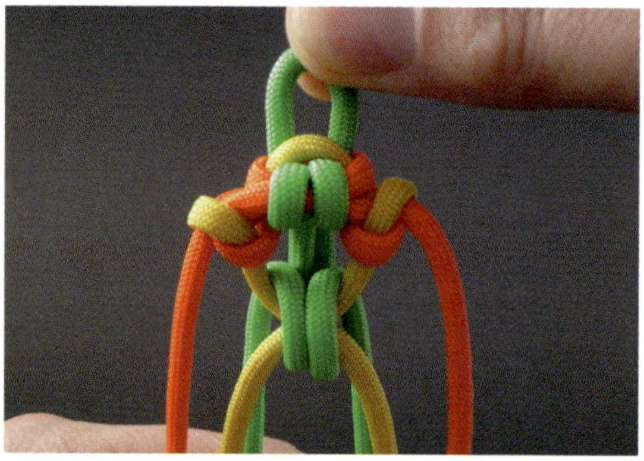

19. Die mittleren Schnüre von oben hinter die gekreuzten Schnüre stecken. Die oberen Beine liegen zwischen den Enden.

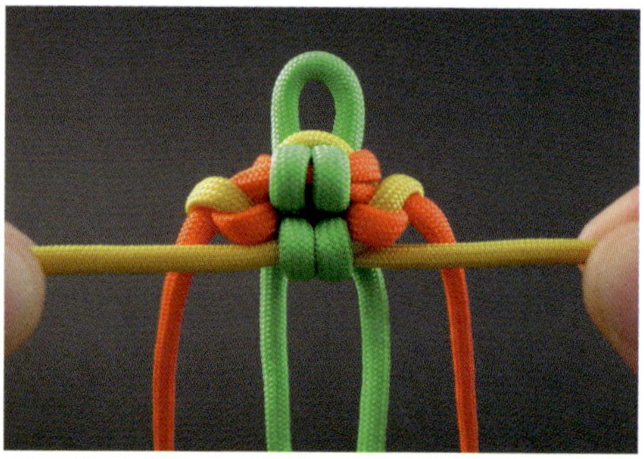

20. Alle Schnüre gleichmäßig dichtholen.

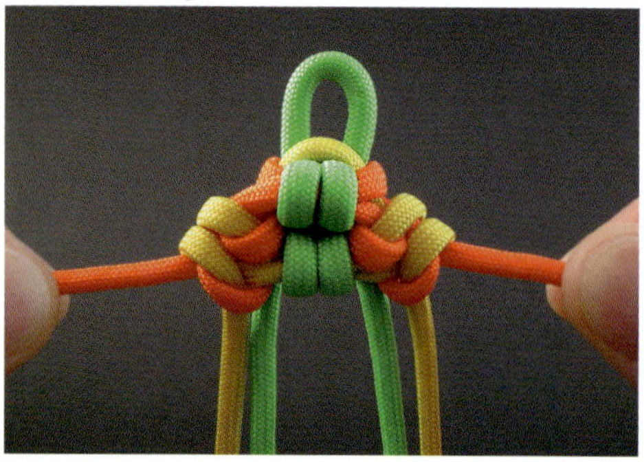

21. Die Schritte 8 bis 17 wiederholen.

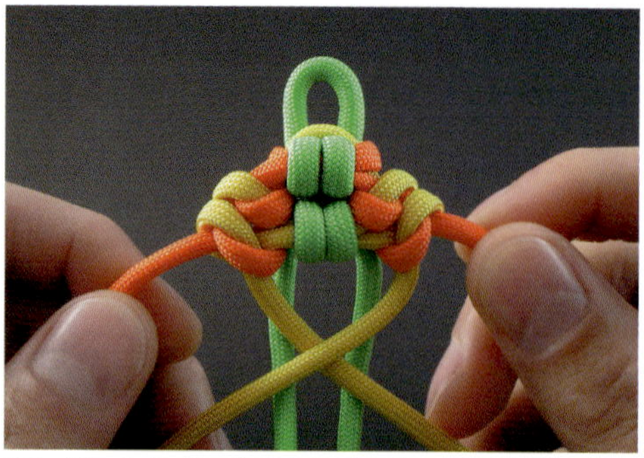

22. Die Schnüre beiderseits der Mittelschnüre rechts über links kreuzen.

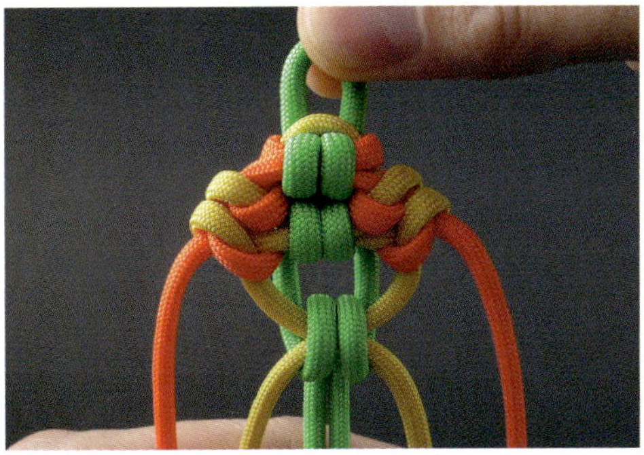

23. Die mittleren Schnüre zwischen den darüberliegenden Beinen von oben hinter die gekreuzten Schnüre stecken.

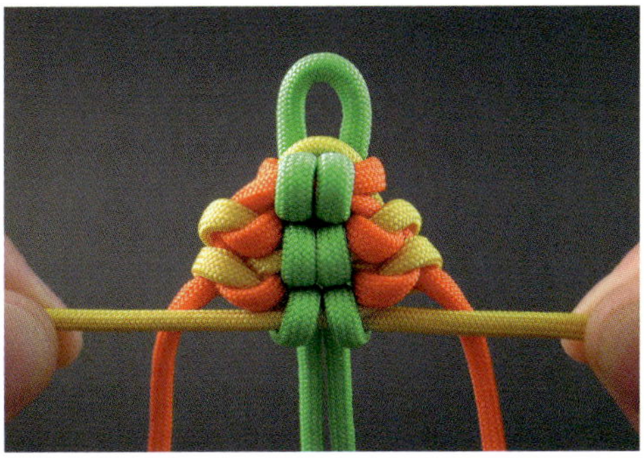

24. Alle Schnüre gleichmäßig dichtholen.

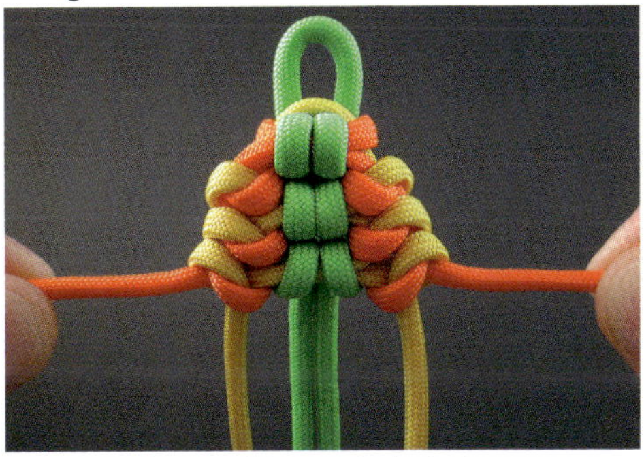

25. Die Schritte 8 bis 17 wiederholen.

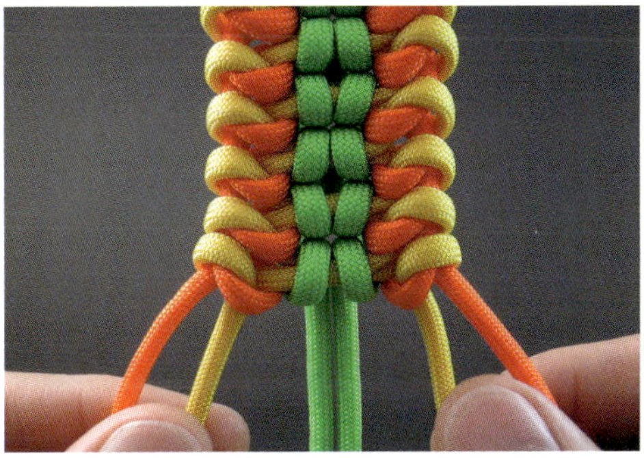

26. Die Schritte 18 bis 25 wiederholen, bis die Schnurenden noch mindestens 13 cm lang sind.

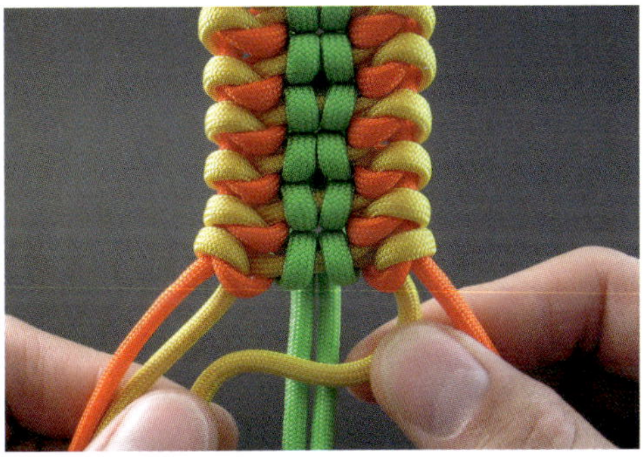

27. Die Schnur rechts der Mittelschnüre über den Mittelschnüren nach links führen …

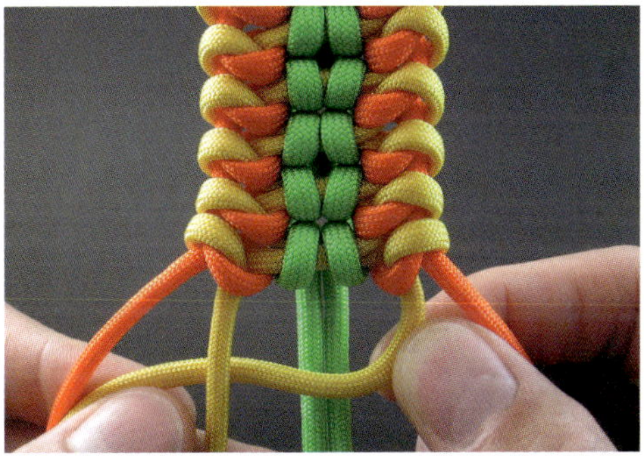

28. … und unter die Schnur links der Mittelschnüre legen.

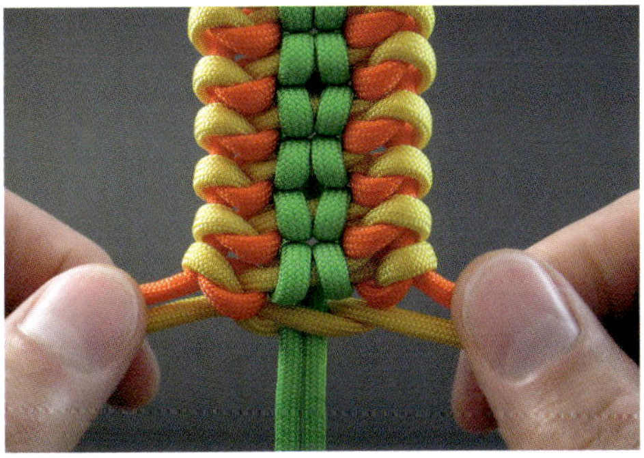

29. Nach rechts führen, unter den senkrechten Schnüren hindurch und hinten durch den rechten Bogen. Fest dichtholen.

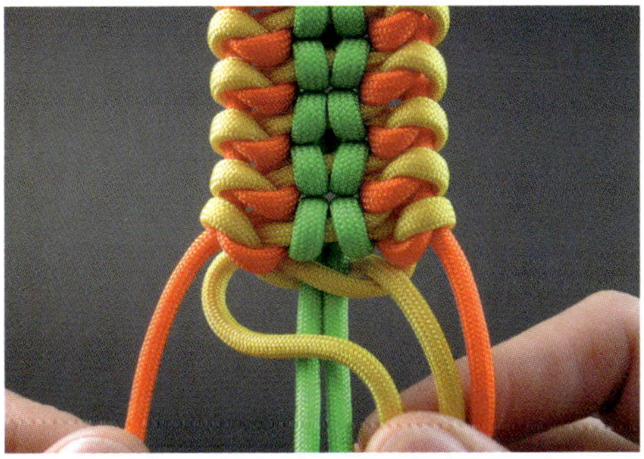

30. Die Schnur links der Mittelschnüre über den Mittelschnüren nach rechts führen …

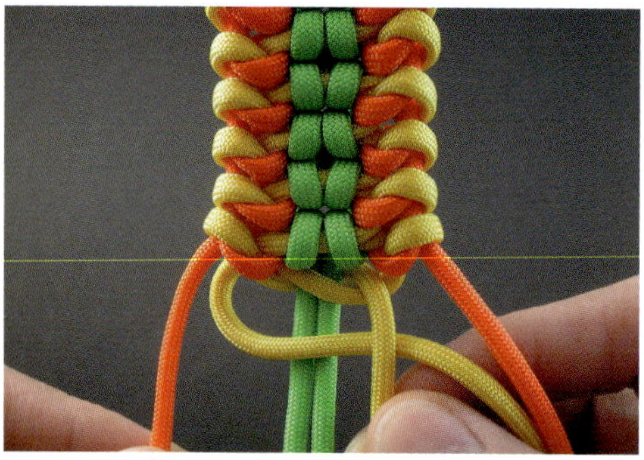

31. … und unter die Schnur rechts der Mittelschnüre legen.

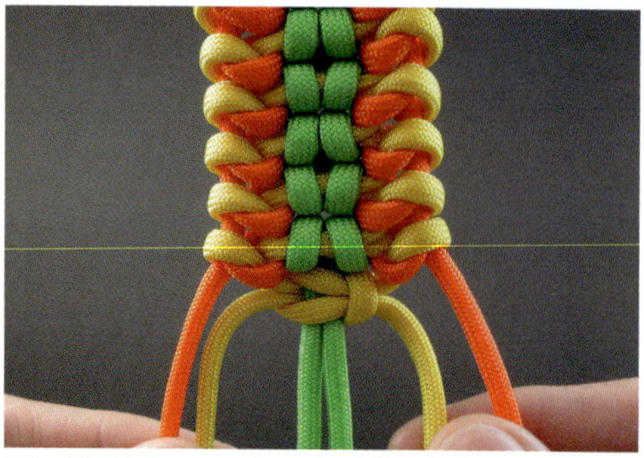

32. Die Schnur rechts der Mittelschnüre von hinten durch den linken Bogen ziehen. Fest dichtholen.

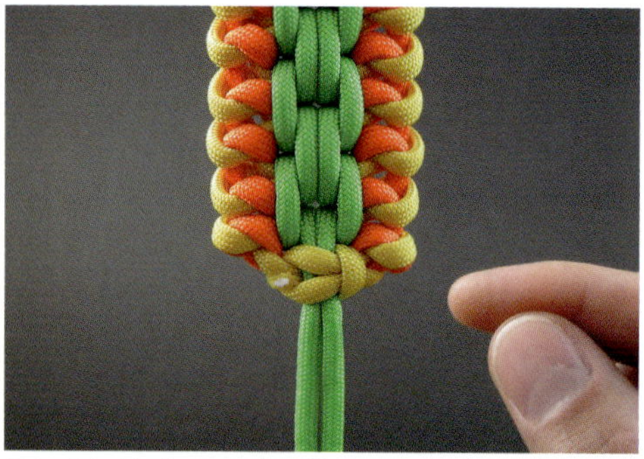

33. Die Enden an den Knoten abschneiden und abbrennen, **aber nicht** die beiden mittleren Schnüre abschneiden.

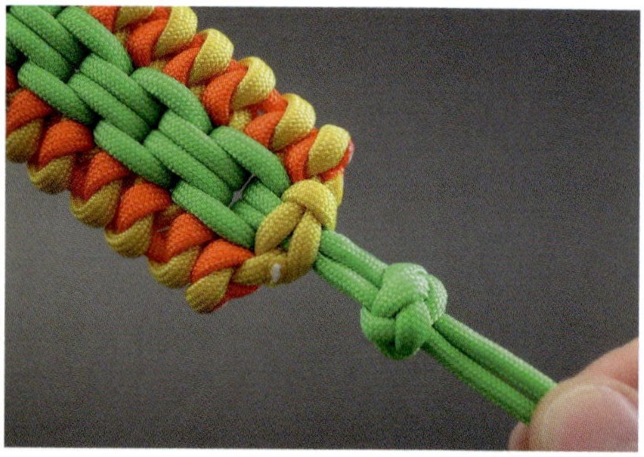

34. In die beiden mittleren Schnüre einen zweisträngigen Diamantknoten (siehe Seite 30) knüpfen.

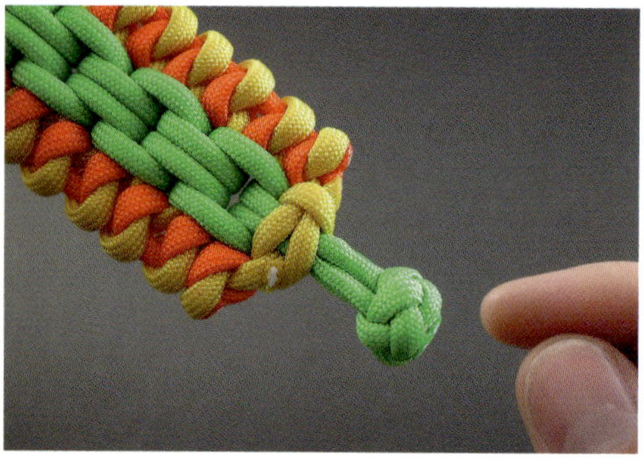

35. Die Enden am Diamantknoten kurz abschneiden und sorgfältig abbrennen.

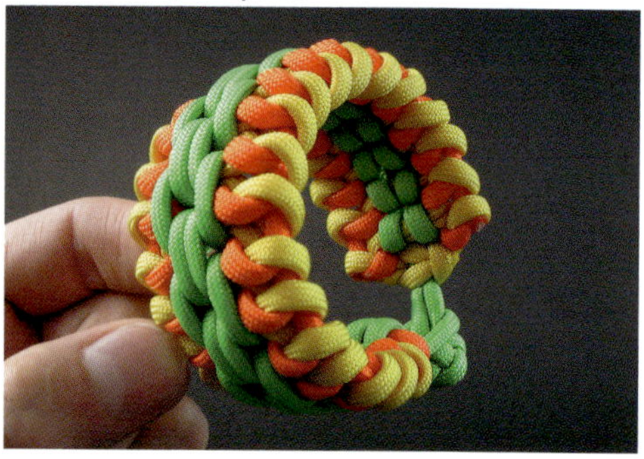

36. So sieht das fertige Armband aus.

Tiki-Strang

Tiki Bar

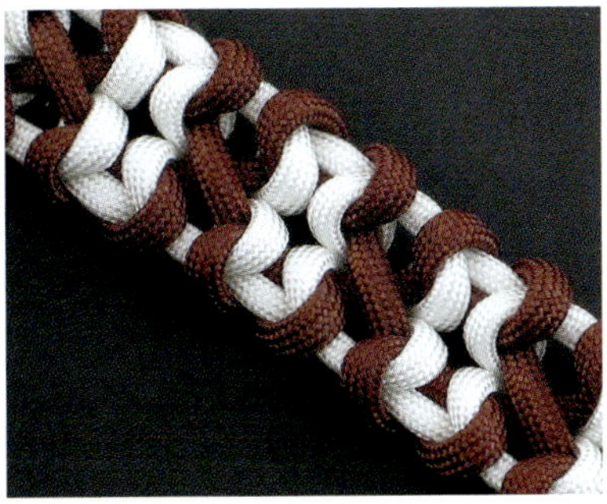

Die furchterregenden Grimassen von Tiki-Statuen oder Holzmasken sind aus polynesischen Kulturen gut bekannt. Dieser Strang spielt mit seinem Muster auf diese fernen Länder an.

Schnur: *2 Schnüre à 2,1 m (fertige Armbandlänge ca. 19 cm)*

Komponenten: *Wechselseitige Schlangenknoten + gekreuzte Schnüre + kontrastfarbige Schnüre*

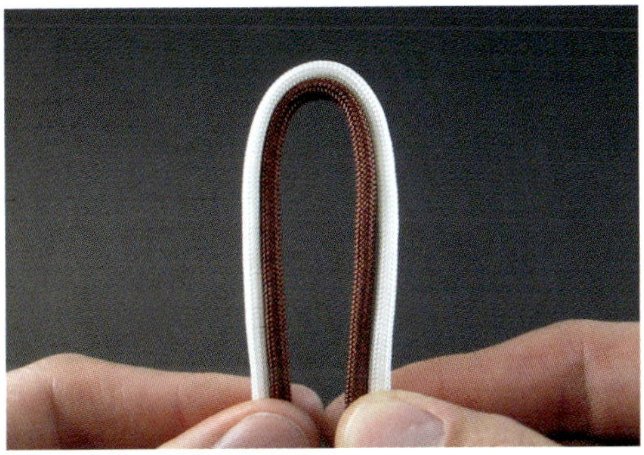

1. In die Mitte beider Schnüre eine Bucht legen.

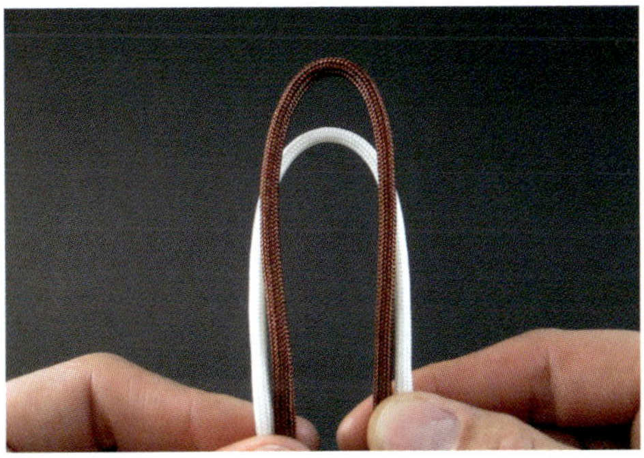

2. Eine Schnur hinter der Bucht der anderen 1,5 cm nach unten schieben.

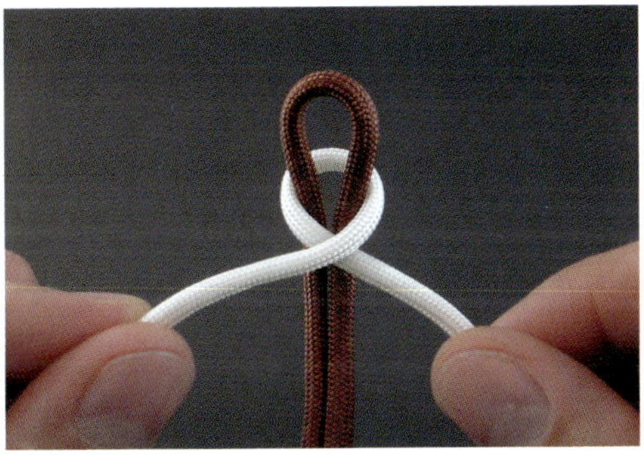

3. Die Enden der hinteren Schnur nach vorn holen und rechts über links kreuzen.

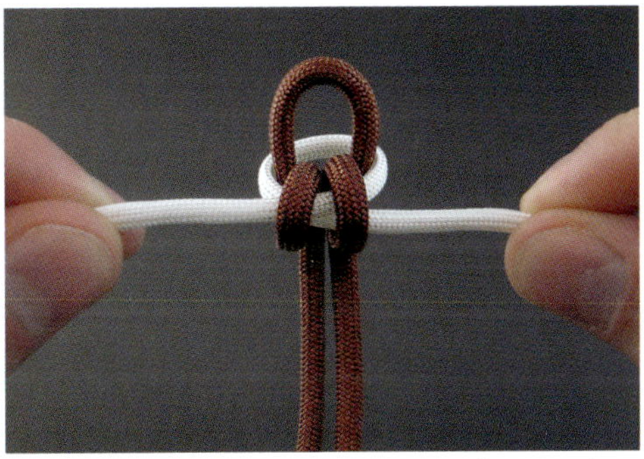

4. Die senkrechten Schnüre von oben nach unten hinter der Kreuzungsstelle durch stecken.

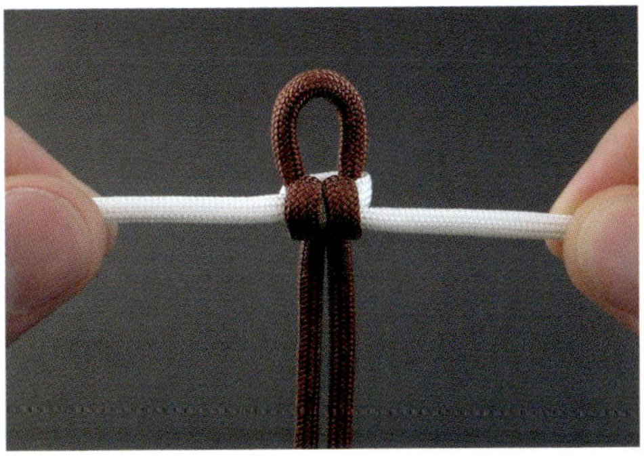

5. Fest dichtholen. Die 1,5 cm große Bucht muss dabei erhalten bleiben.

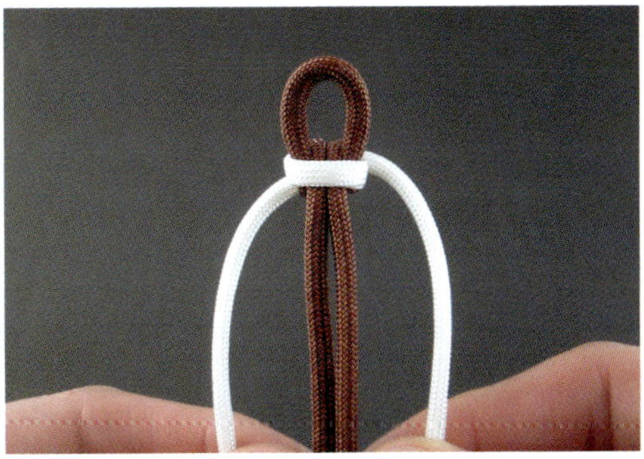

6. Die Knüpfarbeit um die eigene Achse wenden.

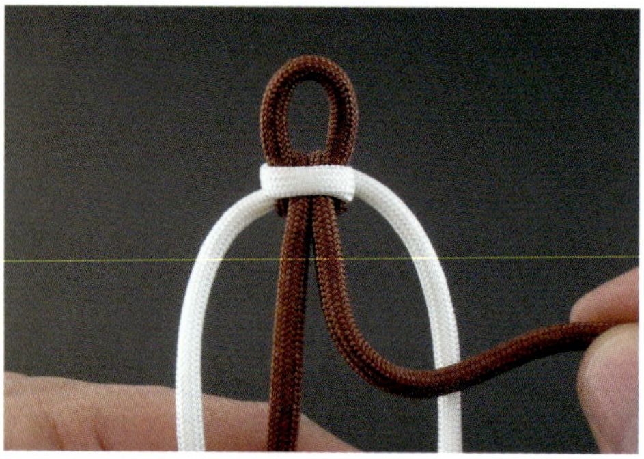

7. Die rechte Mittelschnur über der benachbarten Schnur nach rechts legen …

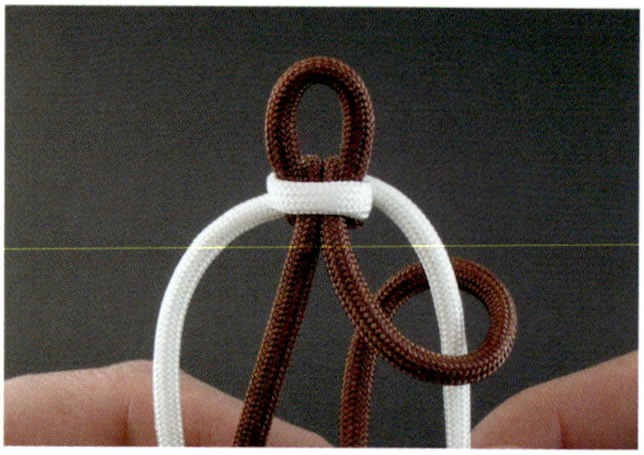

8. … und unter dieser wieder nach links führen. Es entsteht eine Schlaufe im Uhrzeigersinn.

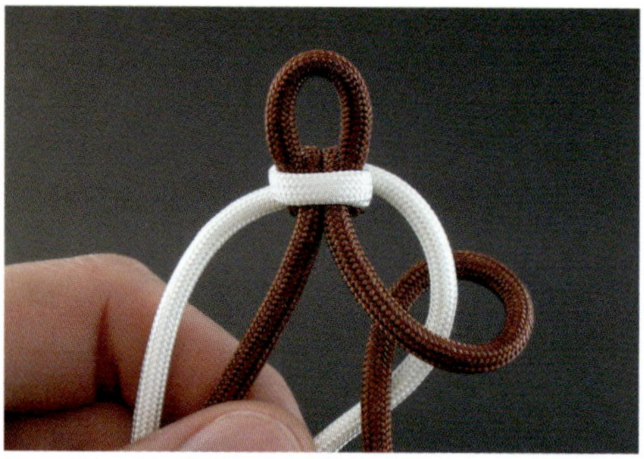

9. Die umschlungene Schnur unter dem Bein der Schlaufe nach links führen …

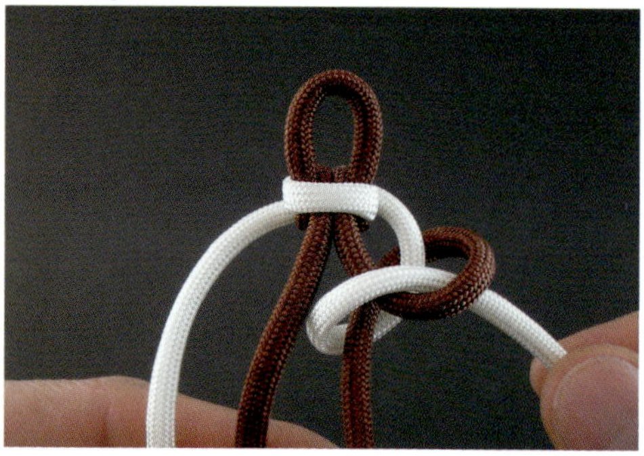

10. … und von vorn in die zuletzt gebildete Schlaufe (Schritt 8) stecken.

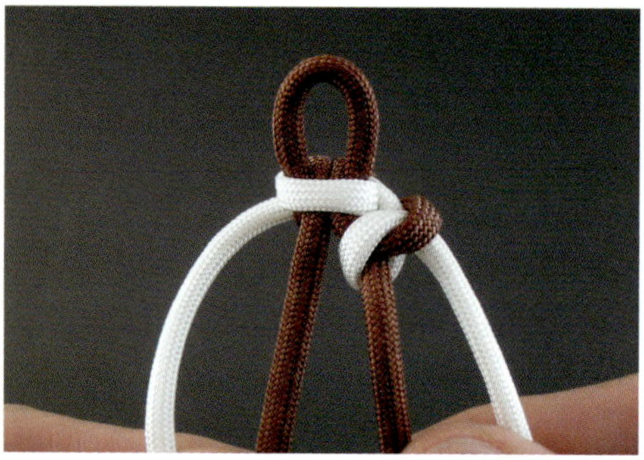

11. Alle Schnüre gleichmäßig dichtholen.

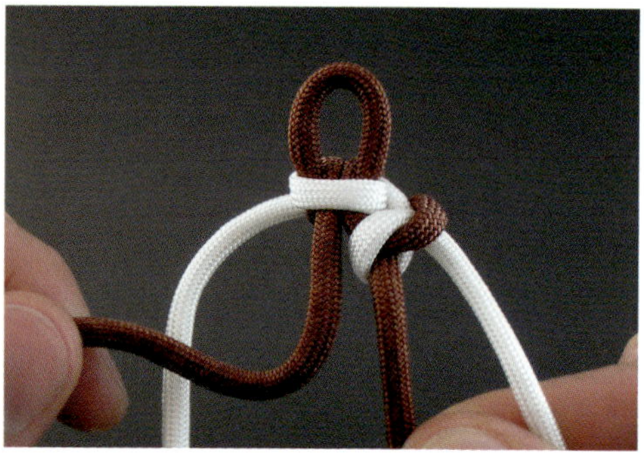

12. Die linke Mittelschnur über die benachbarte Schnur nach links legen …

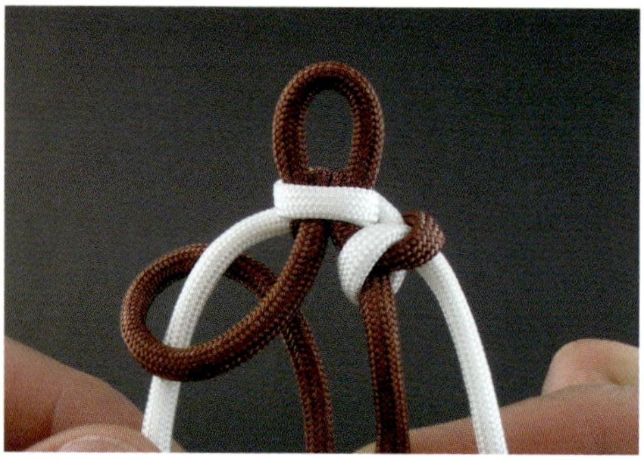

13. … und hinter dieser Schnur wieder nach rechts führen. Es entsteht eine Schlaufe entgegen dem Uhrzeigersinn.

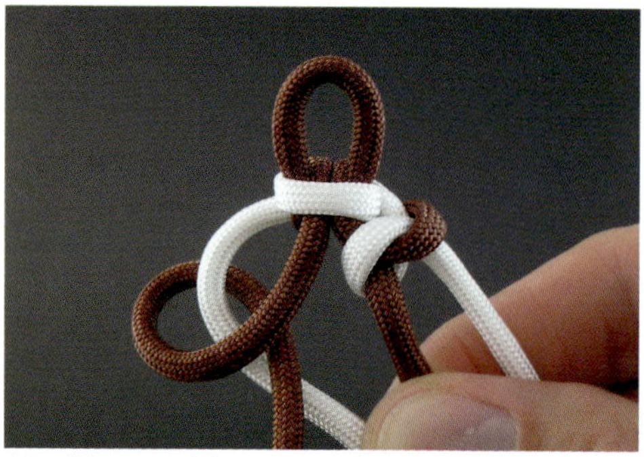

14. Die umschlungene Schnur unter dem Bein der Schlaufe nach rechts legen …

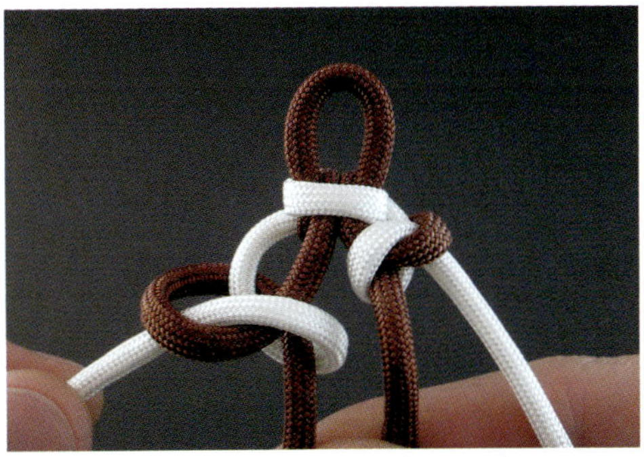

15. … und von vorn in die zuletzt gelegte Schlaufe stecken.

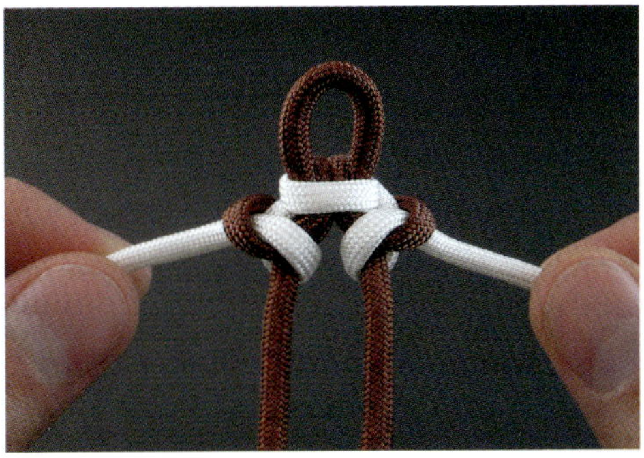

16. Alle Schnüre gleichmäßig dichtholen.

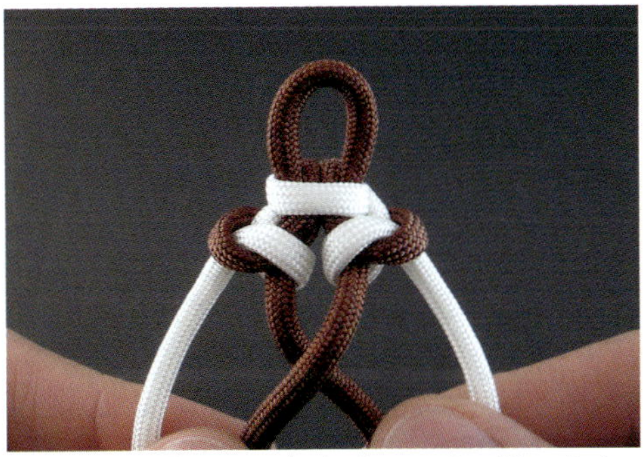

17. Die beiden Mittelschnüre rechts über links kreuzen.

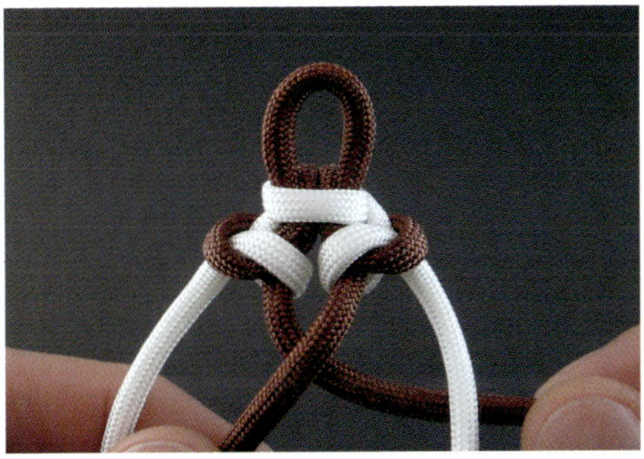

18. Die rechte Mittelschnur unter der benachbarten Schnur nach rechts legen …

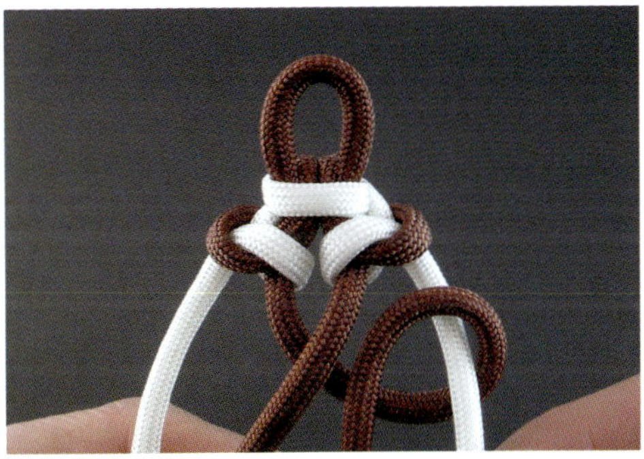

19. … und vor derselben Schnur wieder nach links führen. Es entsteht eine Schlaufe entgegen dem Uhrzeigersinn.

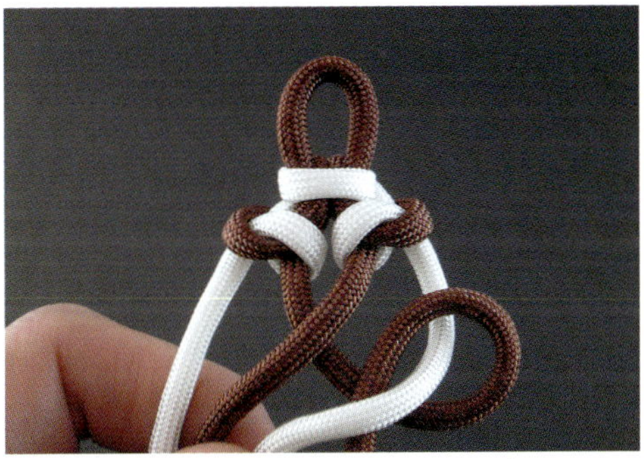

20. Die umschlungene Schnur über dem Bein der Schlaufe nach links legen …

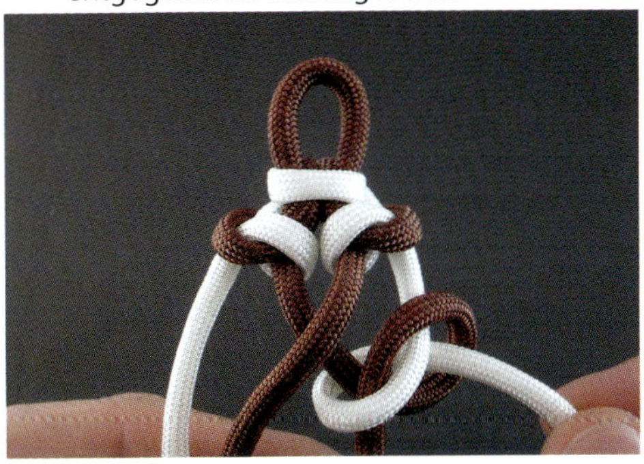

21. … und von hinten durch die zuletzt gebildete Schlaufe stecken.

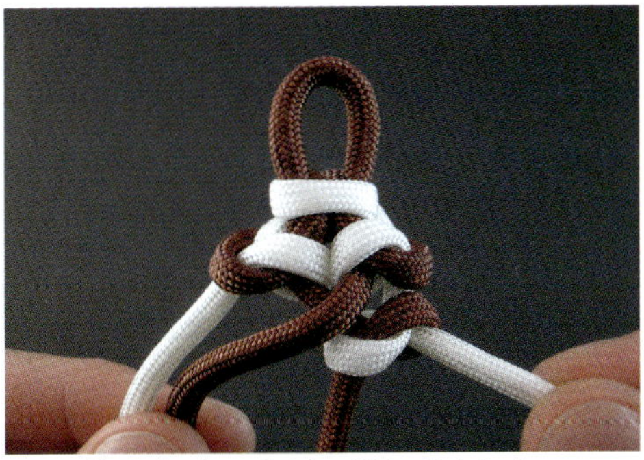

22. Alle Schnüre gleichmäßig dichtholen.

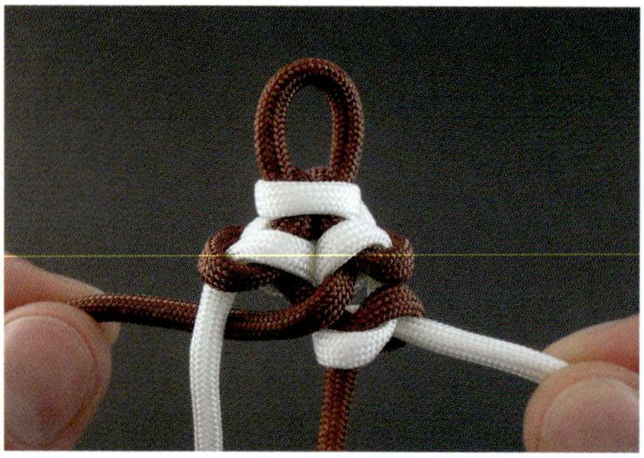

23. Die linke Mittelschnur unter der benachbarten Schnur nach links legen …

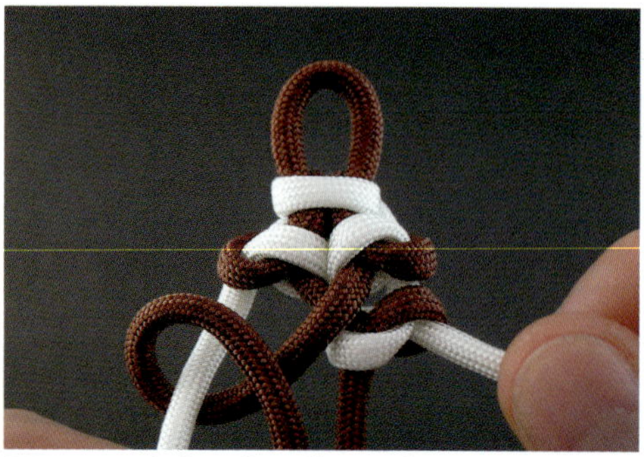

24. … und über derselben Schnur wieder nach rechts führen. Es entsteht eine Schlaufe im Uhrzeigersinn.

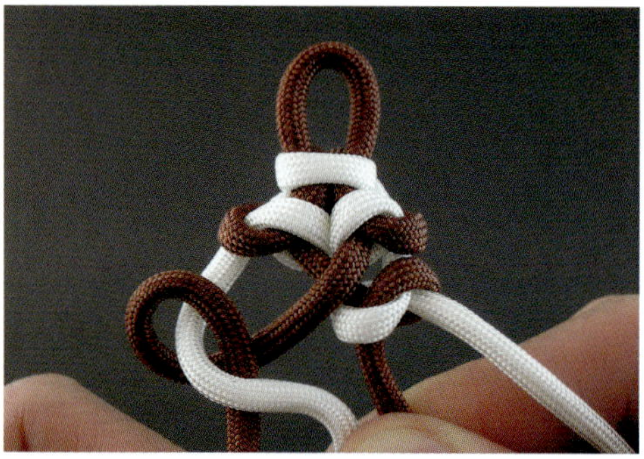

25. Die umschlungene Schnur über das Bein der Schlaufe nach rechts legen …

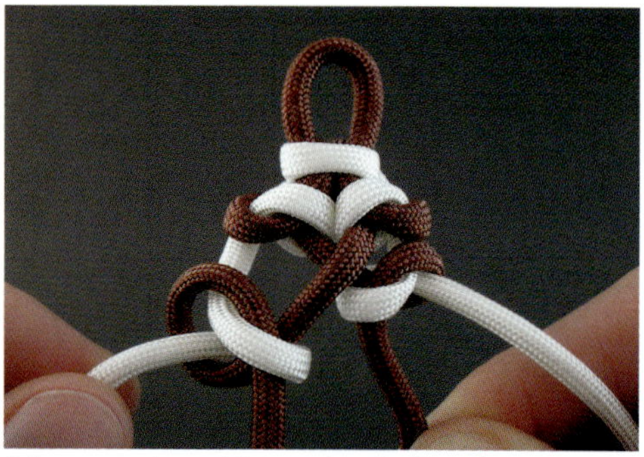

26. … und von hinten durch die zuletzt gelegte Schlaufe stecken.

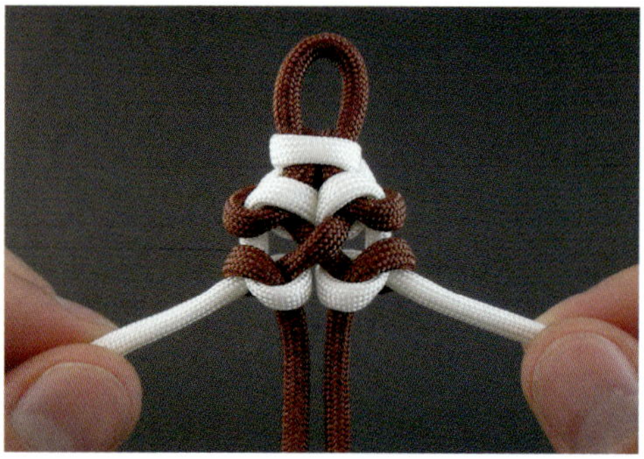

27. Alle Schnüre gleichmäßig dichtholen.

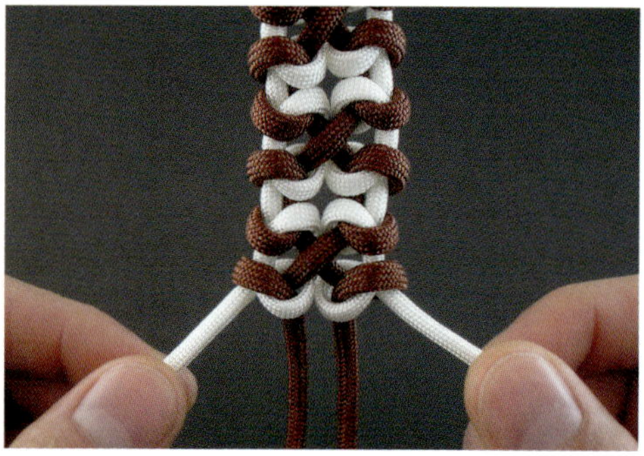

28. Die Schritte 7 bis 27 so oft wiederholen, bis die Schnurenden noch mindestens 25,5 cm lang sind.

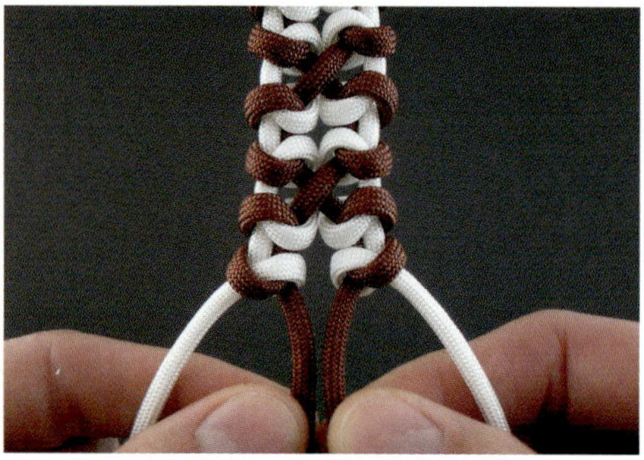

29. Dann die Schritte 7 bis 16 wiederholen.

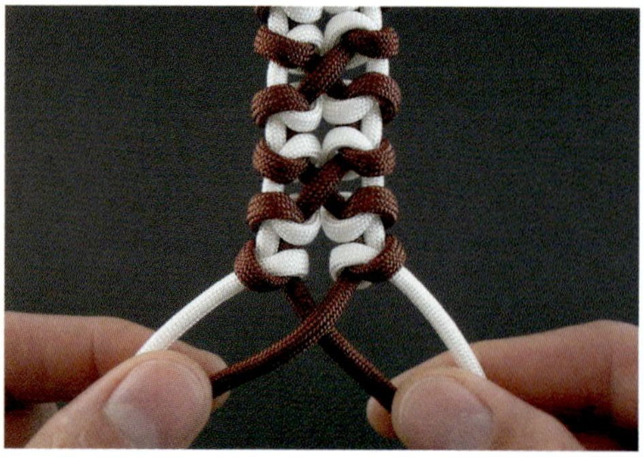

30. Die beiden Mittelschnüre rechts über links kreuzen.

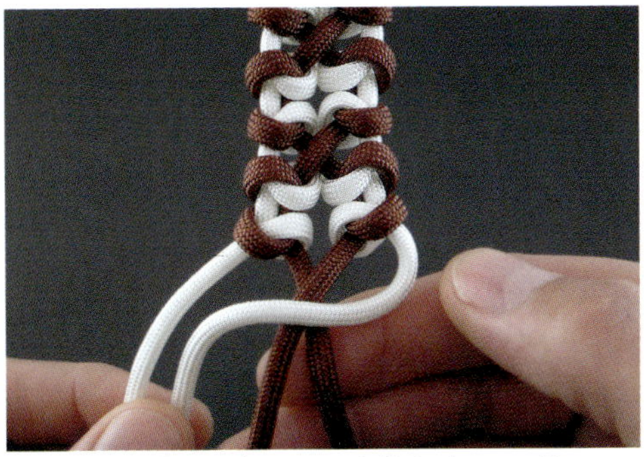

31. Die rechte Schnur nach links legen: über den Mittelschnüren …

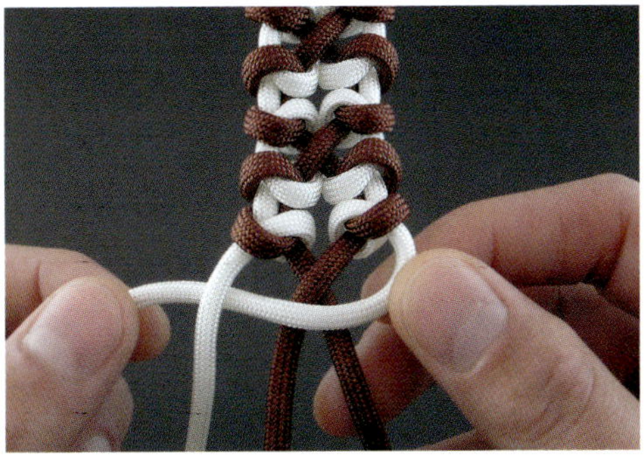

32. … und unter der linken Schnur.

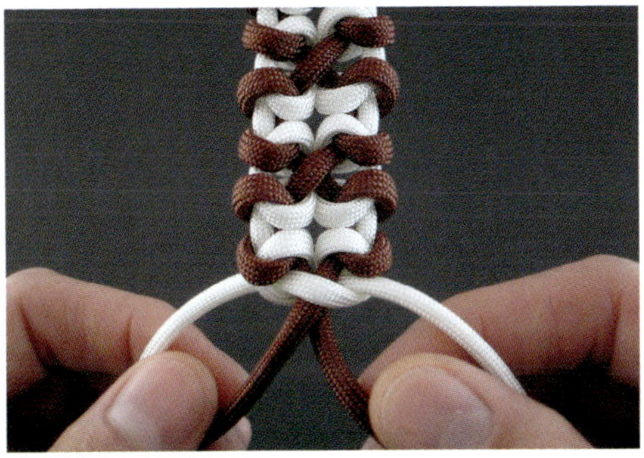

33. Die linke Schnur hinter den Mittelschnüren nach rechts legen und von hinten durch den rechten Bogen führen.

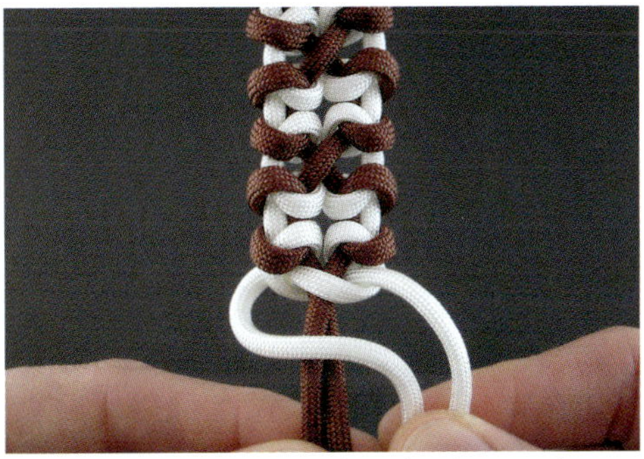

34. Die linke Schnur nach rechts legen: über den Mittelschnüren …

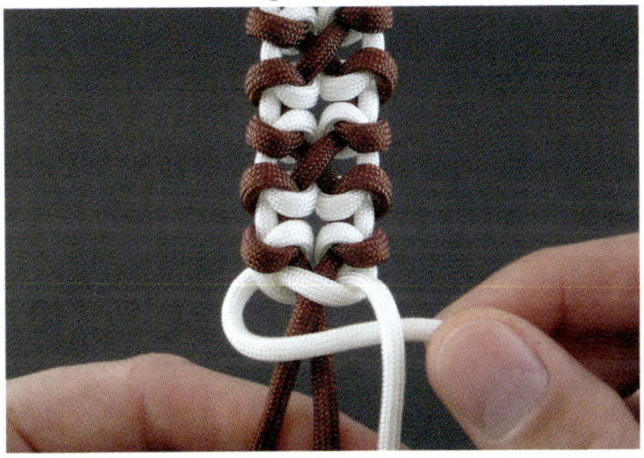

35. … und unter der rechten Schnur.

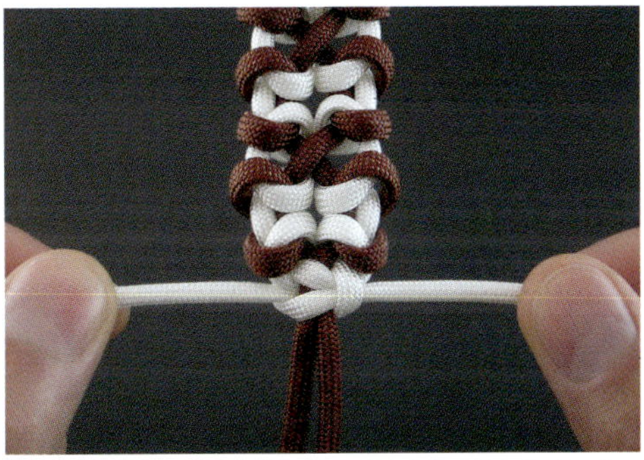

36. Die rechte Schnur hinter den Mittelschnüren nach links führen und von hinten durch den linken Bogen stecken. Fest dichtholen.

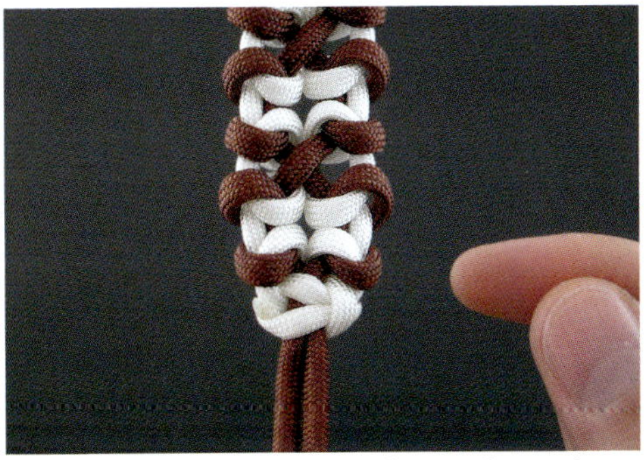

37. Die Enden der waagerechten Schnüre kurz abschneiden und sorgfältig abbrennen.

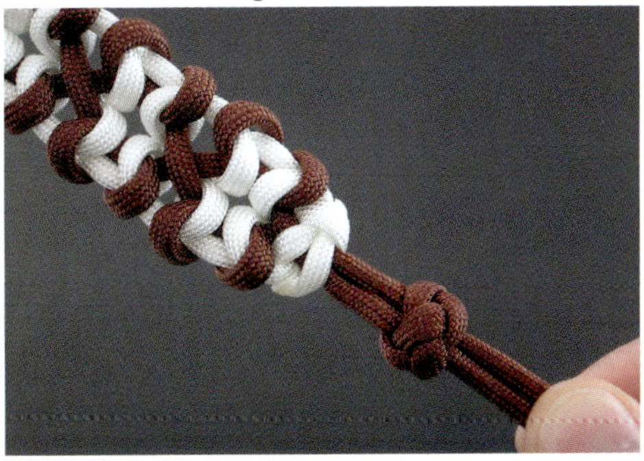

38. In die senkrechten Enden einen zweisträngigen Diamantknoten (siehe Seite 30) knüpfen.

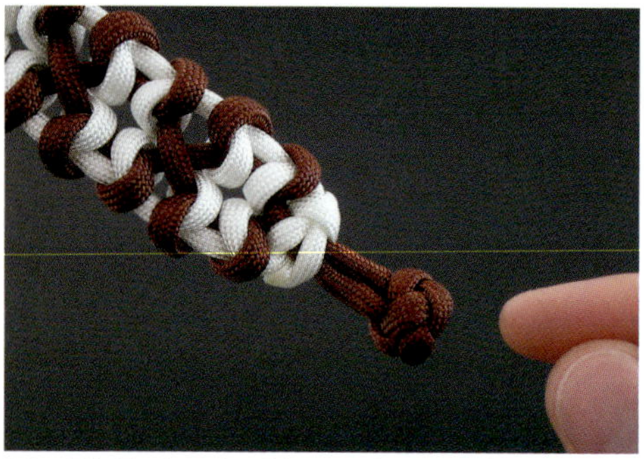

39. Die Enden des Diamantknotens kurz abschneiden und sorgfältig abbrennen.

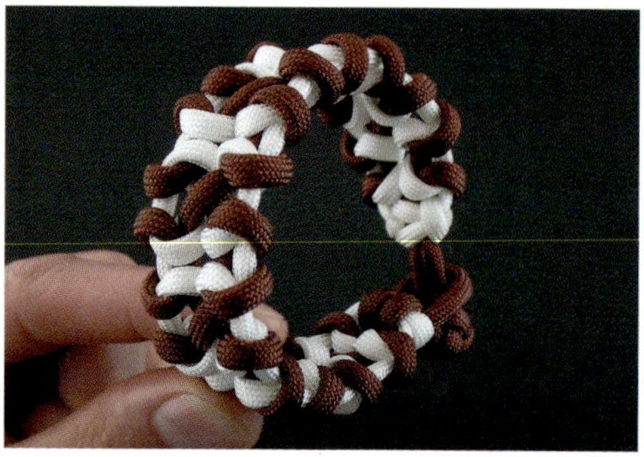

40. Das fertige Armband kann sich sehen lassen.

– Kapitel 6 –

Knüpfereien für Outdoor-Fans

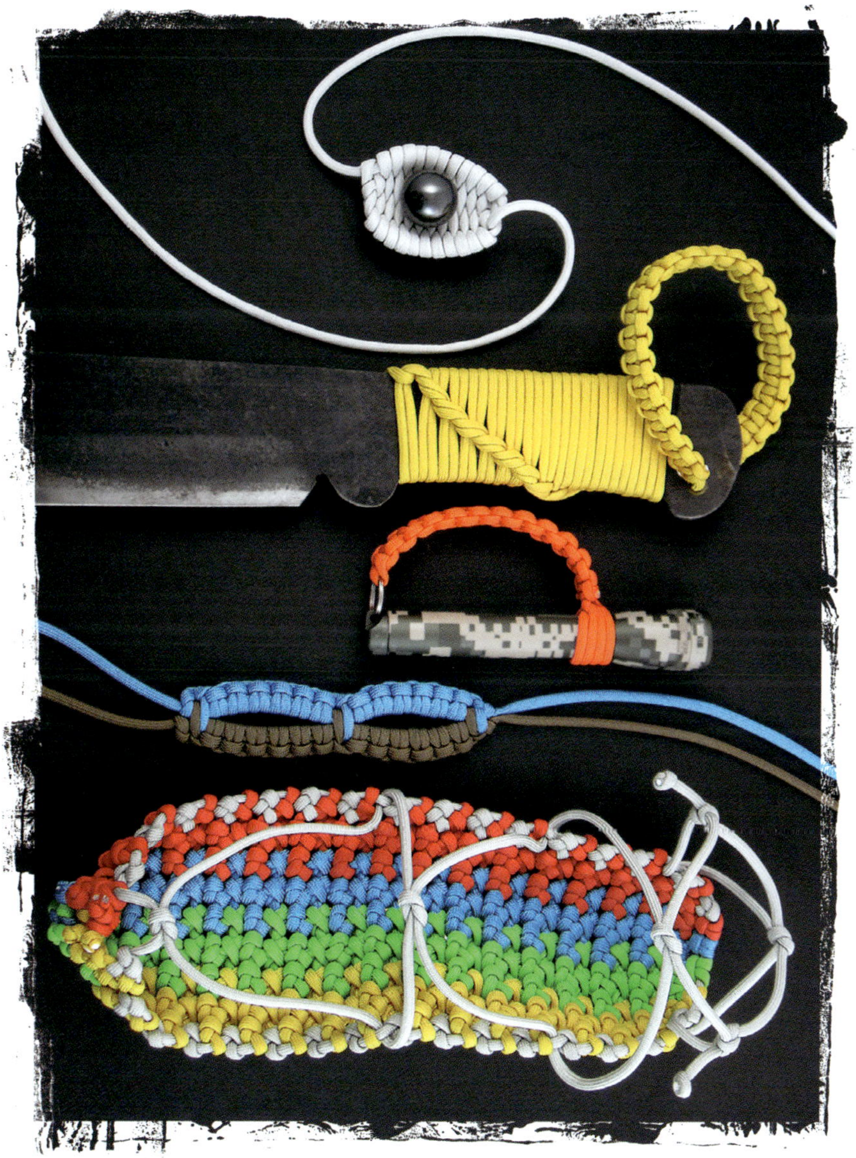

Steinschleuder

Single-Cord Rock Sling

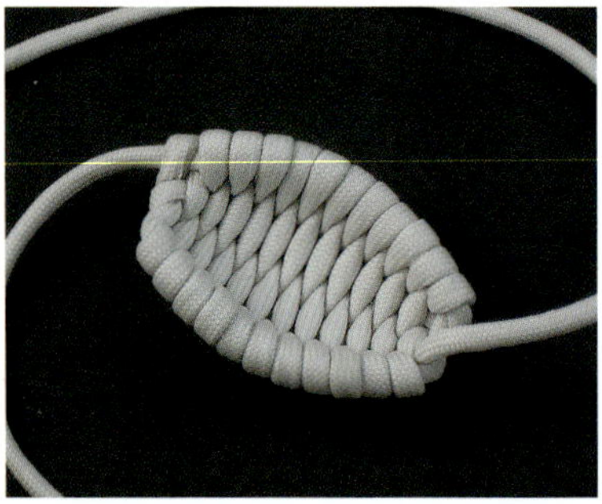

Dies ist eine praktische improvisierte Waffe. Wer die Technik beherrscht, kann sie in wenigen Minuten knüpfen. Mit etwas Übung eignet sich die Schleuder zur Selbstverteidigung und zur Jagd.

Schnur: *4,3 m (fertige Auflage ca. 7,5 x 5 cm, Griffschnüre 60 cm lang)*

Komponenten: *Überhandschlaufe + Flechttechnik + Stopperknoten*

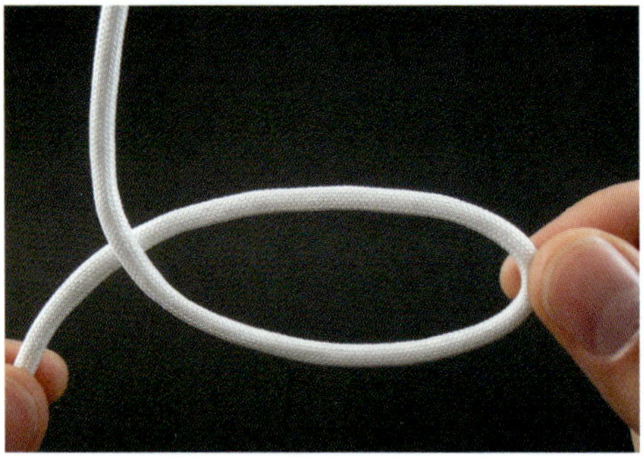

1. In 1,2 m Abstand zum rechten Schnurende im Uhrzeigersinn eine 7,5 cm lange Schlaufe legen.

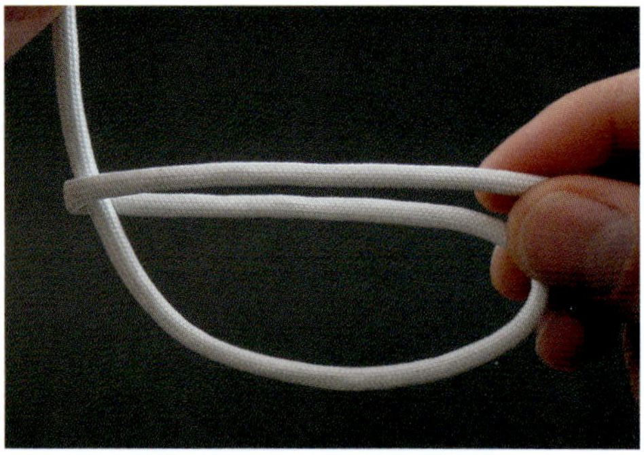

2. Das unten liegende Ende vor dem aufsteigenden Ende nach rechts legen.

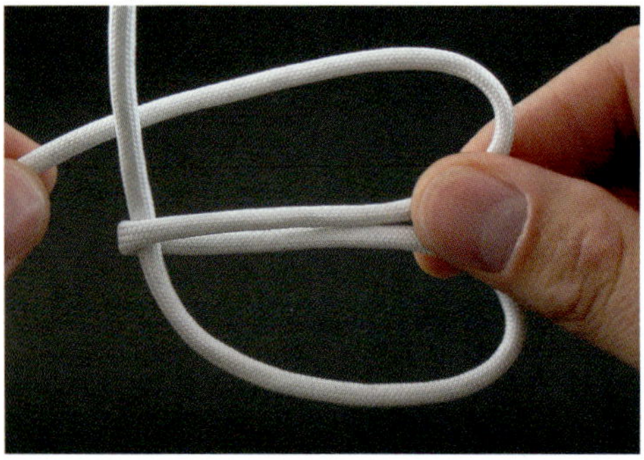

3. Eine zweite 7,5 cm große Schlaufe bilden und das Ende unter die aufsteigende Schnur legen.

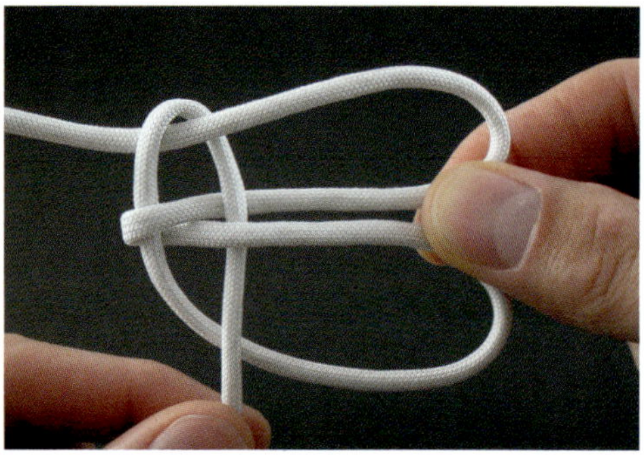

4. Nun die aufsteigende Schnur abwärts führen: unter, über, unter und über den quer laufenden Schnüren der Buchten.

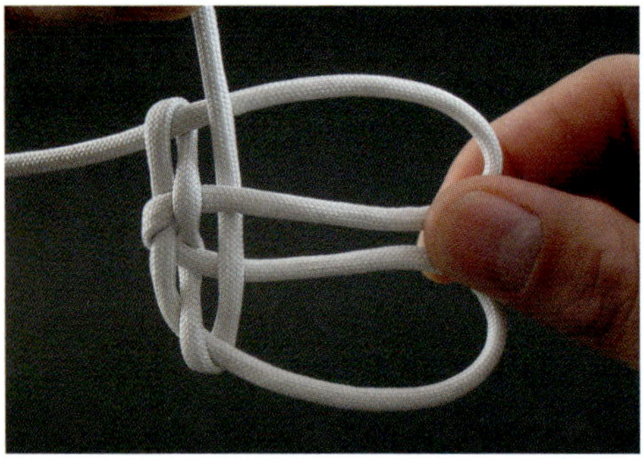

5. Auf dem Rückweg die Schnur unter, über, unter und über den quer laufenden Schnüren durchweben.

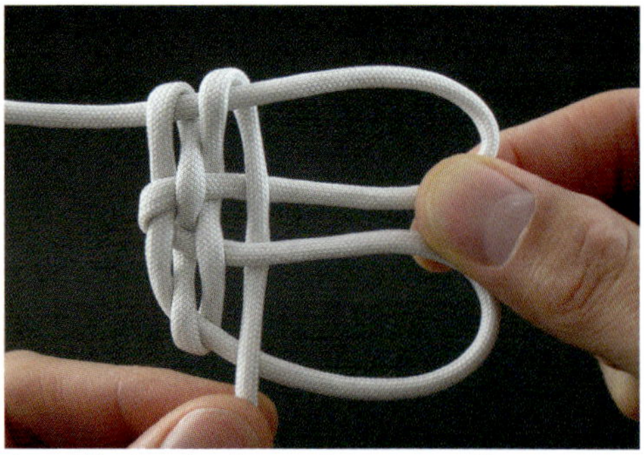

6. Wieder abwärts weben: unter, über, unter und über den Querschnüren.

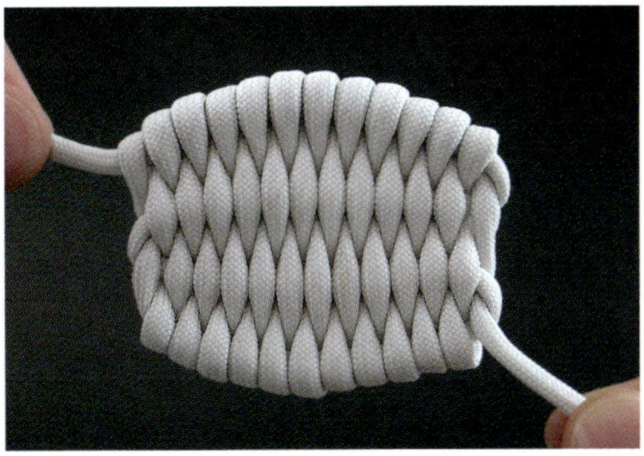

7. Die Schritte 4 bis 6 so oft wiederholen, bis die Fläche 7,5 cm lang ist.

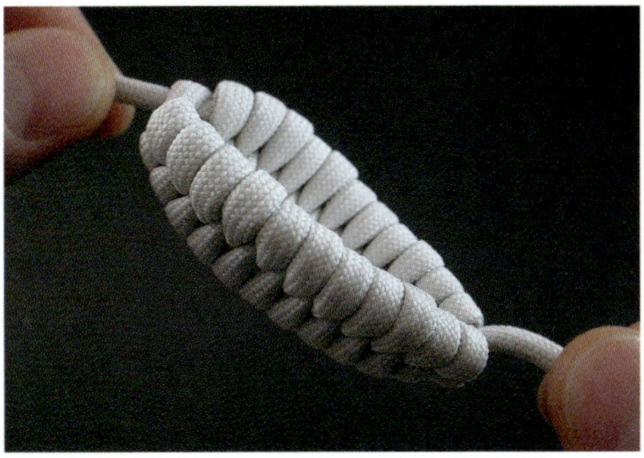

8. An den Schnurenden ziehen, bis sich die Fläche leicht wölbt. Dies ist die Auflage für den Stein.

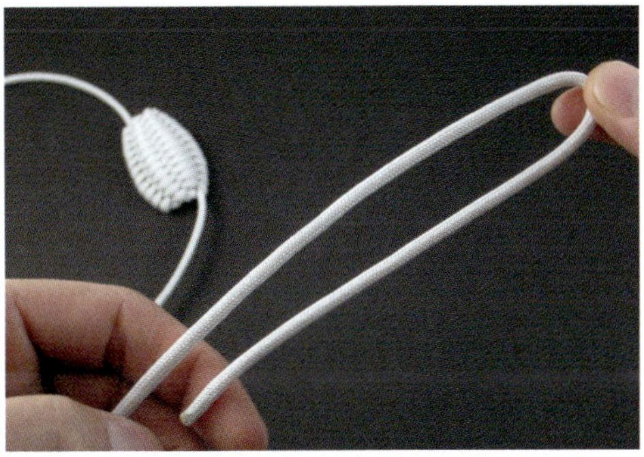

9. In 75 cm Abstand zur Auflage eine Bucht legen.

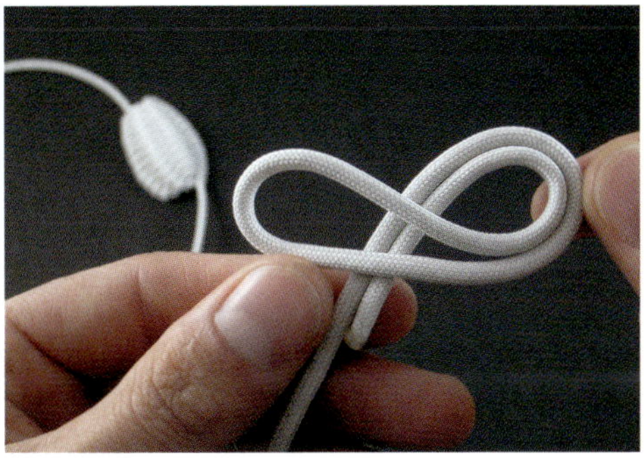

10. Die Bucht wie abgebildet zu einer doppelsträngigen Schlaufe legen.

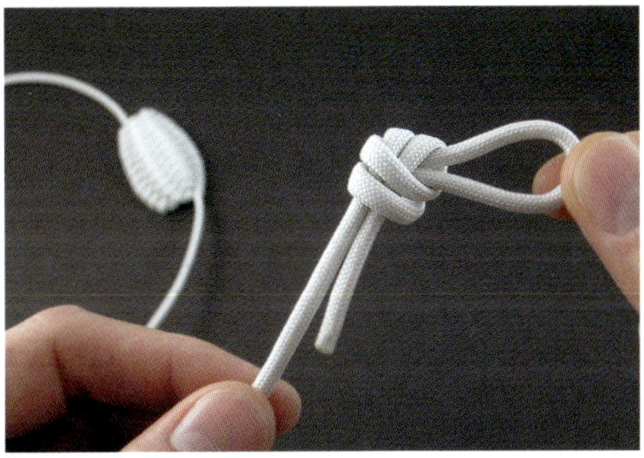

11. Die Bucht durch die Schlaufe ziehen. Ihr Ende sollte etwa 60 cm von der Auflage entfernt sein.

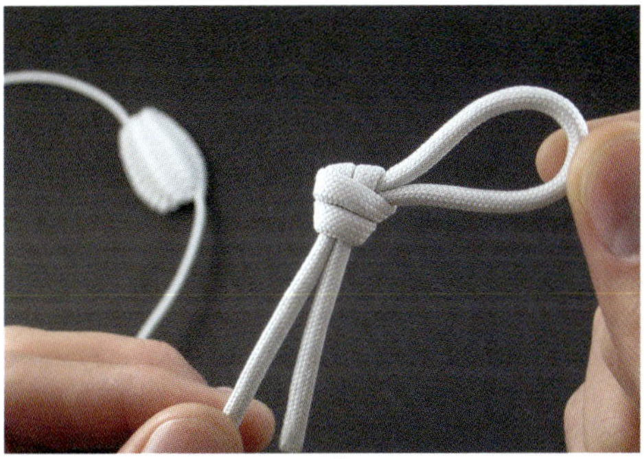

12. Die so entstandene Überhandschlaufe fest dichtholen. Sie soll bequem …

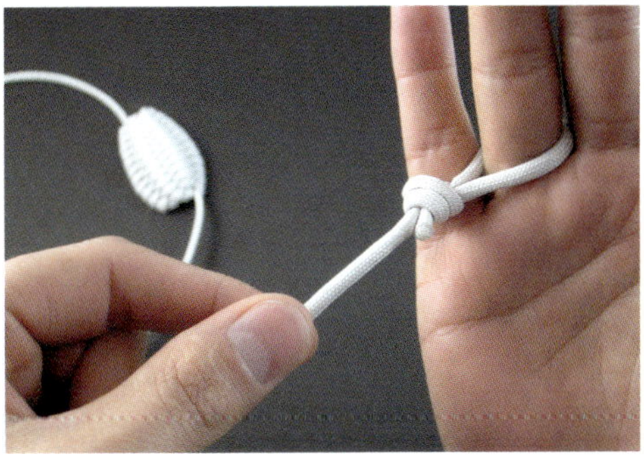

13. … um den Ringfinger passen. Das kurze Ende vorsichtig abschneiden und sorgfältig abbrennen.

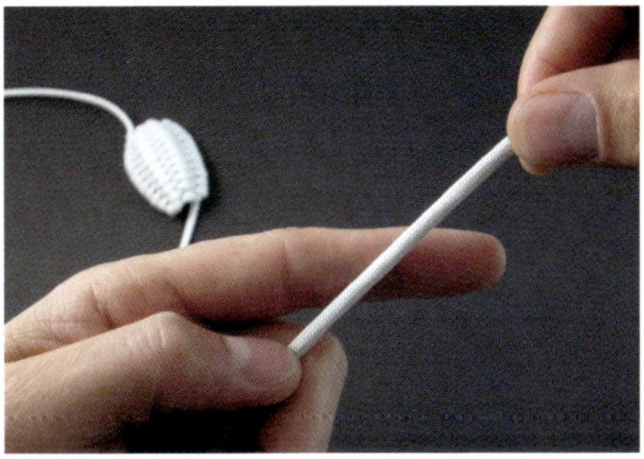

14. Die andere Schnur in 60 cm Abstand zur Auflage vor den Zeigefinger legen.

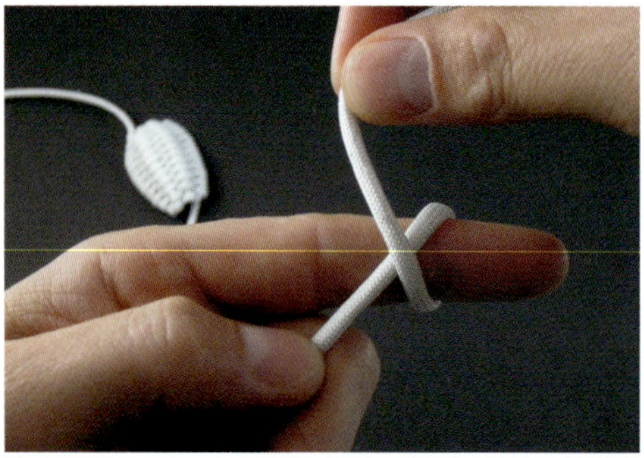

15. Die Schnur so um den Zeigefinger wickeln, dass sie sich kreuzt. Einmal, …

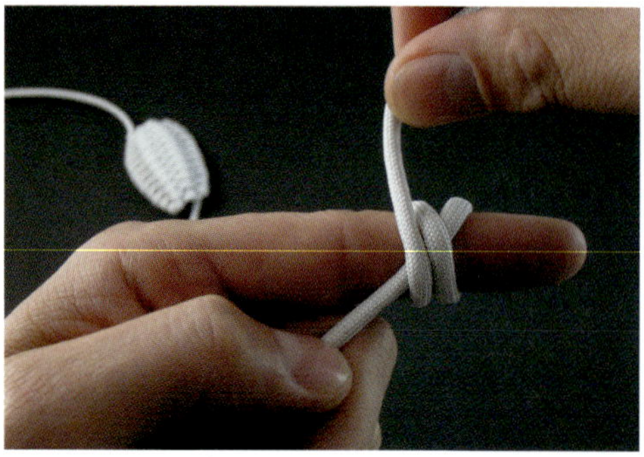

16. … zweimal …

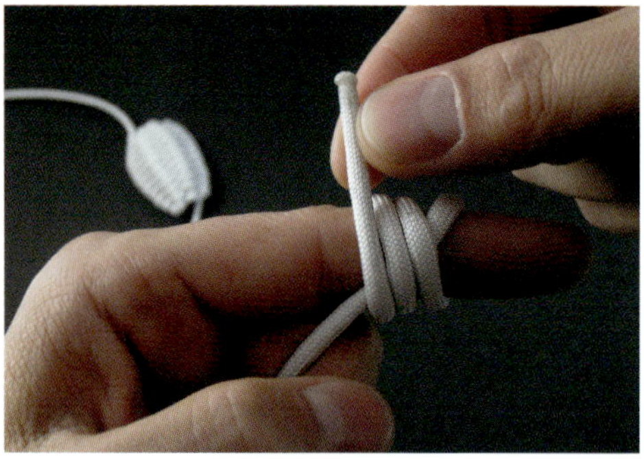

17. … und noch ein drittes Mal.

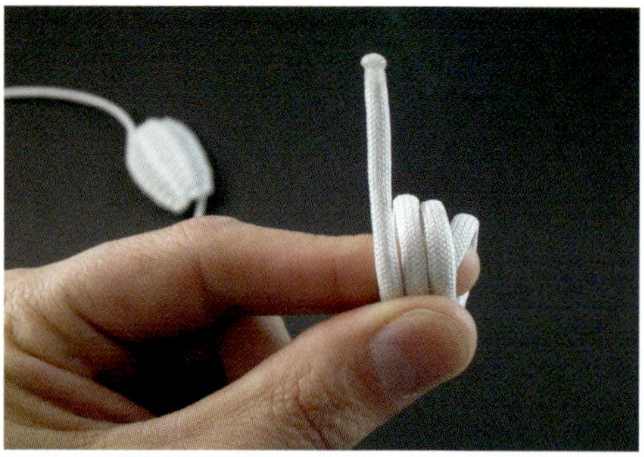

18. Die Wicklungen vom Finger nehmen, dabei gut festhalten.

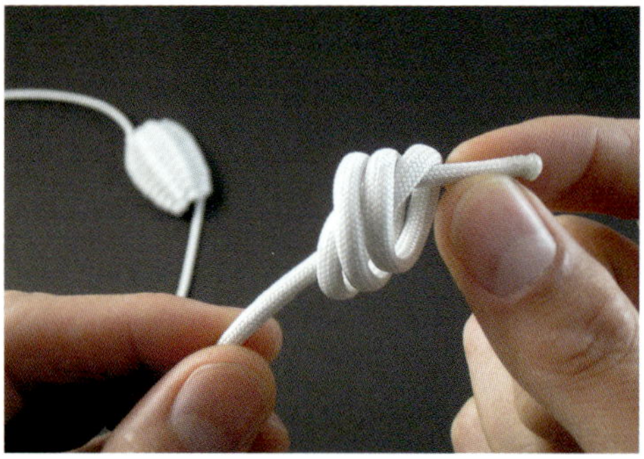

19. Das lose Ende durch die Wicklungen stecken.

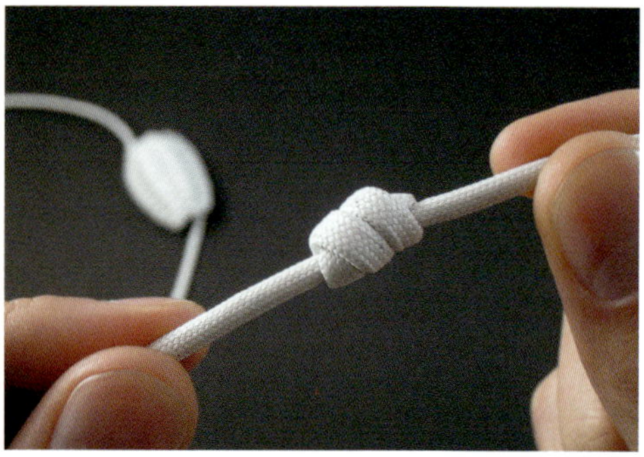

20. Am losen Ende ziehen, um den Stopperknoten dichtzuholen. Sein Abstand zur Auflage beträgt 60 cm.

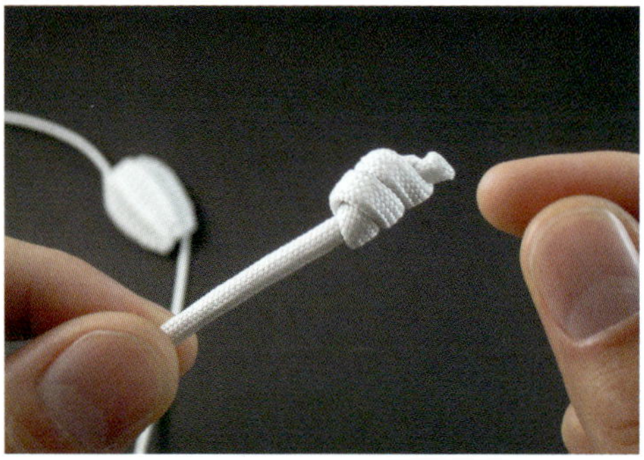

21. Das Ende kurz abschneiden und sorgfältig abbrennen. Die Anwendung kann man …

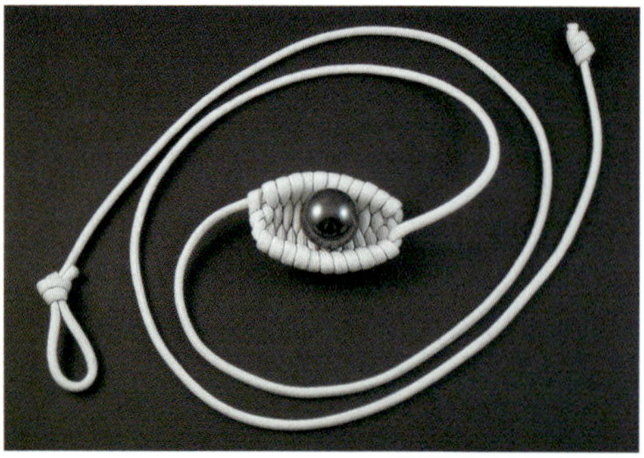

22. … unter dem Suchbegriff »How to Use a Rock Sling« auf YouTube sehen.

Taschenlampengriff

Tactical Flashlight Strap

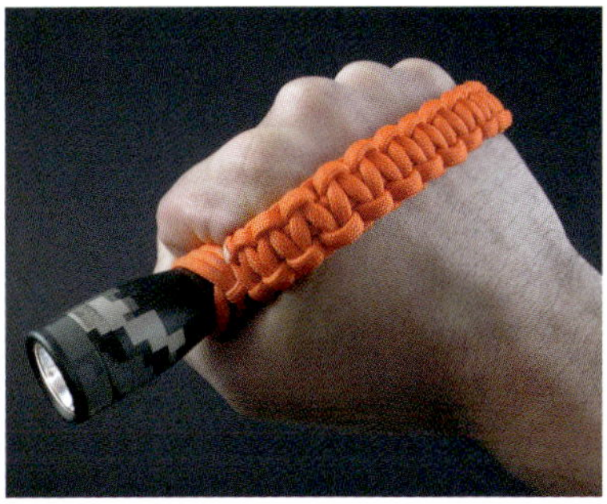

Mit diesem praktischen Griff rutscht die Taschenlampe nicht so leicht aus der Hand. Außerdem kann man in der Hand, in der die Lampe gehalten wird, noch einen zweiten Gegenstand tragen.

Schnur: *1,8 m (fertige Länge ca. 13 cm)*

Komponenten: *Mini Maglite® + Schlüsselring, 2 cm Ø + Konstriktorknoten (Variante) + Salomon Bar*

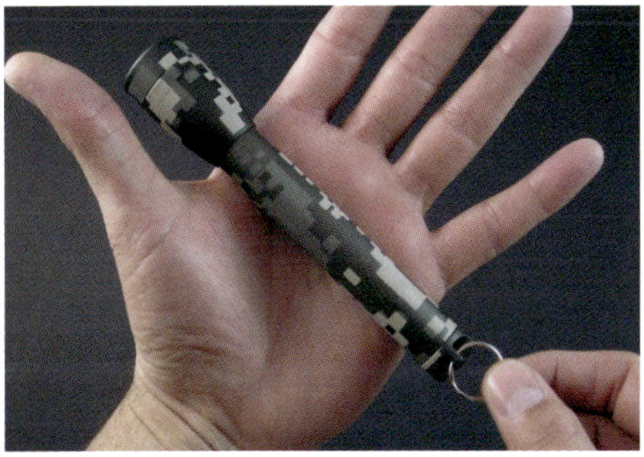

1. Ideal ist eine Mini Maglite® oder eine ähnliche Taschenlampe.

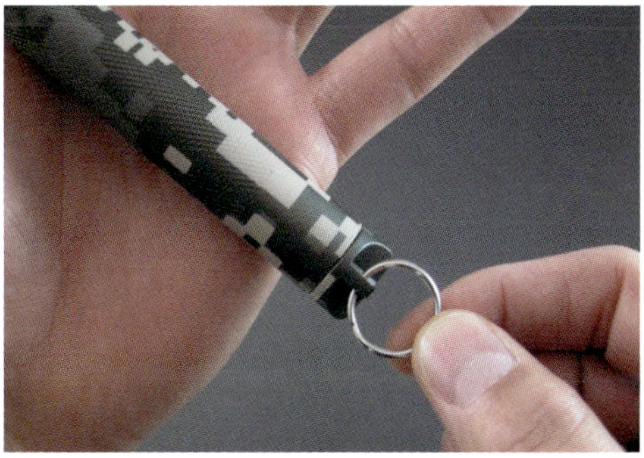

2. Am Ende einen Schlüsselring mit 2 cm Durchmesser befestigen.

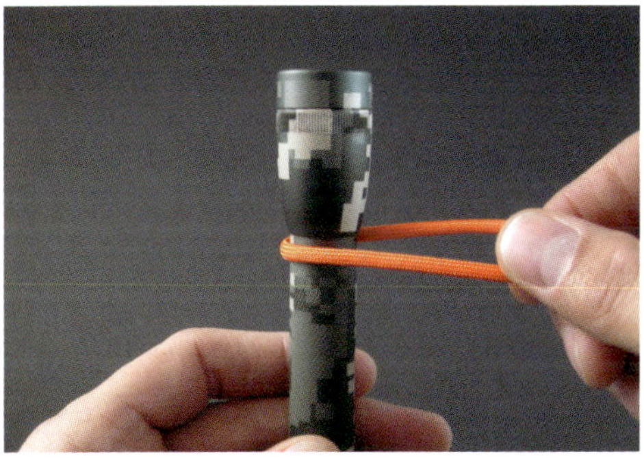

3. Die Mitte der Schnur direkt unter dem Kopf um den Hals der Lampe legen.

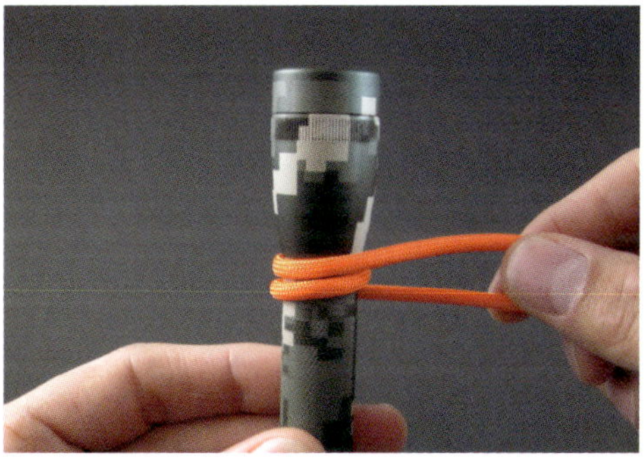

4. Das linke Ende um den Hals wickeln. Einmal, …

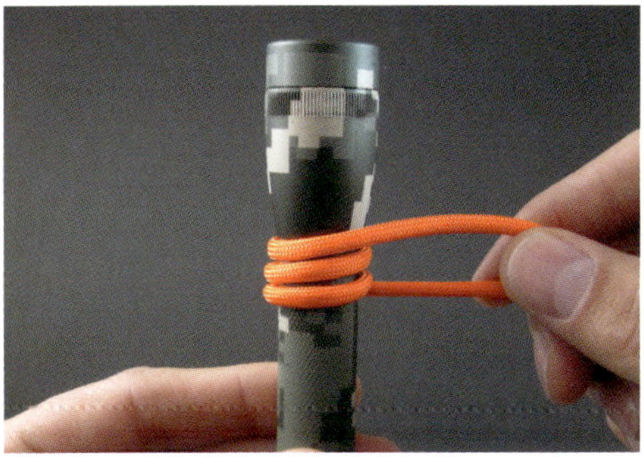

5. … zweimal …

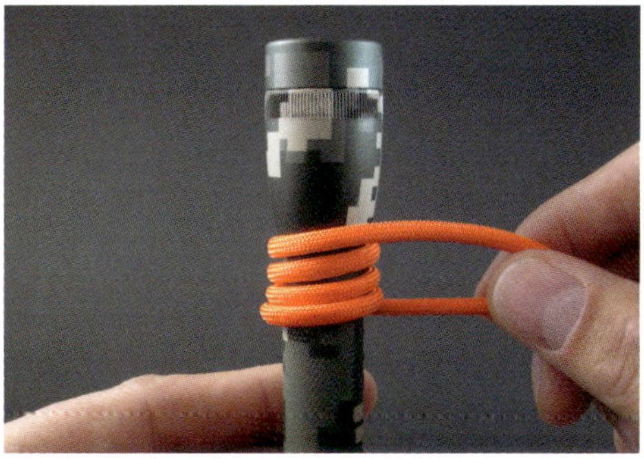

6. … und noch ein drittes Mal.

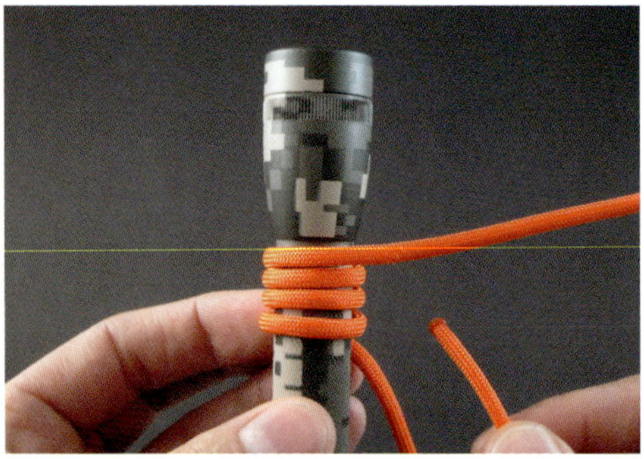

7. Das Ende der unteren Schnur in die Hand nehmen …

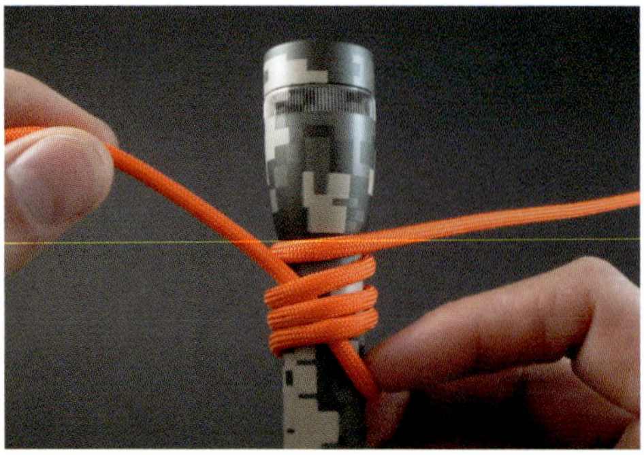

8. … und unter den Wicklungen nach oben schieben.

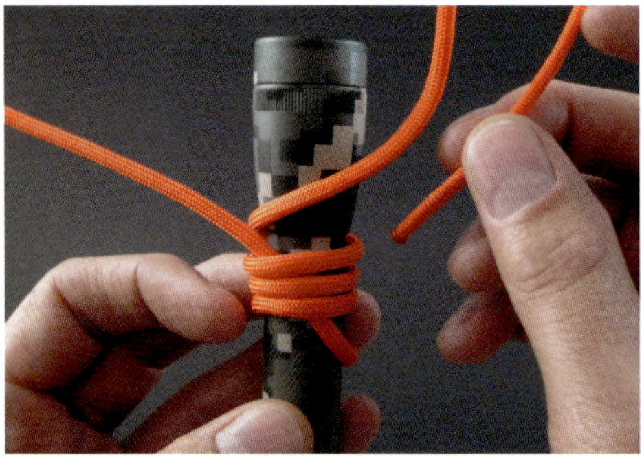

9. Dann das Ende der oberen Schnur in die Hand nehmen …

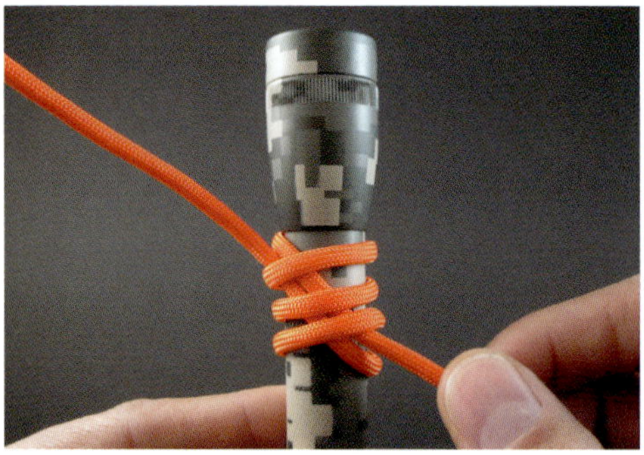

10. … und parallel zum anderen Schnurende unter den Wicklungen nach unten führen.

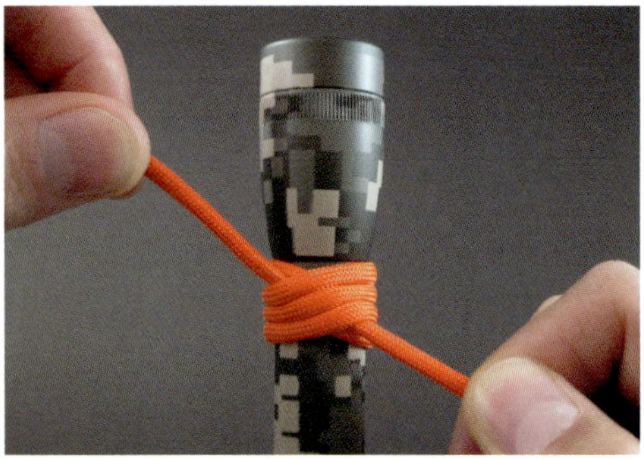

11. An den beiden Schnurenden ziehen, um den modifizierten Konstriktorknoten dichtzuholen.

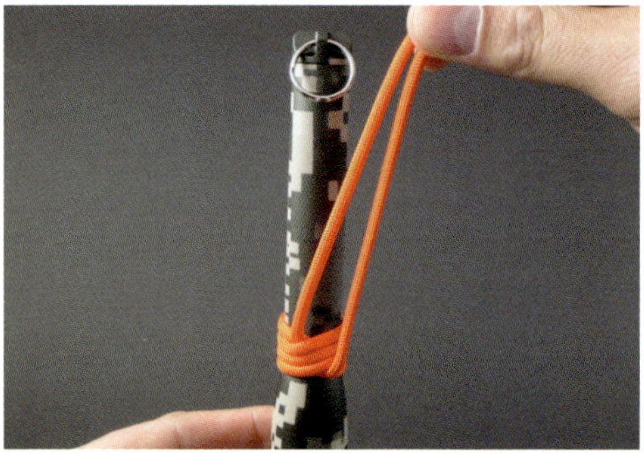

12. Die Taschenlampe kopfüber drehen. Beide Schnurenden …

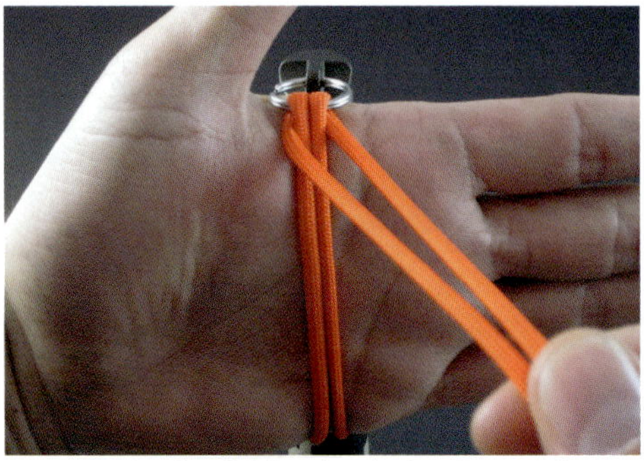

13. … wie abgebildet durch den Ring ziehen und so um die Handfläche legen, dass sie bequem sitzen.

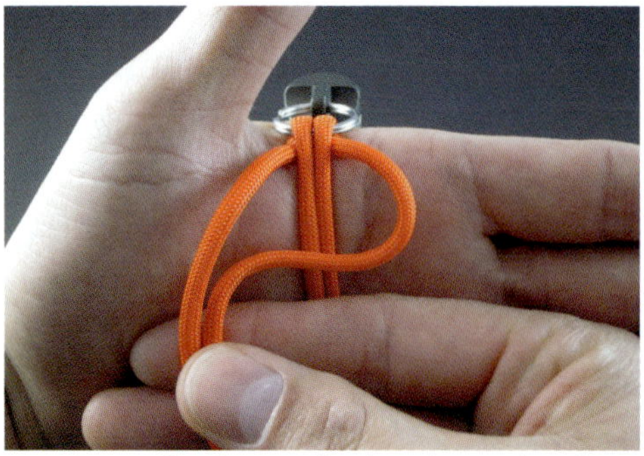

14. Das rechte lose Ende über den senkrechten Schnüren nach links legen.

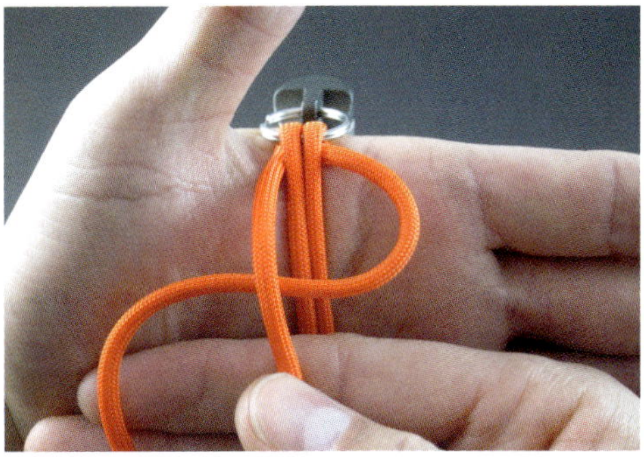

15. Das linke lose Ende über die davorliegende Schnur nach unten legen.

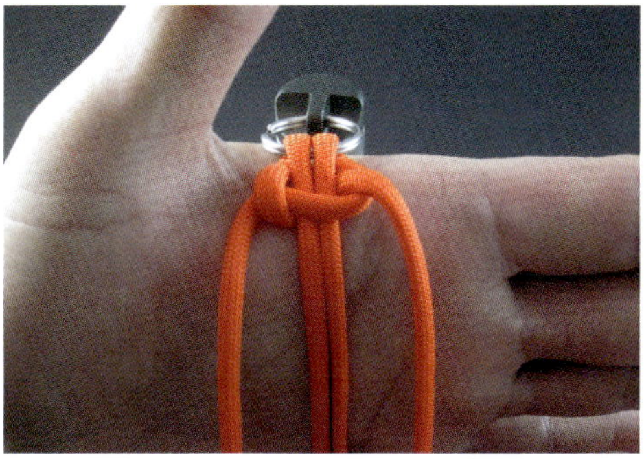

16. Unter den senkrechten Schnüren nach rechts führen und von hinten durch den rechten Bogen stecken. Fest dichtholen.

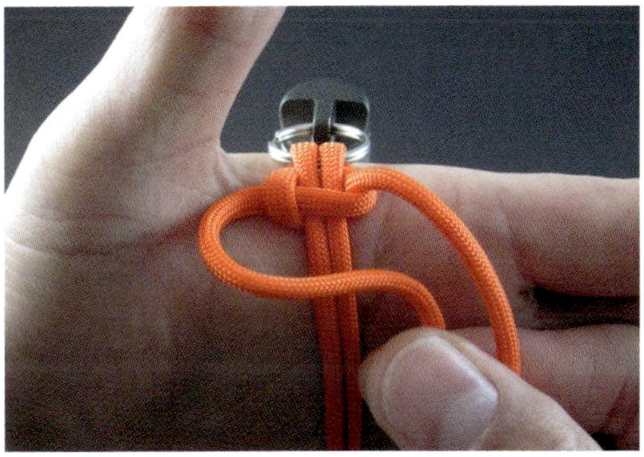

17. Das linke lose Ende nach rechts legen: über den senkrechten Mittelschnüren …

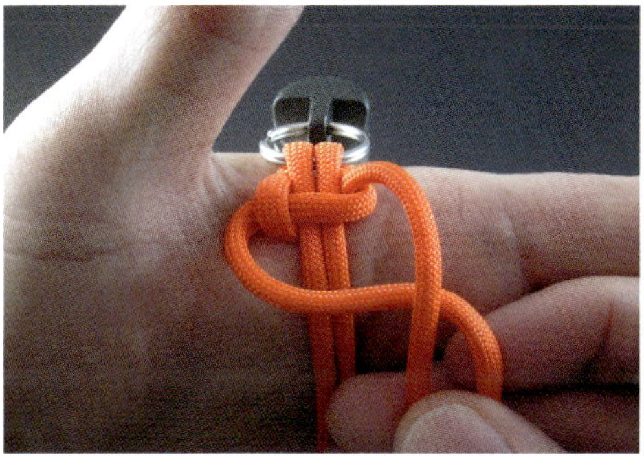

18. … und unter der rechten Schnur.

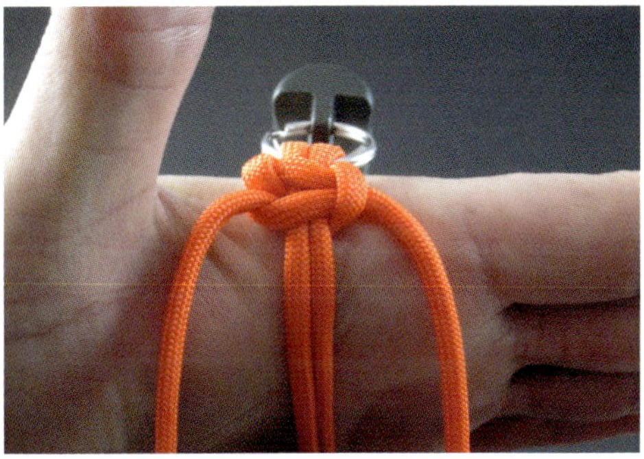

19. Unter den senkrechten Schnüren nach links führen und von hinten durch den linken Bogen stecken. Fest dichtholen.

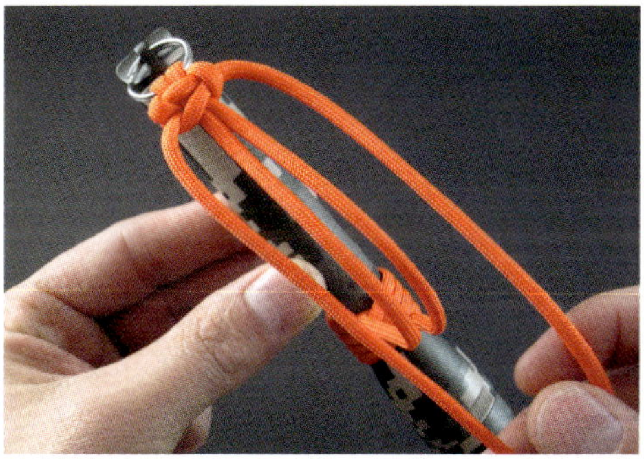

20. Das Werkstück von der Hand nehmen.

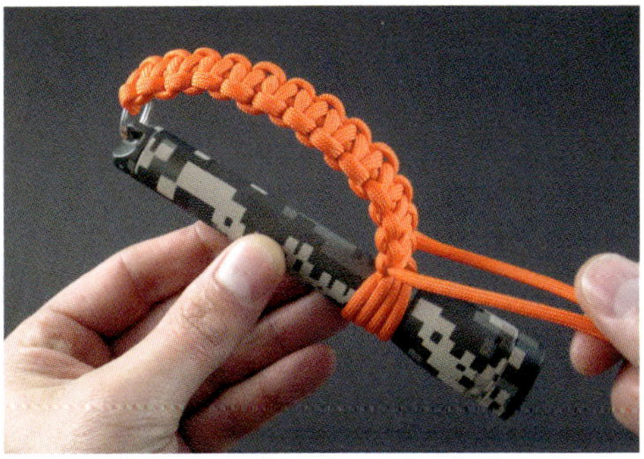

21. Die Schritte 14 bis 19 so oft wiederholen, bis der Konstriktorknoten erreicht ist.

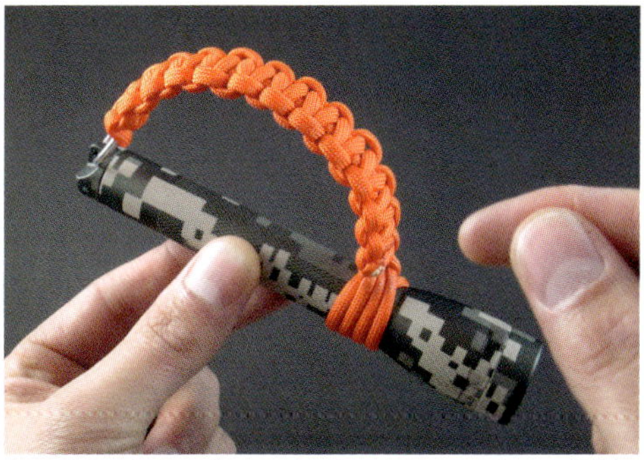

22. Die Enden kurz abschneiden und sorgfältig abbrennen.

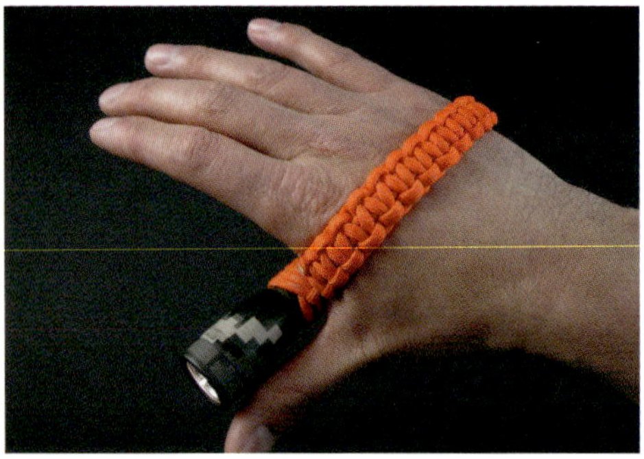

23. So sitzt der fertige Griff auf der Hand.

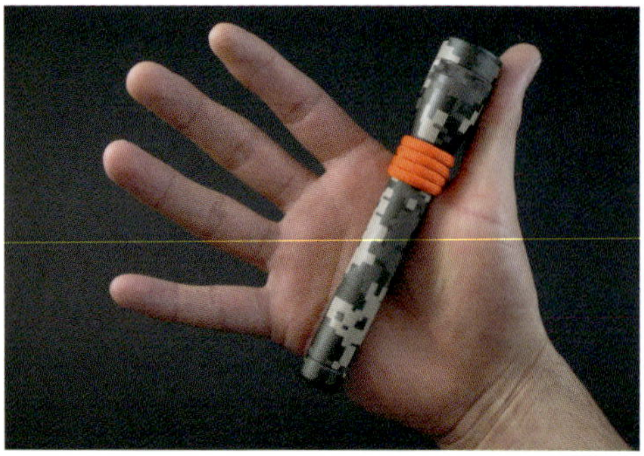

24. Sie können nun in dieser Hand noch einen zweiten Gegenstand tragen.

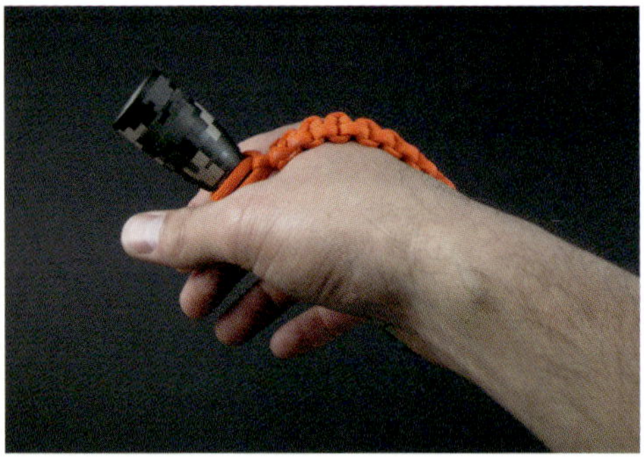

25. Wenn Sie die Hand entspannt hängen lassen, beleuchtet die Lampe den Weg vor Ihnen.

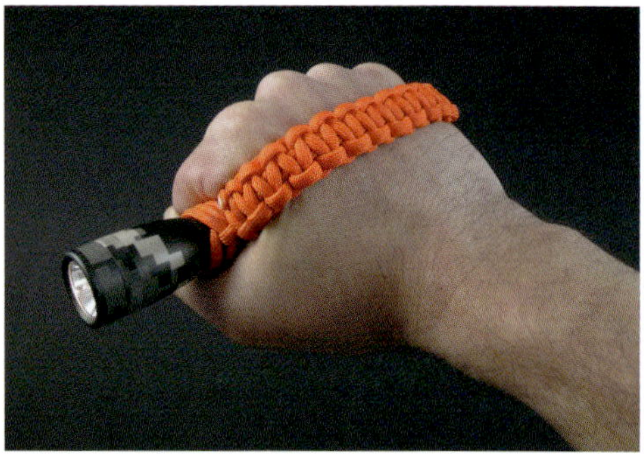

26. Im Notfall kann die Lampe auch die Schlagkraft Ihrer Faust verstärken.

Rutschfester Machetengriff

No-Slip Machete Grip

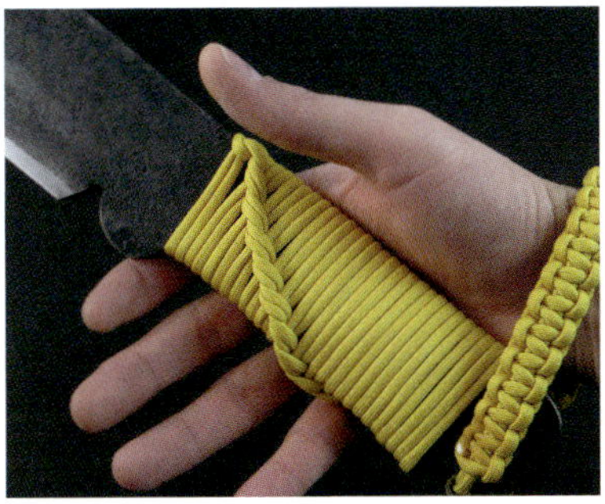

Der umknotete Griff liegt gut in der Hand, und die Schlaufe gibt zusätzliche Sicherheit. So kann die Machete, wenn sie in der Wildnis im Einsatz ist, nicht so leicht aus der Hand rutschen.

Schnur: *7,3 m (für 12,5 cm Grifflänge und ca. 25,5 cm Schlaufenlänge)*

Komponenten: *Jungle Master® Rambo Machete + französischer Takling + Salomon Bar*

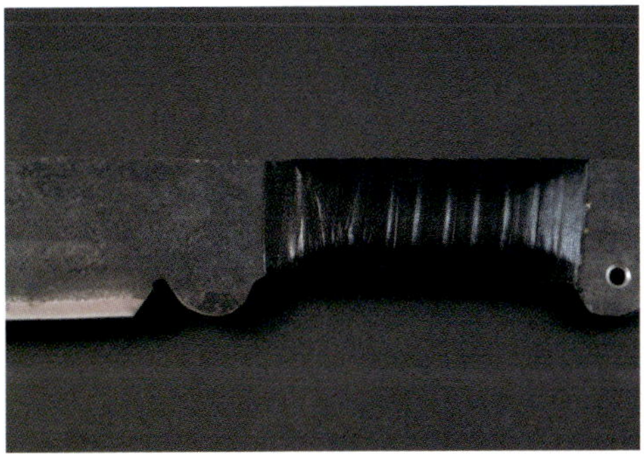

1. Für den Griff einer Jungle Master® Rambo Machete oder den Griff eines ähnlichen Buschmessers.

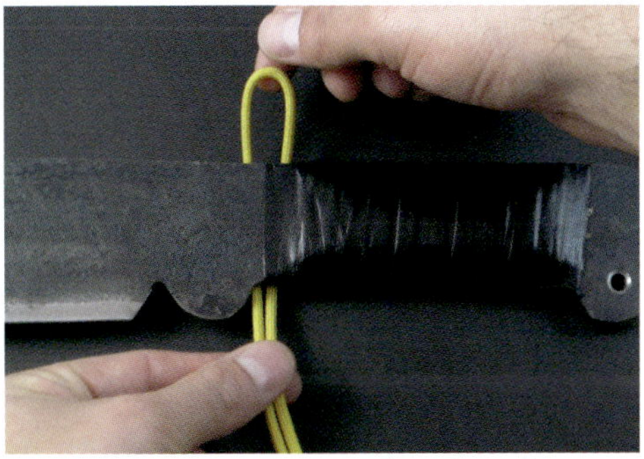

2. Eine Bucht in die Mitte der Schnur legen. Diese an die Zwinge hinter den Messergriff legen.

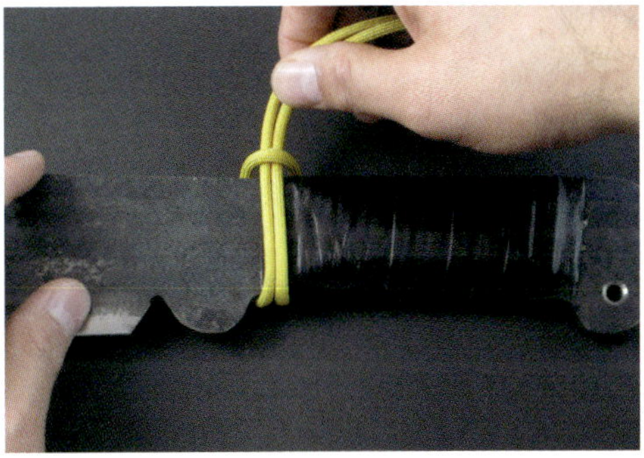

3. Beide Schnurenden durch die Bucht ziehen. Das ist ein **Kuhstek**.

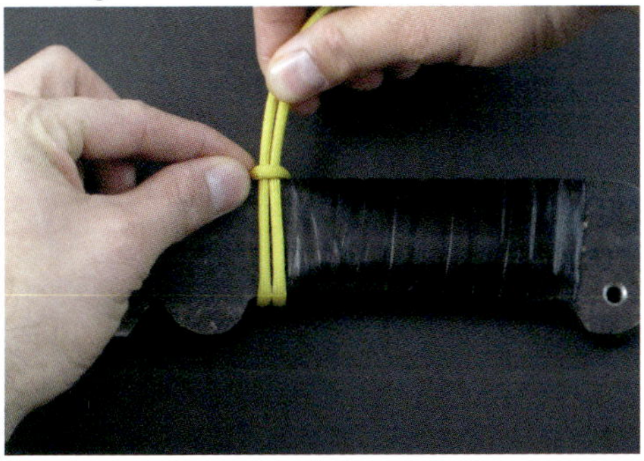

4. Den Knoten dichtholen. Er muss die Zwinge fest umschließen.

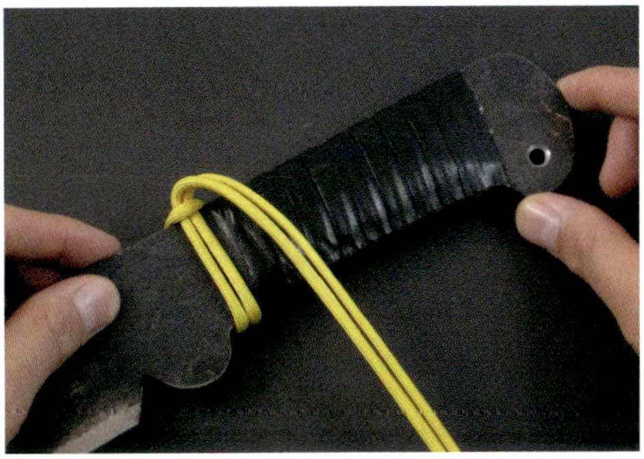

5. Den Griff um 45° nach links drehen.

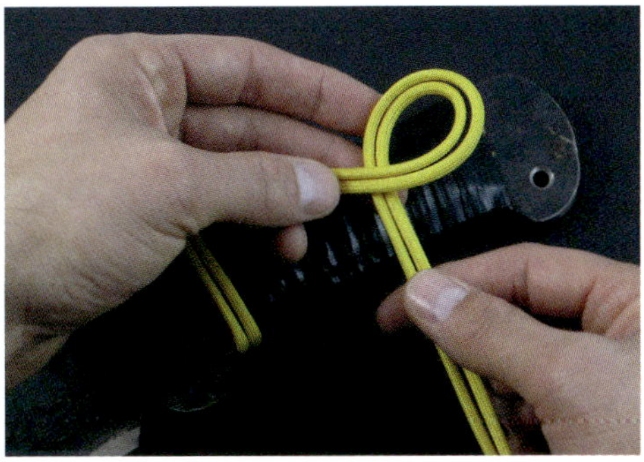

6. In beide Schnurenden eine Schlaufe im Uhrzeigersinn legen.

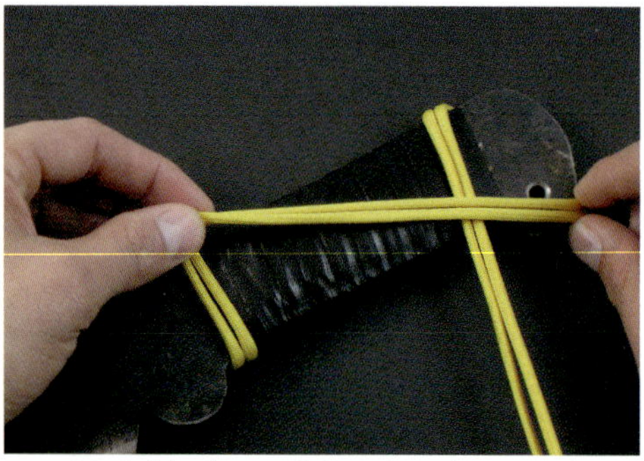

7. Die Schlaufe sorgfältig über den Knauf legen …

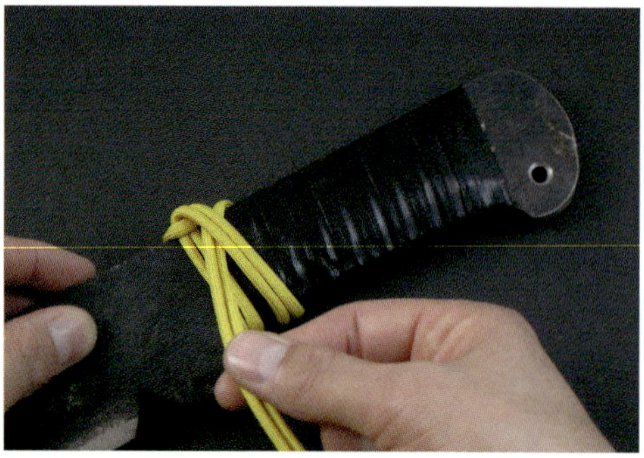

8. … und bis zur Zwinge schieben. So entsteht über dem Kuhstek ein halber Schlag.

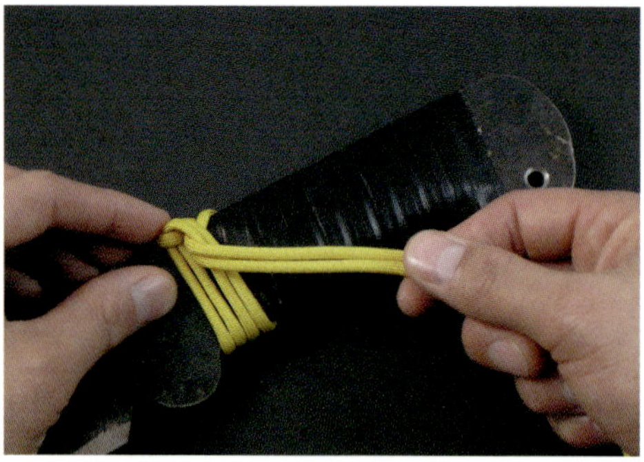

9. Den halben Schlag fest dichtholen.

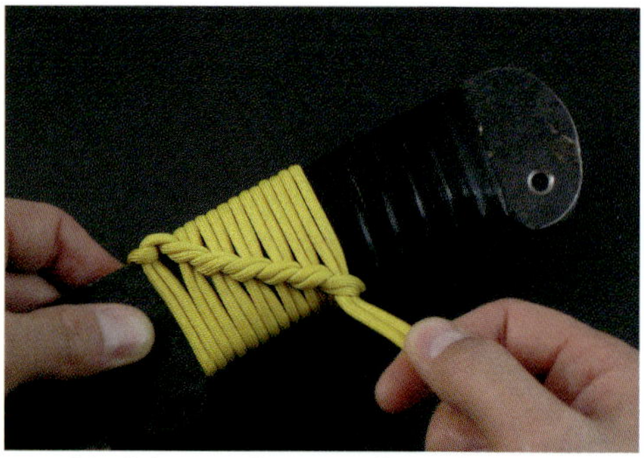

10. Die Schritte 6 bis 9 so oft wiederholen, bis die Innenkante des Griffs erreicht ist.

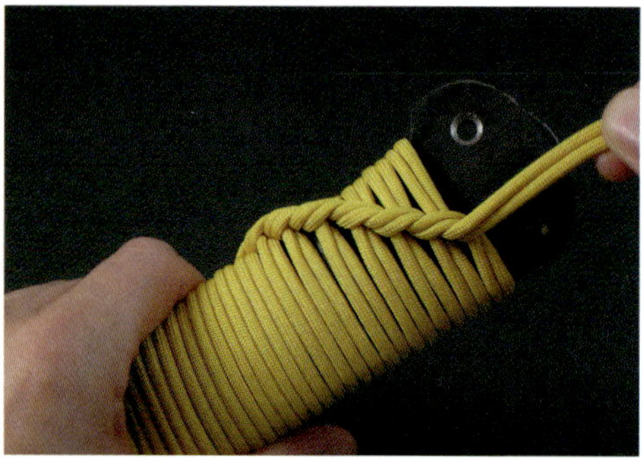

11. Die Machete um die eigene Achse wenden und die Schritte 6 bis 9 so oft wiederholen, bis der Knauf erreicht ist.

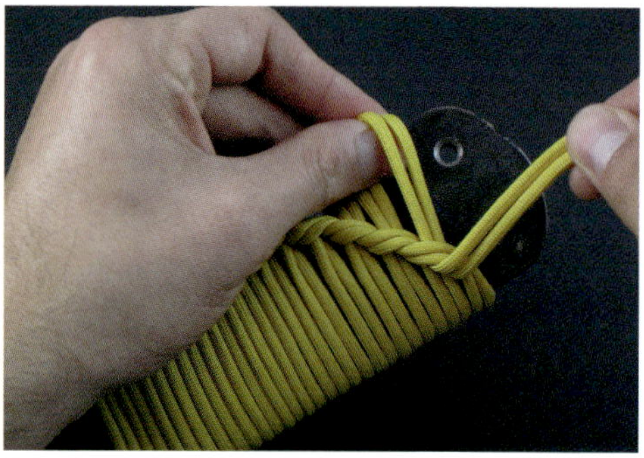

12. Diese Kombination aus halben Schlägen ist ein **französischer Takling**. Zum Fixieren die obersten stehenden Parten anheben …

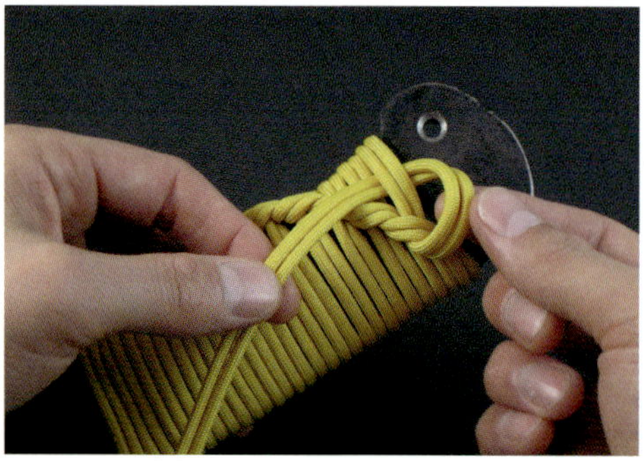

13. … und die losen Enden von oben nach unten darunterstecken.

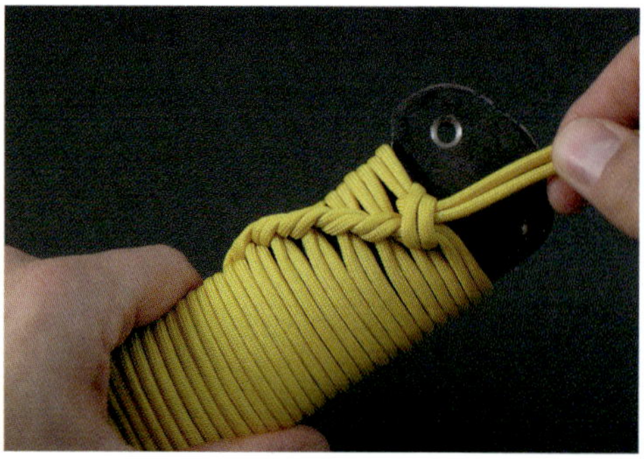

14. Dann die losen Enden durch die entstehende Schlaufe ziehen. Fest dichtholen.

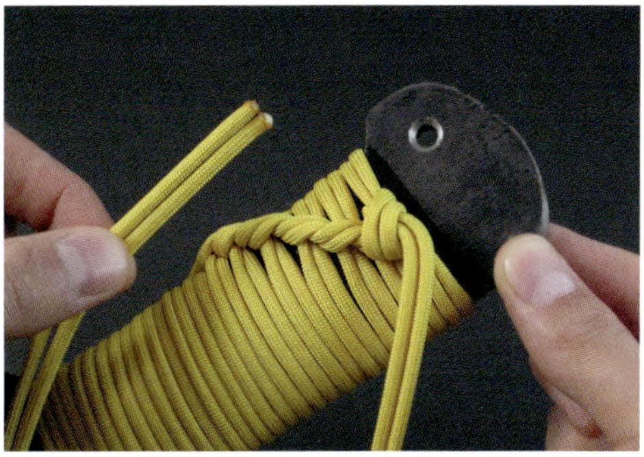

15. Nun die beiden Schnurenden in die Hand nehmen …

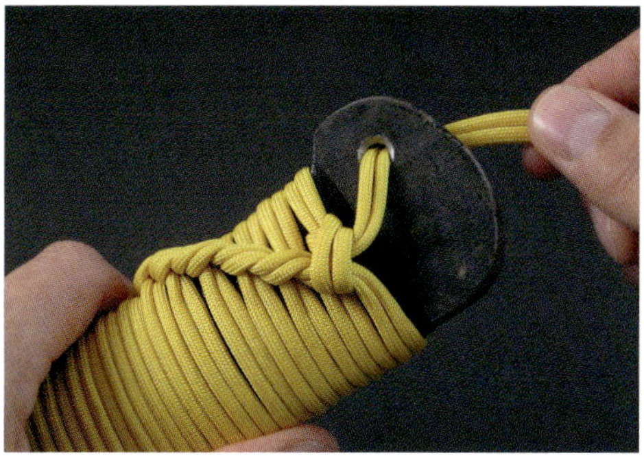

16. … und durch das Loch im Knauf stecken.

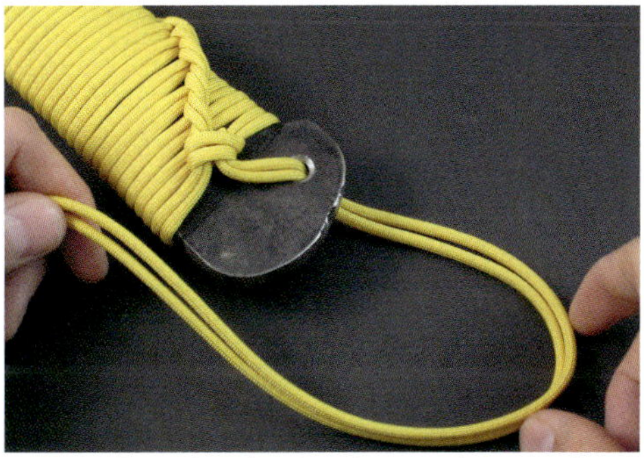

17. Beide Enden durchziehen und einen Abstand von 25,5 cm zum Knauf abmessen.

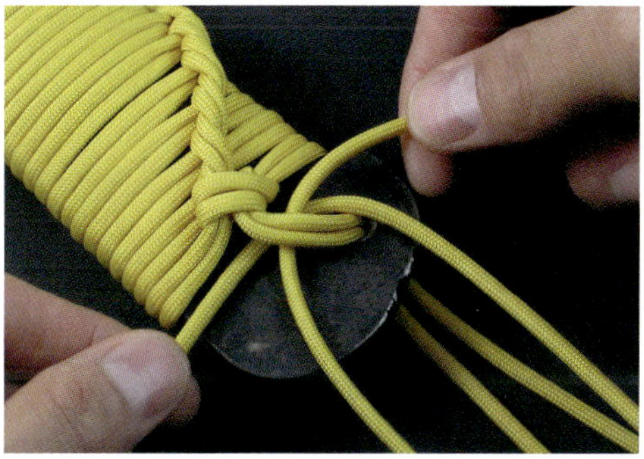

18. Die Enden in entgegengesetzten Richtungen unter der Schnur vor dem Loch im Knauf durchziehen.

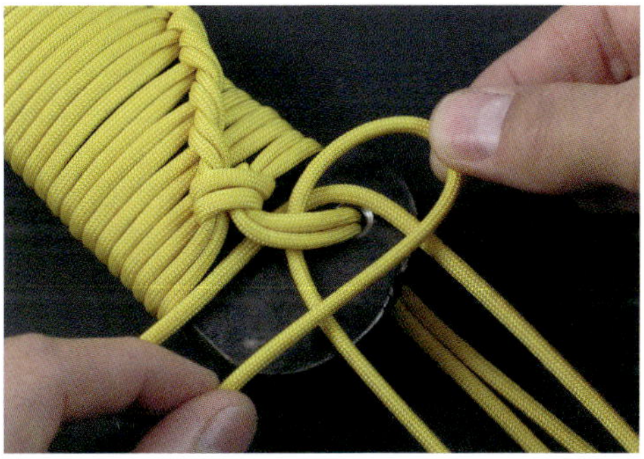

19. Das rechte lose Ende über den senkrechten Schnüren nach links legen.

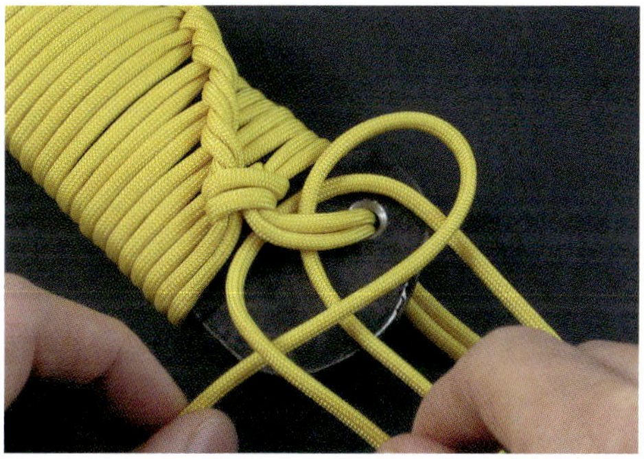

20. Das linke lose Ende über die davorliegende Schnur nach unten legen, …

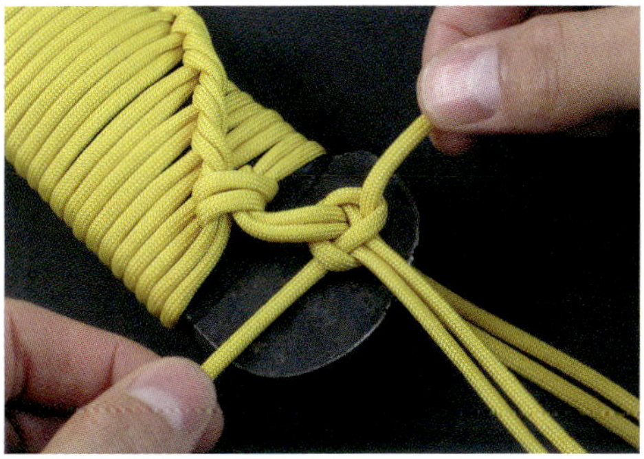

21. … unter den senkrechten Schnüren nach rechts führen und von hinten durch den rechten Bogen stecken. Fest dichtholen.

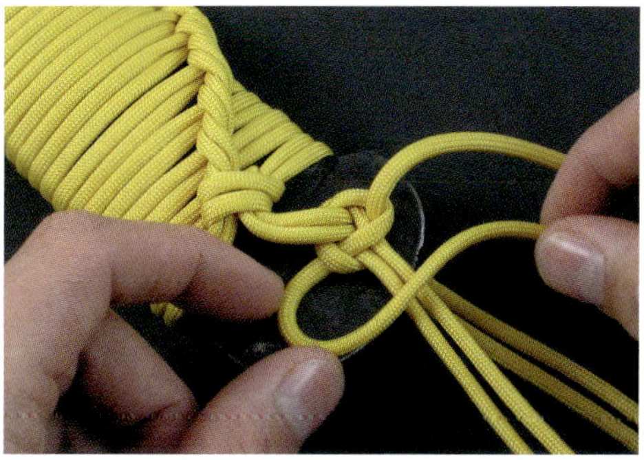

22. Das linke lose Ende über den senkrechten Schnüren nach rechts legen.

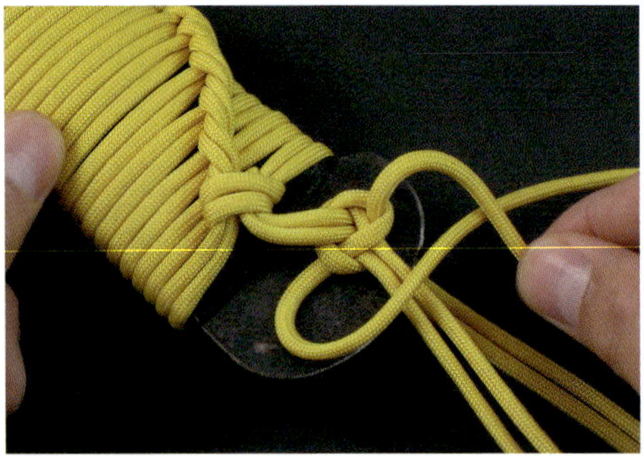

23. Das rechte lose Ende über die darunterliegende Schnur legen.

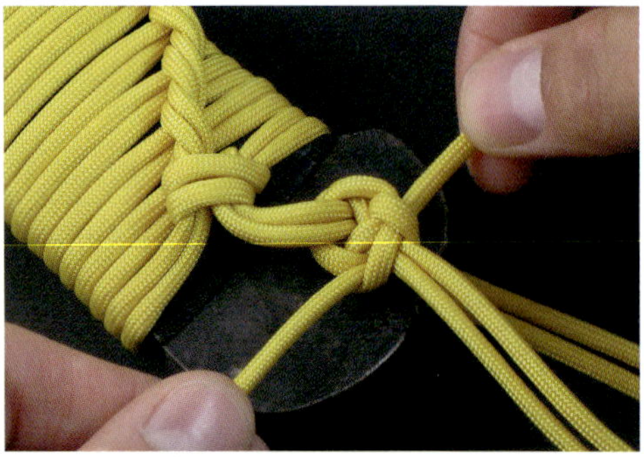

24. Unter den senkrechten Schnüren nach links legen und von hinten durch den linken Bogen stecken. Fest dichtholen.

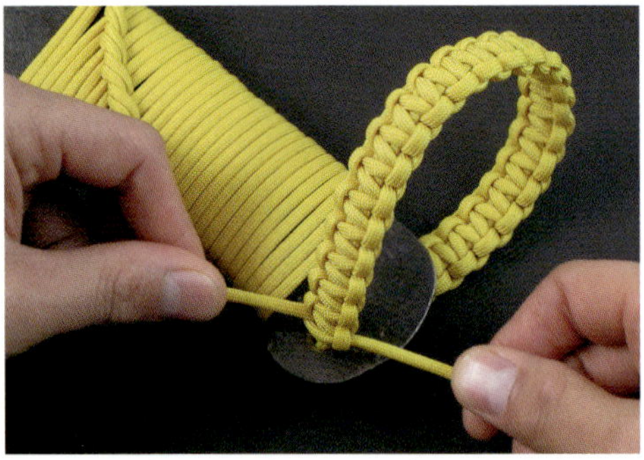

25. Die Schritte 19 bis 24 so oft wiederholen, bis die andere Seite des Knaufs erreicht ist.

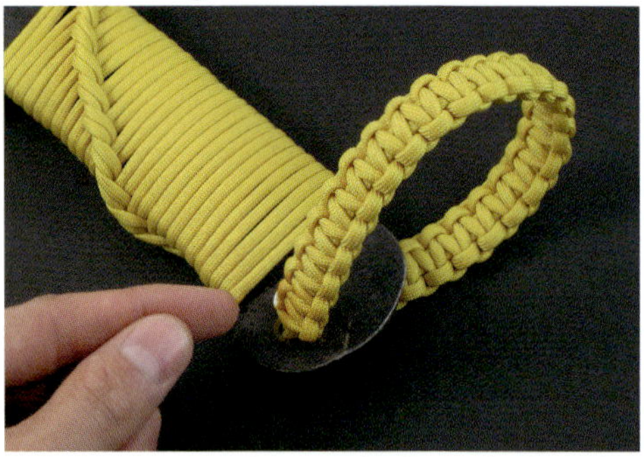

26. Die waagerechten Enden kurz abschneiden und sorgfältig abbrennen.

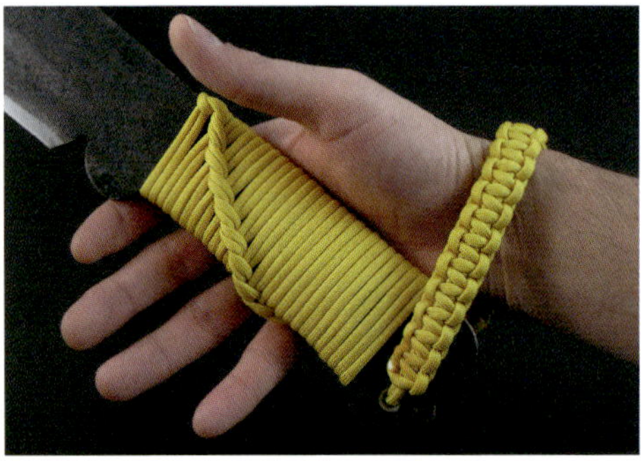

27. Die Hand durch die Griffschlaufe stecken.

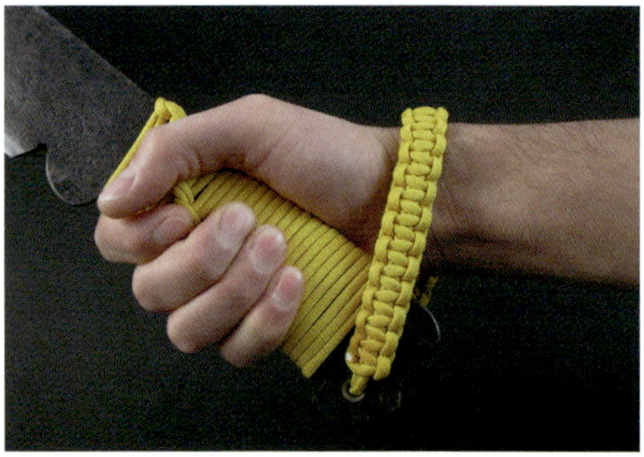

28. Jetzt ist die Machete einsatzbereit.

Improvisierte Schneebrille

Emergency Snow Goggles

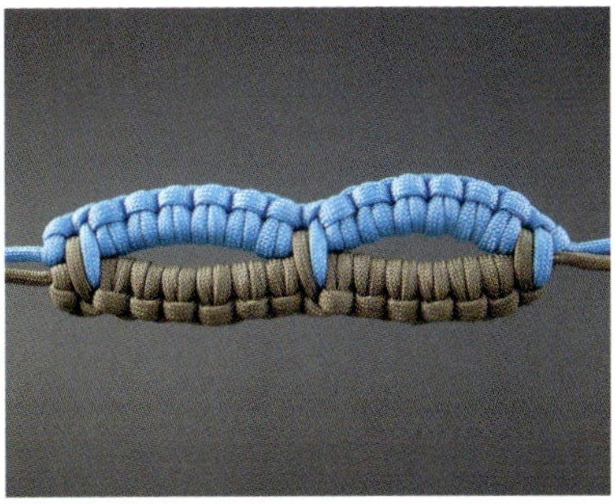

Für dieses Projekt waren die Schneebrillen der Inuit Vorbild, die in der Arktis leben. Schneeblindheit wird durch übermäßige UV-Strahlung verursacht und kann sehr schmerzhaft sein. Diese Brille beugt solchen Problemen vor – auch beim Wintersport.

Schnur: *2 Schnüre à 2,3 m (fertige Breite ca. 13 cm)*
Komponenten: *Slipknoten paarweise + Kuhsteke paarweise + halbe Schläge wechselseitig*

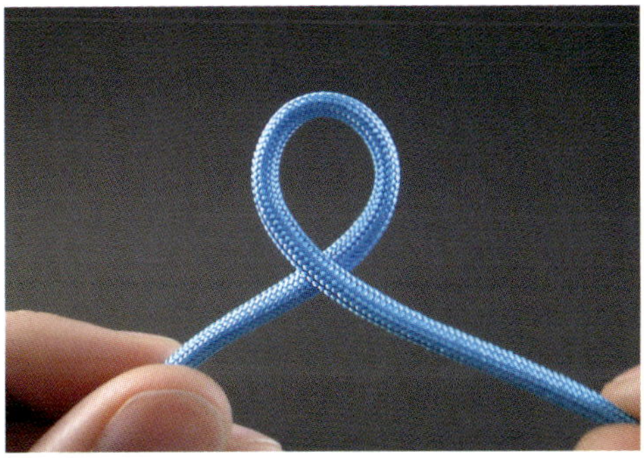

1. In ca. 60 cm Abstand zum rechten Ende der Schnur eine Schlaufe entgegen dem Uhrzeigersinn legen.

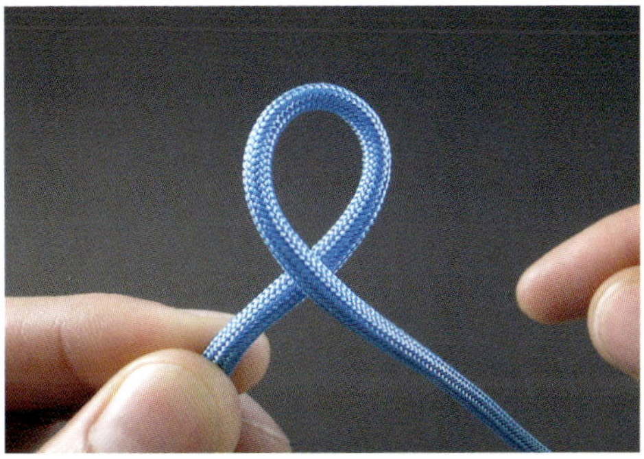

2. Das kurze Ende der Schnur liegt rechts.

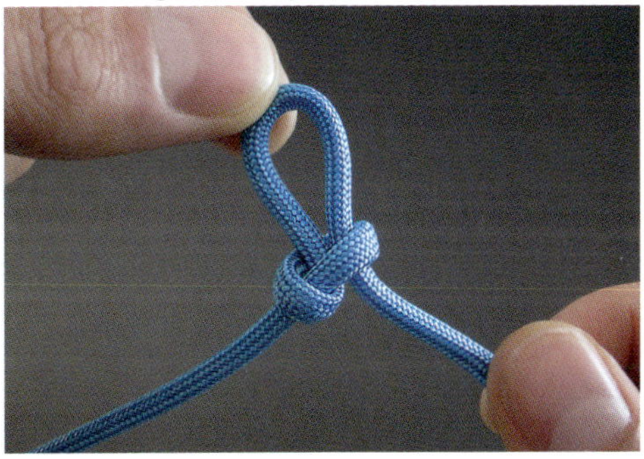

3. Eine Bucht ins rechte Schnurende legen und durch die Schlaufe ziehen. Das ist ein Slipknoten.

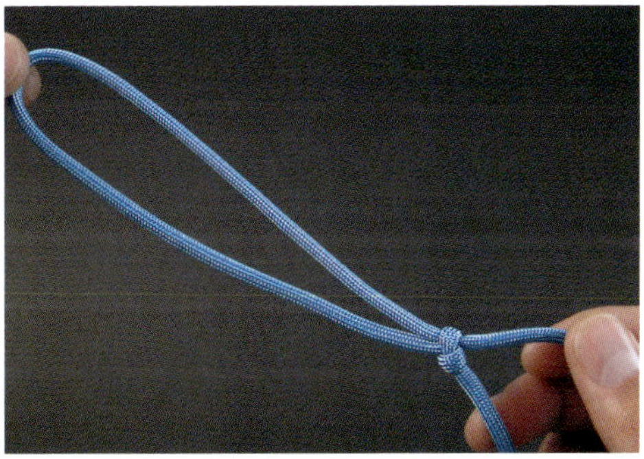

4. Die Schlaufe auf ca. 15 cm aufziehen, dann den Slipknoten dichtholen.

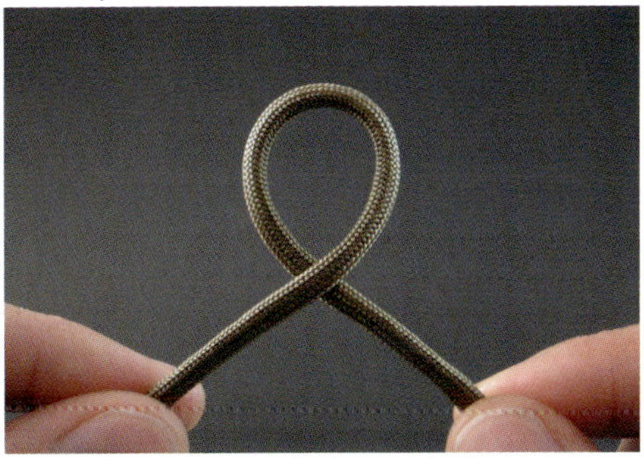

5. In ca. 60 cm zum linken Ende der zweiten Schnur im Uhrzeigersinn eine Schlaufe legen.

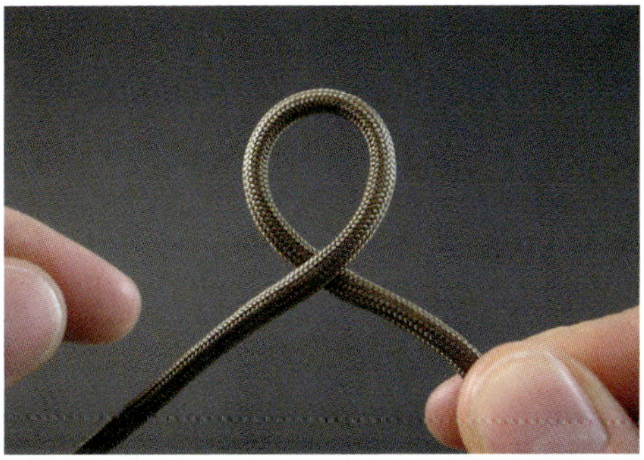

6. Das kurze Ende der Schnur liegt links.

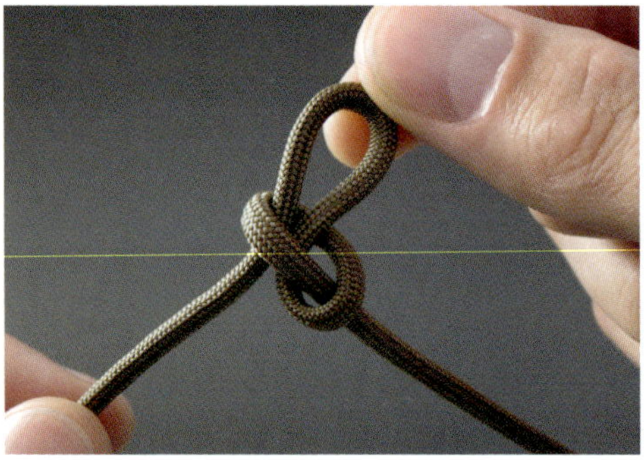

7. Eine Bucht ins linke Schnurende legen und durch die Schlaufe ziehen. Das ist ein Slipknoten.

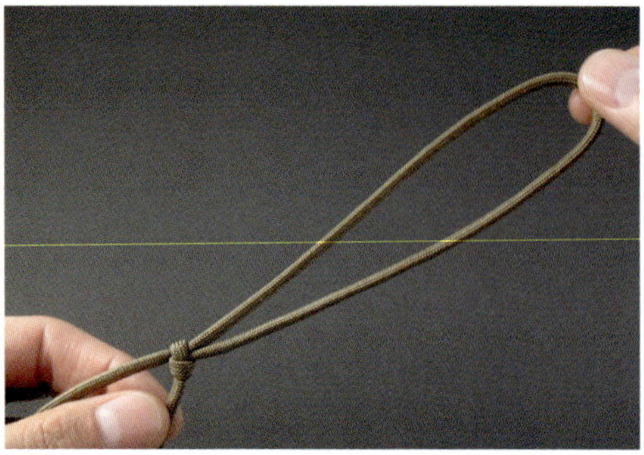

8. Die Schlaufe auf ca. 15 cm aufziehen, dann den Slipknoten dichtholen.

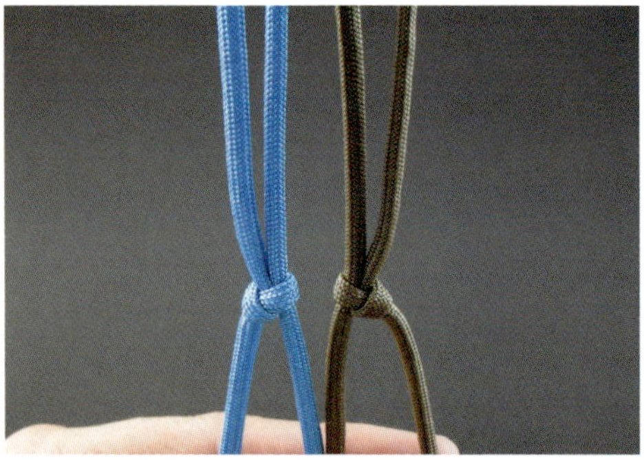

9. Beide Schnüre nebeneinanderlegen, die Schlaufen liegen oben, die kurzen Enden zwischen den langen.

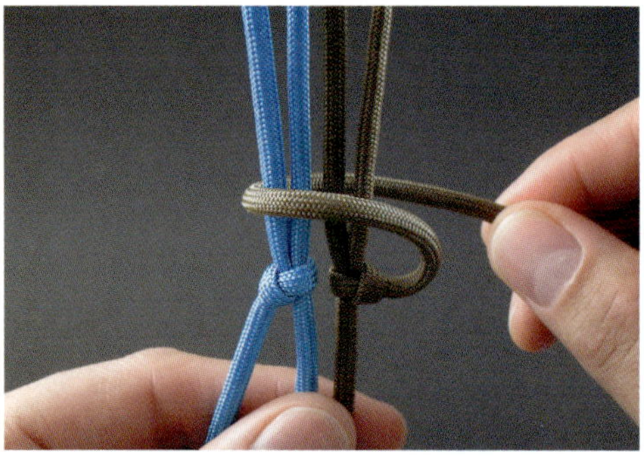

10. Das rechte lose Ende nach links legen und von vorn um beide Schlaufen herumführen.

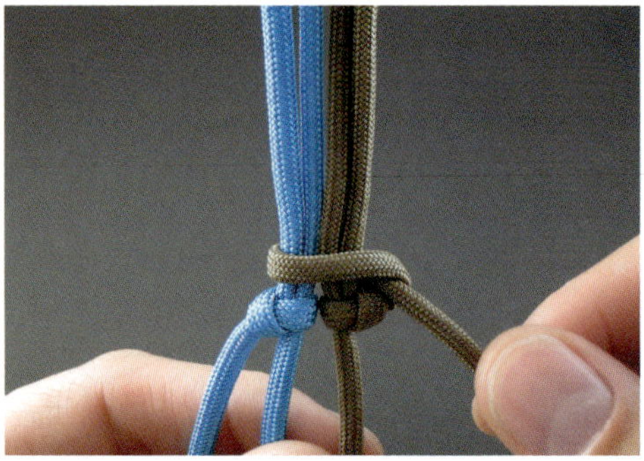

11. Dann dieses Ende von hinten durch den rechten Bogen stecken. Fest dichtholen.

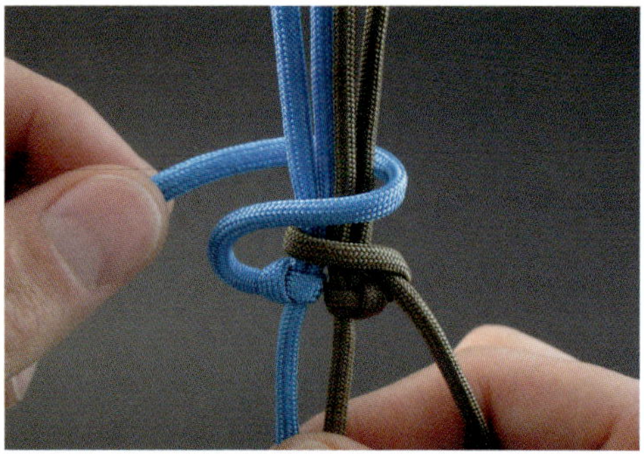

12. Das linke lose Ende nach rechts legen und von vorn um beide Schlaufen herumführen.

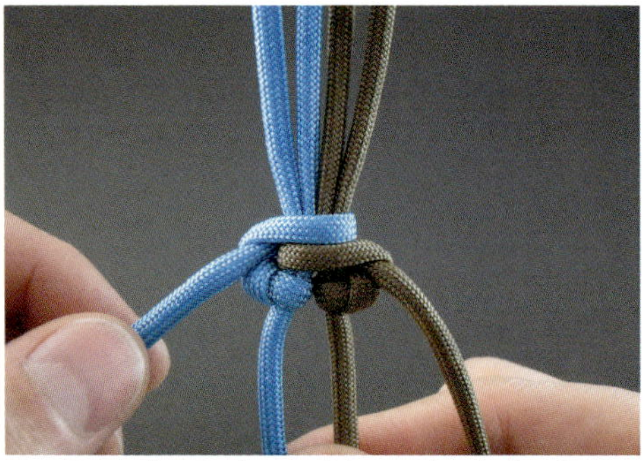

13. Dasselbe Ende von hinten durch den linken Bogen stecken. Fest dichtholen.

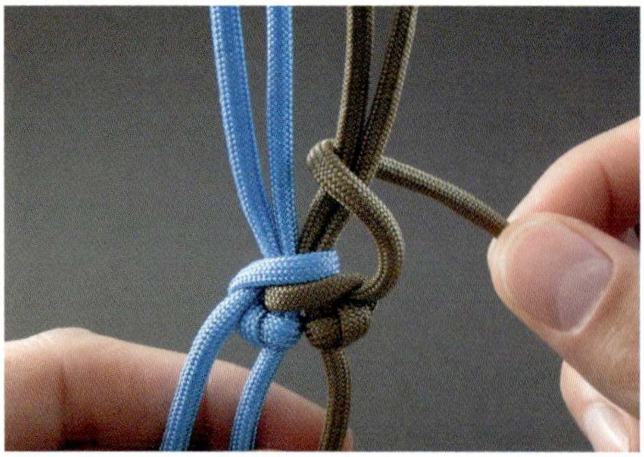

14. Nun das rechte lose Ende nach links legen und nur um die rechte Schlaufe führen.

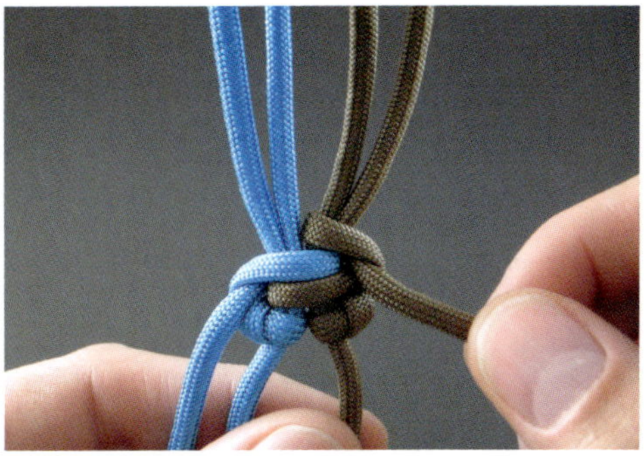

15. Dasselbe Ende von hinten durch den rechten Bogen stecken. Fest dichtholen.

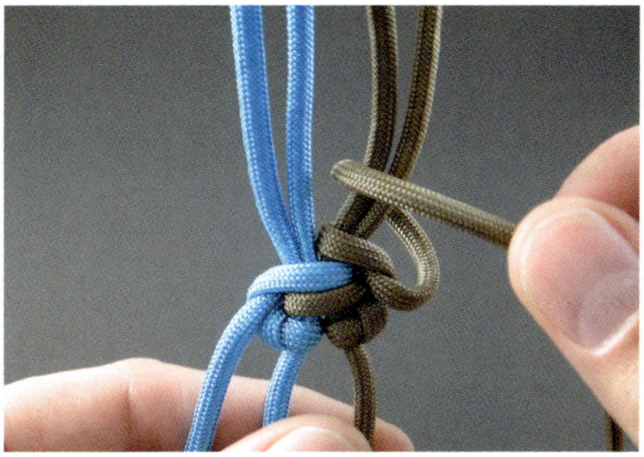

16. Nun das rechte lose Ende hinter der Schlaufe nach links führen und herumlegen …

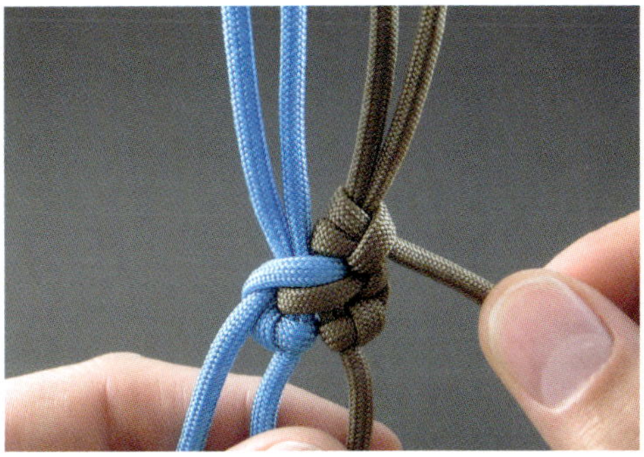

17. … und von vorn durch den rechten Bogen stecken. Fest dichtholen.

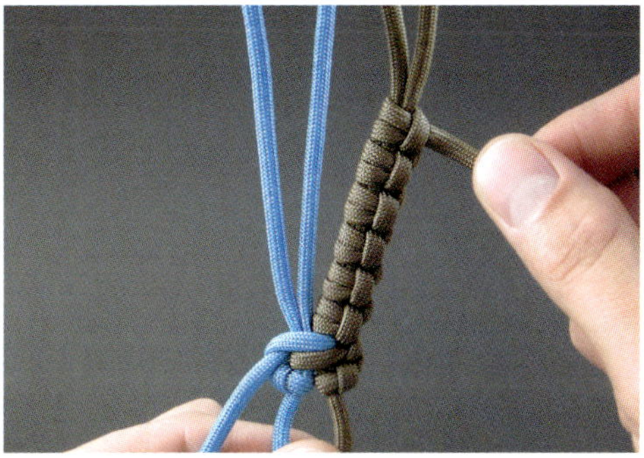

18. Die Schritte 14 bis 17 noch fünfmal wiederholen.

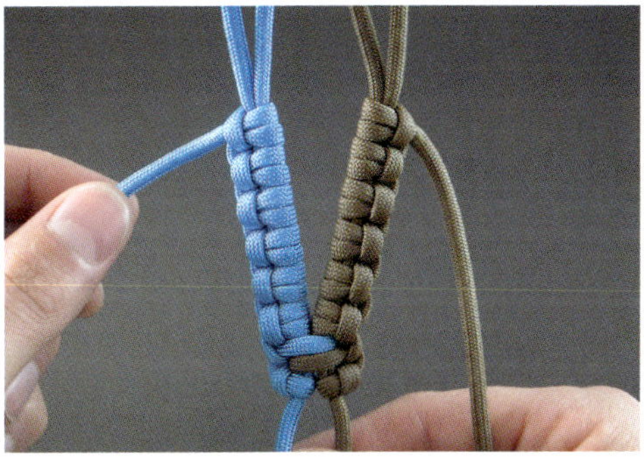

19. Die Schritte 14 bis 18 an der linken Schlaufe wiederholen. Die Knoten liegen spiegelbildlich zur rechten.

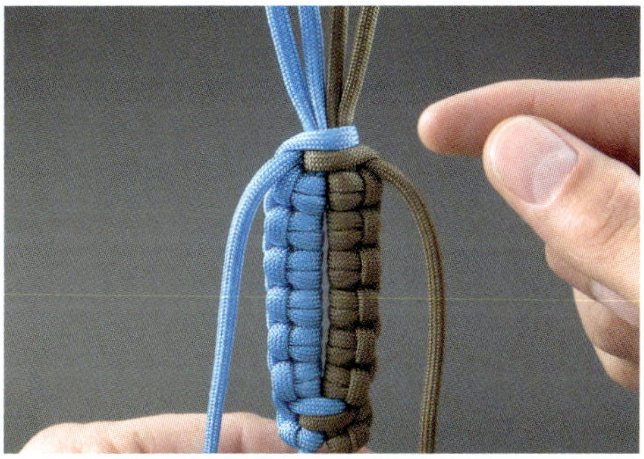

20. Danach die Schritte 10 bis 13 einmal wiederholen. Das ergibt den Mittelsteg der Schneebrille.

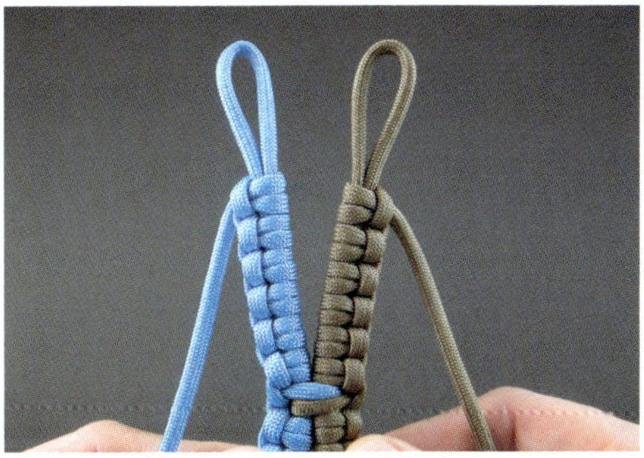

21. Die Schritte 14 bis 19 wiederholen …

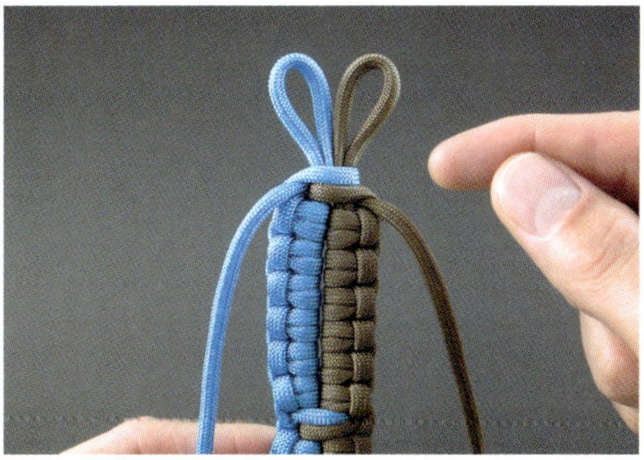

22. … und die Schritte 10 bis 13 nochmals wiederholen.

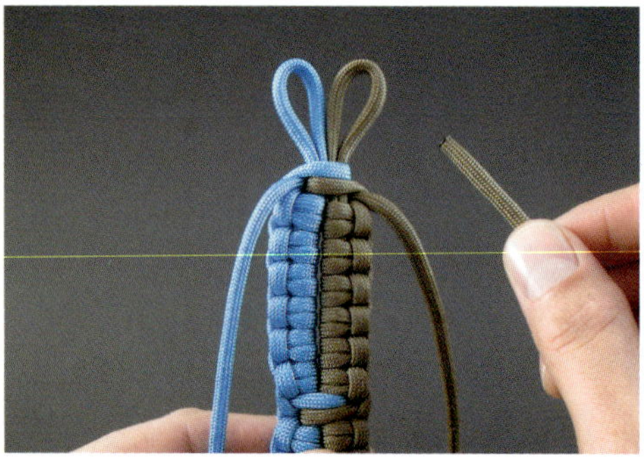

23. Jetzt das lose Ende der rechten Schnur in die Hand nehmen …

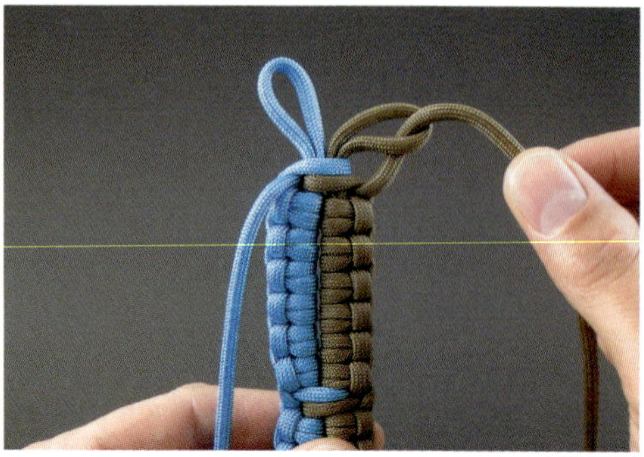

24. … und durch die rechte Schlaufe stecken.

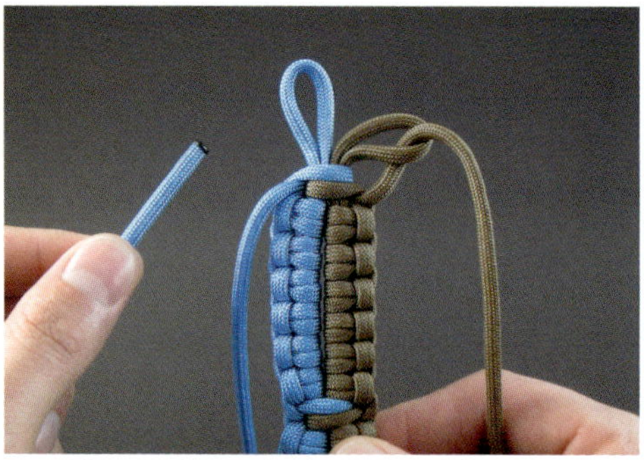

25. Ebenso das Ende der linken Schnur …

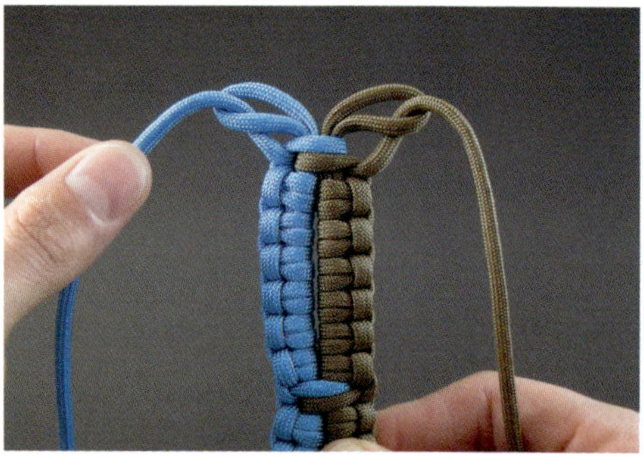

26. … durch die linke Schlaufe stecken.

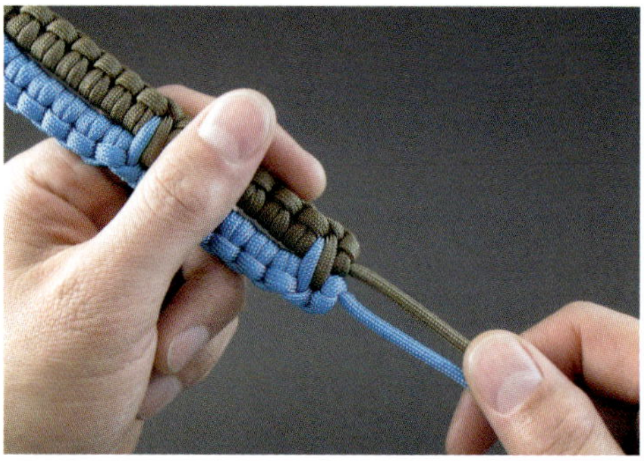

27. Zum Dichtholen die Knüpferei mit einer Hand festhalten …

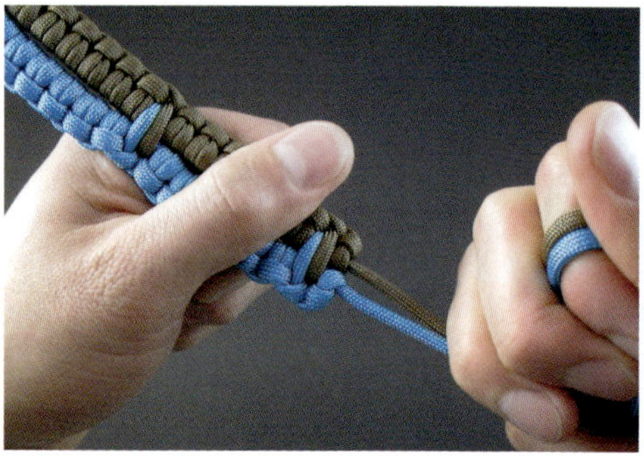

28. … und mit der anderen kräftig an den Enden ziehen, damit sich die Schlaufen um die losen Enden zusammenziehen.

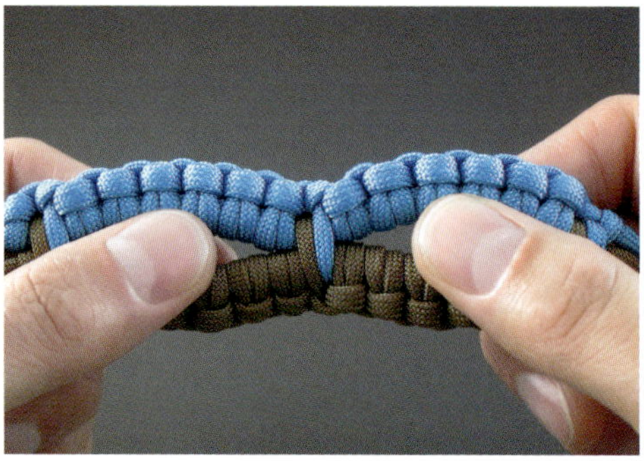

29. Die Augenschlitze gerade so weit öffnen, dass man durch sie hindurchsehen kann.

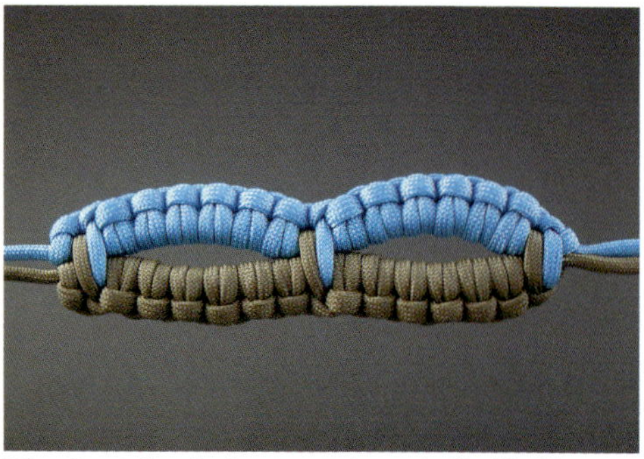

30. So sieht die fertige Schneebrille für Notfälle aus.

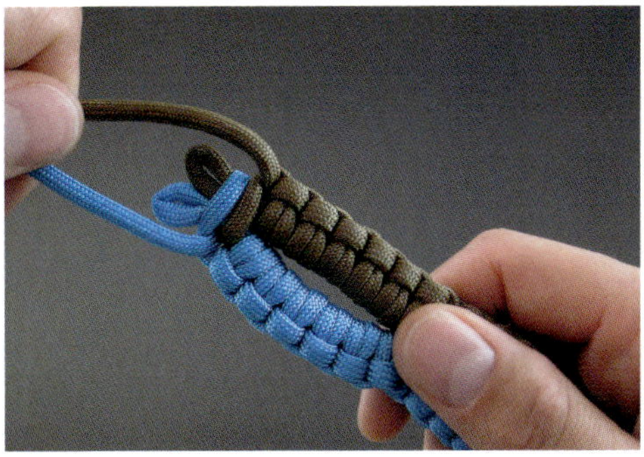

31. Falls die Schnüre anderweitig benötigt werden, die losen Enden aus den Schlaufen ziehen …

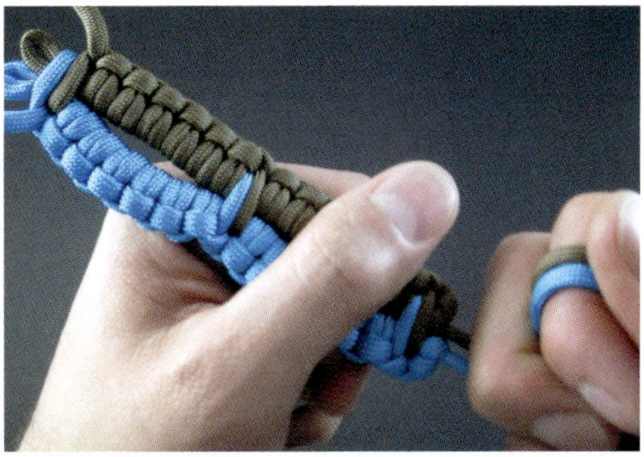

32. … und die Knüpferei festhalten. An den losen Enden ziehen.

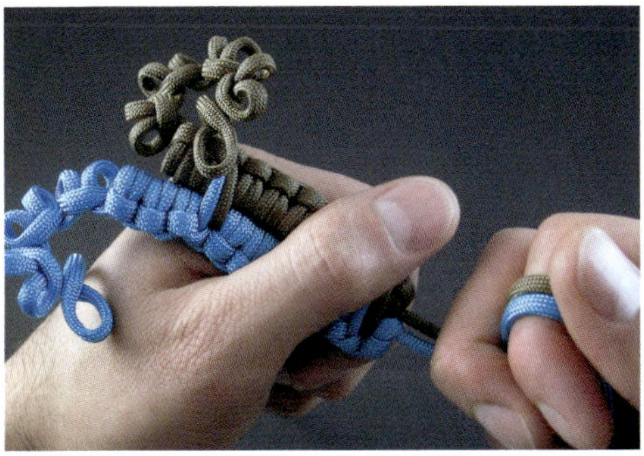

33. Dann dröselt sich die Brille rasch auf, …

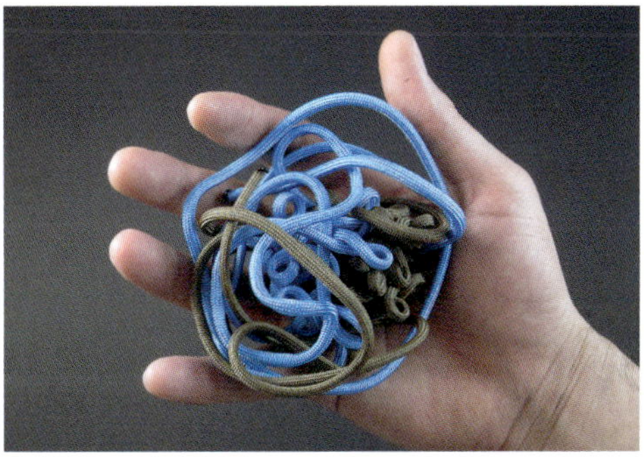

34. … und Sie haben in wenigen Sekunden ein Bündel Schnur in der Hand.

Buschsandalen

Bush Sandals

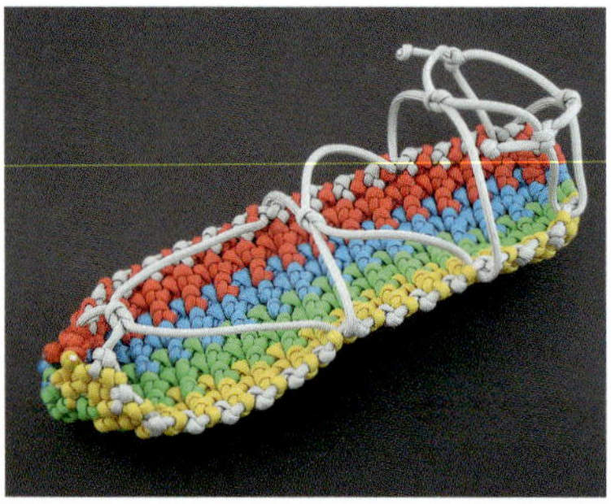

Sind die eigenen Schuhe verloren gegangen, sind diese Sandalen eine geniale Notlösung. Sie schützen die Fußsohlen vor Schnittverletzungen und geben auf glattem Untergrund guten Halt.

Schnur: *5 Schnüre à 6,1 m (fertige Sohlen 30,5 cm lang und 11,4 cm breit)*

Komponenten: *Kuhsteke + Slipknoten + Kreuzknoten + Schnürung*

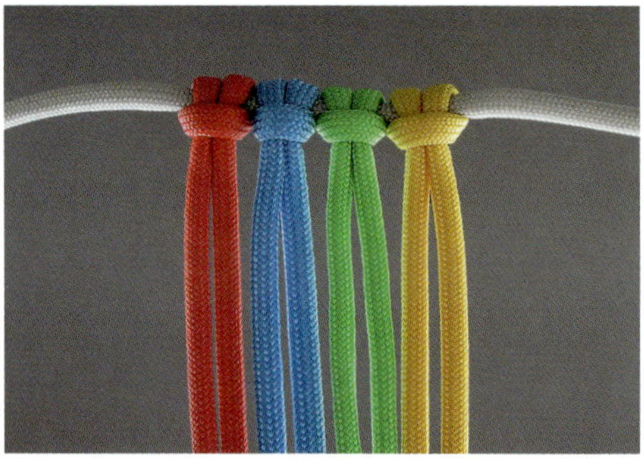

1. Zuerst vier Kuhsteke (siehe Seite 135) nebeneinander um die Mitte der fünften Schnur binden.

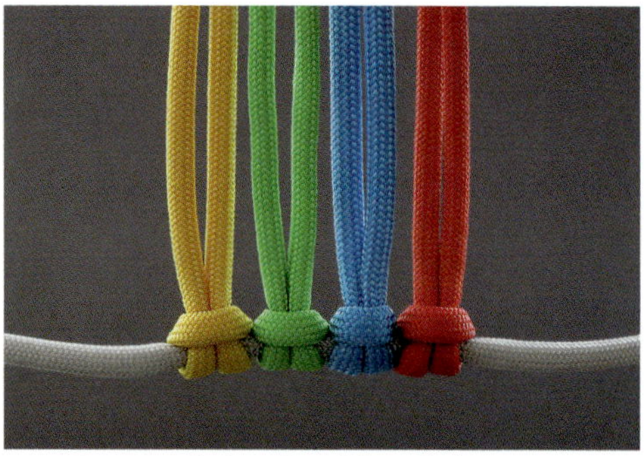

2. Die Knüpfarbeit kopfüber drehen.

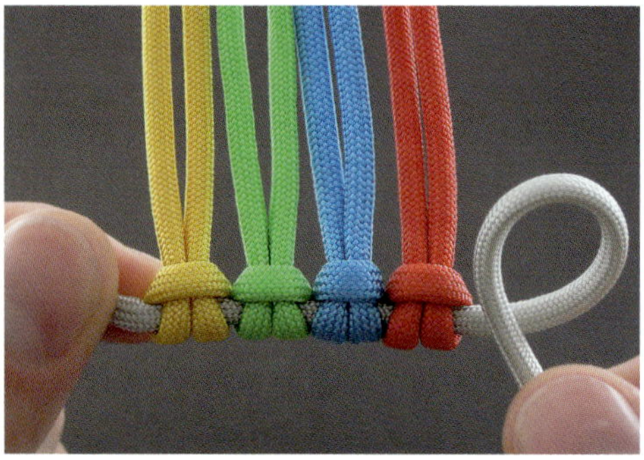

3. Ins äußerste rechte Ende entgegen dem Uhrzeigersinn eine Schlaufe legen.

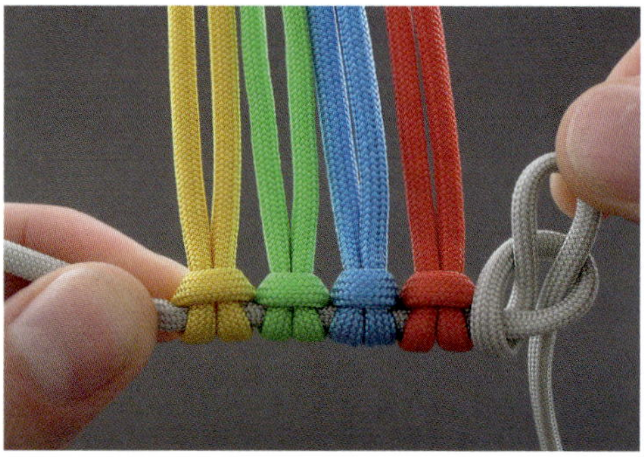

4. Eine Bucht ins lose Ende legen und durch die Schlaufe ziehen. Das ist ein **Slipknoten**.

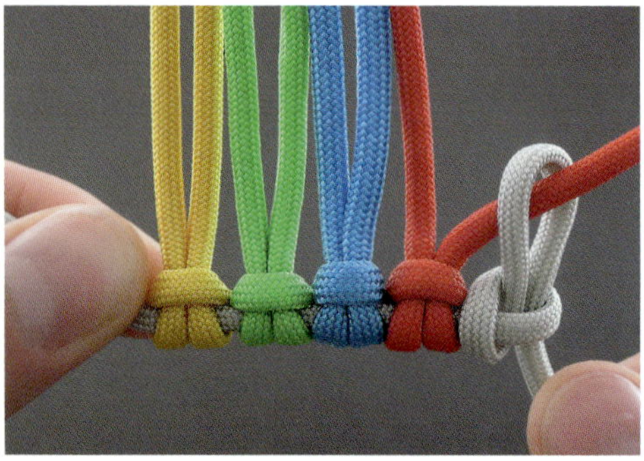

5. Die erste senkrechte Schnur durch die Schlaufe des Slipknotens ziehen.

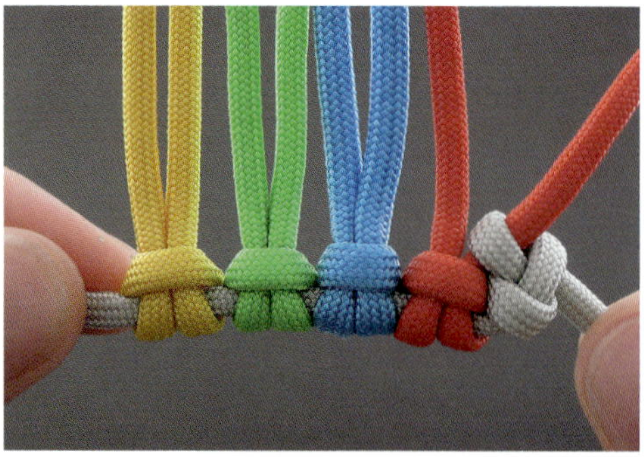

6. Dann den Slipknoten fest dichtholen.

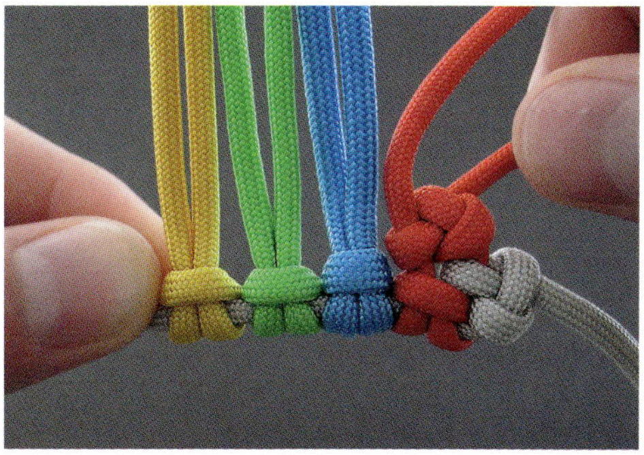

7. Von rechts nach links mit jeder Schnur die Schritte 3 bis 6 wiederholen.

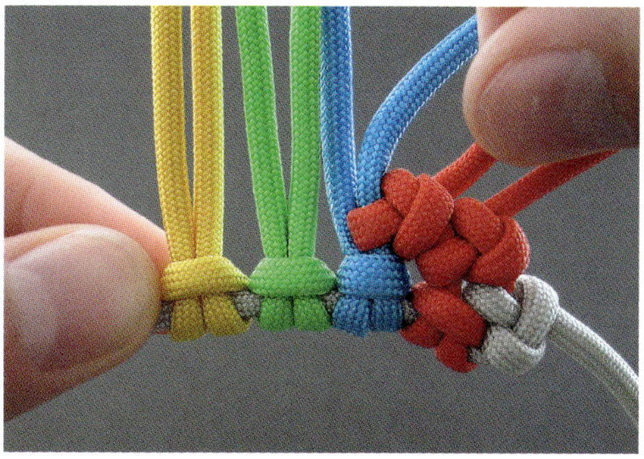

8. In jede senkrechte Schnur …

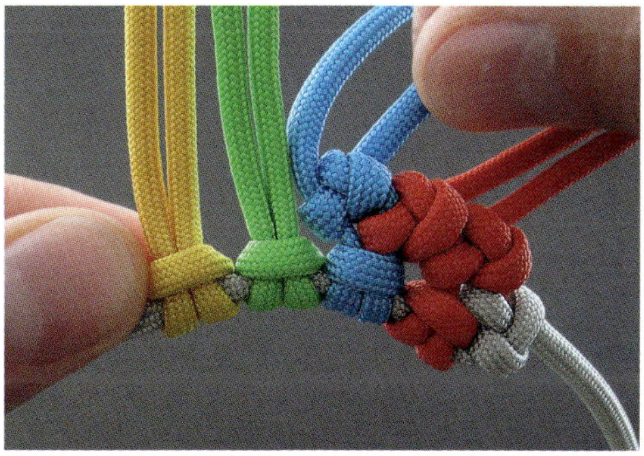

9. … einen Slipknoten binden, …

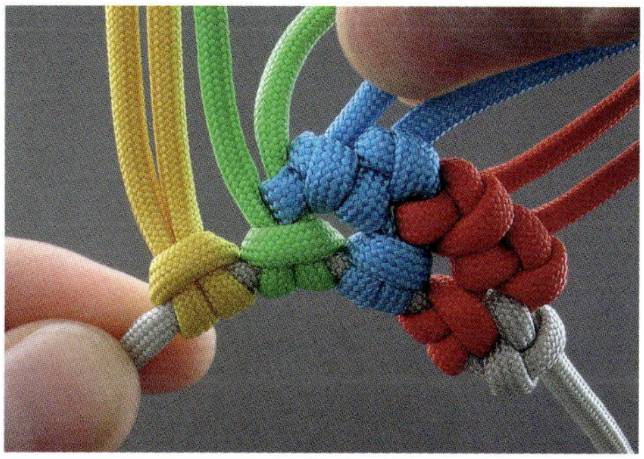

10. … ebenso um die links danebenliegende Schnur, …

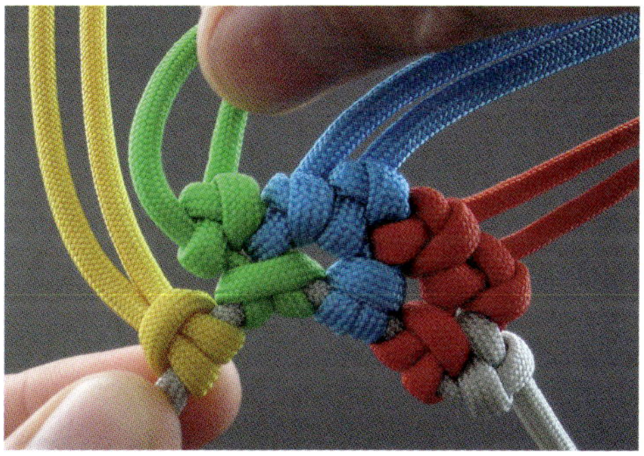

11. … dann fest zusammenziehen, …

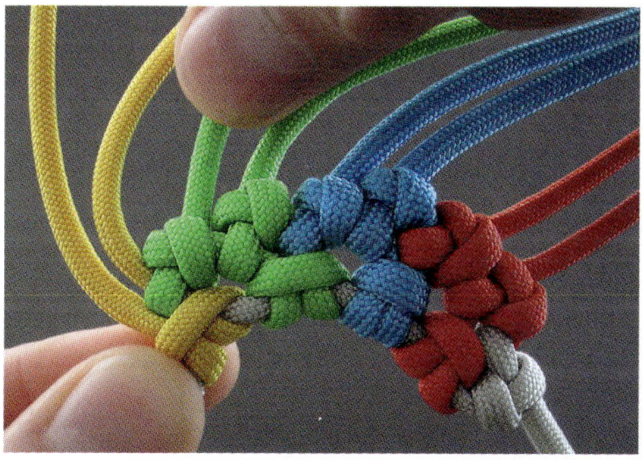

12. … bis …

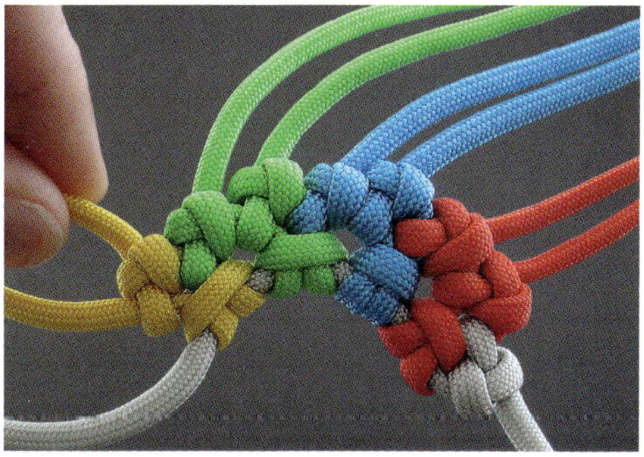

13. … auch in die äußerste linke senkrechte Schnur ein Slipknoten gebunden …

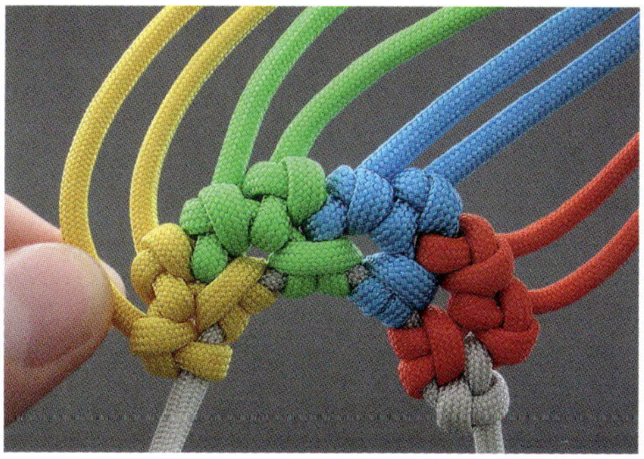

14. … und ums linke Ende der waagerechten Schnur dichtgeholt ist.

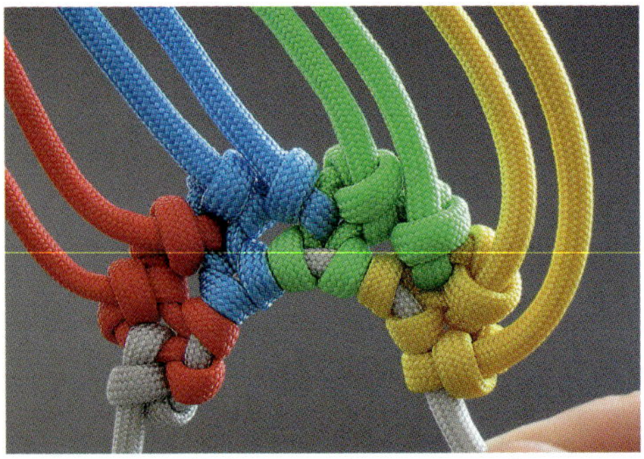

15. Die Knüpfarbeit um die eigene Achse wenden.

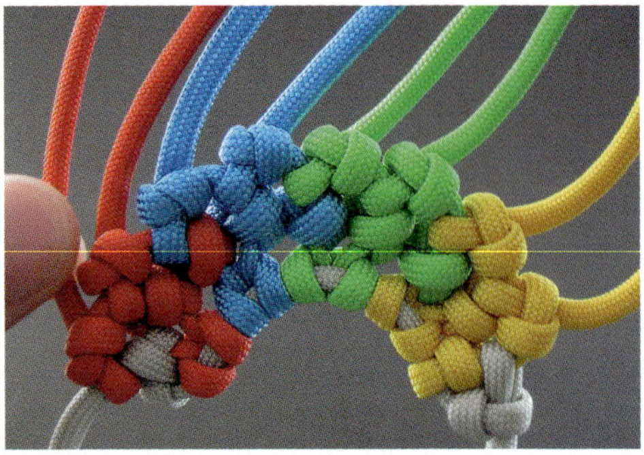

16. Die Schritte 3 bis 14 wiederholen.

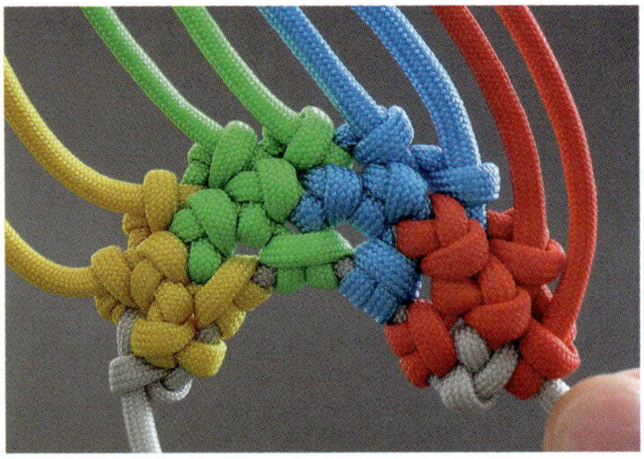

17. Die Knüpfarbeit um die eigene Achse wenden.

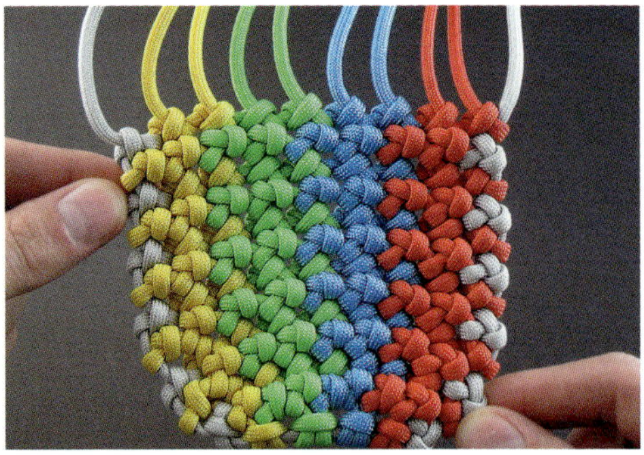

18. Die Schritte 3 bis 17 wiederholen, …

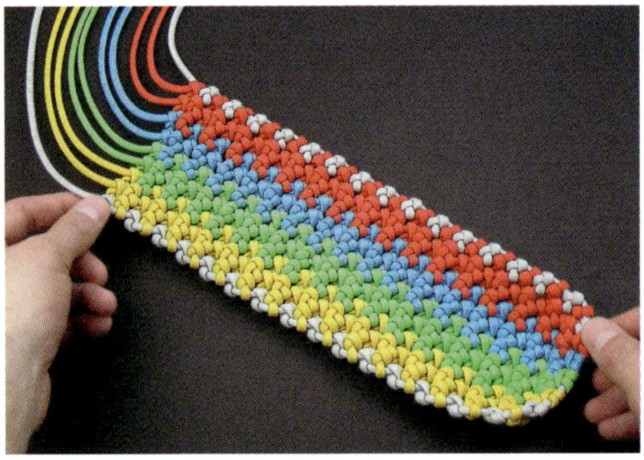

19. … bis die Sohle etwa 2,5 cm länger ist als Ihr Fuß.

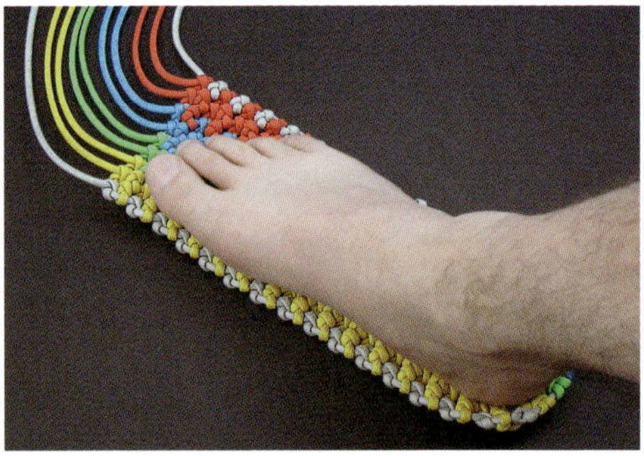

20. Den Fuß auf die Sohle stellen.

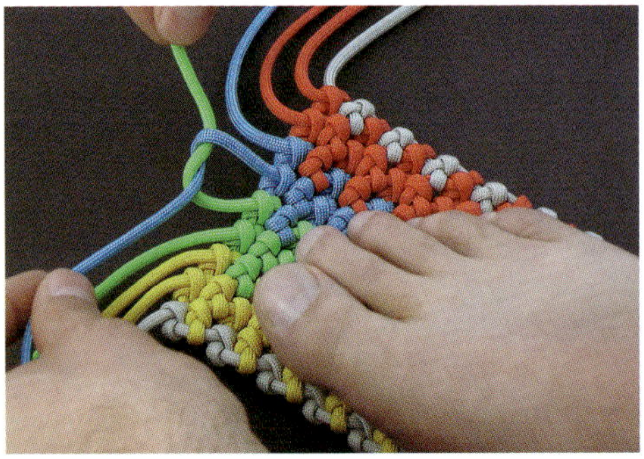

21. In die beiden mittleren senkrechten Schnüre einen Überhandknoten binden (rechte Schnur über die linke führen).

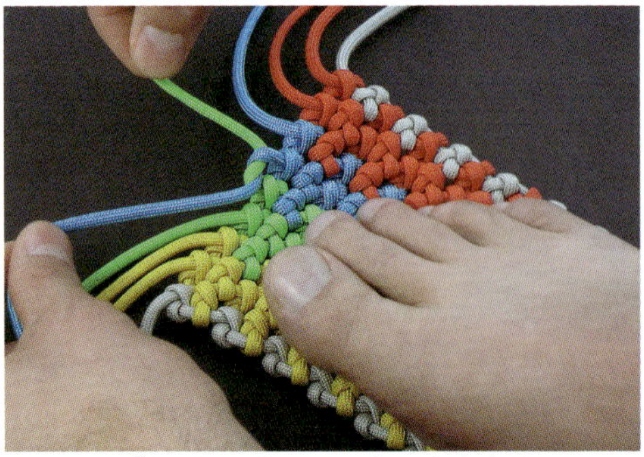

22. Den Überhandknoten fest dichtholen.

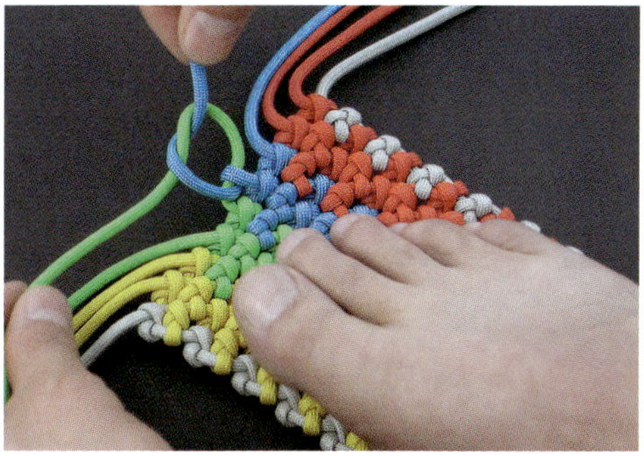

23. Mit denselben Schnüren einen zweiten Überhandknoten binden, jetzt jedoch links über rechts.

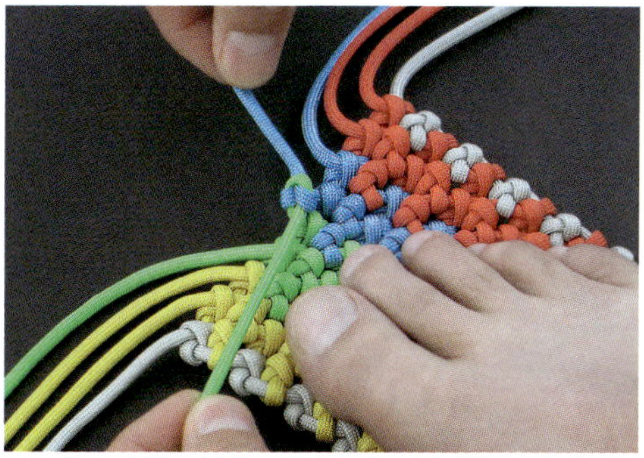

24. Beide Überhandknoten zusammen ergeben einen Kreuzknoten. Fest dichtholen.

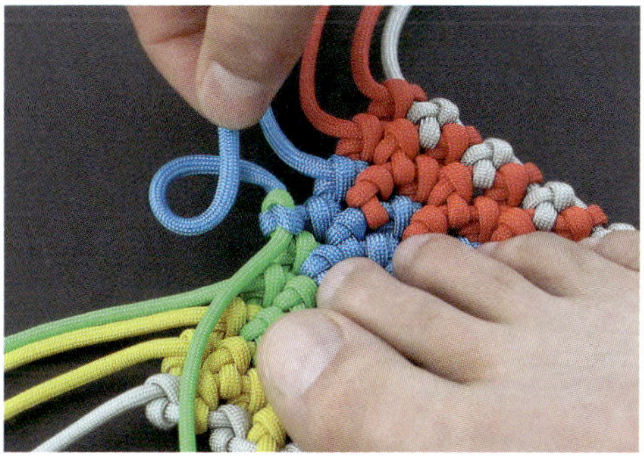

25. Um den Kreuzknoten zu sichern, …

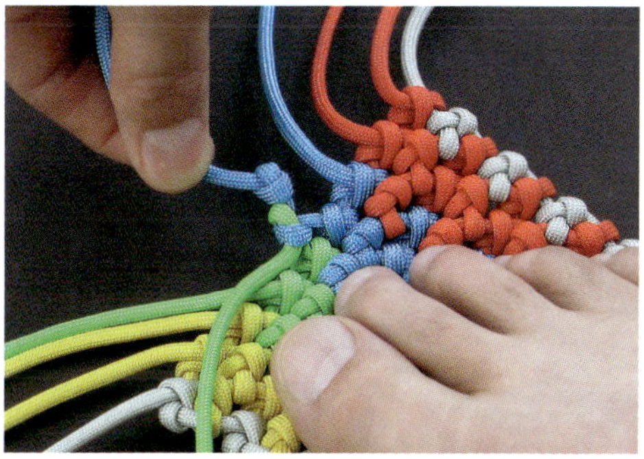

26. … wird ins Ende jeder seiner Schnüre …

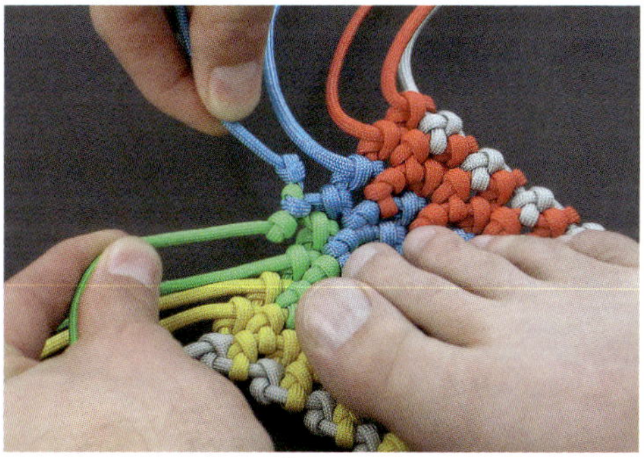

27. … ein einzelner Überhandknoten gebunden.

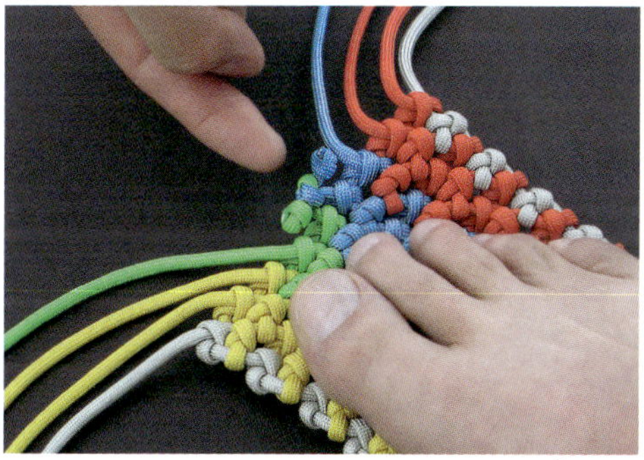

28. Die Enden dicht über den einzelnen Überhandknoten abschneiden und sorgfaltig abbrennen.

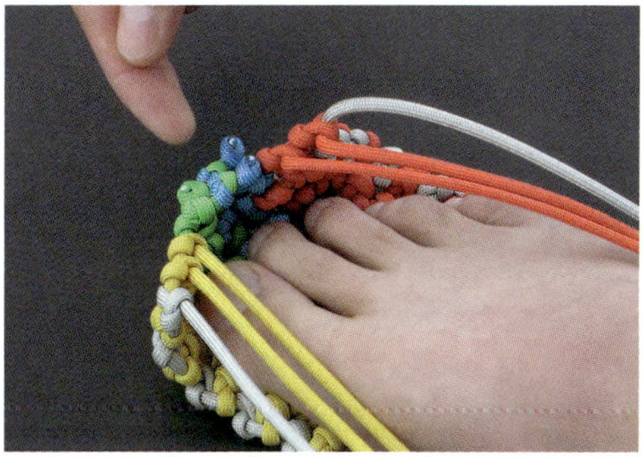

29. Die Schritte 21 bis 28 …

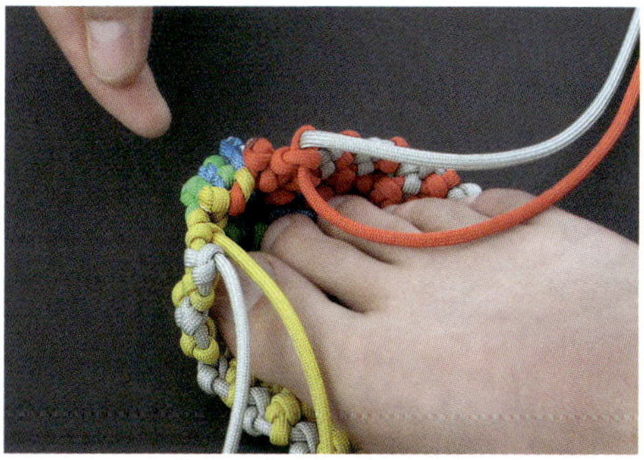

30. … jeweils mit den beiden senkrechten Schnüren wiederholen, …

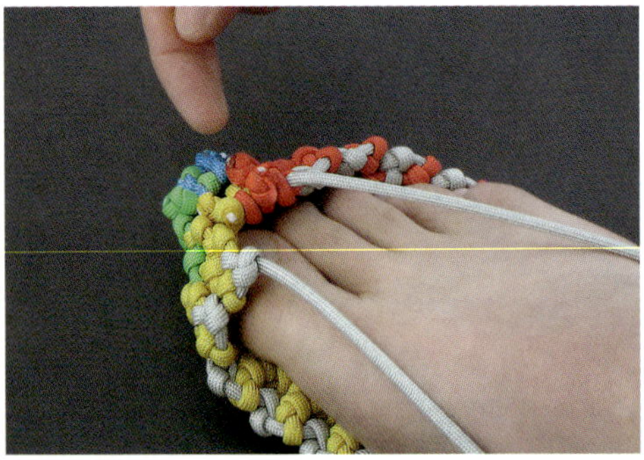

31. … die nun links und rechts der Mitte liegen.

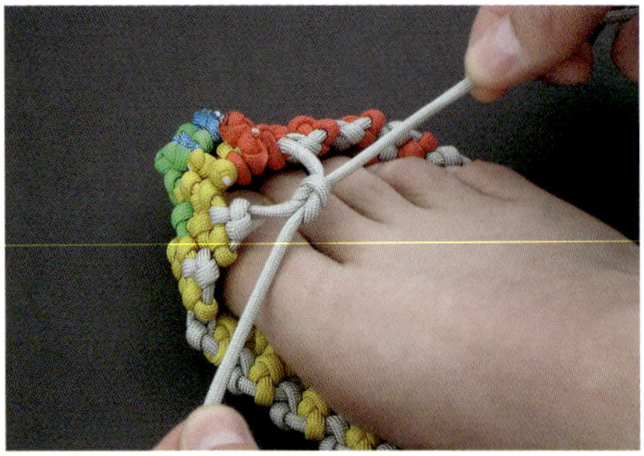

32. In die letzten beiden Enden in 2,5 cm Abstand zum letzten Knoten einen Kreuzknoten binden.

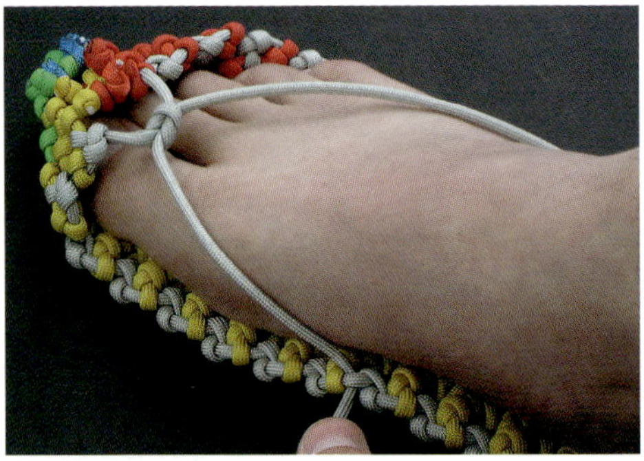

33. Das linke lose Ende auf Höhe des Fußgewölbes durch den inneren Rand der Sohle ziehen.

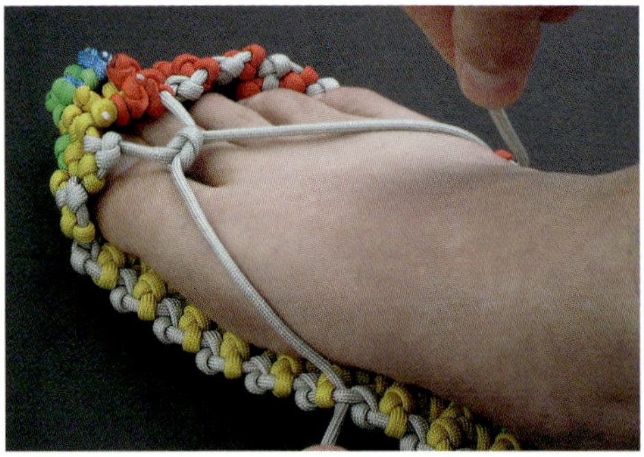

34. Das rechte lose Ende auf gleicher Höhe durch den äußeren Rand der Sohle ziehen.

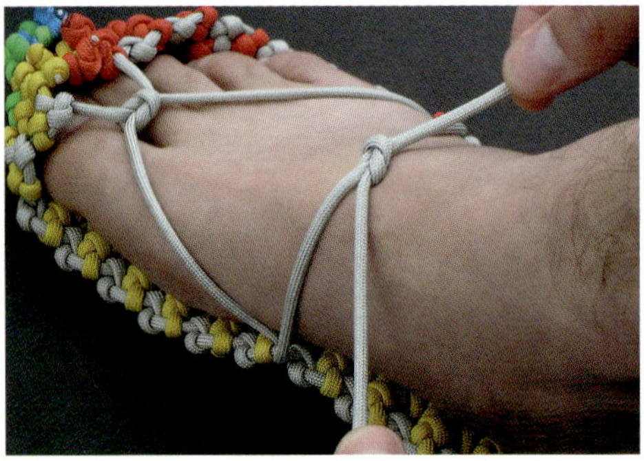

35. Auf dem Spann mit den beiden Enden einen Kreuzknoten binden.

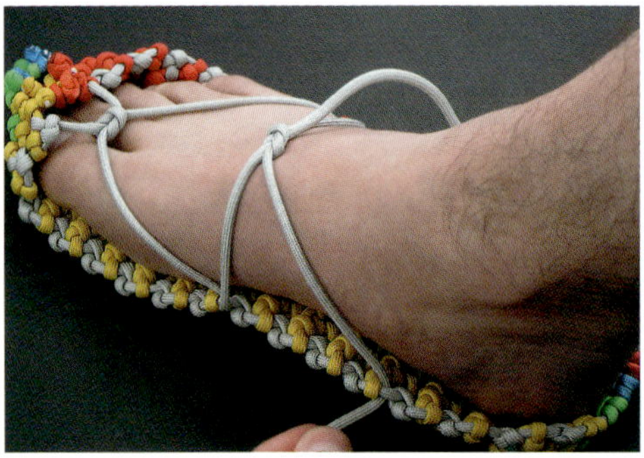

36. Das linke lose Ende am Beginn der Ferse durch den inneren Rand der Sohle ziehen.

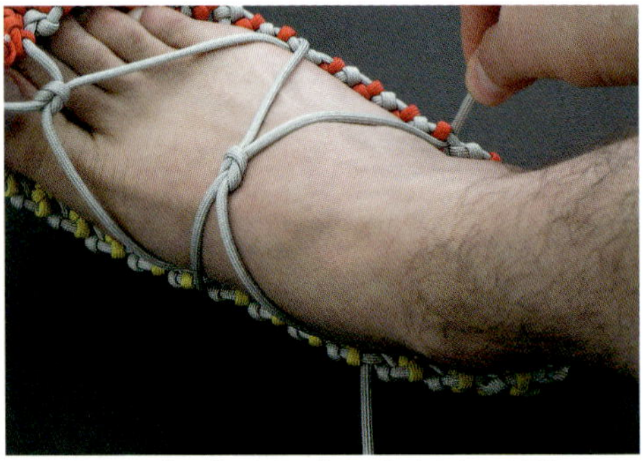

37. Das rechte lose Ende auf gleicher Höhe durch den äußeren Rand der Sohle ziehen.

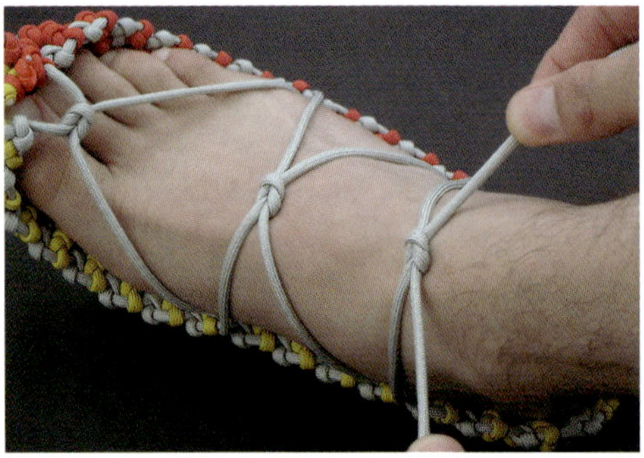

38. Wieder auf dem Spann einen Kreuzknoten binden.

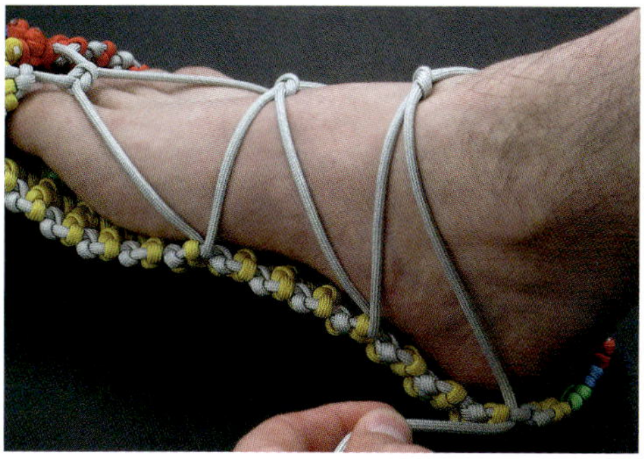

39. Nun das linke lose Ende im hinteren Bereich der Ferse durch den inneren Rand der Sohle ziehen.

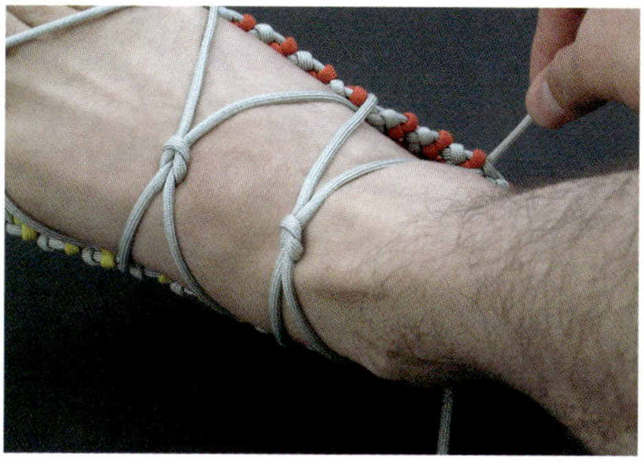

40. Das rechte lose Ende auf gleicher Höhe durch den äußeren Rand der Sohle ziehen.

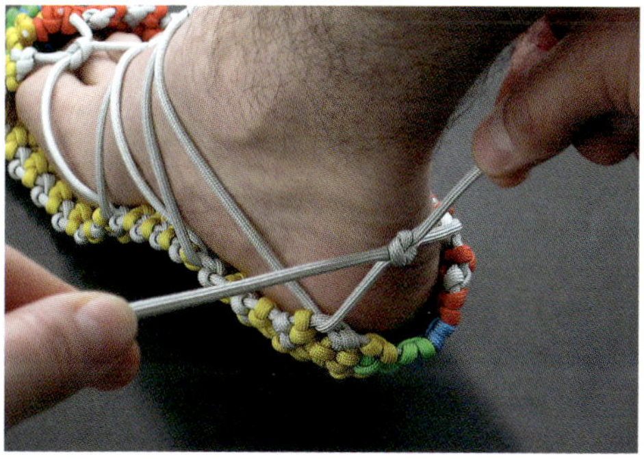

41. In etwa 5 cm Höhe in der rückwärtigen Mitte der Ferse einen Kreuzknoten binden.

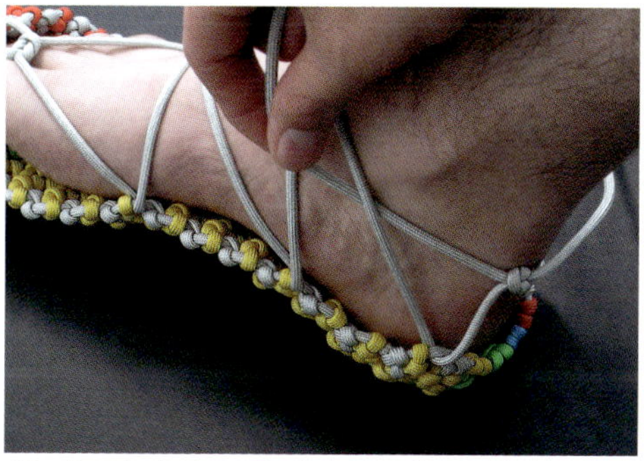

42. Das linke lose Ende unter der nächstvorderen diagonalen Schnur durchschieben.

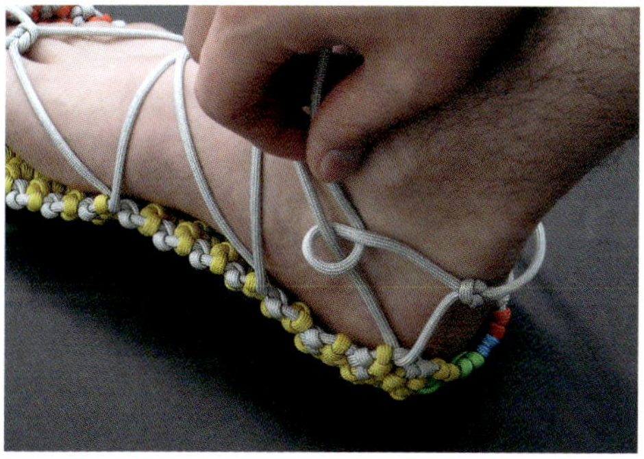

43. Eine Schlaufe um diese diagonale Schnur legen …

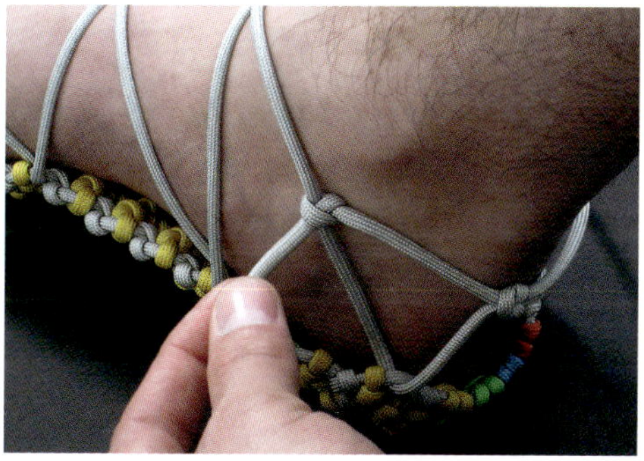

44. … und das lose Ende durch die Schlaufe führen. Diesen Überhandknoten fest dichtholen.

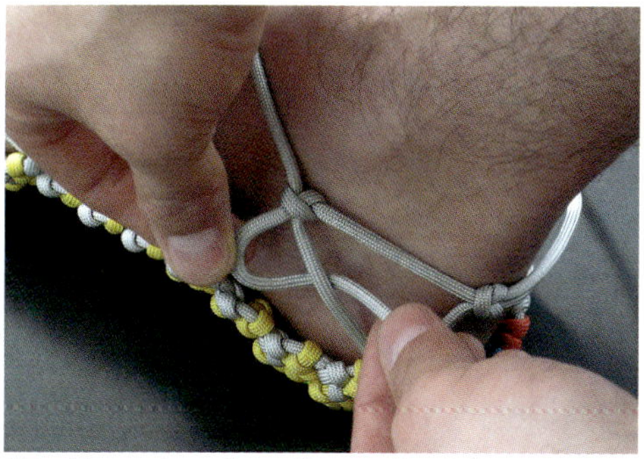

45. Unter derselben diagonalen Schnur eine Bucht legen.

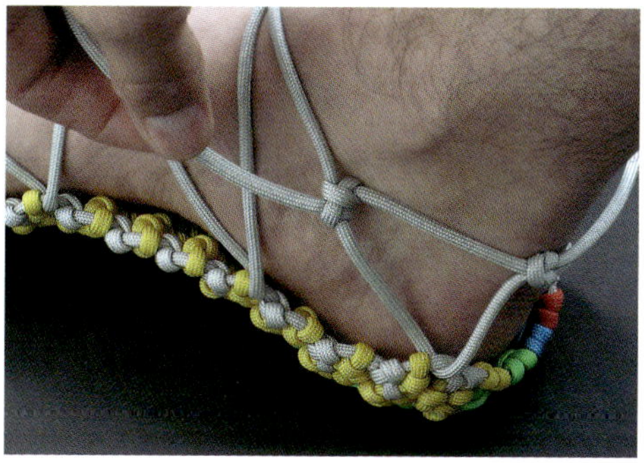

46. Das lose Ende durch die Bucht stecken und fest dichtholen.

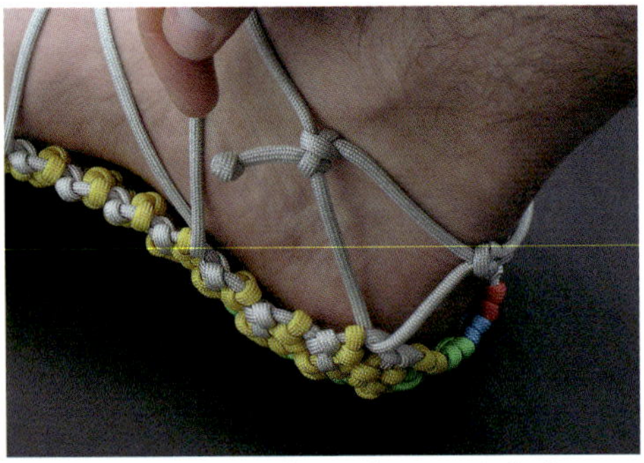

47. In etwa 2,5 cm Abstand einen einfachen Überhandknoten binden, das Ende abschneiden und abbrennen.

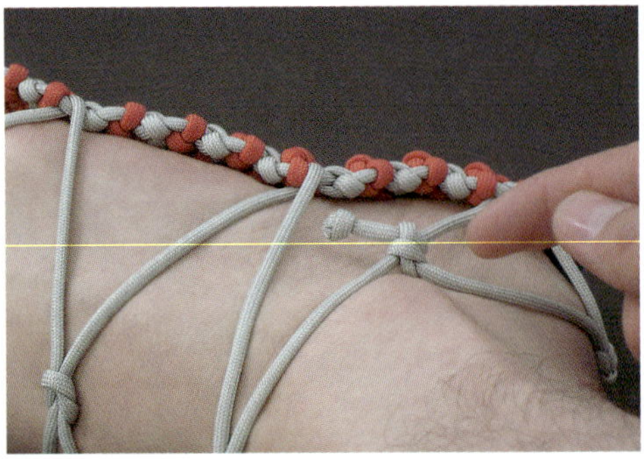

48. Die Schritte 42 bis 47 mit dem rechten losen Ende wiederholen, dabei spiegelbildlich zum linken losen Ende vorgehen.

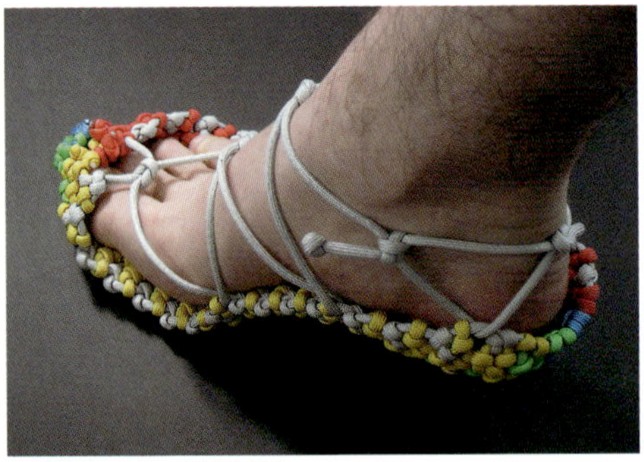

49. So sieht die fertige Sandale aus. Die zweite wird ebenso geknüpft.

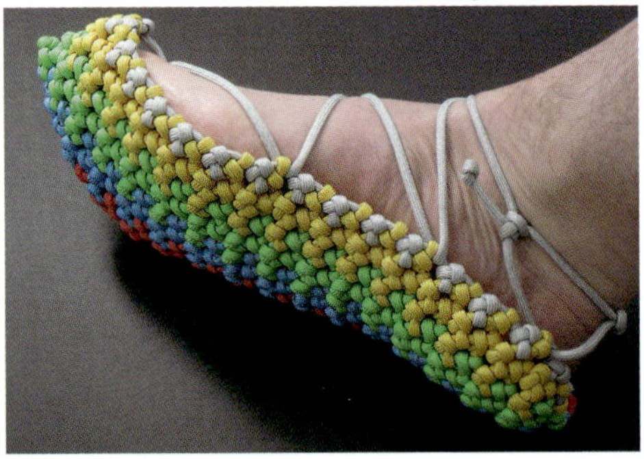

50. Die geknüpfte Sohle bietet nackten Füßen beim Laufen, Springen und Klettern guten Schutz.

– Kapitel 7 –

Sicher verstaut

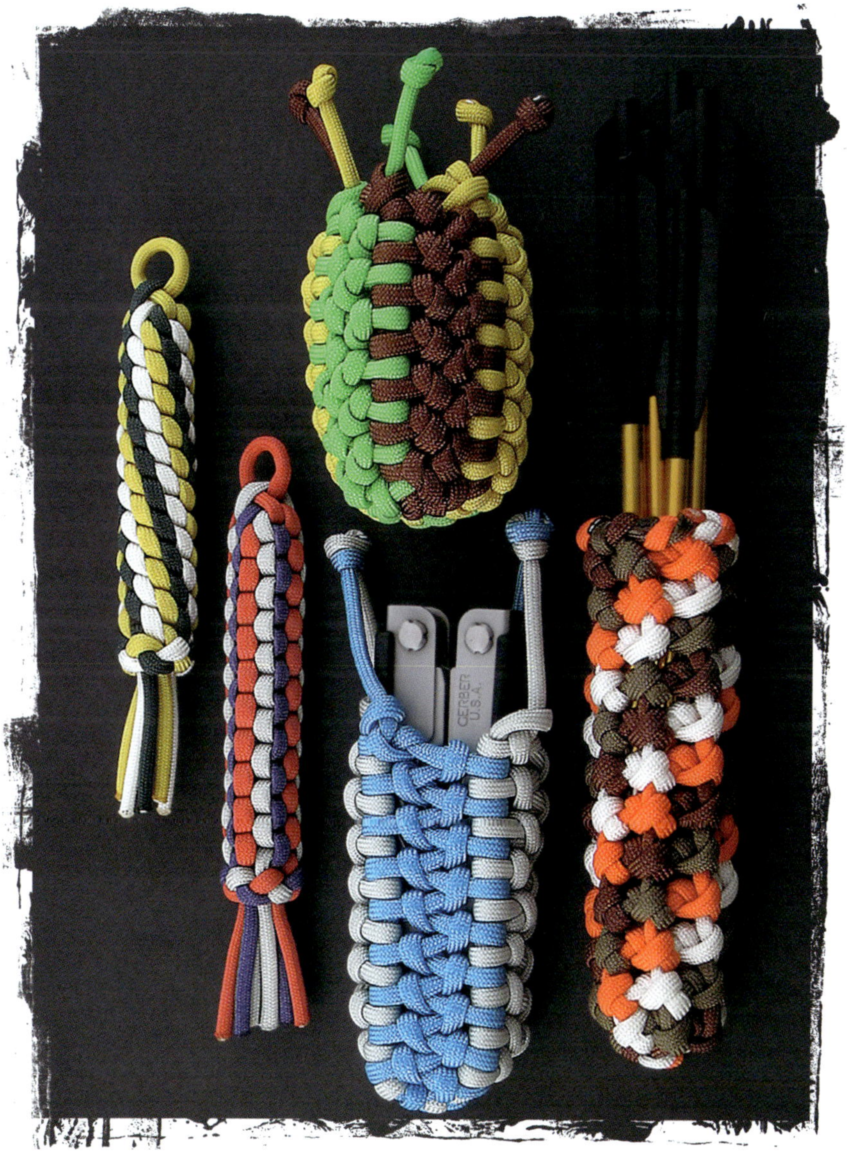

Schlüsselanhänger mit Geheimfach Secret Compartment Fob (Original)

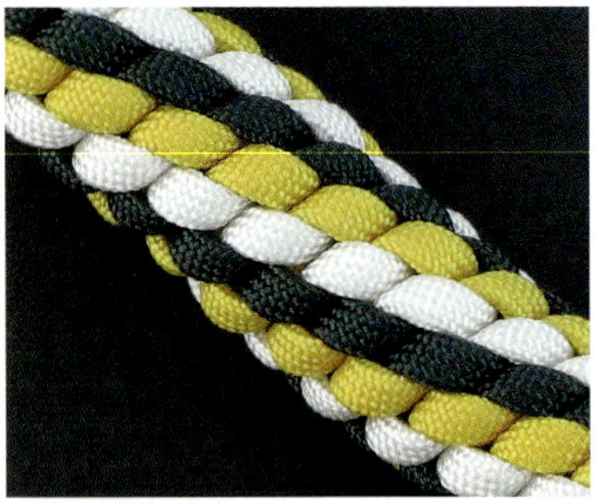

Dieser Schlüsselanhänger wird als sechssträngiges Kronen-Platting geknüpft. Das Spiralmuster verbirgt einen Hohlraum, in dem eine Nachricht, Geldscheine oder ein Feuerstab verstaut werden kann.

Schnur: *3 Schnüre à 1,5 m (fertige Anhängerlänge ca. 9 cm)*

Komponenten: *Sechssträngiges Kronen-Platting + Spiralmuster*

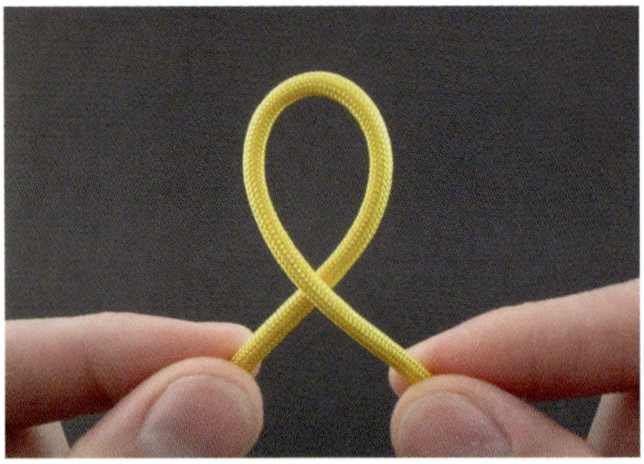

1. In die Mitte der ersten Schnur entgegen dem Uhrzeigersinn eine Schlaufe legen.

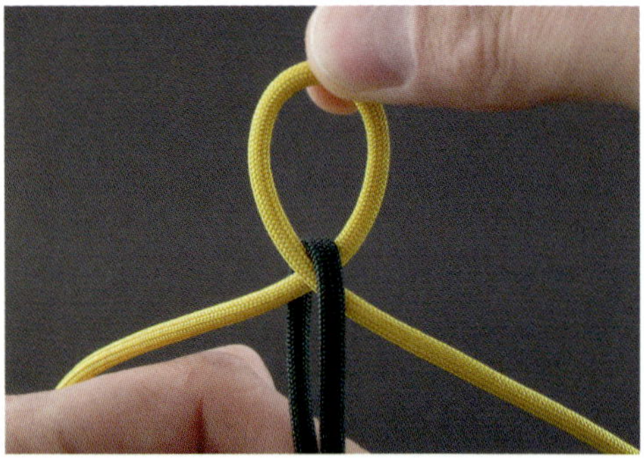

2. Die zweite Schnur durch die Schlaufe führen und bis zur Mitte durchziehen.

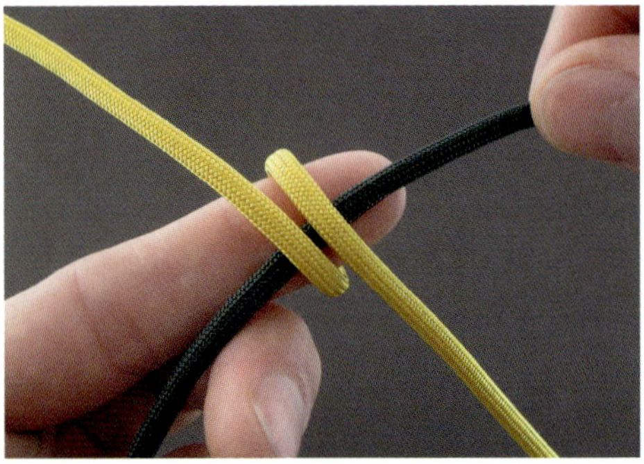

3. Die Knüpfarbeit um die eigene Achse drehen, den Zeigefinger in die Schlaufe schieben und diese etwas weiten.

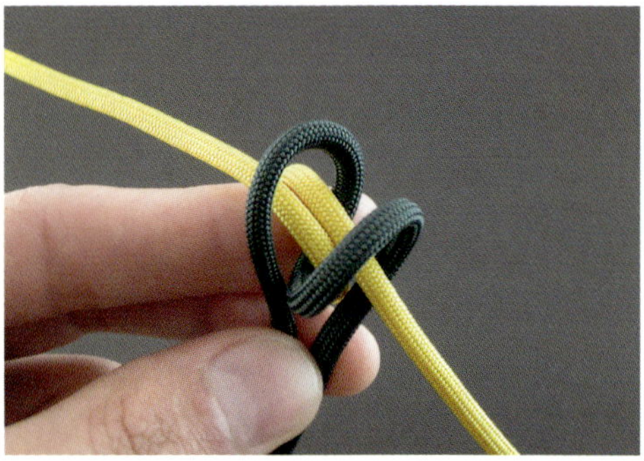

4. Die Enden der zweiten Schnur in entgegengesetzten Richtungen über die erste Schnur legen.

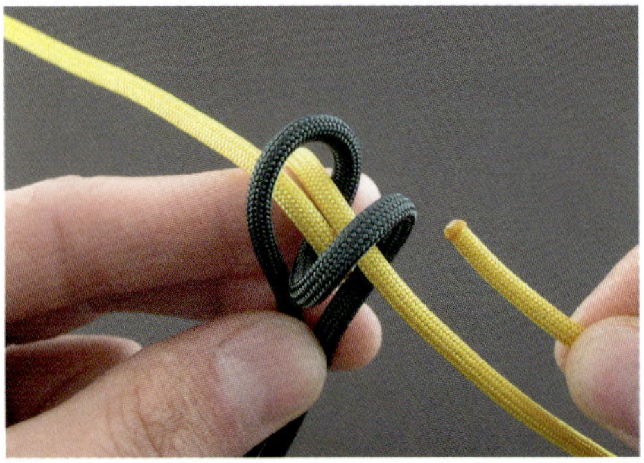

5. Das Ende der unteren Schnur über den ersten Bogen legen …

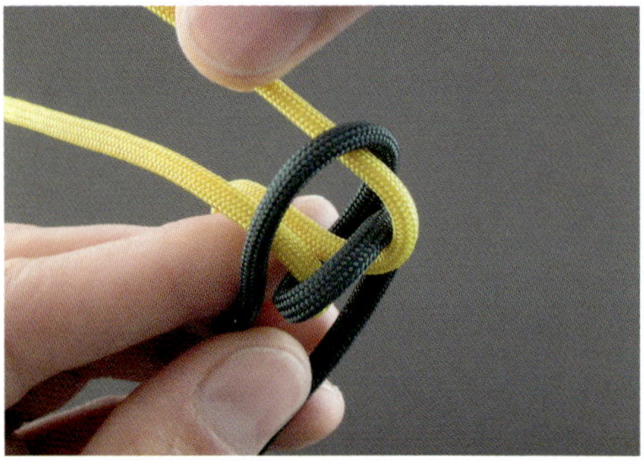

6. … und unter den zweiten Bogen stecken.

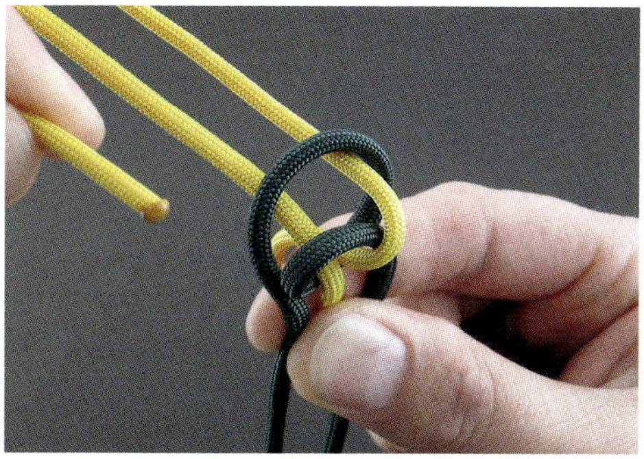

7. Das Ende der oberen Schnur über den unter ihr liegenden Bogen führen …

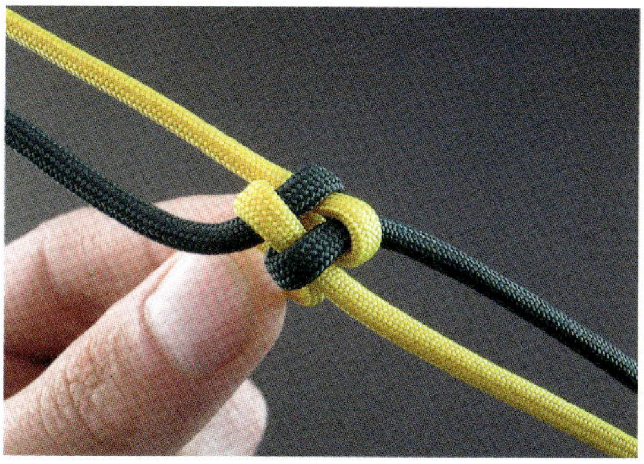

8. … und unter den zweiten Bogen stecken. Dies ist ein **Kronenknoten**.

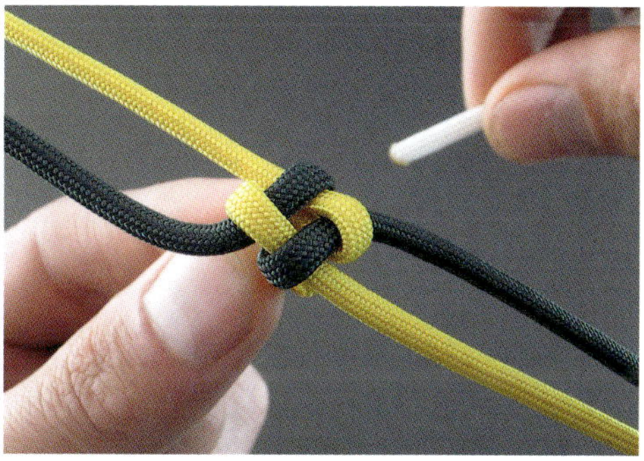

9. Ein Ende der dritten Schnur in die Hand nehmen …

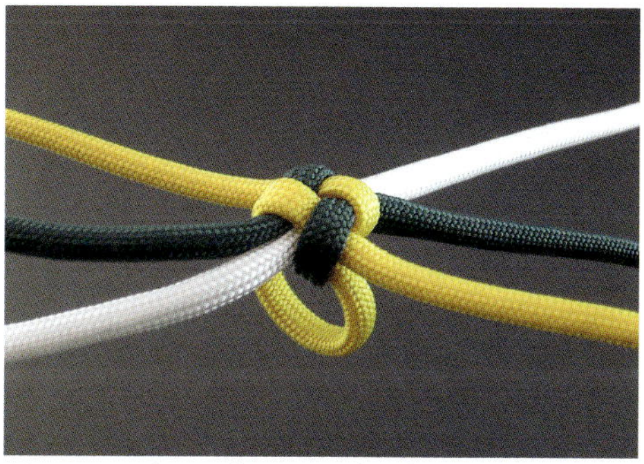

10. … und von der Seite durch den Kronenknoten stecken. Den Kronenknoten fest dichtholen.

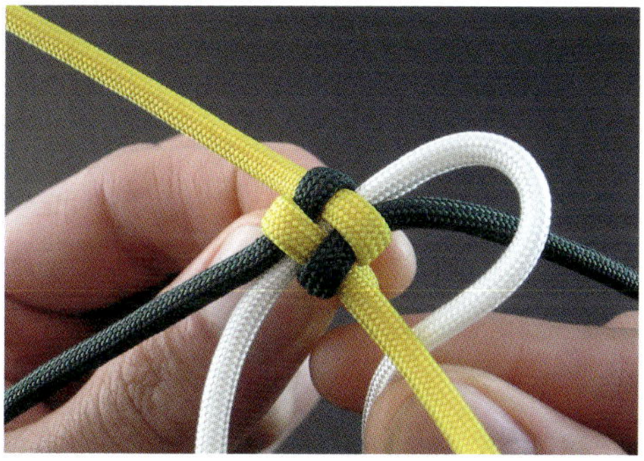

11. Im Uhrzeigersinn fortfahren. Die obere Schnur über die obere rechte Schnur legen.

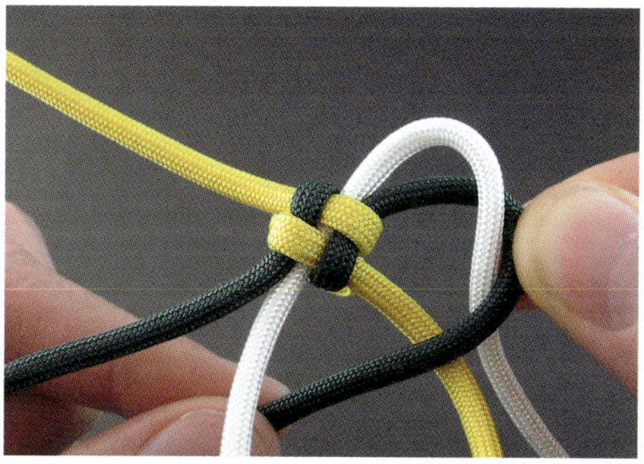

12. Die obere rechte Schnur über die untere rechte Schnur legen.

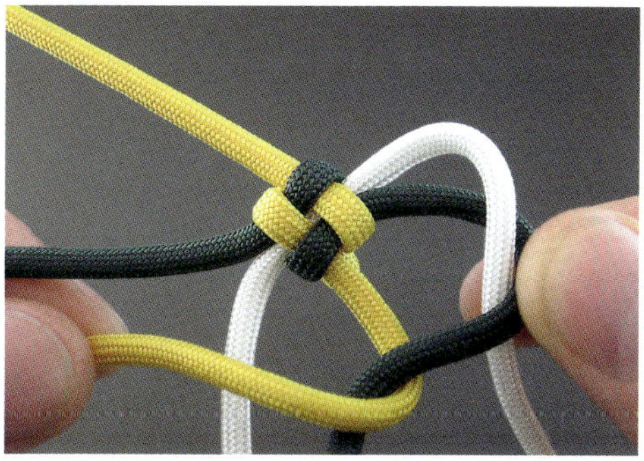

13. Nun die untere rechte Schnur über die untere Schnur legen.

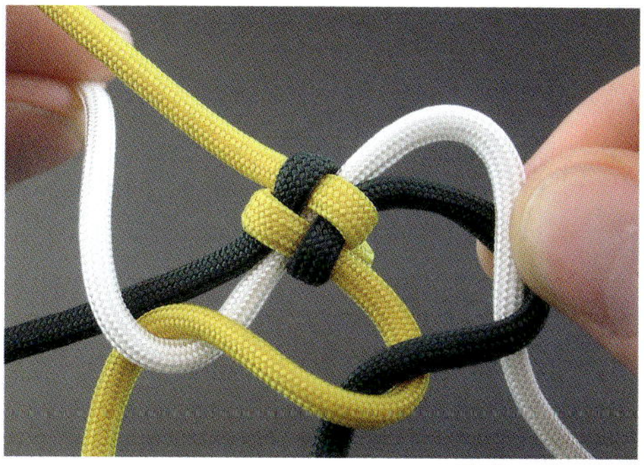

14. Die untere Schnur über die untere linke Schnur legen.

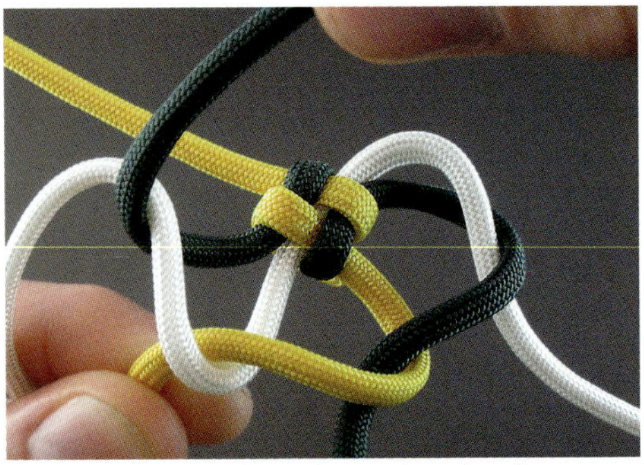

15. Die untere linke Schnur über die obere linke Schnur legen.

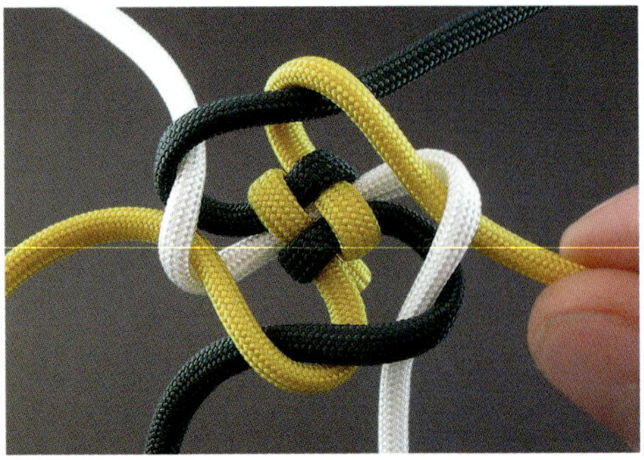

16. Dann das Ende der oberen linken Schnur von oben durch den Bogen der oberen Schnur stecken.

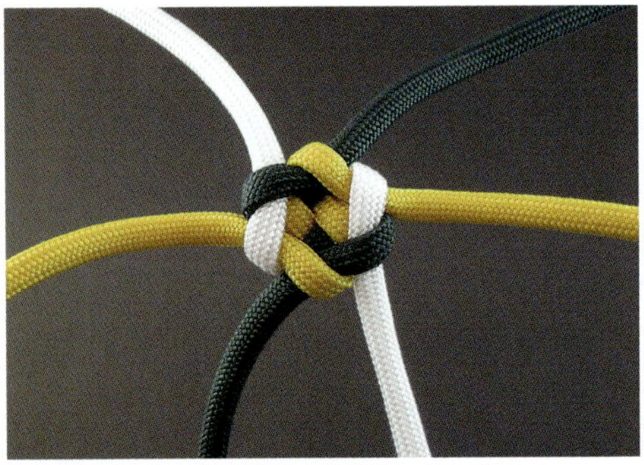

17. Alle Schnüre gleichmäßig dichtholen.

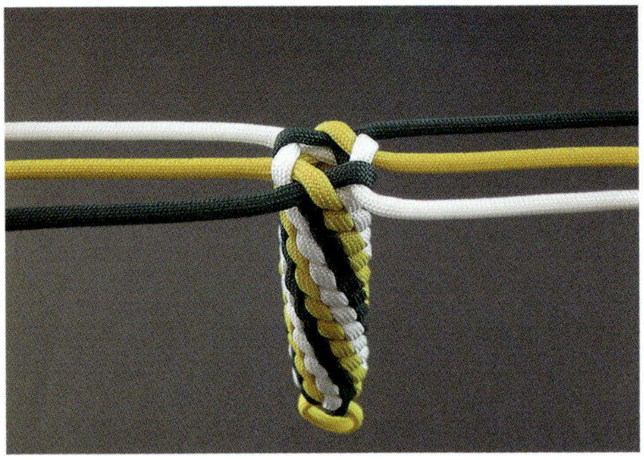

18. Die Schritte 11 bis 17 wiederholen, bis die Schnurenden noch mindestens 13 cm lang sind.

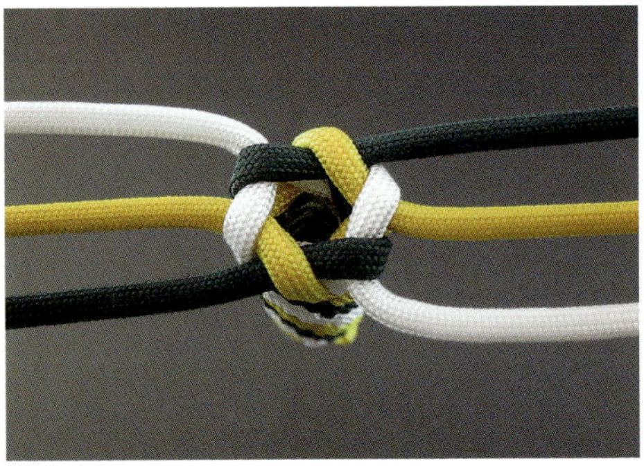

19. **Hinweis:** Im Inneren des Strangs muss sich ein Hohlraum ergeben.

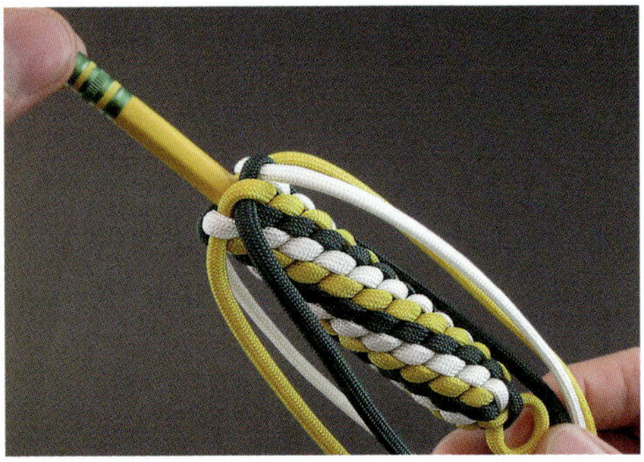

20. Bei Bedarf den Hohlraum mit einem Bleistift etwas weiten.

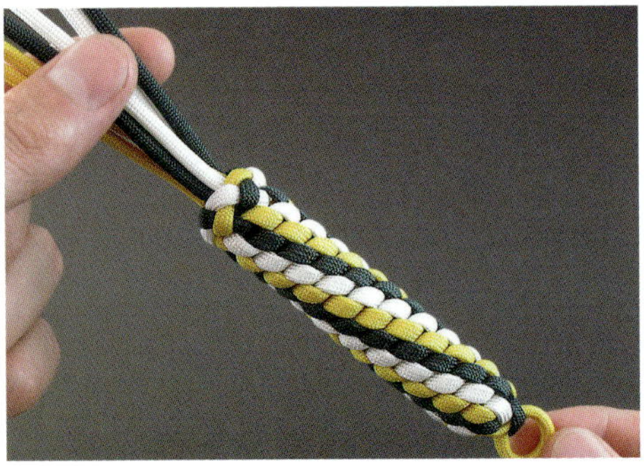

21. In die Enden einen sechssträngigen Diamantknoten (siehe Seite 84) knüpfen.

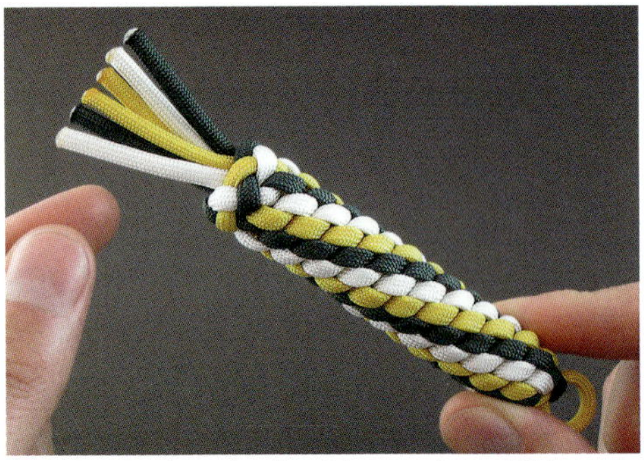

22. Die Enden abschneiden und sorgfältig abbrennen.

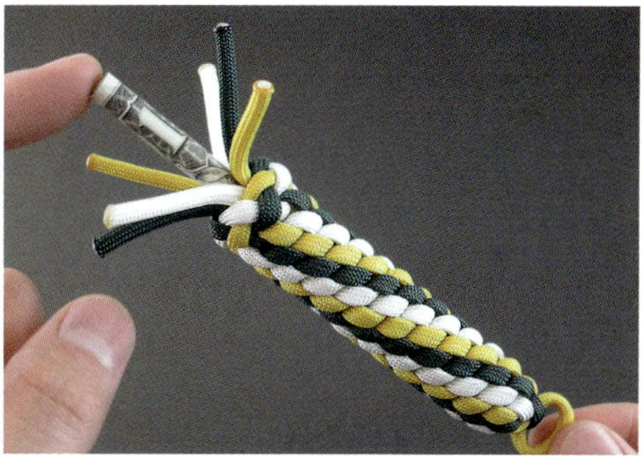

23. Um das Geheimfach zu nutzen, die Schnurenden spreizen …

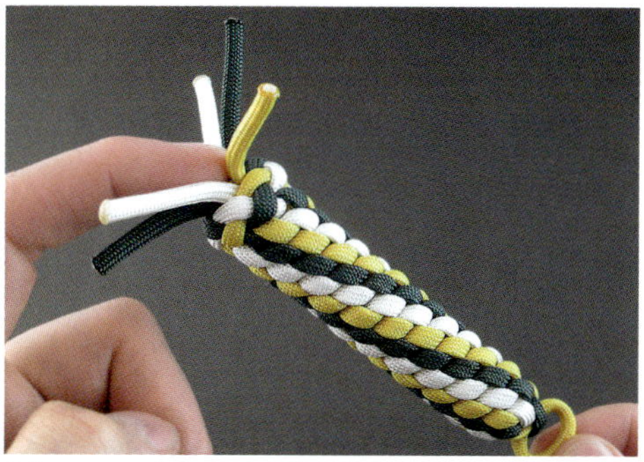

24. … und den gewünschten Gegenstand im Hohlraum verstauen.

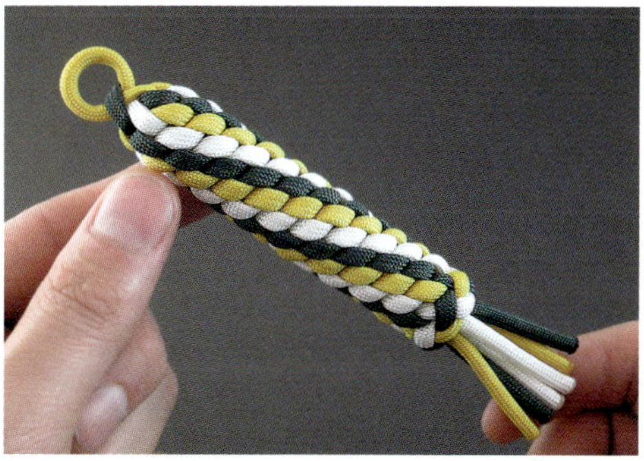

25. Die Enden loslassen, sodass sie die Öffnung des Geheimfachs wieder verdecken.

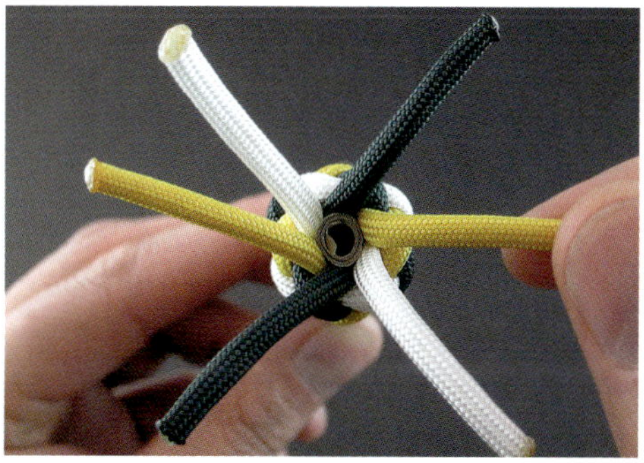

26. Um den Inhalt herauszunehmen, die Enden erneut spreizen …

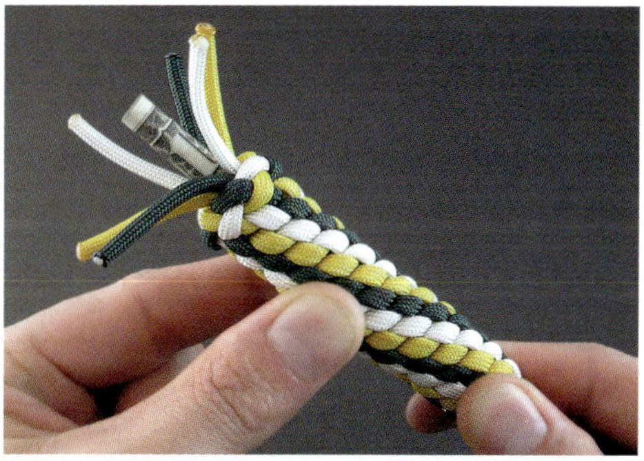

27. … und aufs gegenüberliegende Ende des Anhängers drücken. Dadurch gleitet der Inhalt aus der Öffnung heraus.

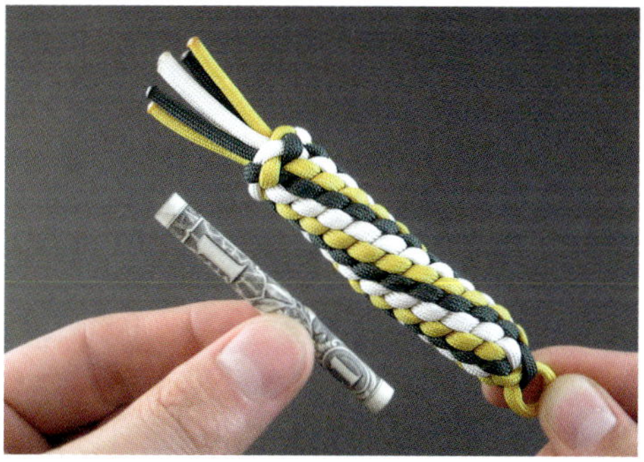

28. Nun können Sie den Gegenstand leicht fassen und ganz herausziehen.

Sechseck-Anhänger mit Geheimfach

Hexagonal Secret Compartment Fob

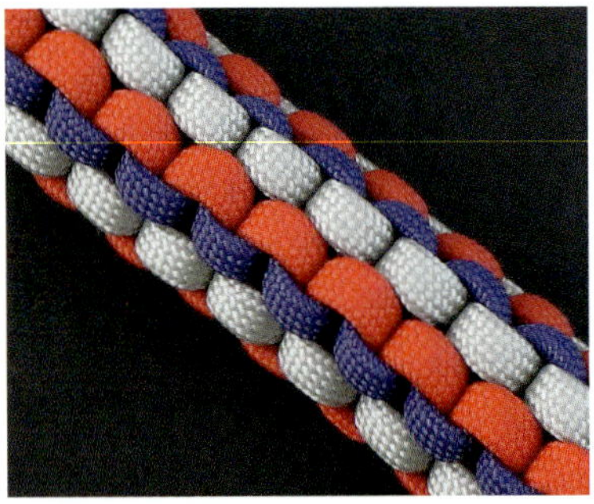

Auch in diesem Schlüsselanhänger verbirgt sich ein kleines Geheimfach. In diesem Fall sorgt die Knüpftechnik allerdings dafür, dass der Anhänger keinen runden, sondern einen sechseckigen Querschnitt hat.

Schnur: *3 Schnüre à 1,5 m (fertige Anhängerlänge ca. 9 cm)*

Komponenten: *Sechssträngiges Kronen-Platting + Richtungswechsel*

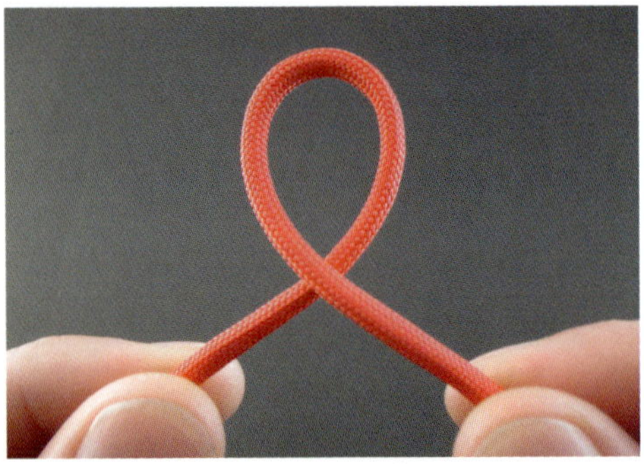

1. In die Mitte der ersten Schnur entgegen dem Uhrzeigersinn eine Schlaufe legen.

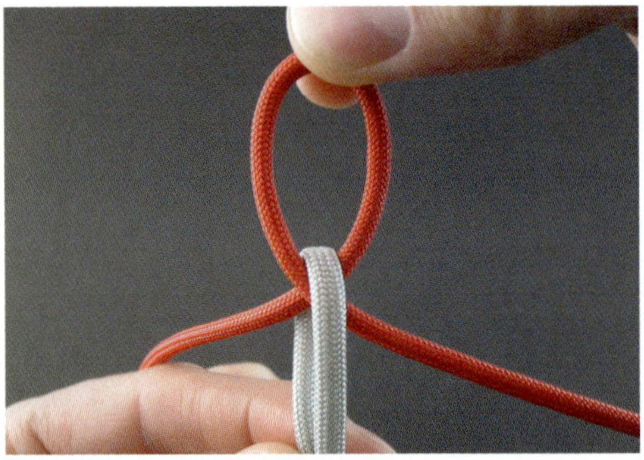

2. Die zweite Schnur durch die Schlaufe führen und bis zur Mitte durchziehen.

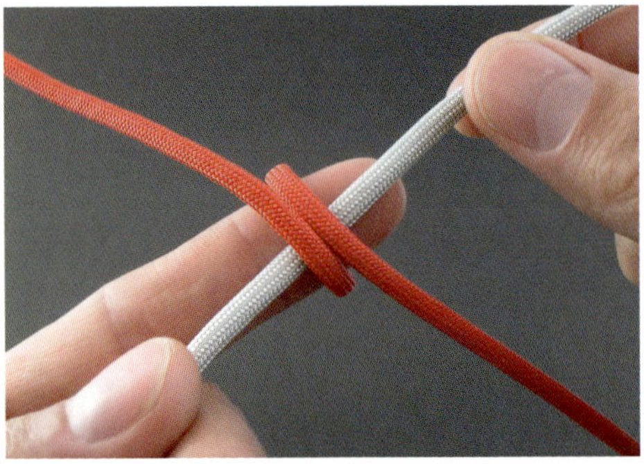

3. Die Knüpfarbeit um die eigene Achse drehen, den Zeigefinger in die Schlaufe schieben und diese etwas weiten.

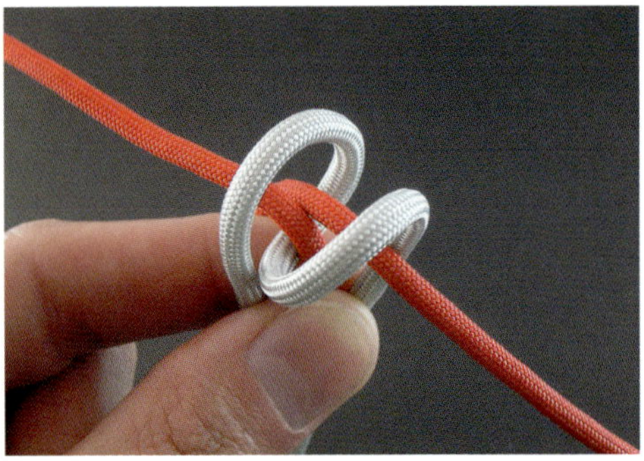

4. Die Enden der zweiten Schnur in entgegengesetzten Richtungen über die erste Schnur legen.

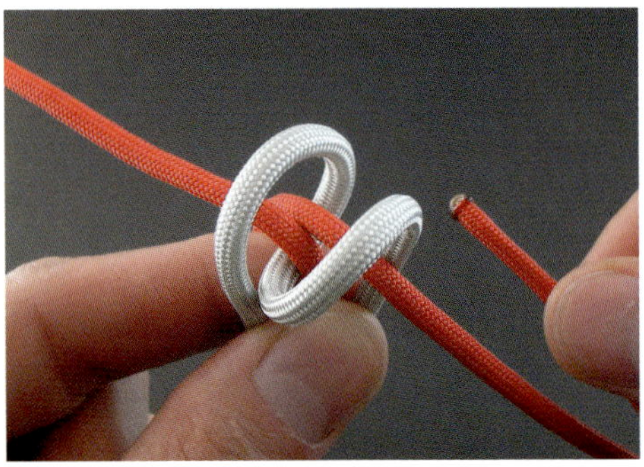

5. Das Ende der unteren Schnur über den ersten Bogen legen …

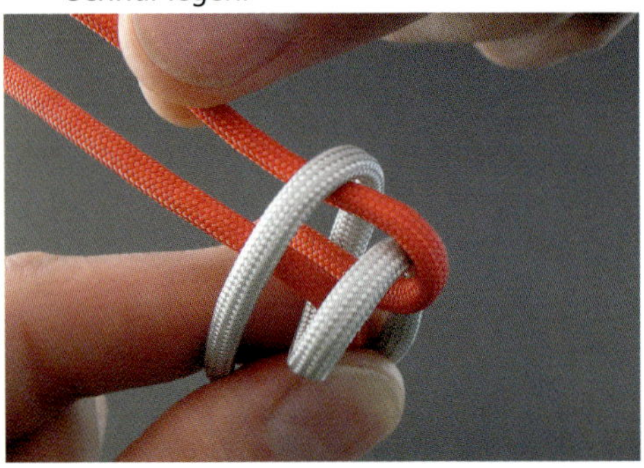

6. … und unter den zweiten Bogen stecken.

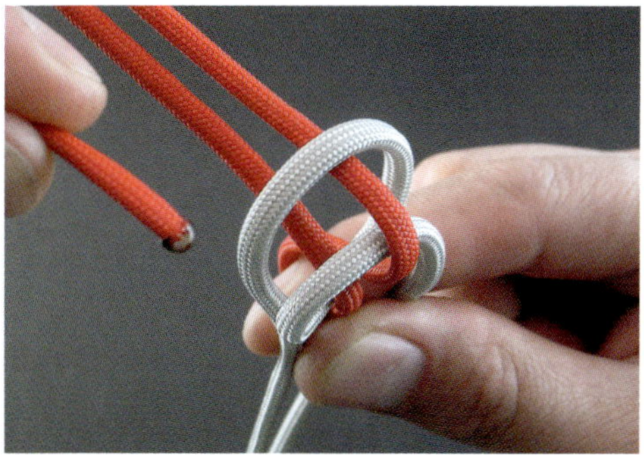

7. Das Ende der oberen Schnur über den unter ihr liegenden Bogen führen …

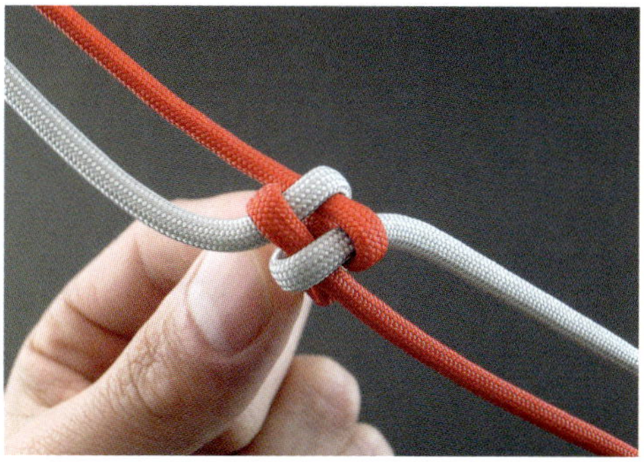

8. … und unter den zweiten Bogen stecken. Fertig ist ein **Kronenknoten**.

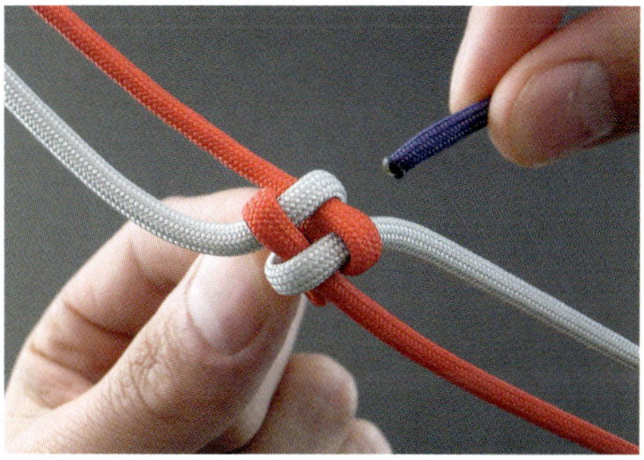

9. Das Ende der dritten Schnur in die Hand nehmen …

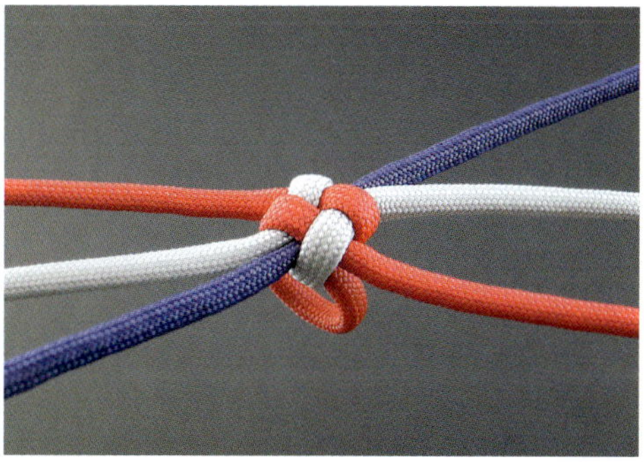

10. … und von der Seite durch den Kronenknoten ziehen. Den Kronenknoten fest dichtholen.

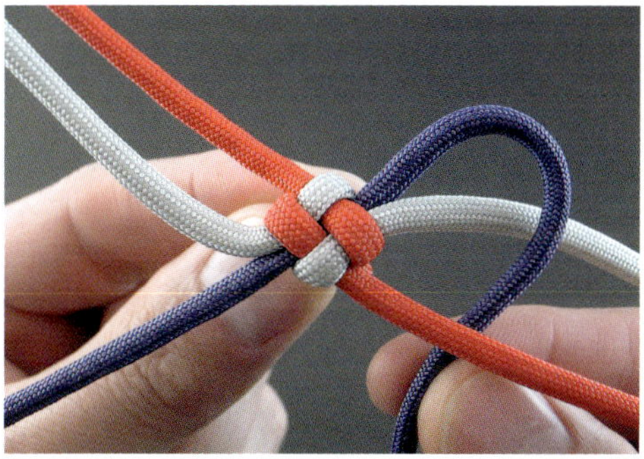

11. Im Uhrzeigersinn fortfahren. Die obere Schnur über die obere rechte Schnur legen.

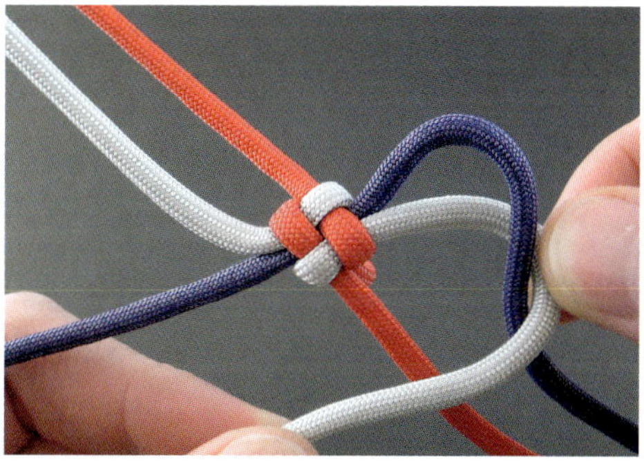

12. Die obere rechte Schnur über die untere rechte Schnur legen.

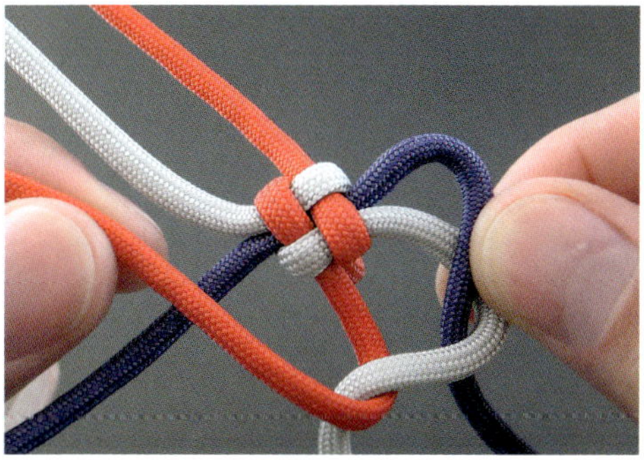

13. Die untere rechte Schnur über die untere Schnur legen.

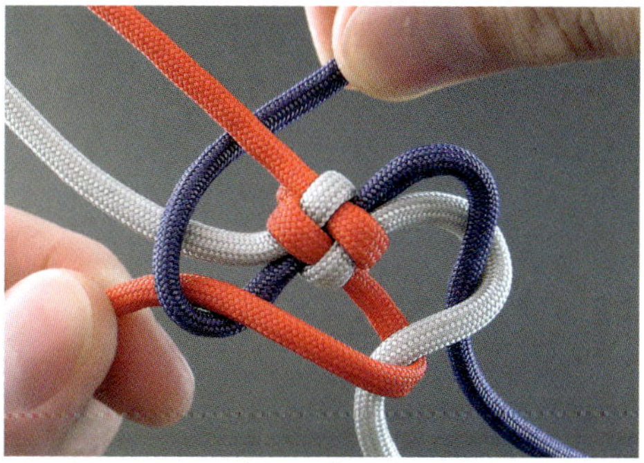

14. Die untere Schnur über die untere linke Schnur legen.

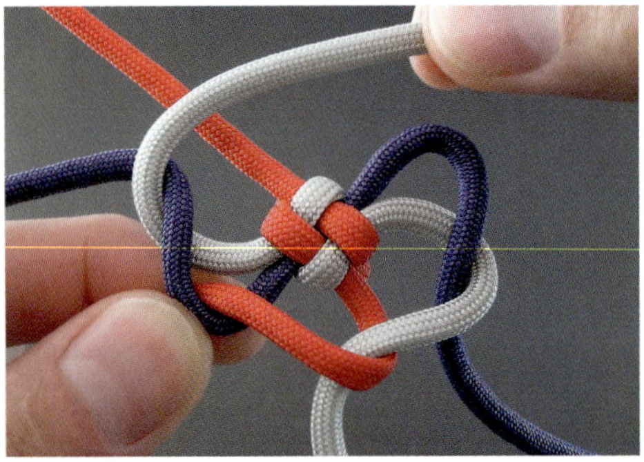

15. Die untere linke Schnur über die obere linke Schnur legen.

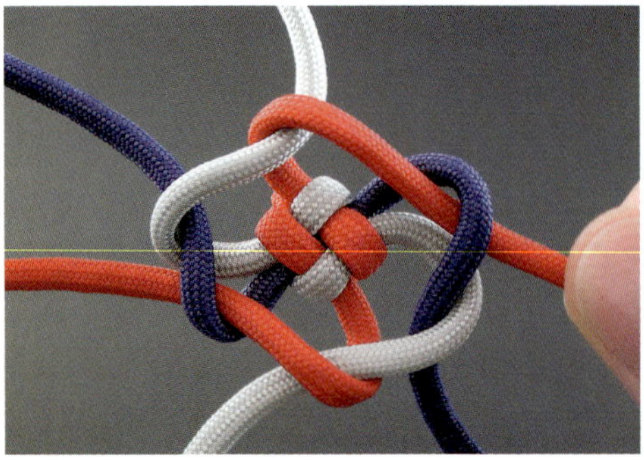

16. Dann die obere linke Schnur durch den Bogen der oberen Schnur stecken.

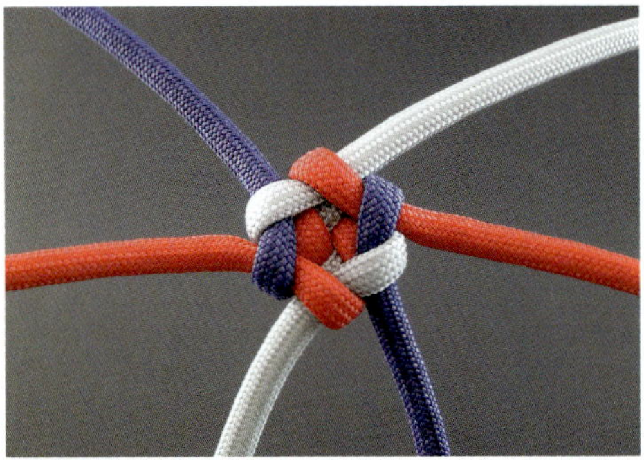

17. Alle Schnüre gleichmäßig dichtholen.

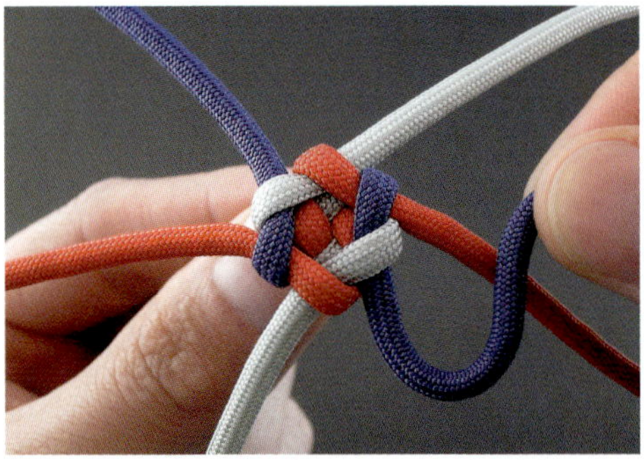

18. Entgegen dem Uhrzeigersinn fortfahren. Die untere rechte Schnur über die obere rechte Schnur legen.

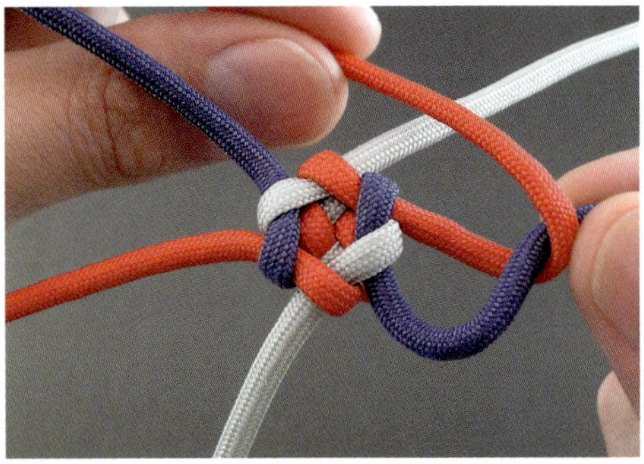

19. Die obere rechte Schnur über die obere Schnur legen.

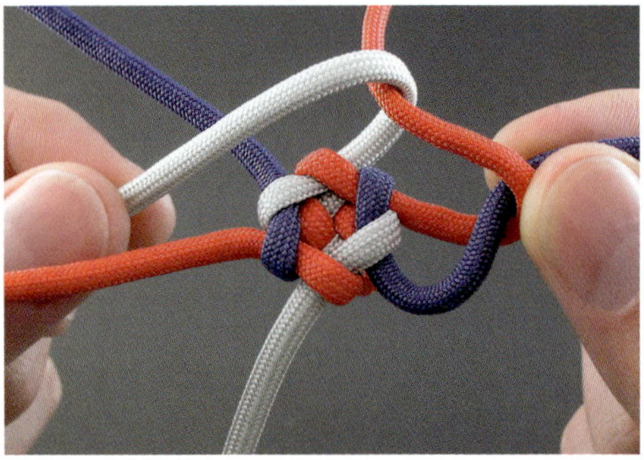

20. Die obere Schnur über die obere linke Schnur legen.

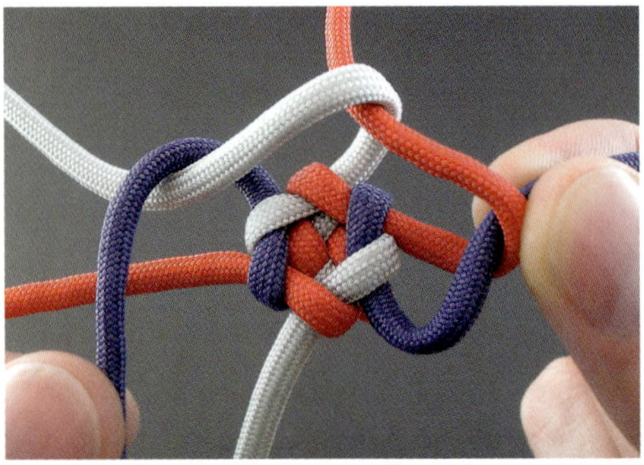

21. Die obere linke Schnur über die untere linke Schnur legen.

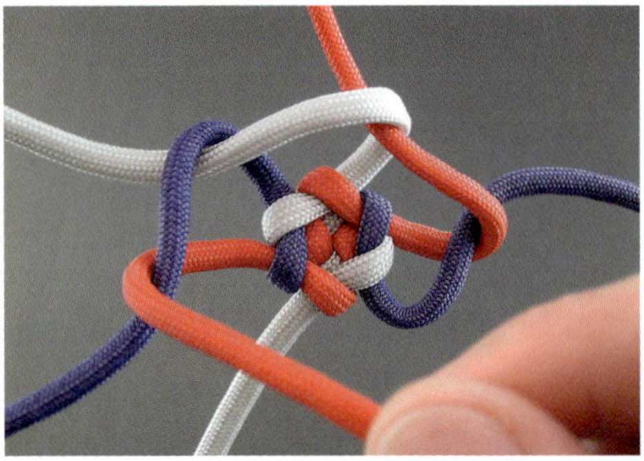

22. Die untere linke Schnur über die untere Schnur legen.

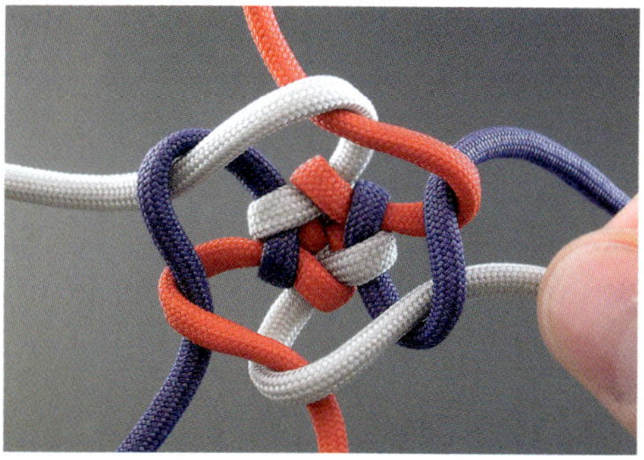

23. Dann die untere Schnur durch den Bogen der unteren rechten Schnur stecken.

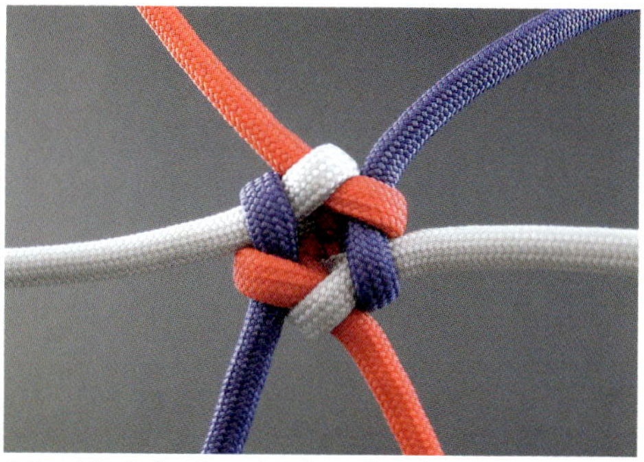

24. Alle Schnüre gleichmäßig dichtholen.

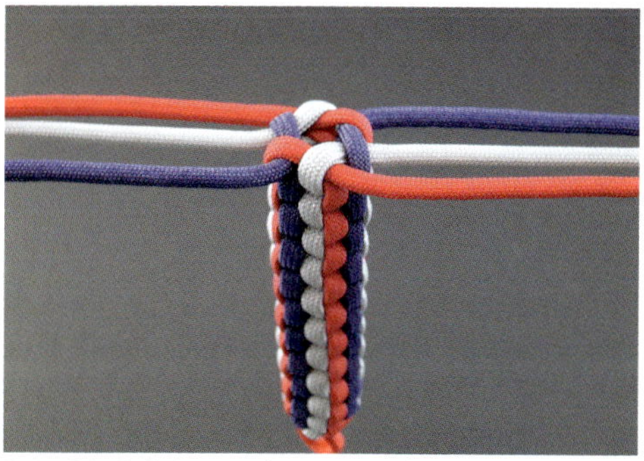

25. Die Schritte 11 bis 24 wiederholen, bis die Schnurenden noch mindestens 13 cm lang sind.

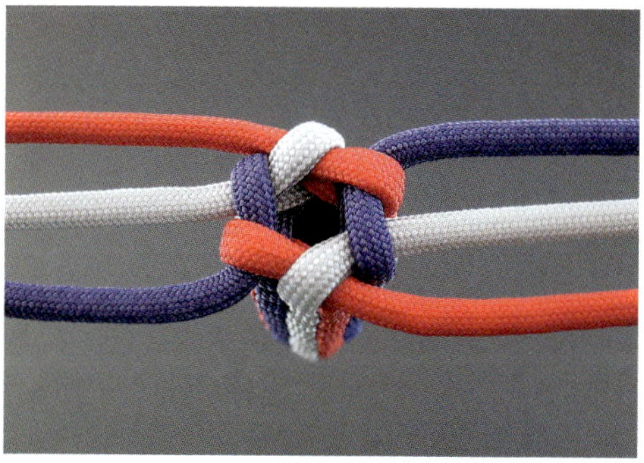

26. **Hinweis:** Im Inneren des Strangs muss sich ein Hohlraum ergeben.

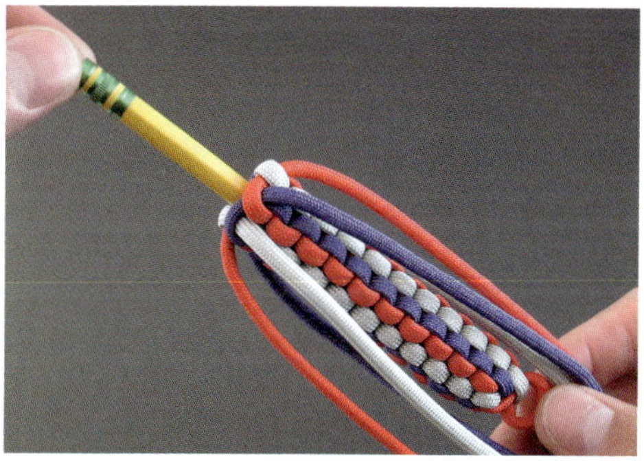

27. Bei Bedarf den Hohlraum mit einem Bleistift etwas weiten.

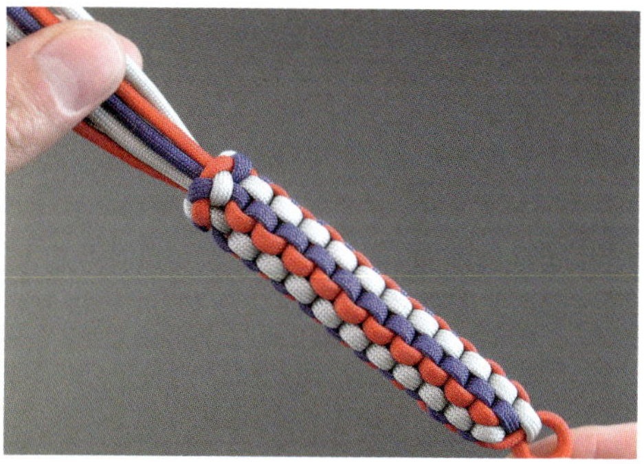

28. In die Enden einen sechssträngigen Diamantknoten (siehe Seite 84) knüpfen.

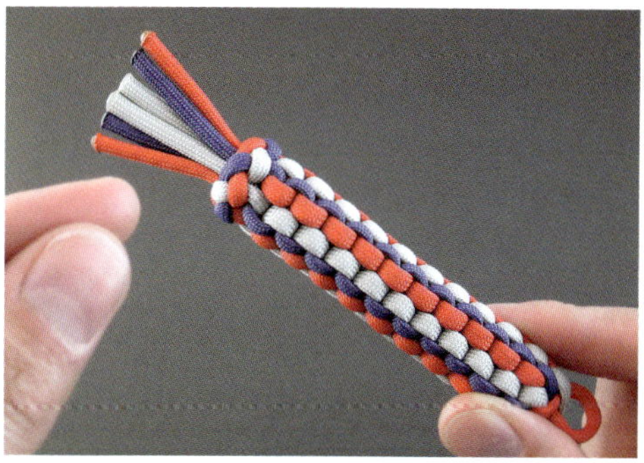

29. Die Enden abschneiden und sorgfältig abbrennen.

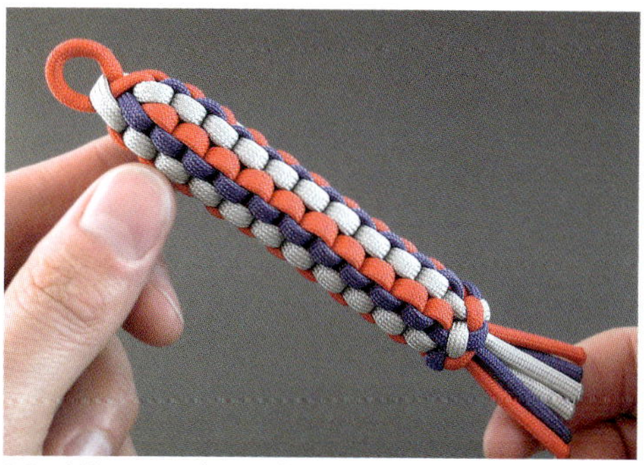

30. Wie man das Geheimfach benutzt, können Sie auf Seite 155 nachlesen.

Köcher für Bolzen

Bolt Basket

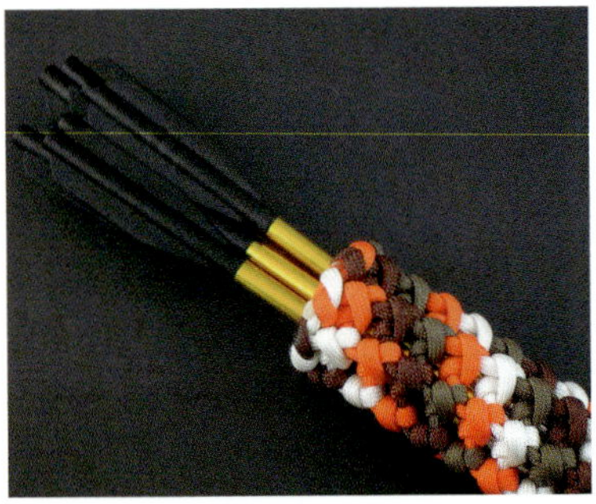

Diese Knüpfarbeit besteht hauptsächlich aus Slipknoten und Kreuzknoten. Den Anfang bildet ein Kronenknoten. Der stabile Köcher eignet sich gut zur Aufbewahrung kurzer Bolzen für eine Armbrust.

Schnur: *4 Schnüre à 1,8 m (fertige Länge ca. 11,4 cm, fertige Breite ca. 3,8 cm)*

Komponenten: *Kronenknoten mit doppelter Schnur + Slipknoten + Kreuzknoten*

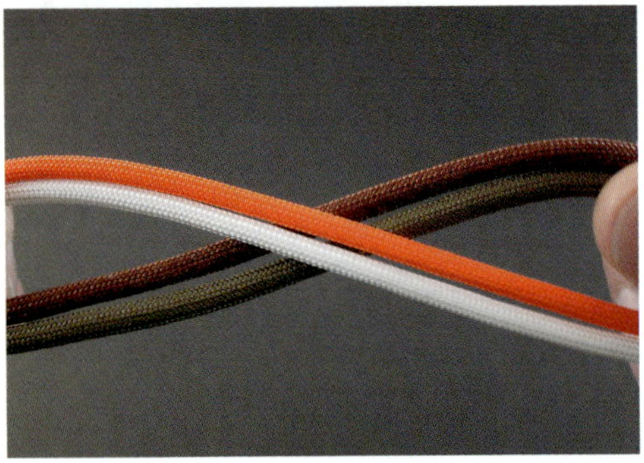

1. Die Schnüre zunächst paarweise verarbeiten. Die beiden Paare in der Mitte kreuzen.

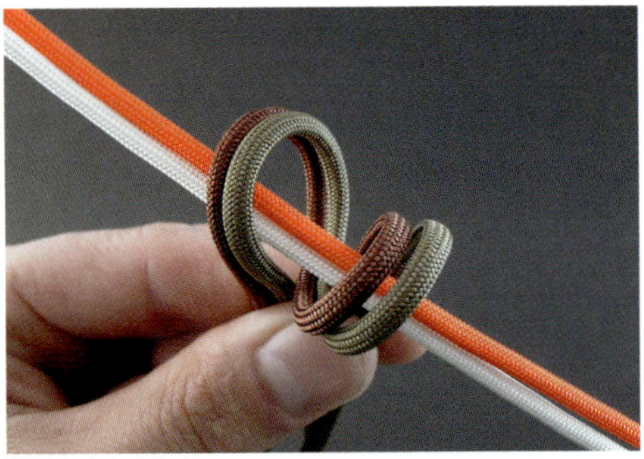

2. Die unteren Schnüre in entgegengesetzten Richtungen über die oberen Schnüre legen, ohne sie zu verdrehen.

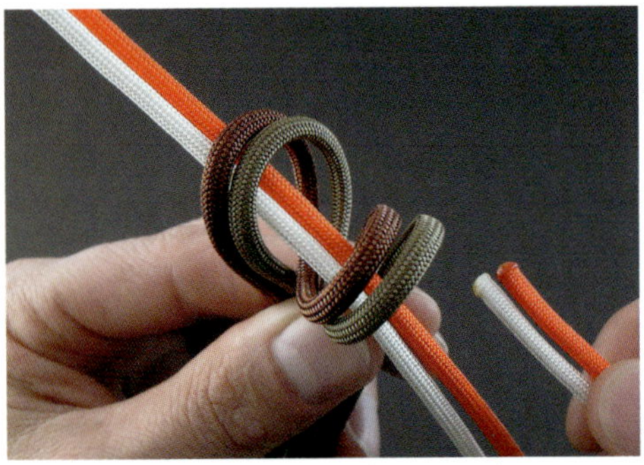

3. Die unteren Schnurenden über den unteren doppelten Bogen führen …

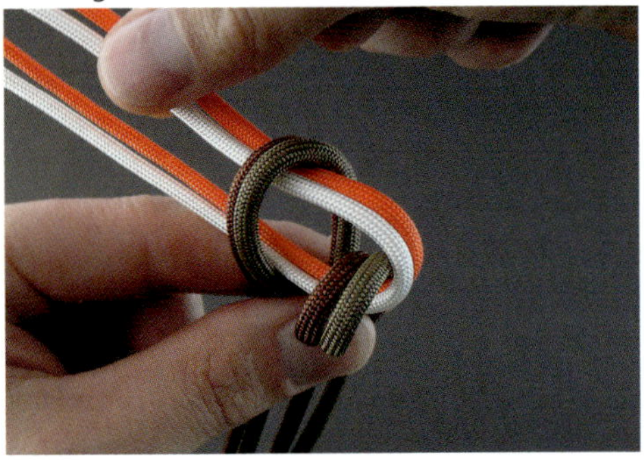

4. … und durch den oberen doppelten Bogen stecken.

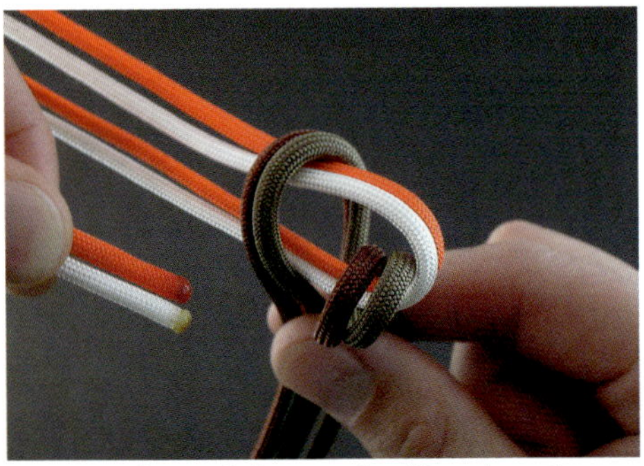

5. Die oberen Schnurenden über den oberen Bogen führen …

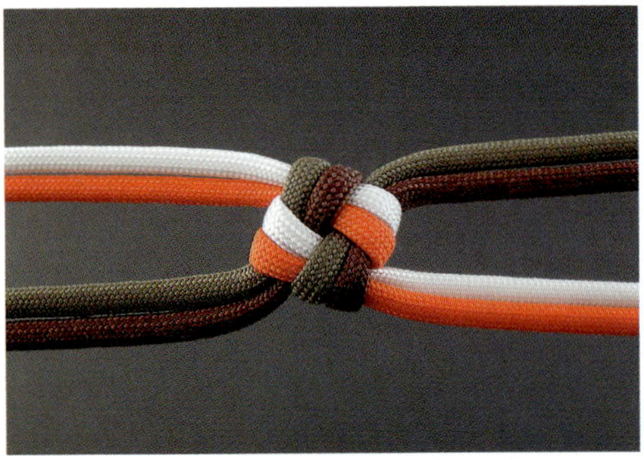

6. … und durch den unteren doppelten Bogen stecken. Den fertigen Kronenknoten fest dichtholen.

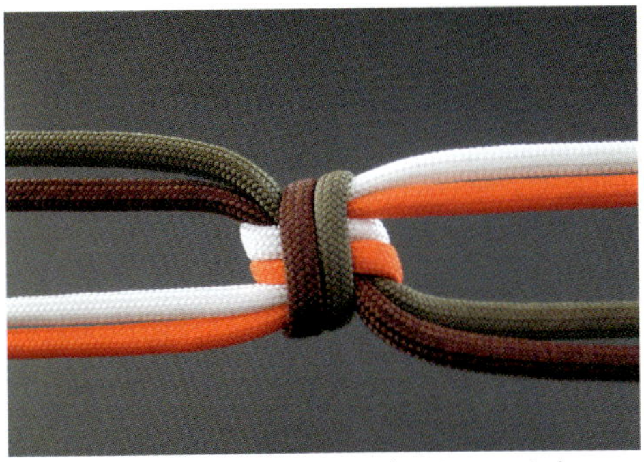

7. Den Kronenknoten um die eigene Achse wenden.

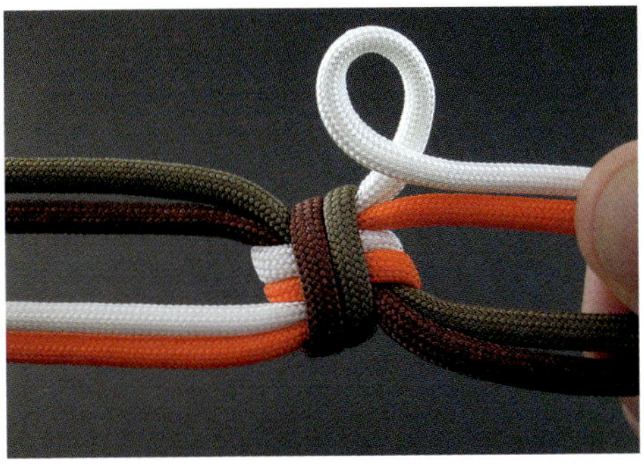

8. In die obere rechte Schnur entgegen dem Uhrzeigersinn eine Schlaufe legen.

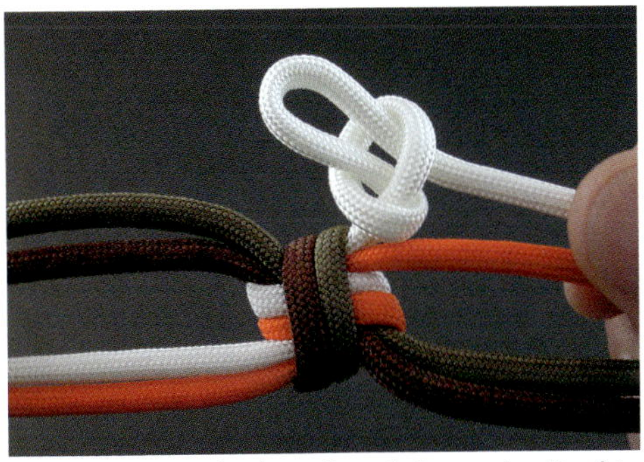

9. Ins lose Ende derselben Schnur eine Bucht legen, diese durch die Schlaufe stecken …

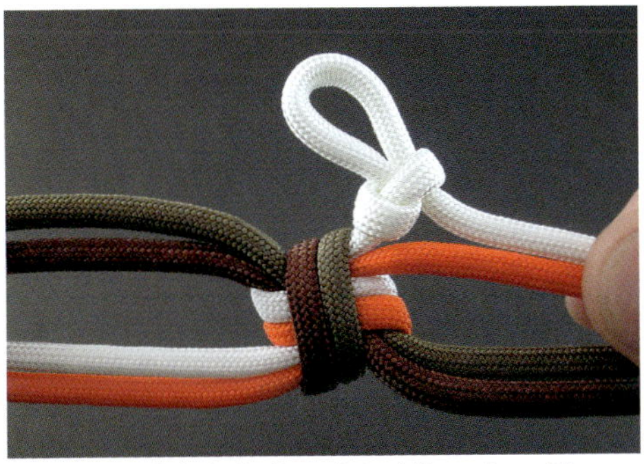

10. … und dichtholen, dabei über dem Slipknoten eine 1,5 cm große Schlaufe stehen lassen.

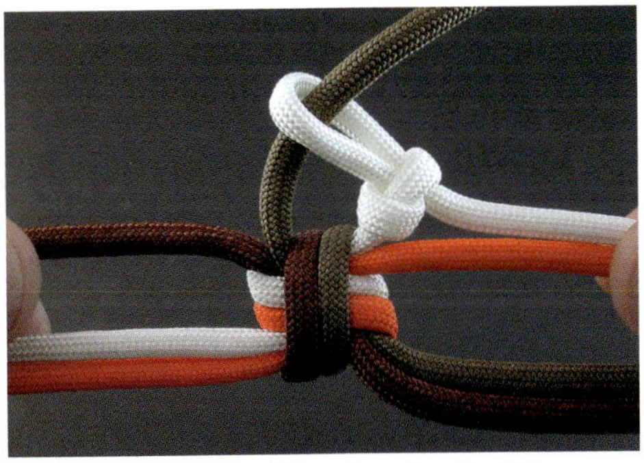

11. Entgegen dem Uhrzeigersinn fortfahren. Die obere linke Schnur durch die Schlaufe stecken.

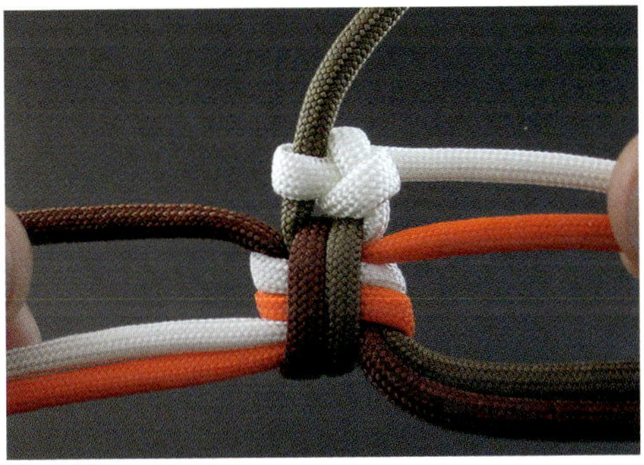

12. Dann die Schlaufe fest zusammenziehen.

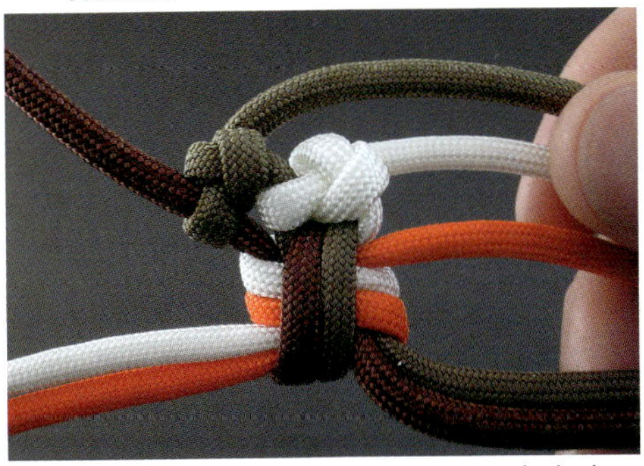

13. Nun die Schritte 8 bis 12 stets wiederholen.

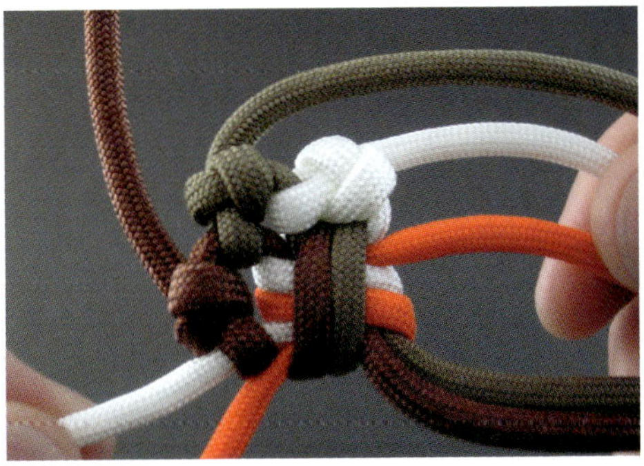

14. In jede Schnur …

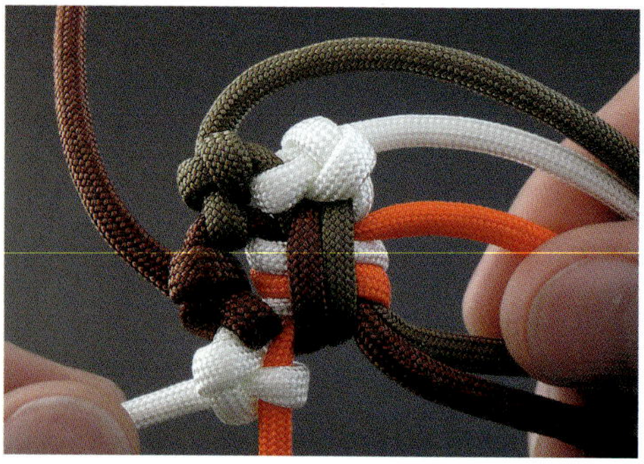

15. … einen Slipknoten binden …

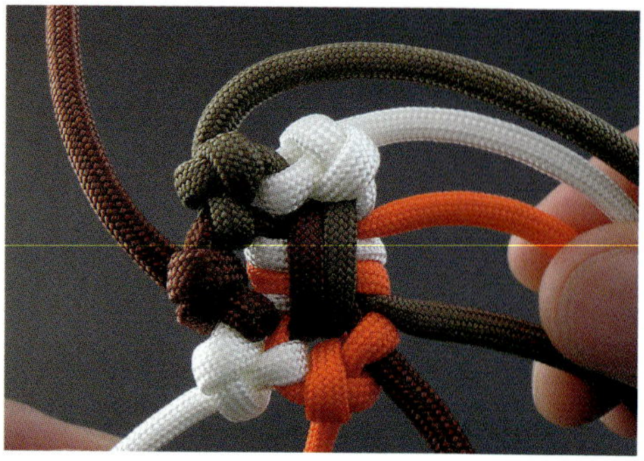

16. … und fest um die …

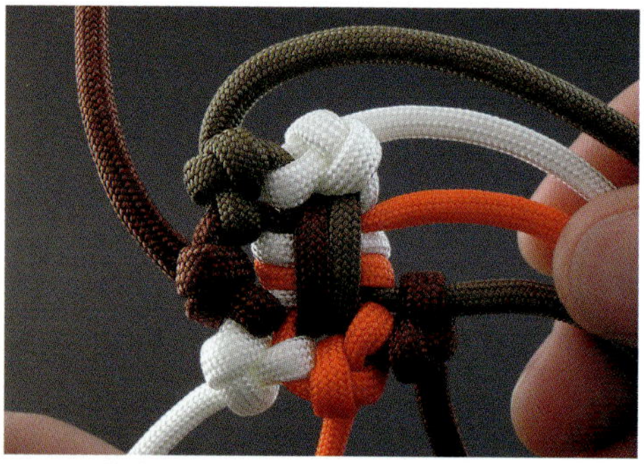

17. … links von ihm liegende Schnur zusammenziehen, …

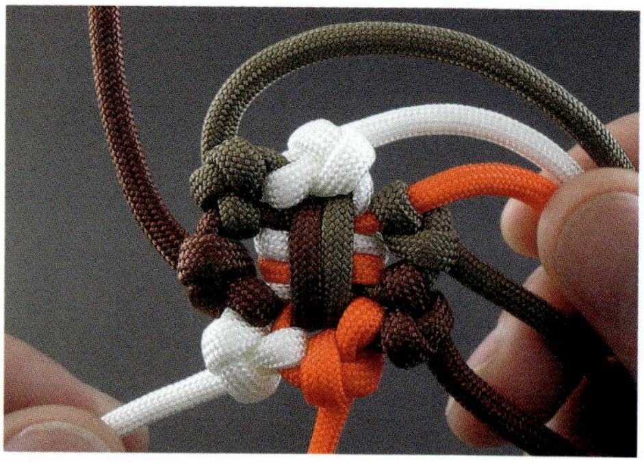

18. … bis …

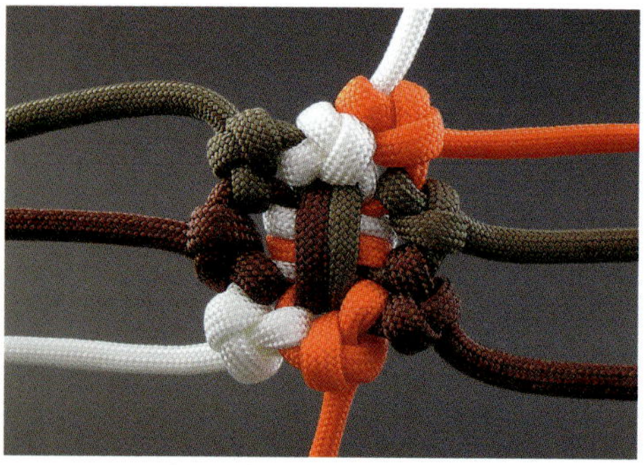

19. … eine komplette Runde entgegen dem Uhrzeigersinn geknüpft ist.

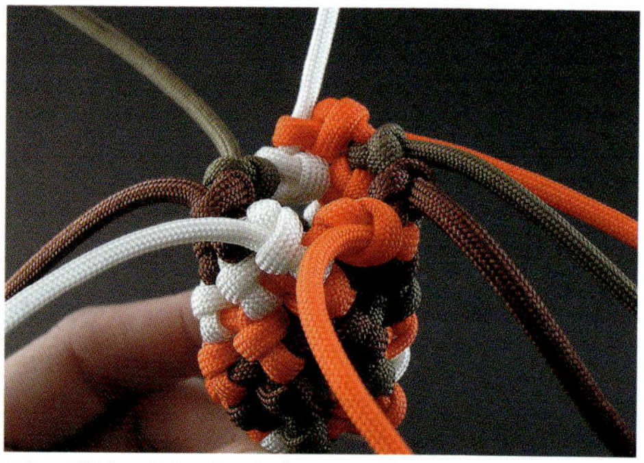

20. Weiterhin die Schritte 8 bis 12 wiederholen. Dabei wächst der Köcher vom Kronenknoten aus nach oben.

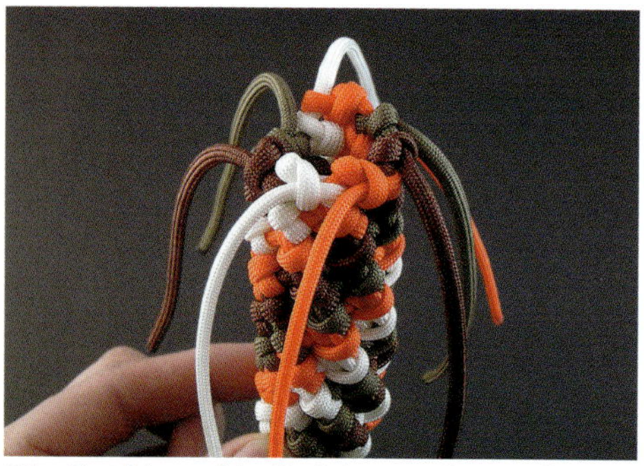

21. Fortfahren, bis die Schnurenden noch mindestens 13 cm lang sind.

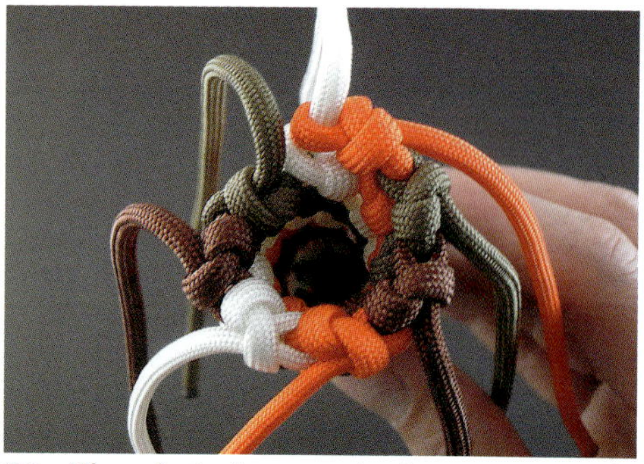

22. **Hinweis:** Im Inneren des Strangs muss sich ein Hohlraum ergeben.

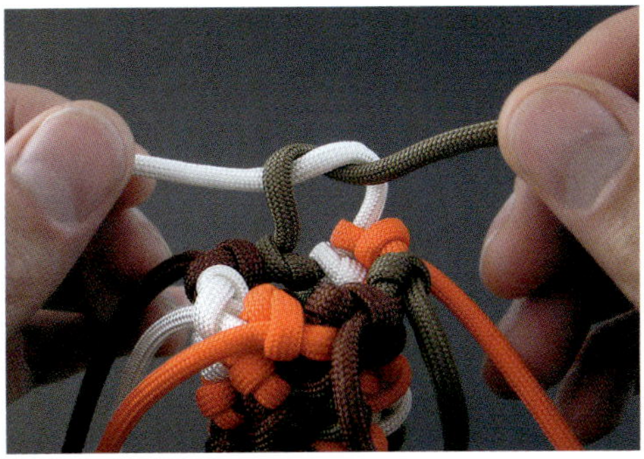

23. Mit der zuletzt umschlungenen Schnur und der links benachbarten einen Überhandknoten binden (links über rechts).

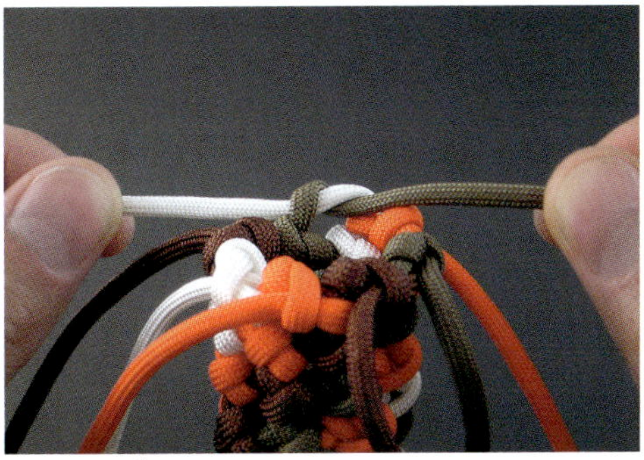

24. Den Überhandknoten fest dichtholen.

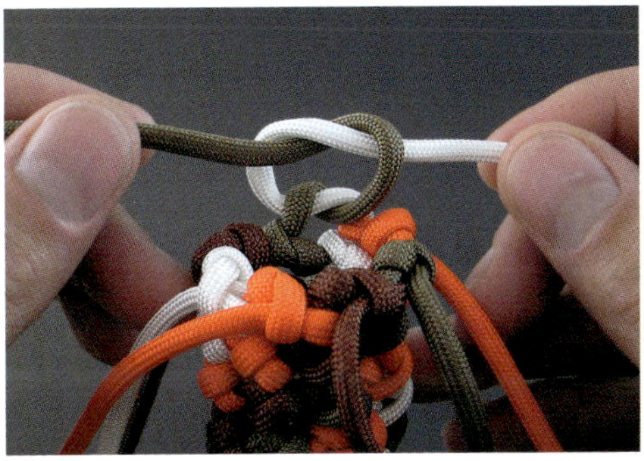

25. Direkt über dem ersten noch einen zweiten Überhandknoten binden, jedoch nun rechts über links.

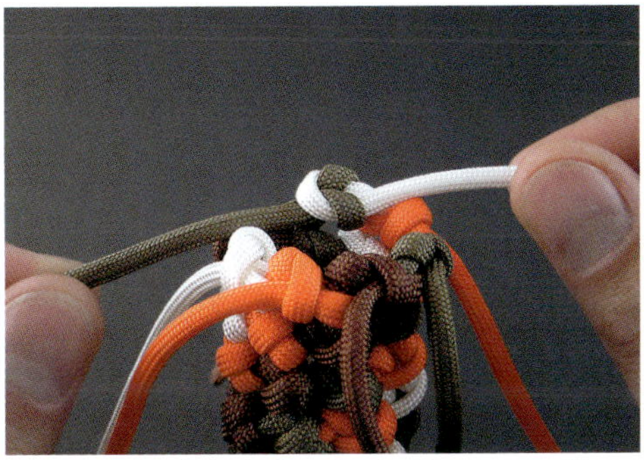

26. Wieder dichtholen. Die beiden gegenläufigen Überhandknoten bilden zusammen einen Kreuzknoten.

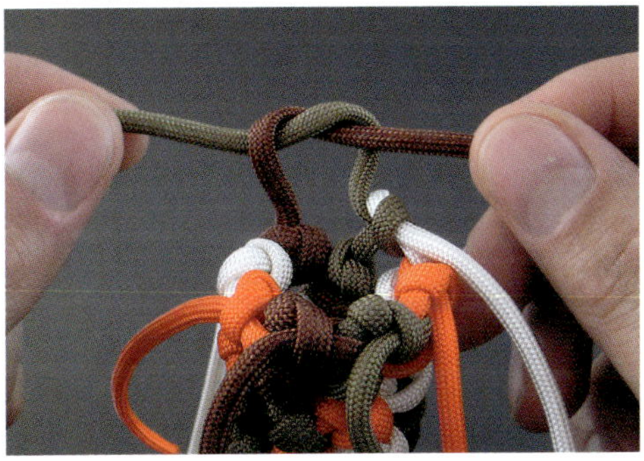

27. Nun in die linke Schnur des Kreuzknotens und in die links benachbarte einen Überhandknoten binden (links über rechts).

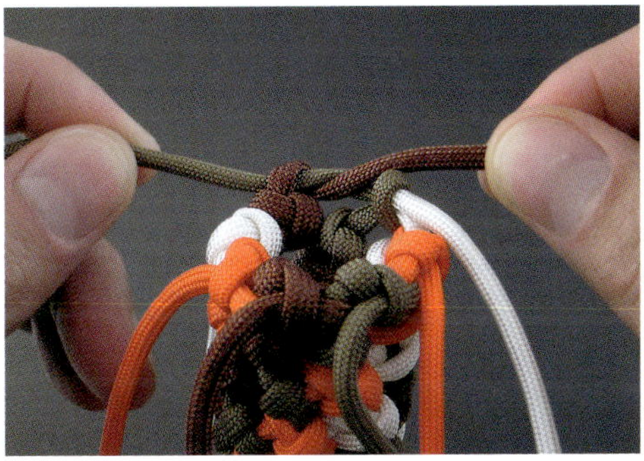

28. Den Überhandknoten fest dichtholen.

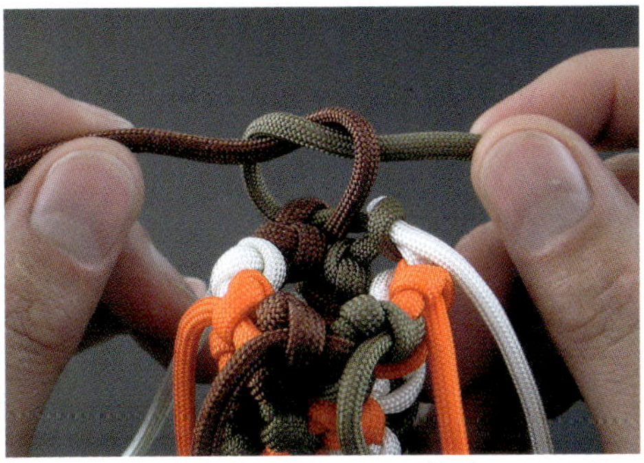

29. Direkt über dem ersten noch einen zweiten Überhandknoten binden, jedoch nun rechts über links.

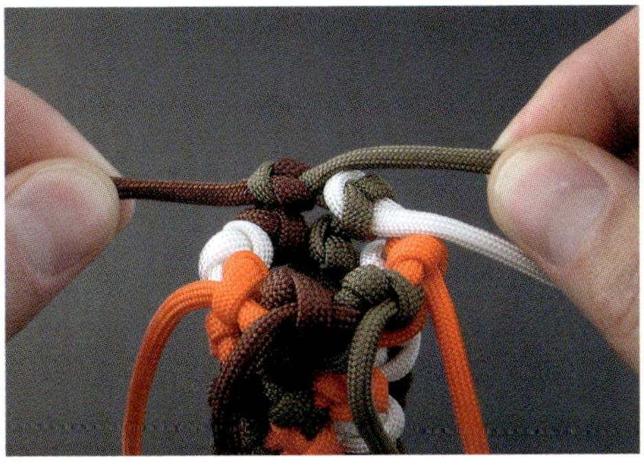

30. Erneut dichtholen. Die beiden gegenläufigen Überhandknoten bilden zusammen einen Kreuzknoten.

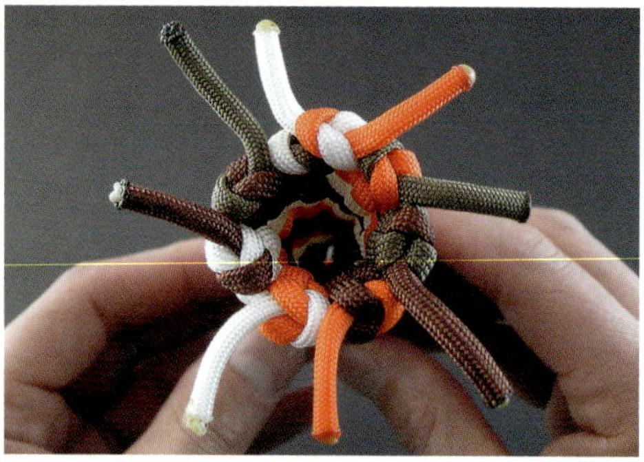

31. Die Schritte 27 bis 30 noch sechsmal wiederholen.

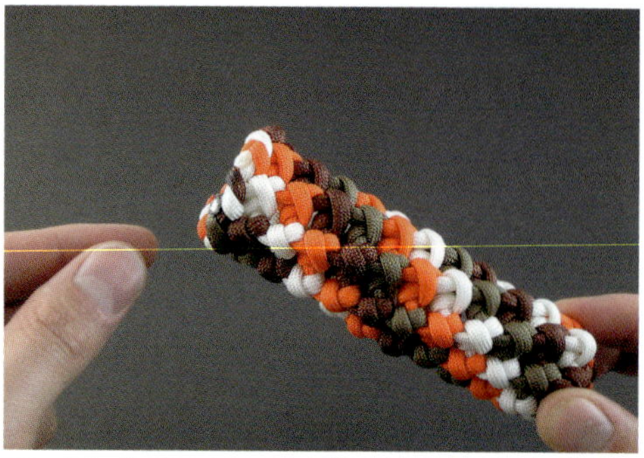

32. Die Enden kurz abschneiden und sorgfältig abbrennen.

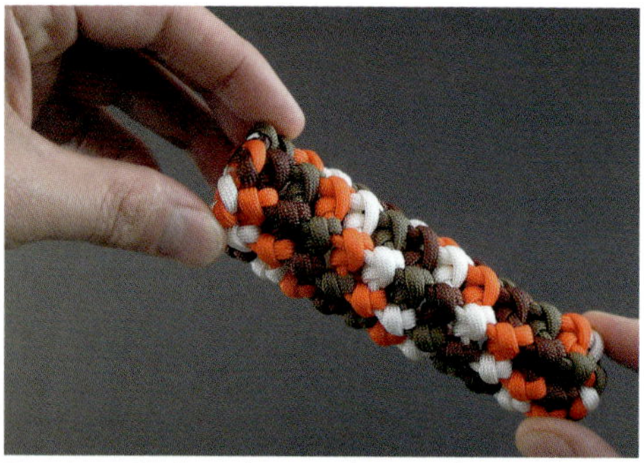

33. Den Köcher oben und unten fassen und drehen. Dadurch weitet sich der innere Hohlraum.

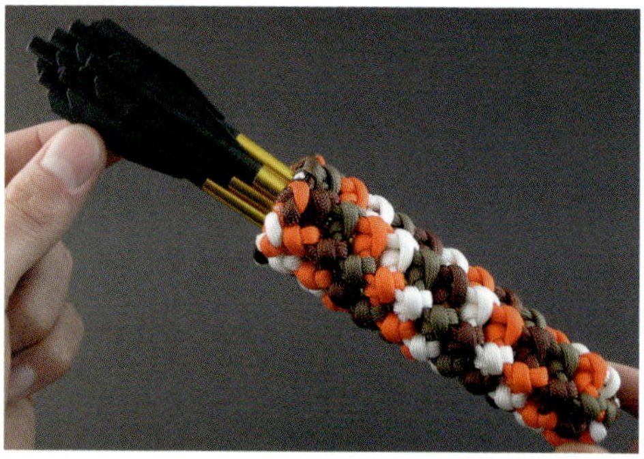

34. Der fertige Köcher, hier mit kurzen Aluminiumbolzen für eine Armbrust.

Tasche für Vielzweckwerkzeug

Utility Knife Pouch

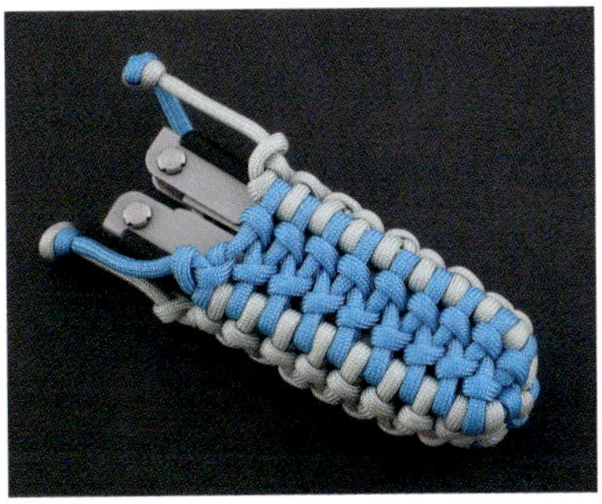

Die kleine Tasche zeigt, was sich aus dem Rückgrat-Strang (siehe *Paracord Basics*) machen lässt. Sie ist groß genug für ein Universalwerkzeug und hat praktische Gürtelschlaufen. Mit längeren Schnüren entsteht eine Tasche für ein Fahrtenmesser.

Schnur: *2 Schnüre à 3,7 m (fertige Größe 8,9 x 5,1 cm)*

Komponenten: *Kronenknoten + Slipknoten + Rückgrat-Strang + Überhandknoten*

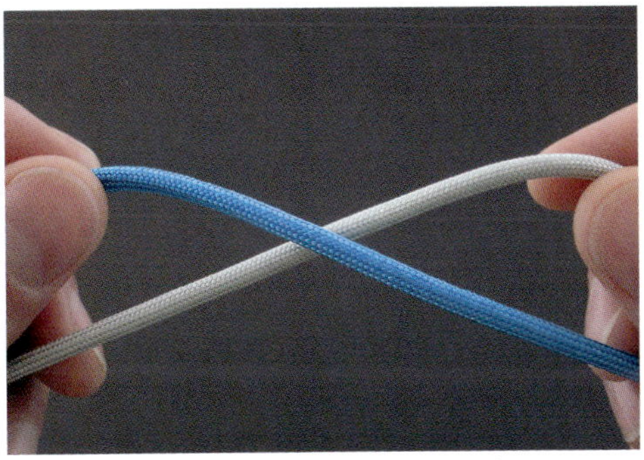

1. Die beiden Schnüre in der Mitte kreuzweise übereinanderlegen.

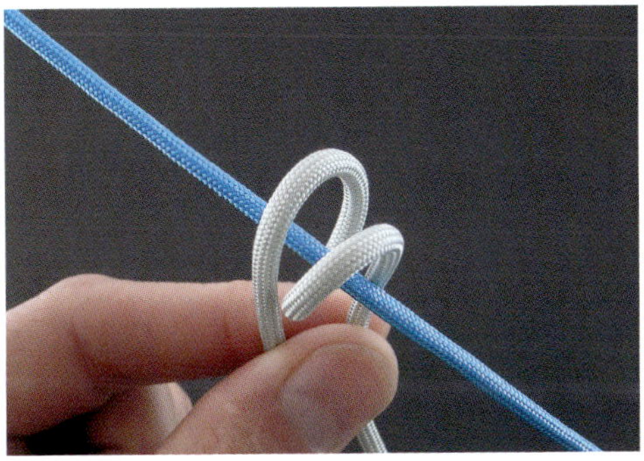

2. Die Enden der unteren Schnur in entgegengesetzten Richtungen über die obere Schnur legen.

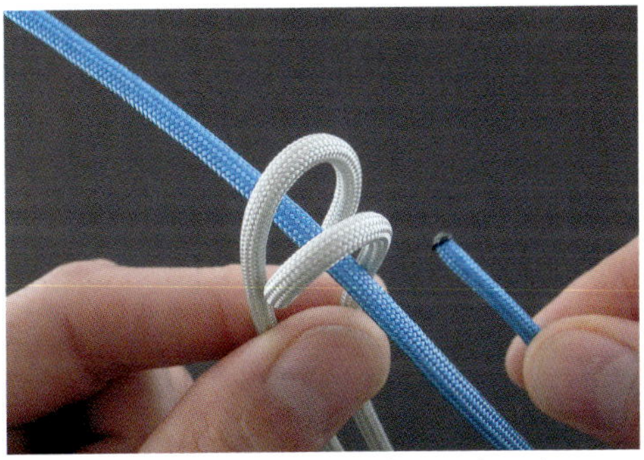

3. Das Ende der unteren Schnur über den ersten Bogen legen …

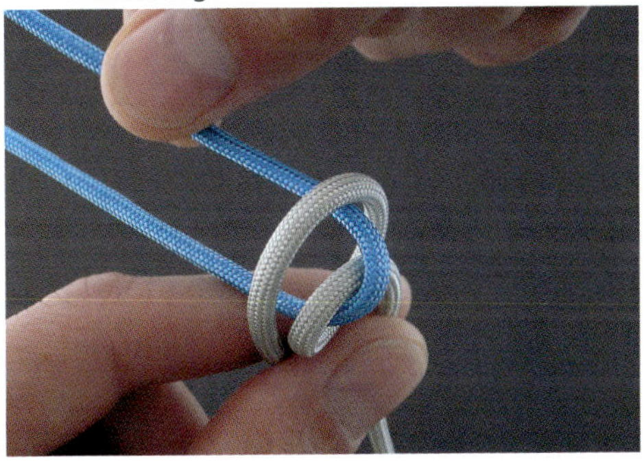

4. … und unter den zweiten Bogen stecken.

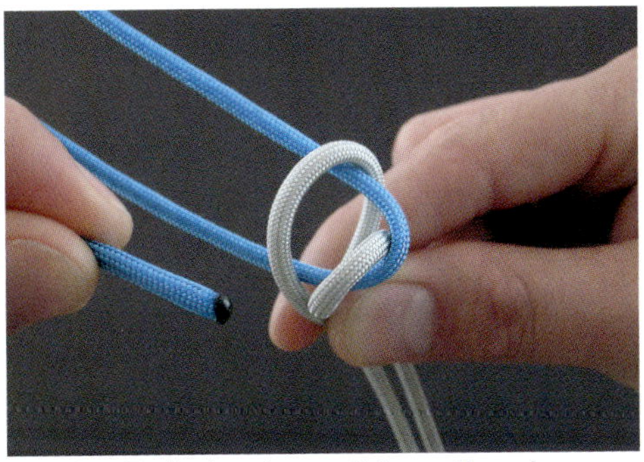

5. Das Ende der oberen Schnur über den unter ihr liegenden Bogen führen …

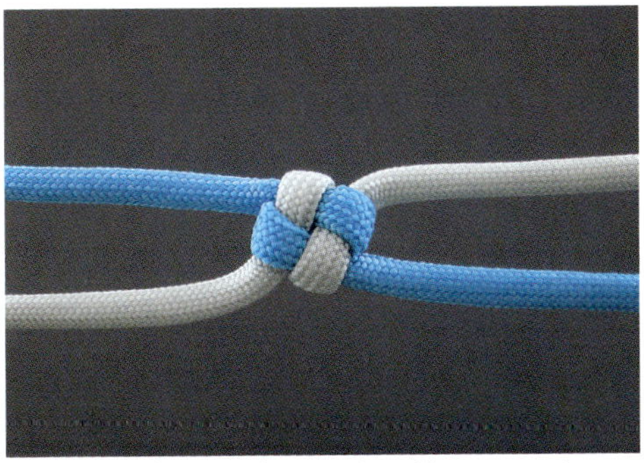

6. … und unter den zweiten Bogen stecken. Den so entstandenen Kronenknoten fest dichtholen.

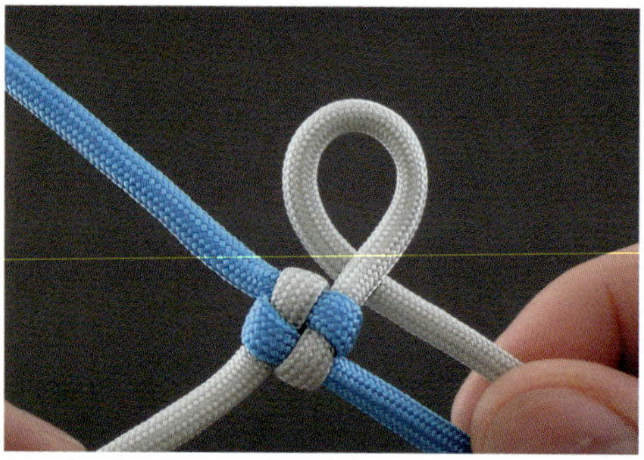

7. In die obere rechte Schnur im Uhrzeigersinn eine Schlaufe legen.

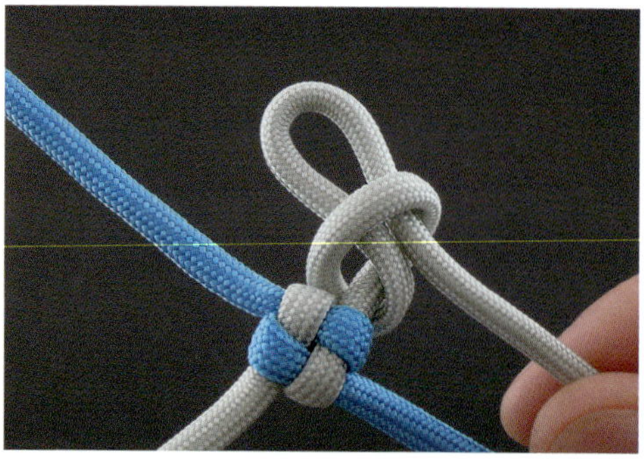

8. Das lose Ende derselben Schnur zur Bucht legen und durch die Schlaufe stecken.

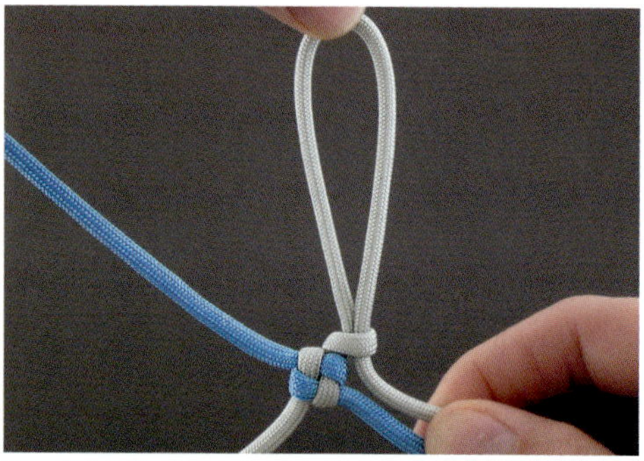

9. Dichtholen, aber dabei eine 9 cm lange Schlaufe stehen lassen.

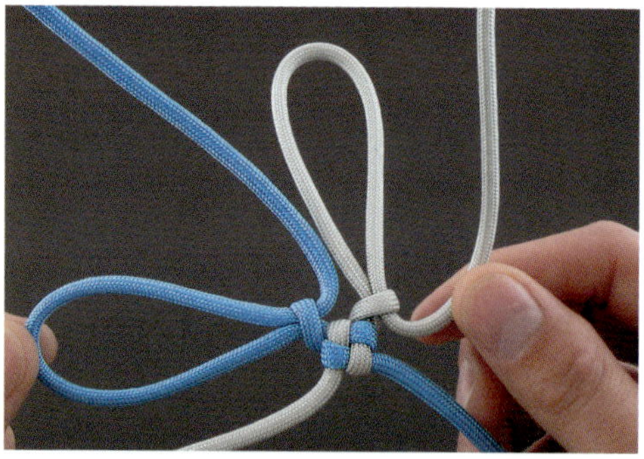

10. Entgegen dem Uhrzeigersinn fortfahren. Die Schritte 7 bis 9 wiederholen, …

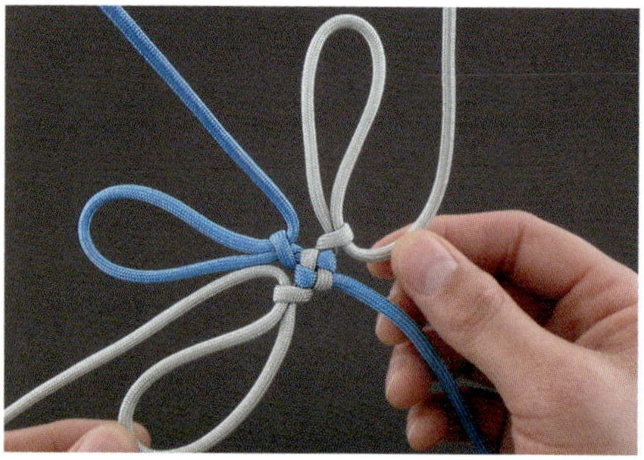

11. … bis in jede Schnur …

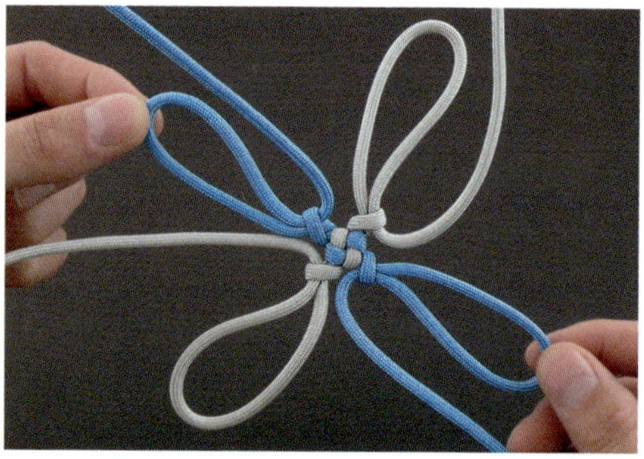

12. … ein Slipknoten mit einer 9 cm langen Schlaufe gebunden ist.

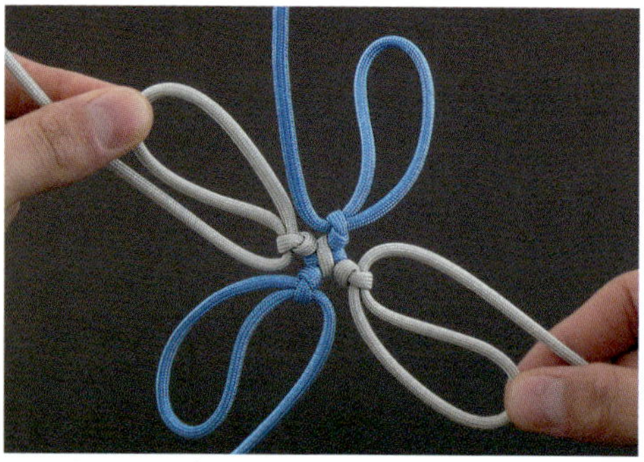

13. Die Knüpfarbeit um die eigene Achse wenden.

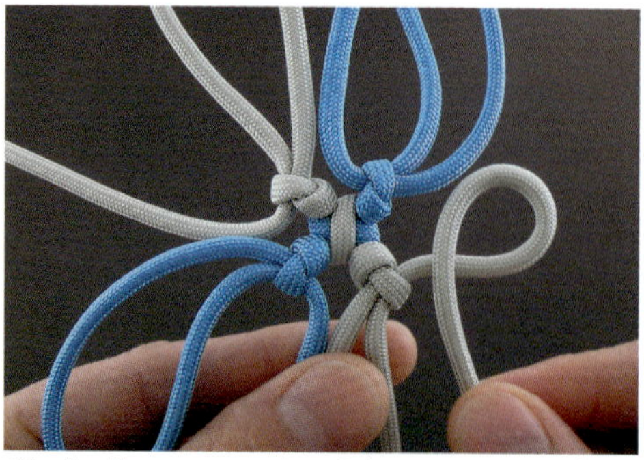

14. In die untere rechte Schnur entgegen dem Uhrzeigersinn eine Schlaufe legen.

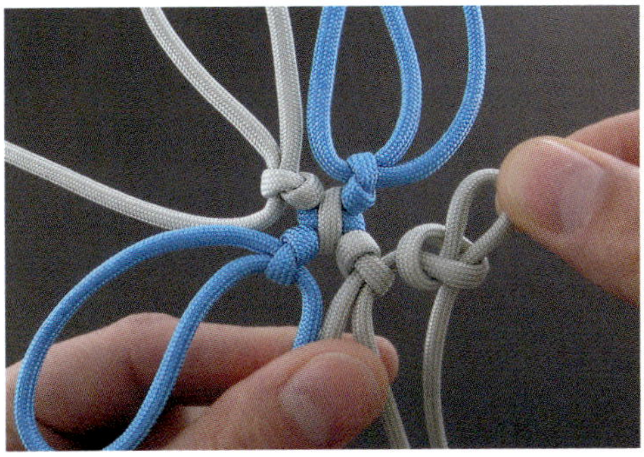

15. Ins lose Ende derselben Schnur eine Bucht legen, durch die Schlaufe stecken …

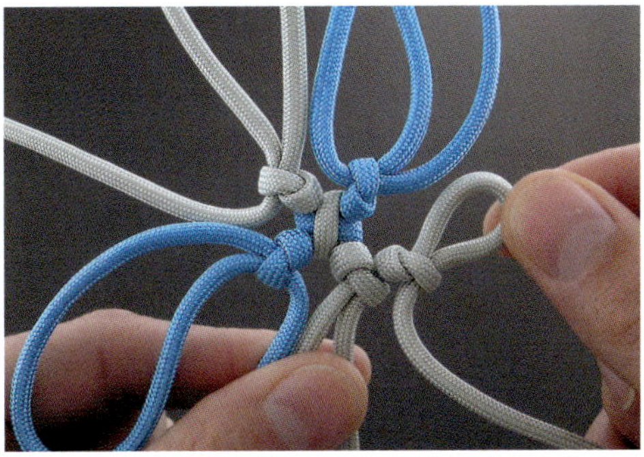

16. … und dichtholen. Dabei über dem Slipknoten eine 1,5 cm große Schlaufe stehen lassen.

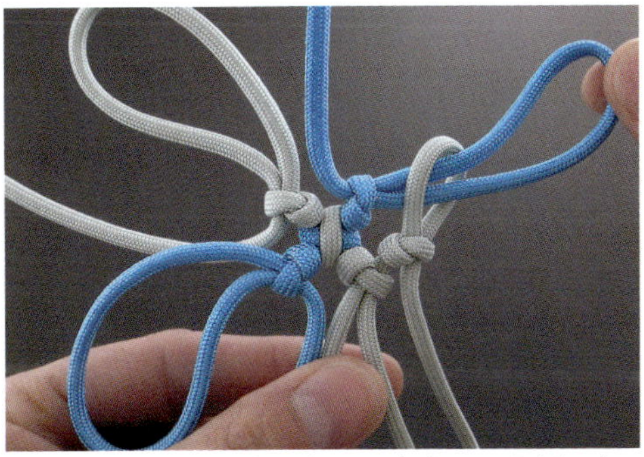

17. Die links danebenliegende lange Schlaufe durch die kurze Schlaufe des letzten Slipknotens führen.

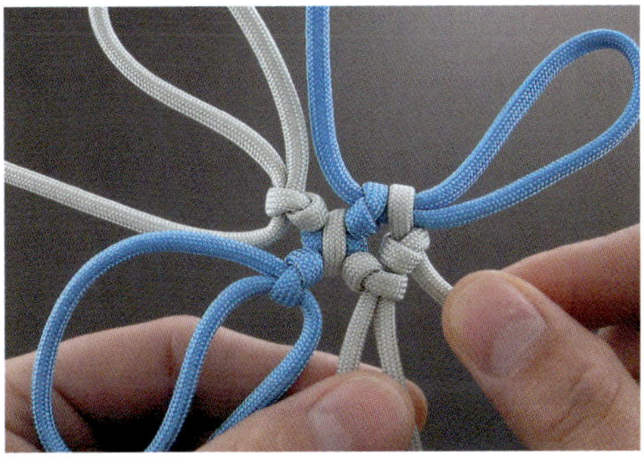

18. Dann den Slipknoten fest um die lange Schlaufe zusammenziehen.

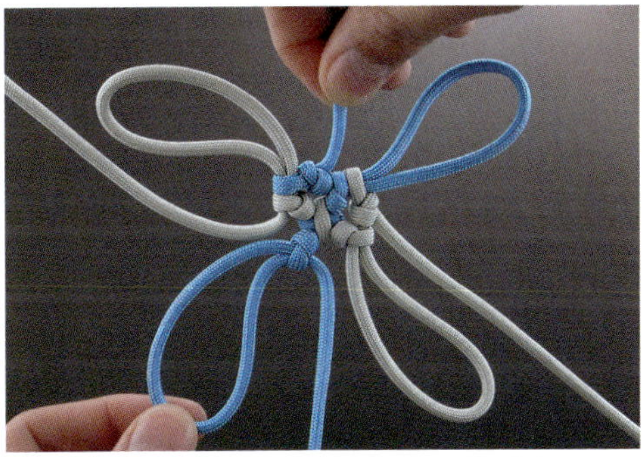

19. Entgegen dem Uhrzeigersinn fortfahren. Die Schritte 14 bis 18 wiederholen, …

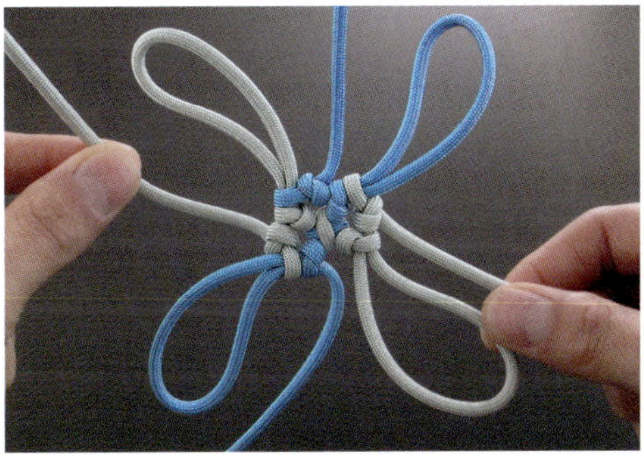

20. … bis in jede Schnur ein Slipknoten gebunden ist, …

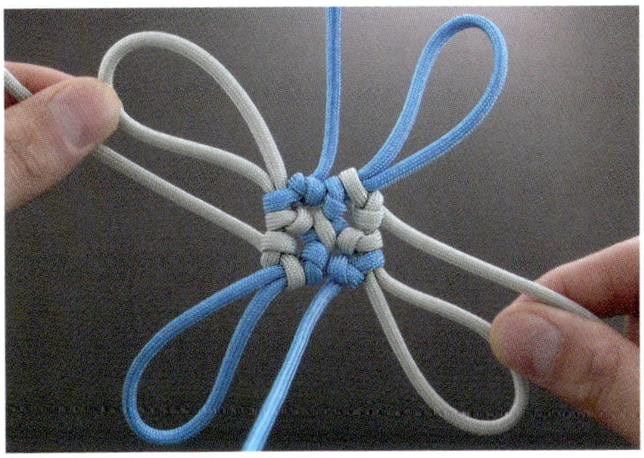

21. … der die links von ihm liegende lange Schlaufe fest umschließt.

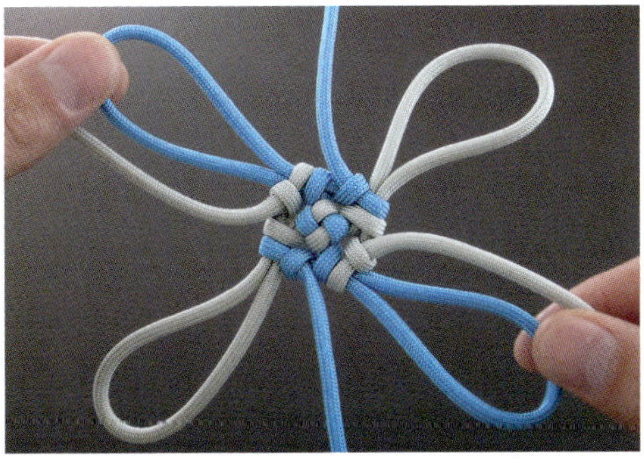

22. Die Knüpfarbeit um die eigene Achse wenden.

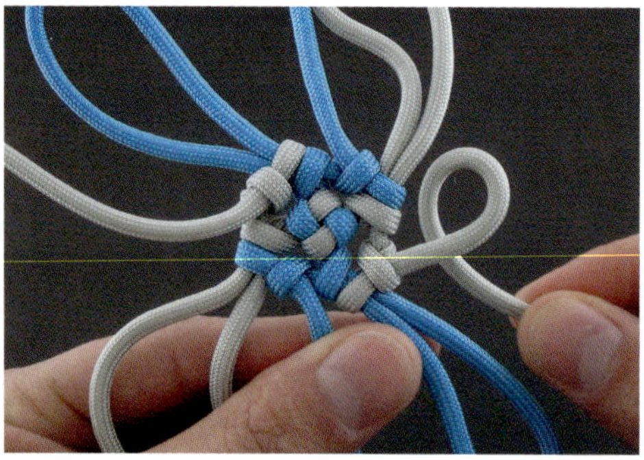

23. In die untere rechte Schnur im Uhrzeigersinn eine Schlaufe legen.

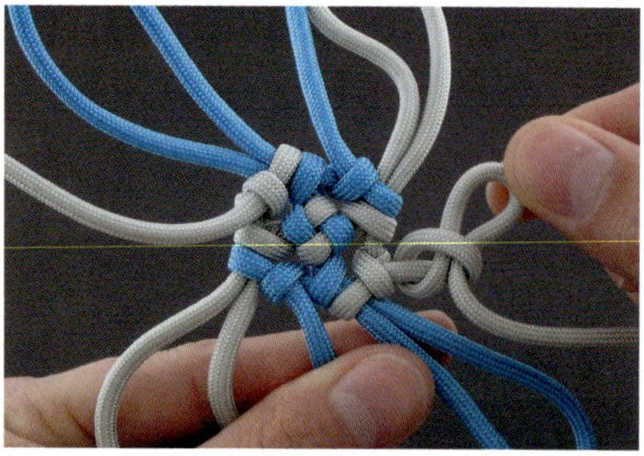

24. Das lose Ende derselben Schnur zur Bucht legen und durch die Schlaufe stecken.

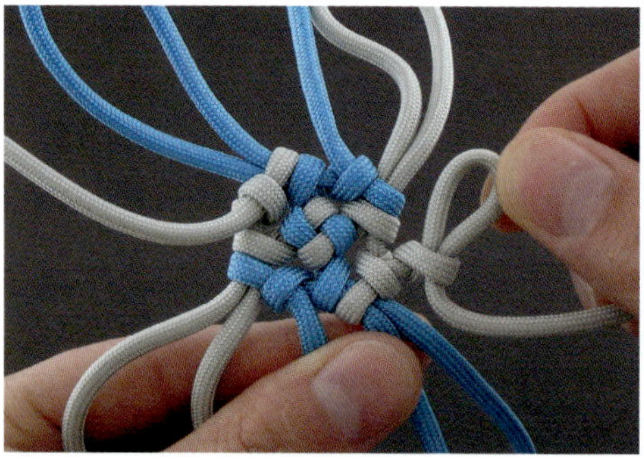

25. Dichtholen, dabei über dem Slipknoten eine 1,5 cm große Schlaufe stehen lassen.

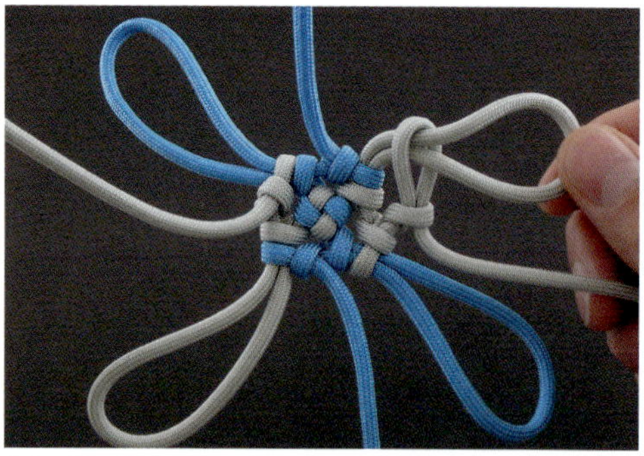

26. Die links danebenliegende lange Schlaufe durch die kurze Schlaufe des Slipknotens stecken.

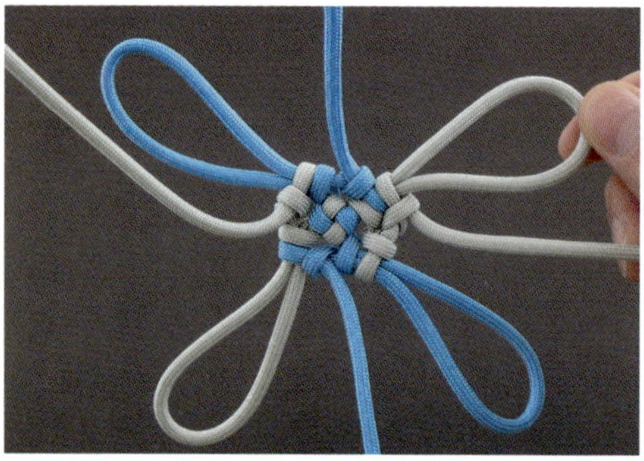

27. Dann die kurze Schlaufe fest um die lange Schlaufe zusammenziehen.

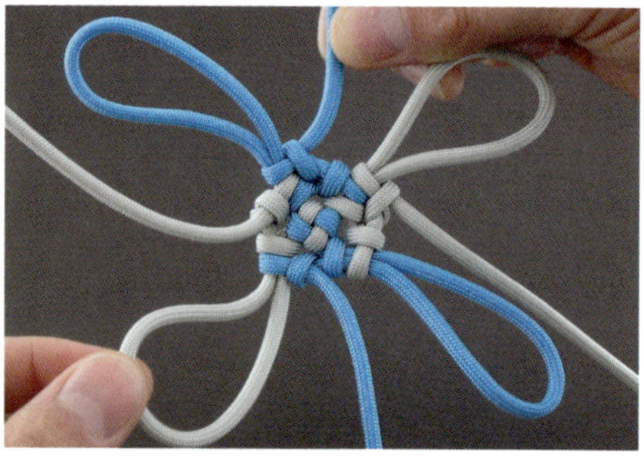

28. Entgegen dem Uhrzeigersinn fortfahren. Die Schritte 23 bis 27 wiederholen, …

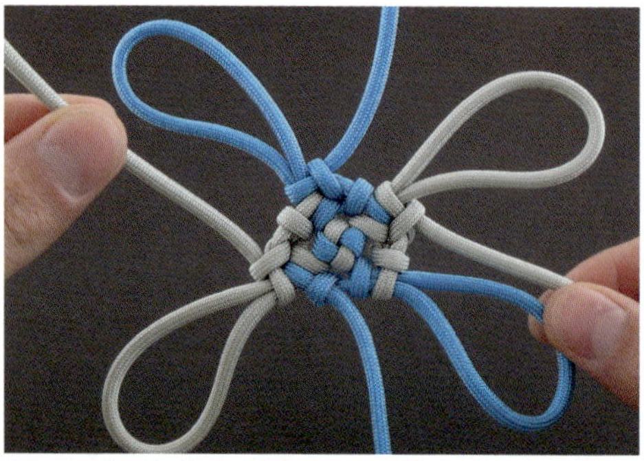

29. … bis in jede Schnur ein Slipknoten gebunden ist, …

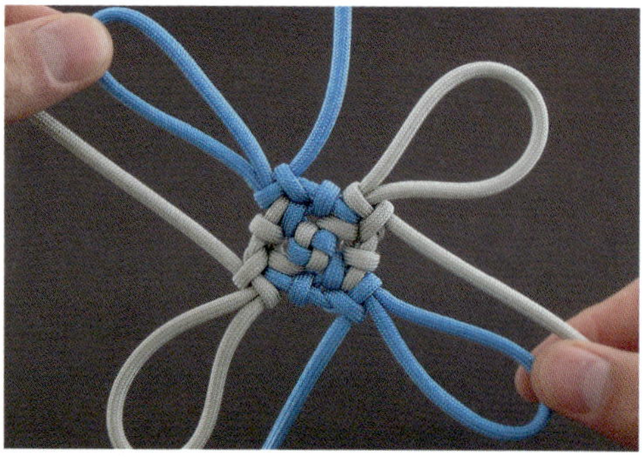

30. … der die links neben ihm liegende lange Schlaufe fest umschließt.

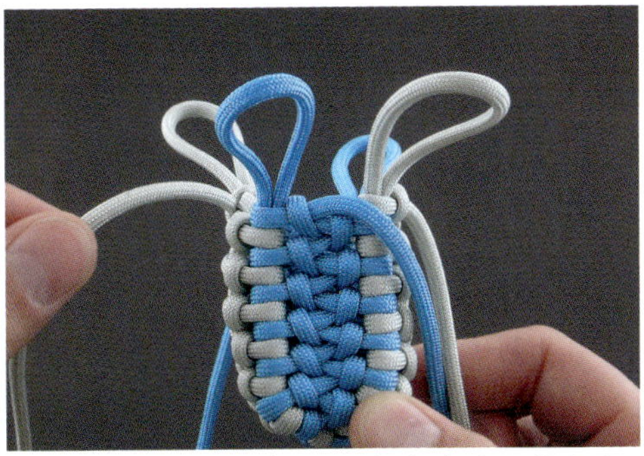

31. Die Schritte 13 bis 30 wiederholen. Dabei wächst die Tasche vom Kronenknoten aus aufwärts.

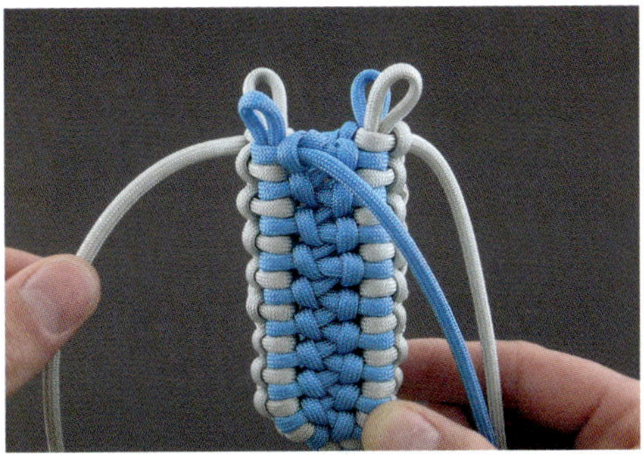

32. Fortfahren, bis die Schlaufen am oberen Rand der Tasche noch 1,5 cm lang sind.

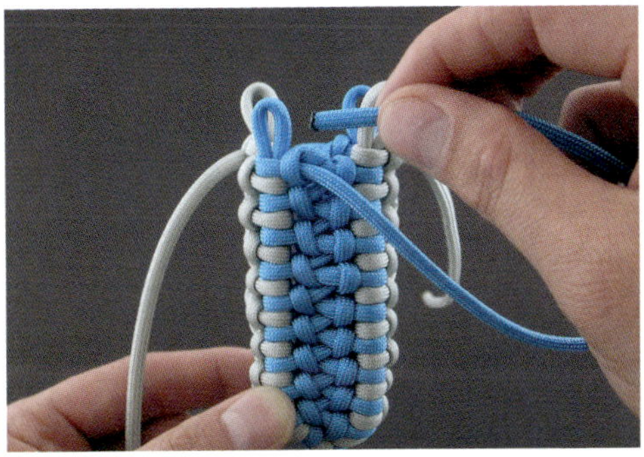

33. Für den Abschluss ein Schnurende in die Hand nehmen …

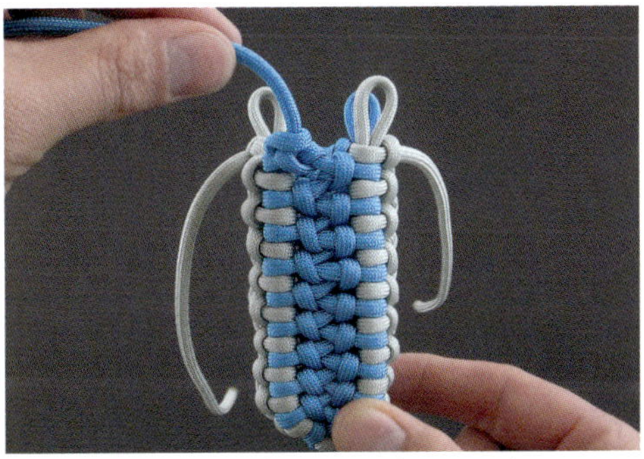

34. … und durch die am nächsten gelegene Schlaufe stecken.

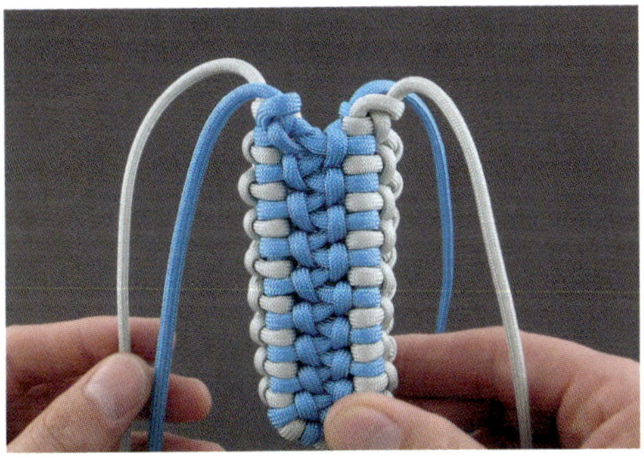

35. Die Schritte 33 und 34 mit allen übrigen Enden wiederholen.

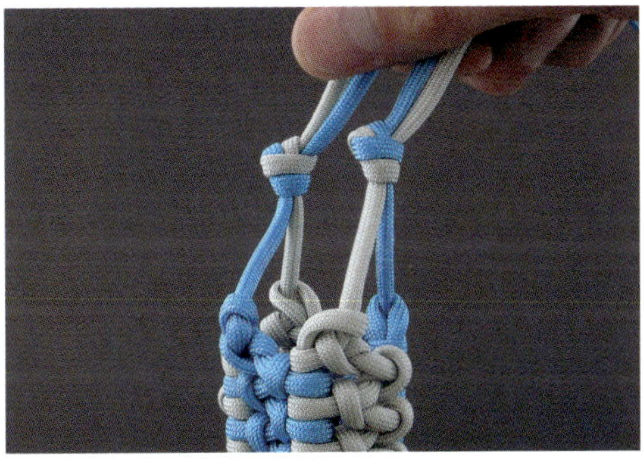

36. Jeweils einen Überhandknoten in die Enden der vorderen und hinteren Schnüre binden.

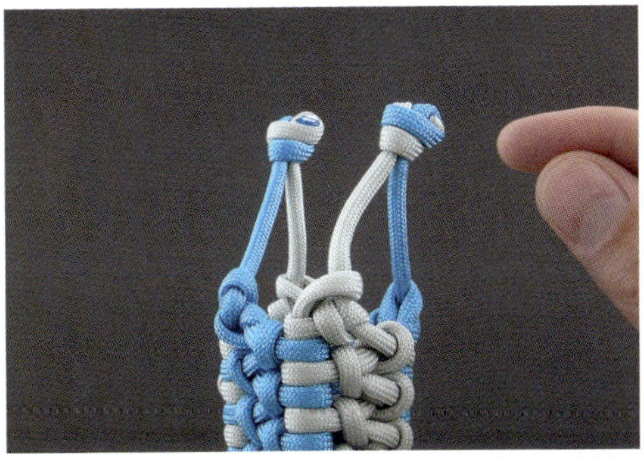

37. Die Enden kurz abschneiden und sorgfältig abbrennen.

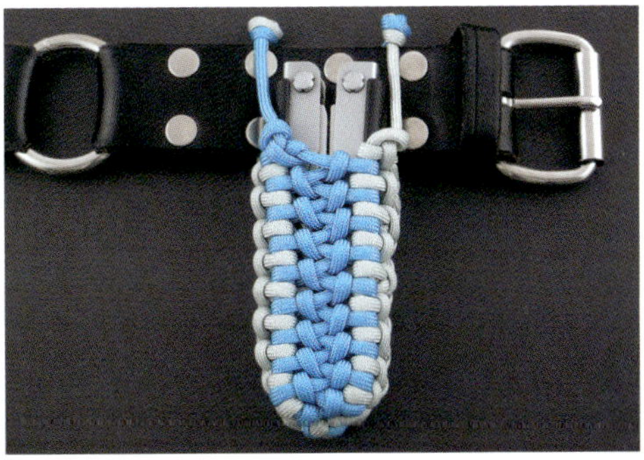

38. Hier die fertige Werkzeugtasche an einem Gürtel.

Drachenei-Beutel

Dragon Egg Pouch

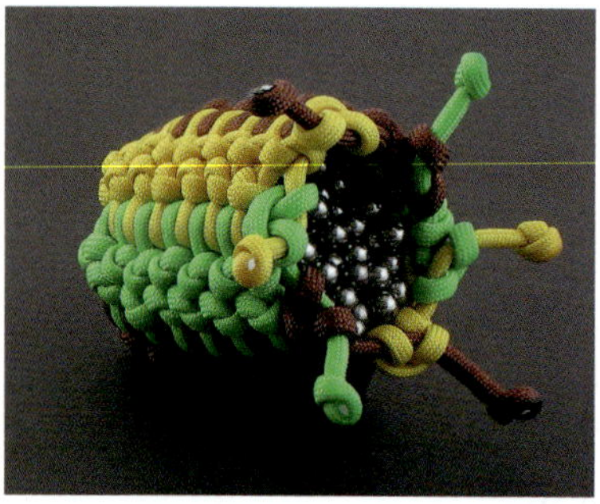

Dieser Beutel ist eine Variante der Werkzeugtasche und wird mit sechs Schnüren quasi »auf links« geknüpft. Er lässt sich leicht öffnen und schließen und eignet sich gut zum Verstauen von allerlei Kleinigkeiten, etwa Munition für eine Steinschleuder.

Schnur: *3 Schnüre à 3,7 m (fertige Größe 10,2 x 6,4 cm)*

Komponenten: *Sechssträngiger Kronenknoten + Laufknoten + Rückgrat-Strang + Kuhsteke + Überhandknoten*

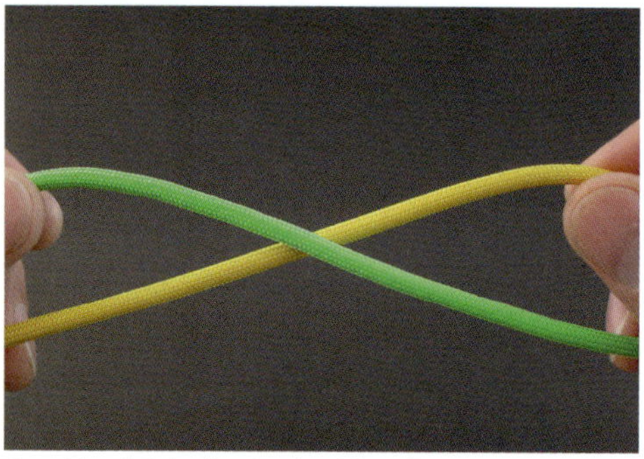

1. Zwei Schnüre in der Mitte kreuzweise übereinanderlegen.

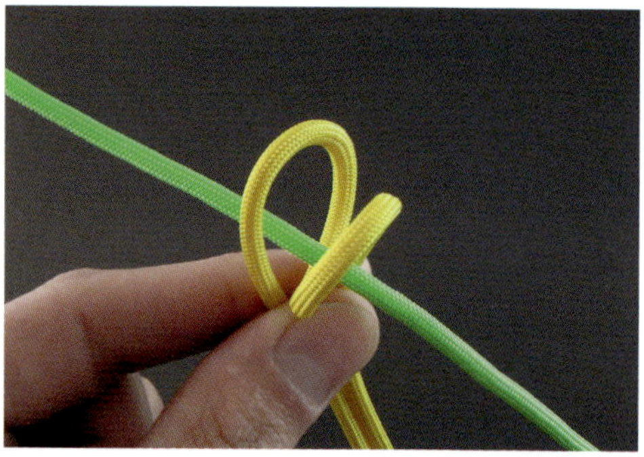

2. Die Enden der unteren Schnur in entgegengesetzten Richtungen über die obere Schnur legen.

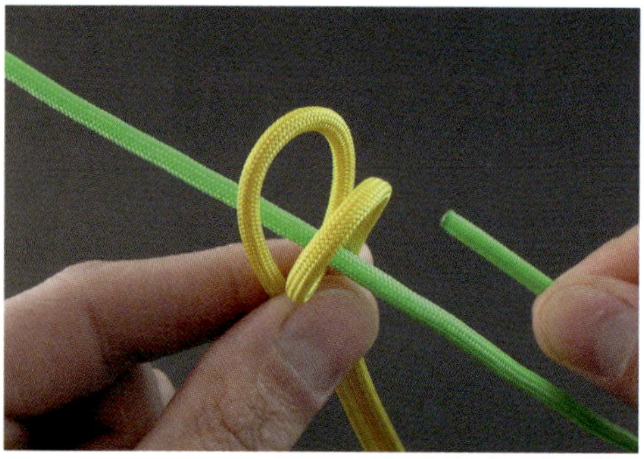

3. Das Ende der unteren Schnur über den ersten Bogen legen …

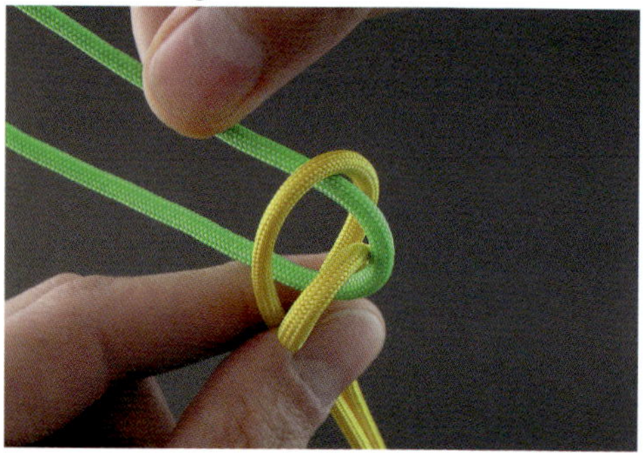

4. … und unter den zweiten Bogen stecken.

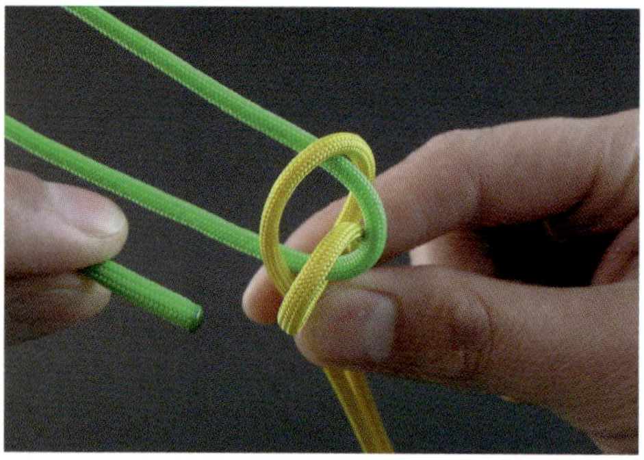

5. Das Ende der oberen Schnur über den unter ihr liegenden Bogen führen …

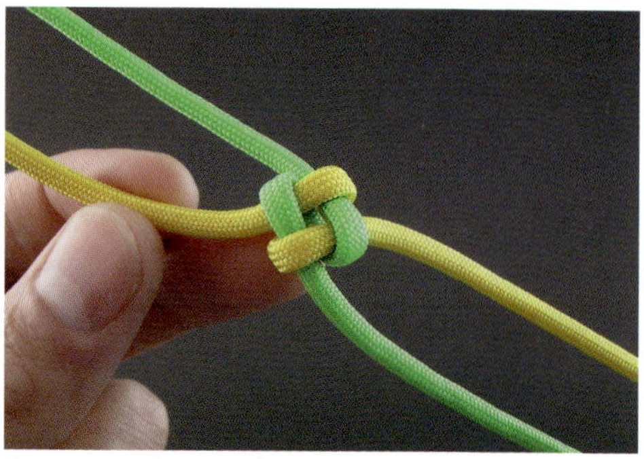

6. … und unter den zweiten Bogen stecken. Dies ist ein **Kronenknoten**.

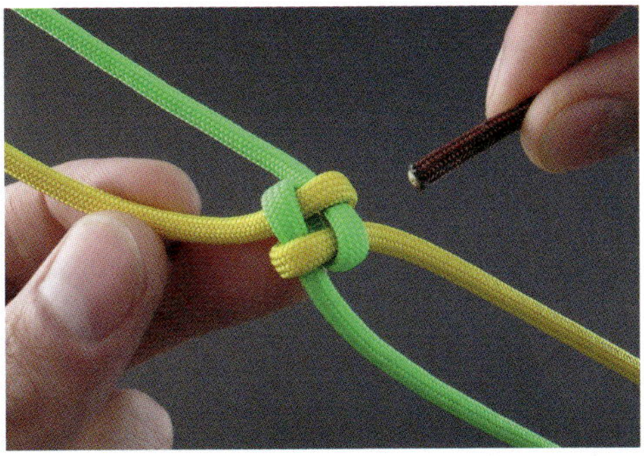

7. Das Ende der dritten Schnur in die Hand nehmen …

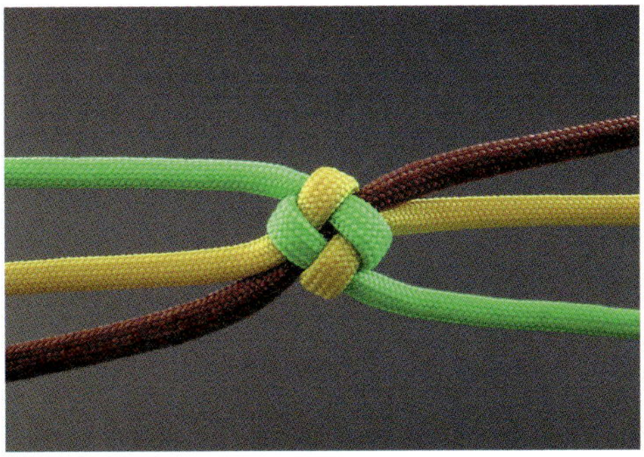

8. … und von der Seite durch den Kronenknoten ziehen. Den Kronenknoten fest dichtholen.

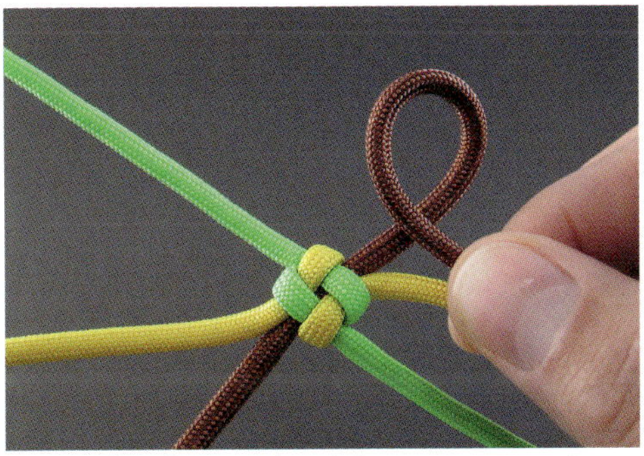

9. In die obere rechte Schnur entgegen dem Uhrzeigersinn eine Schlaufe legen.

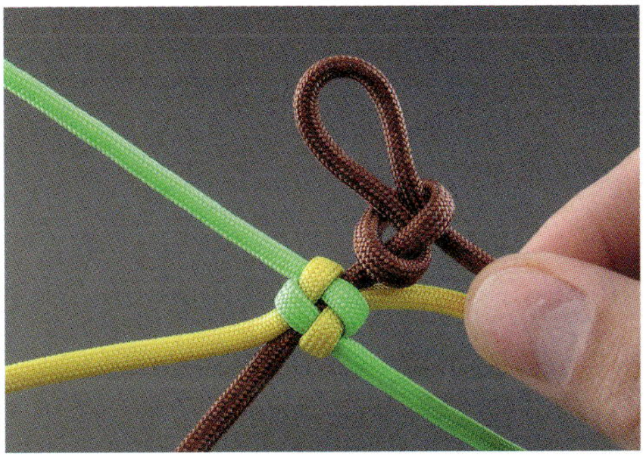

10. Das lose Ende derselben Schnur zur Bucht legen und durch die Schlaufe stecken.

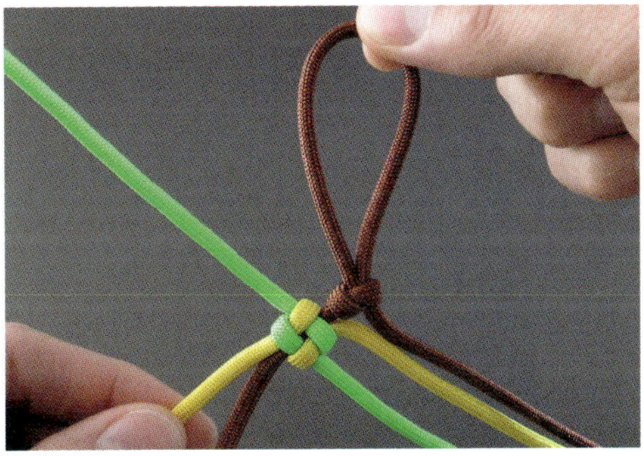

11. Dichtholen, aber dabei eine 10 cm lange Schlaufe stehen lassen.

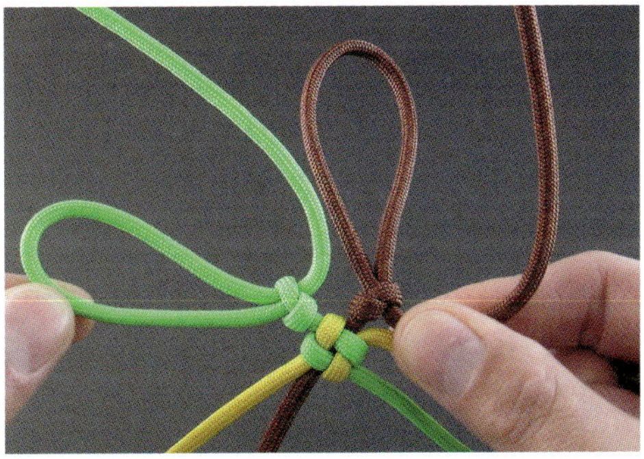

12. Entgegen dem Uhrzeigersinn fortfahren.

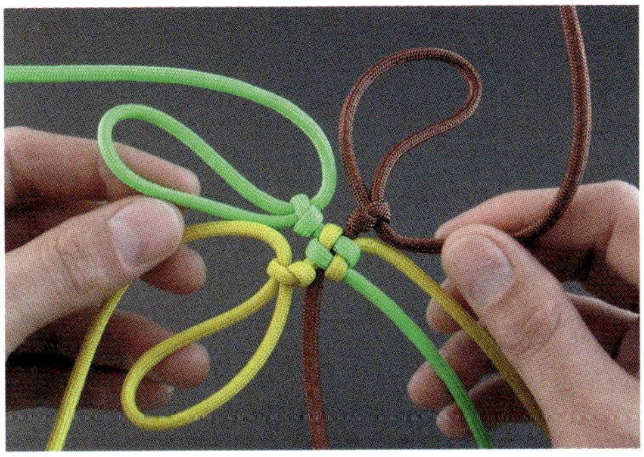

13. Die Schritte 9 bis 11 wiederholen, …

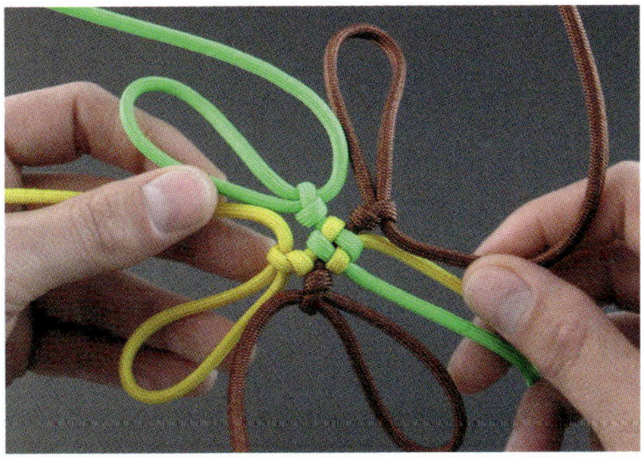

14. … bis in jede Schnur …

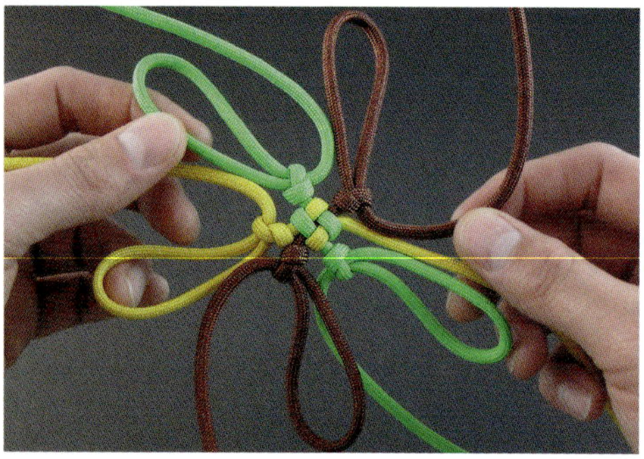

15. … ein Slipknoten …

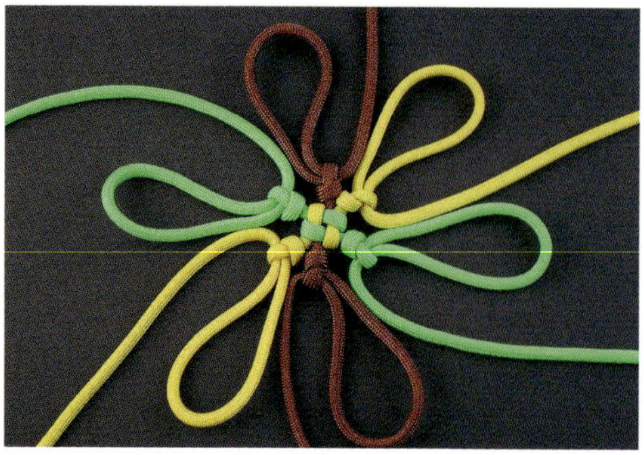

16. … mit einer 10 cm langen Schlaufe gebunden ist.

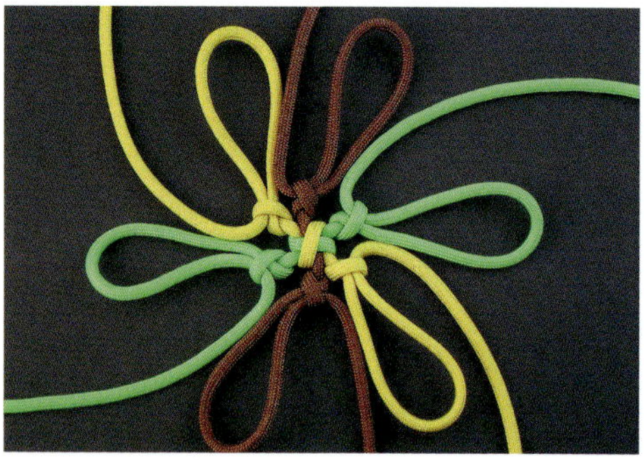

17. Die Knüpfarbeit um die eigene Achse wenden.

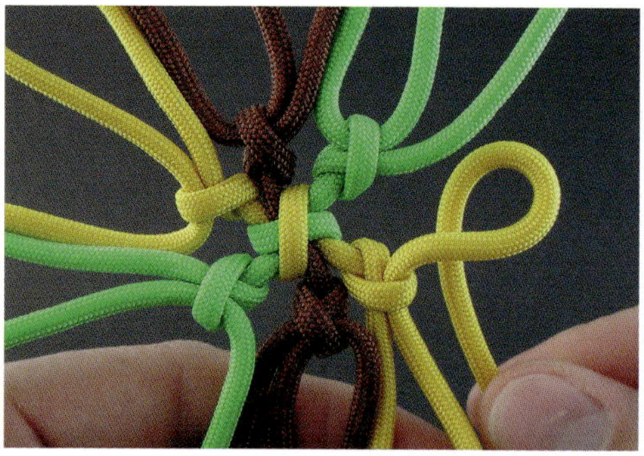

18. In die mittlere rechte Schnur im Uhrzeigersinn eine Schlaufe legen.

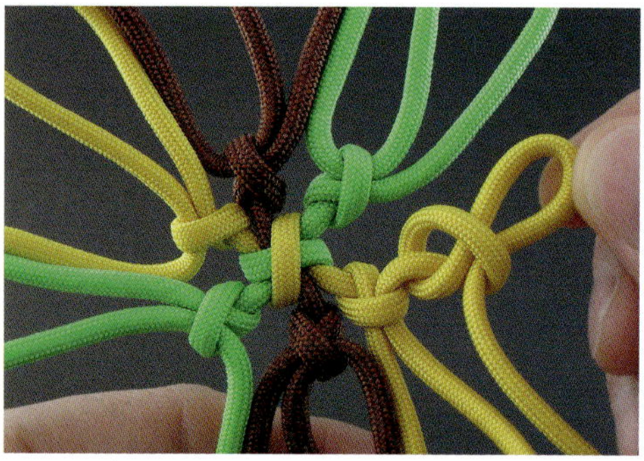

19. Ins lose Ende derselben Schnur eine Bucht legen, durch die Schlaufe stecken …

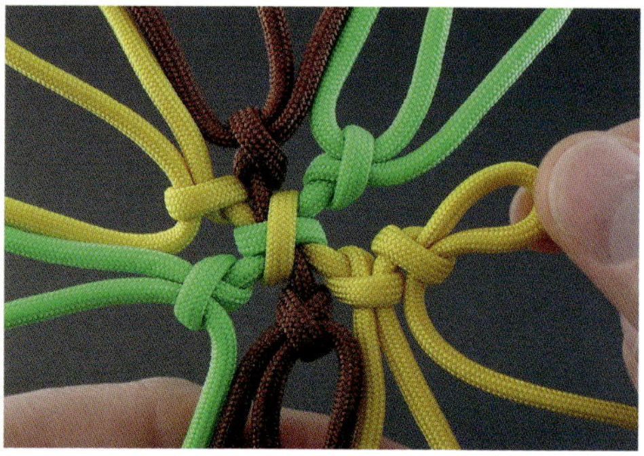

20. … und dichtholen, dabei über dem Slipknoten eine 1,5 cm große Schlaufe stehen lassen.

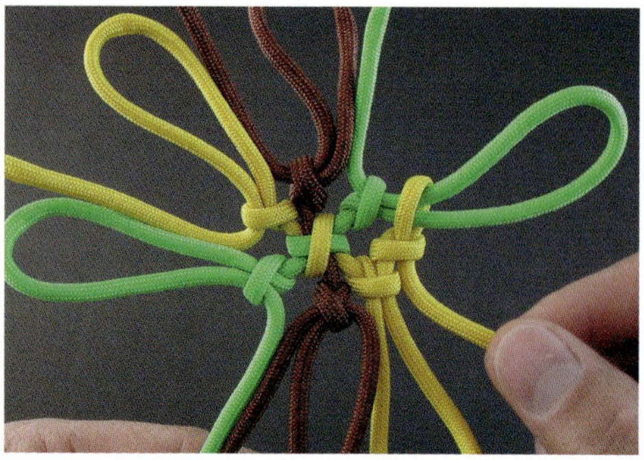

21. Die links danebenliegende lange Schlaufe durch die kurze Schlaufe des letzten Slipknotens ziehen.

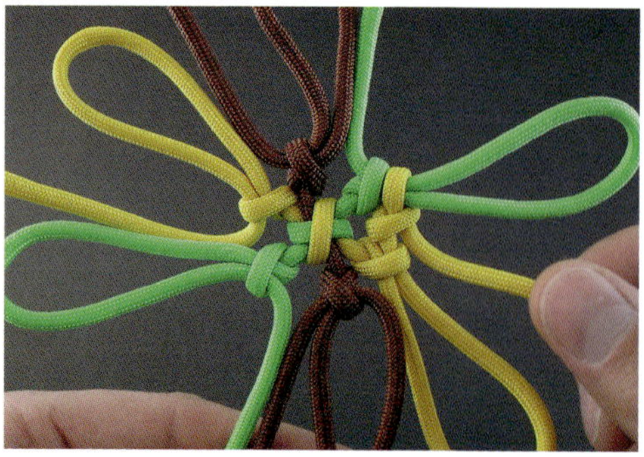

22. Dann den Slipknoten fest um die lange Schlaufe zusammenziehen.

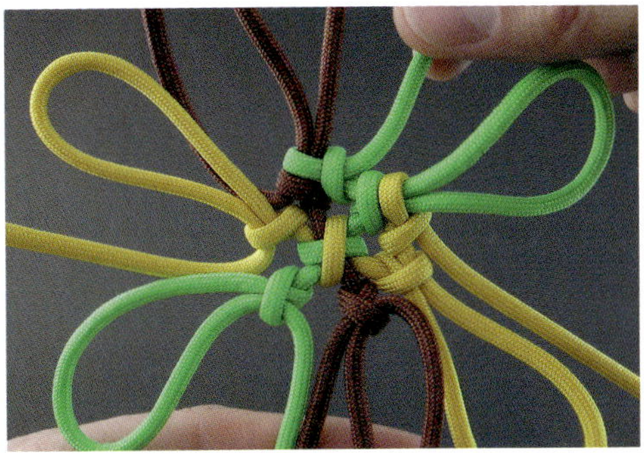

23. Entgegen dem Uhrzeigersinn …

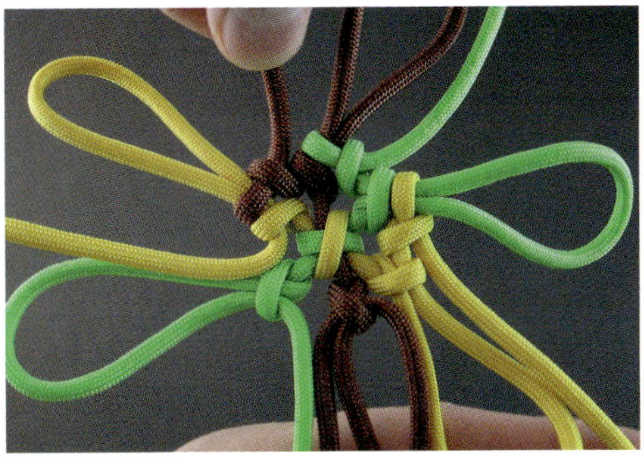

24. … die Schritte 18 bis 22 wiederholen, …

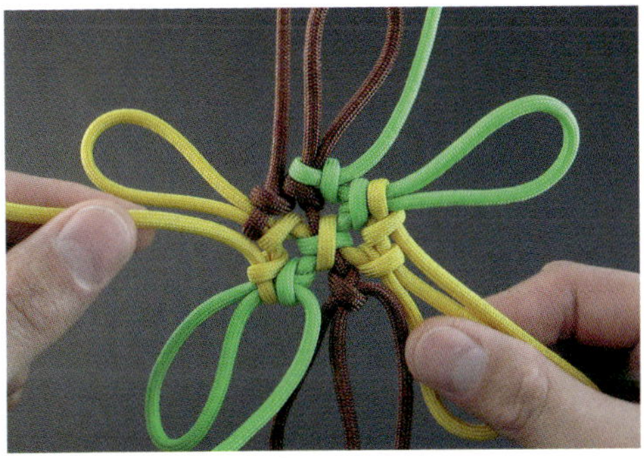

25. … bis in jede Schnur …

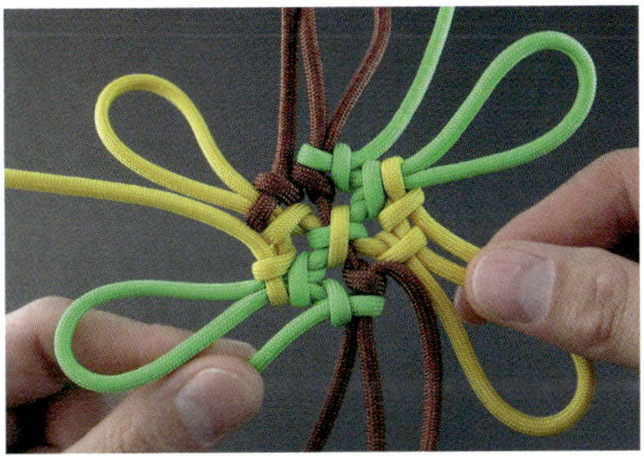

26. … ein Slipknoten gebunden ist, …

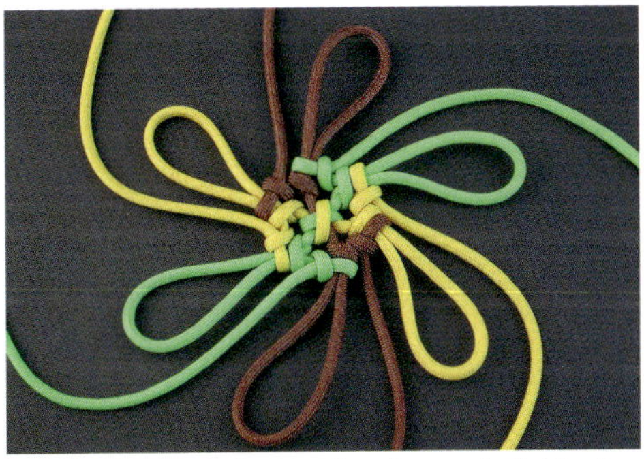

27. … der die links von ihm liegende Schlaufe fest umschließt.

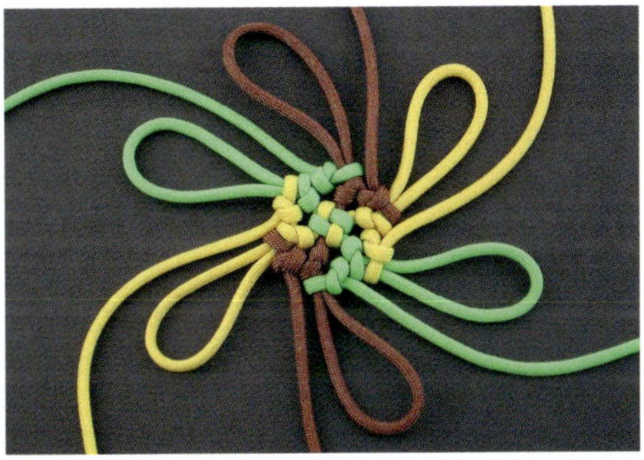

28. Die Knüpfarbeit um die eigene Achse wenden.

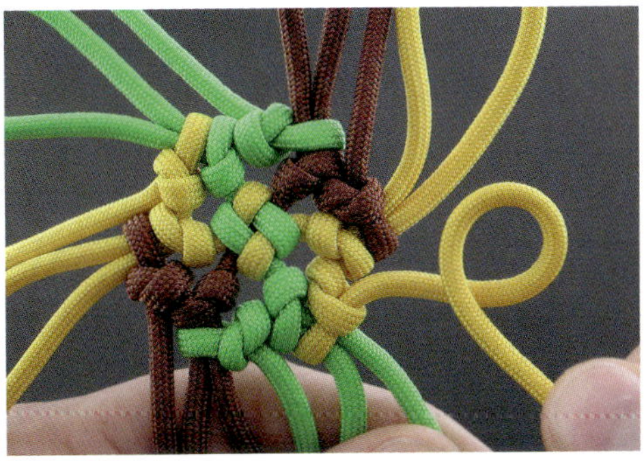

29. In die mittlere rechte Schnur entgegen dem Uhrzeigersinn eine Schlaufe legen.

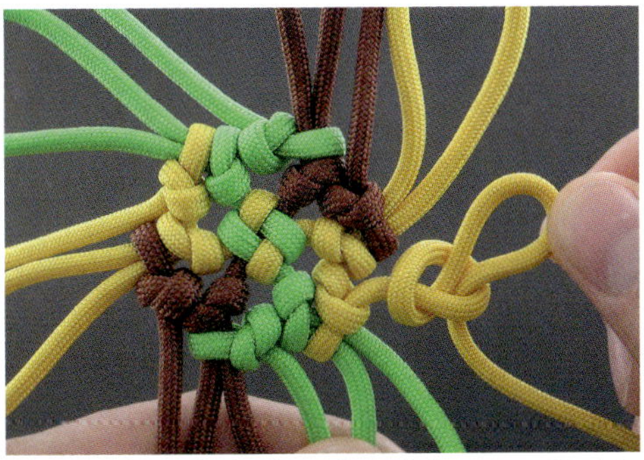

30. Das lose Ende derselben Schnur zur Bucht legen, durch die Schlaufe stecken …

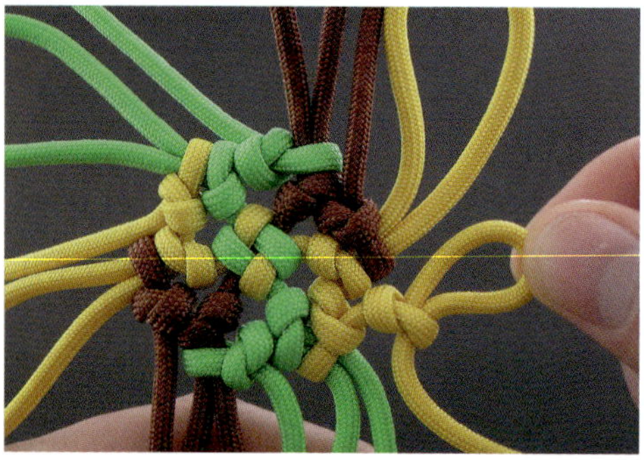

31. … und dichtholen, dabei über dem Slipknoten eine 1,5 cm große Schlaufe stehen lassen.

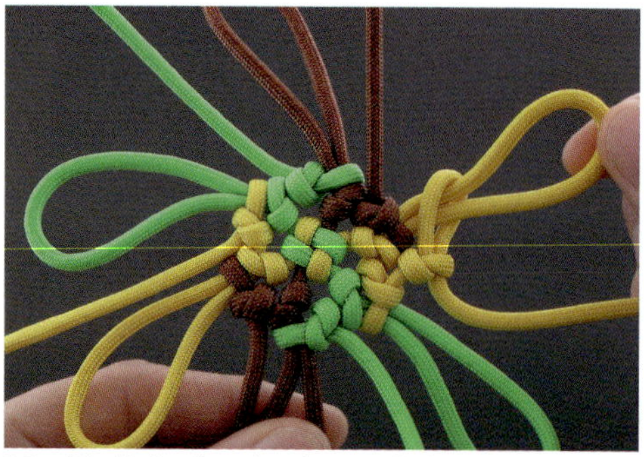

32. Die links danebenliegende lange Schlaufe durch die kurze Schlaufe des letzten Slipknotens führen.

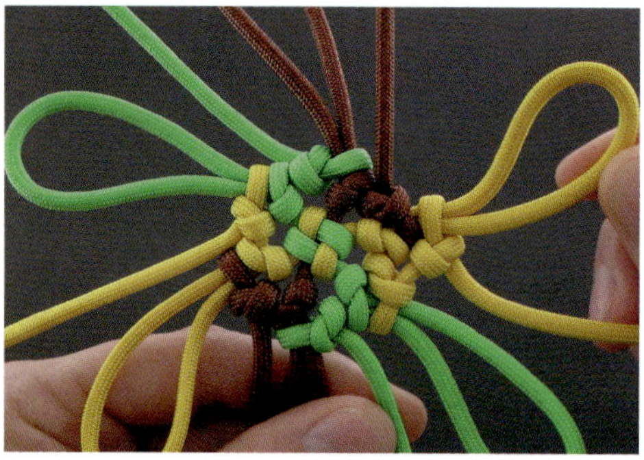

33. Dann die kurze Schlaufe fest um die lange Schlaufe zusammenziehen.

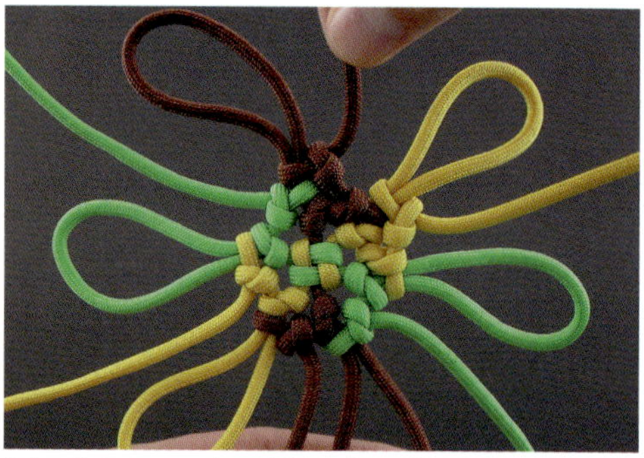

34. Entgegen dem Uhrzeigersinn …

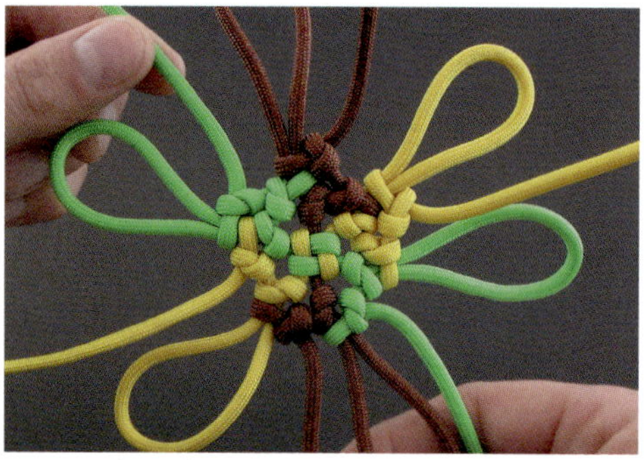

35. … die Schritte 29 bis 33 wiederholen, …

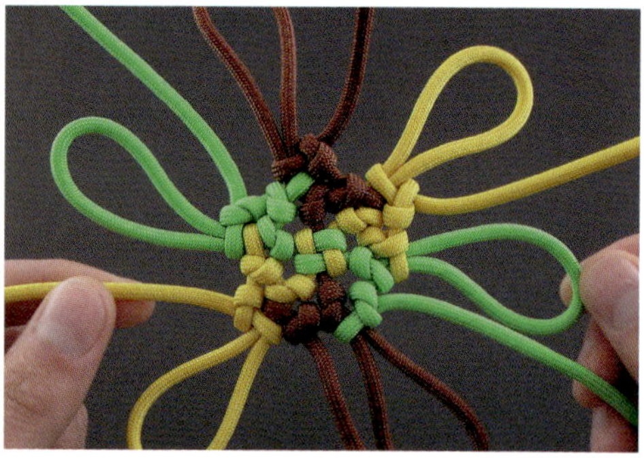

36. … bis in jede Schnur …

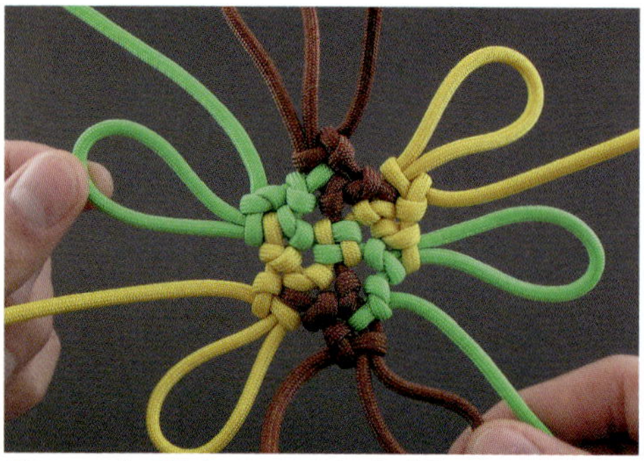

37. … ein Slipknoten geknüpft ist, …

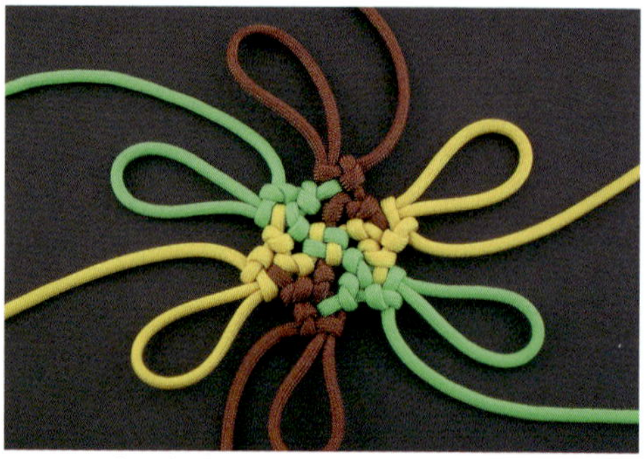

38. … der die links von ihm liegende lange Schlaufe fest umschließt.

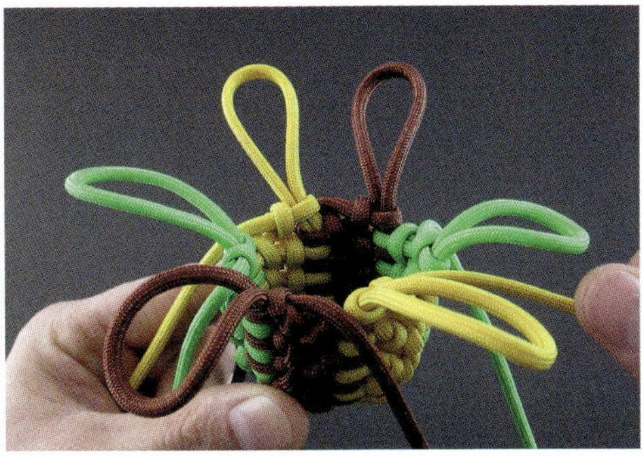

39. Die Schritte 17 bis 38 stets wiederholen. Dabei wächst der Beutel vom Kronenknoten aus aufwärts.

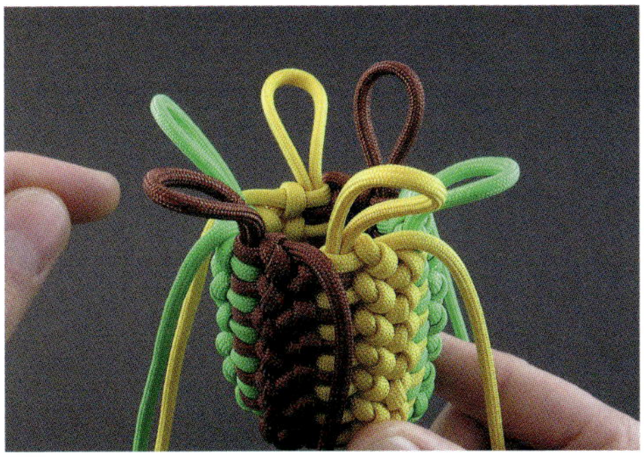

40. Fortfahren, bis die Schlaufen am oberen Rand noch 4 cm lang sind.

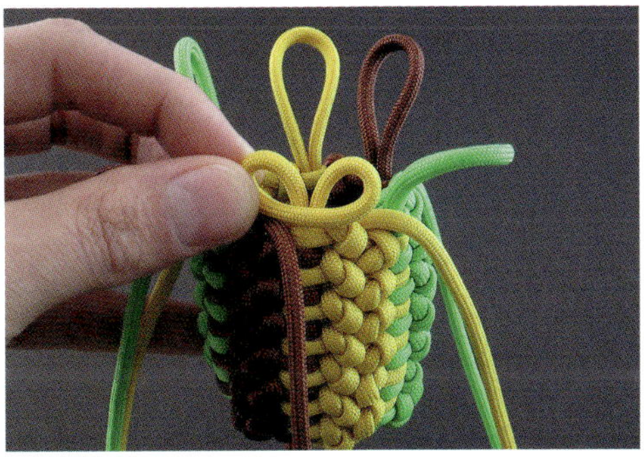

41. Für den Abschluss eine Schlaufe so umbiegen, dass sich zwei Schlaufen aus ihr bilden.

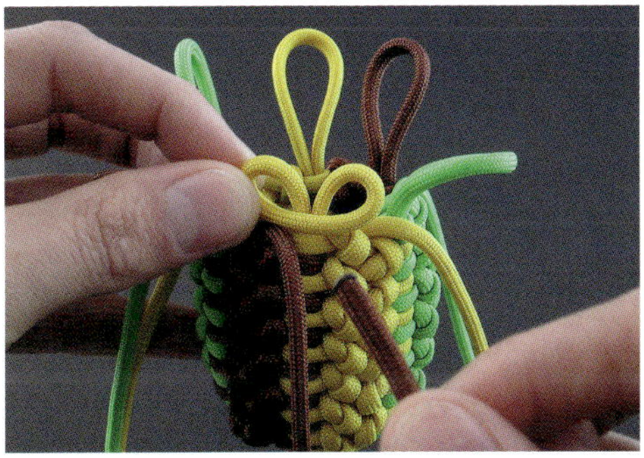

42. Das Ende der links danebenliegenden Schnur fassen …

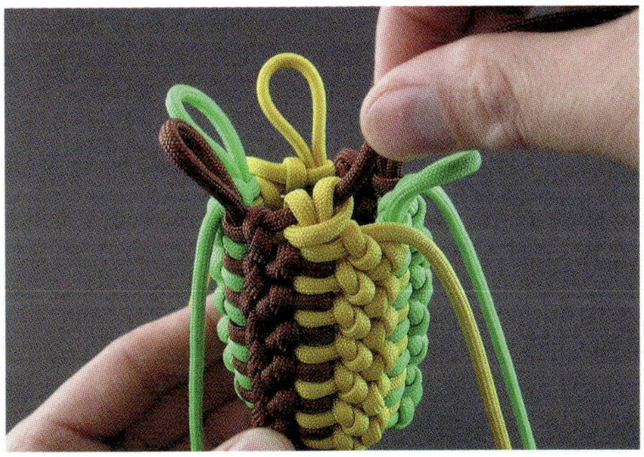

43. … und von vorn durch die linke und von hinten durch die rechte Schlaufe ziehen. So entsteht ein Kuhstek um das Ende.

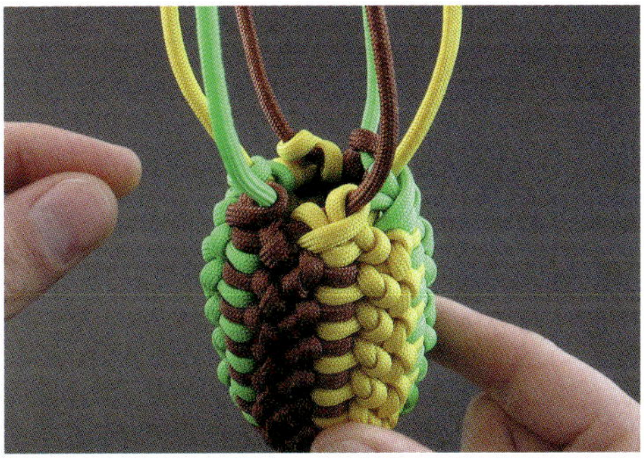

44. Die Schritte 41 bis 43 mit allen übrigen Schlaufen und Enden wiederholen.

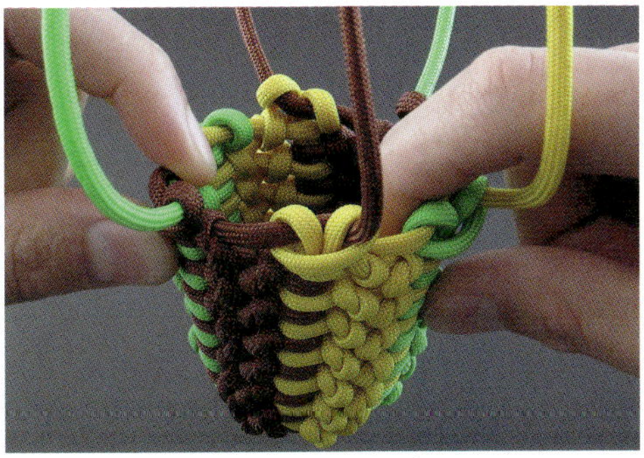

45. Den Beutel fassen und kräftig weiten.

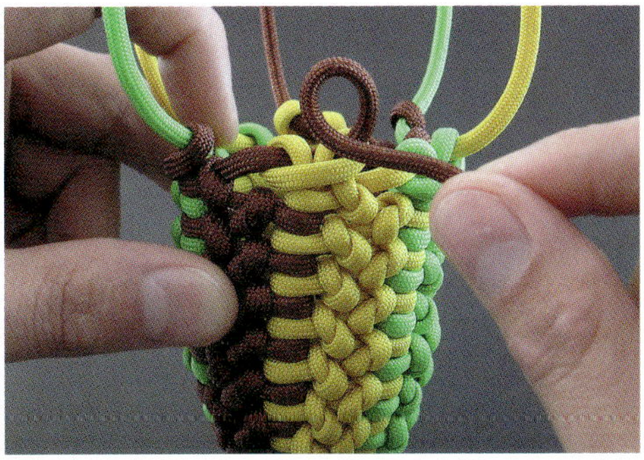

46. Eine Schnur an ihrer Basis im Uhrzeigersinn zur Schlaufe legen.

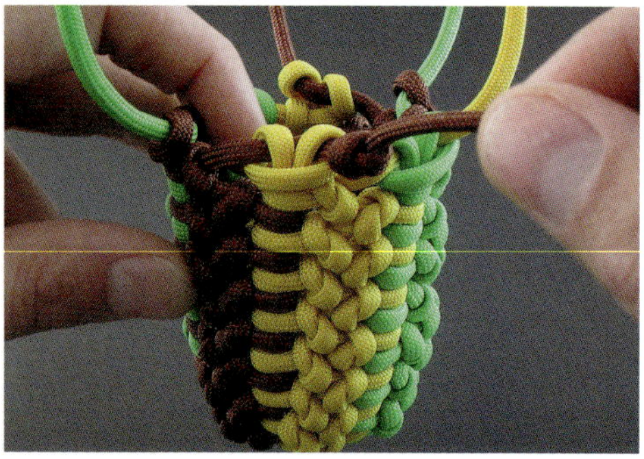

47. Durch die Schlaufe schieben und einen Überhandknoten binden.

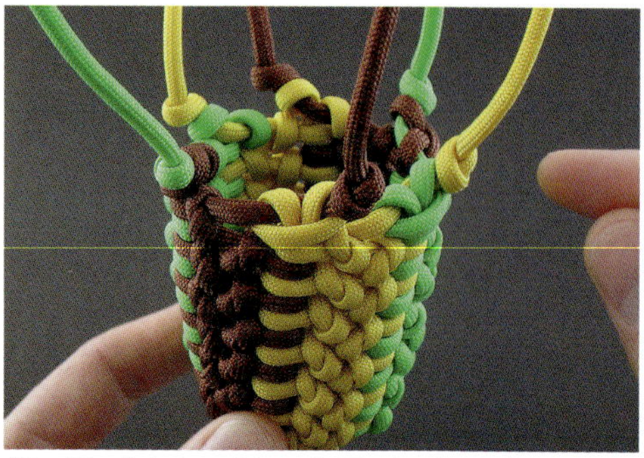

48. Die Schritte 46 und 47 mit allen übrigen Enden wiederholen.

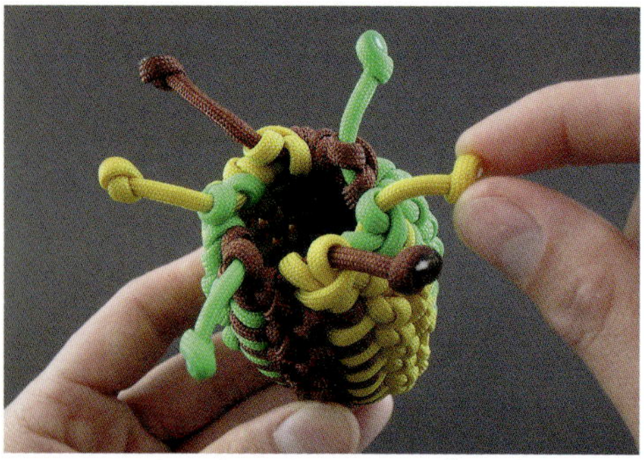

49. Ins Ende jeder Schnur einen Überhandknoten binden. Dann die Enden sorgfältig abschneiden und abbrennen.

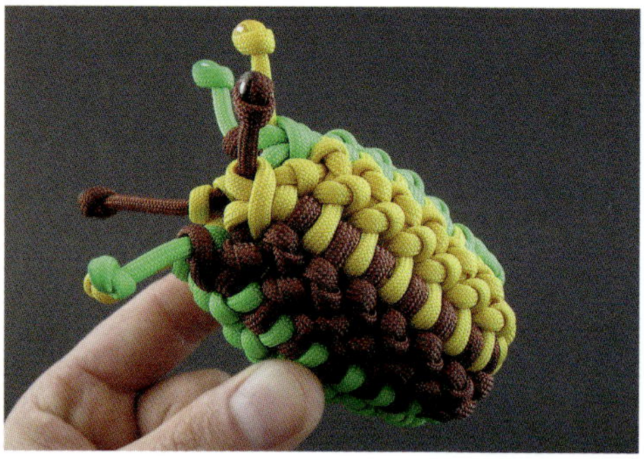

50. Hier ist der fertige Drachenei-Beutel.